Sommaire

Avec ce guide,
voici les
Cartes Michelin
qu'il vous faut :

Renseignements pratiques

NOMS BRETONS

Noms de lieux. — En Bretagne, comme en d'autres provinces françaises, les noms de lieux ont une signification qu'il est aisé de trouver en de nombreux cas. Ils sont, pour la plupart, formés d'une racine à laquelle s'ajoute un nom de saint.

Ploe, plou, plo ou **pleu,** qui signifie paroisse, a donné : Ploudaniel (paroisse de saint Daniel), Plogoff (paroisse de saint Cof), Ploërmel (paroisse de saint Armel), Plougastel (paroisse du château), Pleumeur (grande paroisse), Plounevez (paroisse nouvelle), etc.

Tre ou **tref** (subdivision de paroisse) a produit : Tréboul (tref de l'étang), Trégouet (tref du bois), etc.

Loc (lieu saint) donne : Locmaria (lieu de Marie), Locronan (lieu de saint Renan), Locquirec (lieu de saint Guirec), Locminé (lieu des Moines), etc.

Lann (église) donne : Lannion (église de saint Yon), Lampaul (église de saint Paul), Landerneau (église de saint Ternoc), Langoat (église du bois), etc.

Ker (village, maison) donne : Kermaria (village de Marie), Kerjean (maison de Jean), Kerguen (village blanc), etc.

Guic, gui (bourg) donne : Guimiliau (bourg de saint Méliau), Guissény (bourg de saint Seny).

Traon, trou, tro (vallée) produit : Tromelin (vallée du moulin), Tromeur (grande vallée), etc.

Coat, goat, goët, hoët (bois) intervient dans Huelgoat (bois haut), Kergoat (maison du bois), Penhoët (extrémité du bois), Toulgoët (creux du bois), etc.

Noms de personnes. — Beaucoup sont formés avec Ker (maison) suivi d'un nom de baptême plus ou moins altéré : Kerber (maison de Pierre), Kerbol (maison de Paul), Kerjean (maison de Jean), Kertanguy (maison de Tanguy), etc. D'autres noms désignent des professions : Le Barazer (tonnelier), Le Goff (forgeron), Le Goffic (petit forgeron), Le Gonidec (laboureur), Quéméneur (tailleur), Le Tocquer (chapelier), Le Trocquer (brocanteur), etc.

Les sobriquets sont également nombreux : Le Bihan (petit), Le Braz (grand), Le Bail (marqué au front), Cudenec (morne), Cosmao (vieux réjoui), Le Fur (sage), Gallouédec (puissant), Le Moigne (manchot), Le Troadec (l'homme aux grands pieds), Le Guen, Guennec, Guennoc (blanc), Le Dantec (dentu), Le Cornec (cornu), Le Pennec (têtu), etc.

*Afin de donner à nos lecteurs l'information la plus récente possible, les **Conditions de Visite** des curiosités décrites dans ce guide ont été groupées en fin de volume, **pages vertes 225 à 238.***

Les curiosités soumises à des conditions de visite y sont énumérées soit sous le nom de la localité soit sous leur nom propre si elles sont isolées.

Dans la partie descriptive du guide, p. 43 à 219, le sigle cv placé en regard de la curiosité les signale au visiteur.

PRINCIPALES CURIOSITÉS

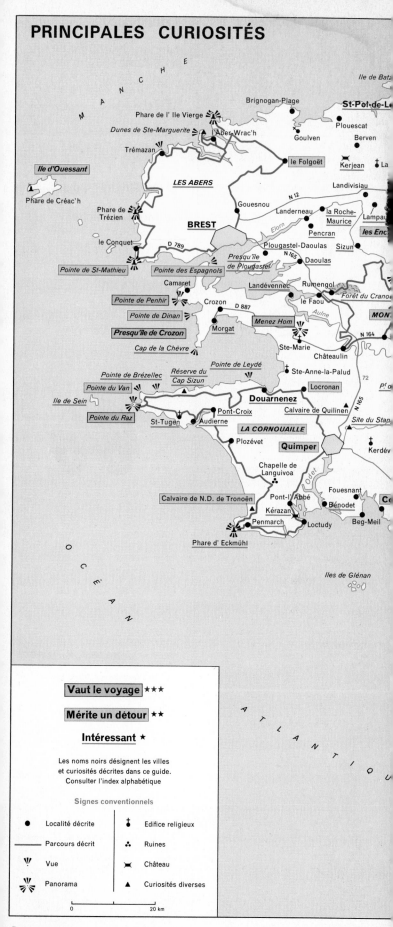

MANCHE

Ile de Bata

Brignogan-Plage

St-Pol-de-Le

Phare de l'Ile Vierge

Plouescat

Dunes de Ste-Marguerite

l'Aber-Wrac'h

Goulven

Berven

Trémazan

le Folgoët

Kerjean

La

Ile d'Ouessant

LES ABERS

Landivisiau

Phare de Créac'h

N 12

Gouesnou

Landerneau

la Roche-Maurice

Lampau

Phare de Trézien

BREST

Elorn

Pencran

les Enc

le Conquet

D 789

Plougastel-Daoulas

Sizun

Presqu'île de Plougastel

N 165

Daoulas

Pointe de St-Mathieu

Pointe des Espagnols

Camaret

Landévennec

Rumengol

Forêt du Cranoı

Pointe de Penhir

Crozon

le Faou

MON

D 887

Aulne

Pointe de Dinan

Menez Hom

N 164

Presqu'île de Crozon

Morgat

Cap de la Chèvre

Ste-Marie

Châteaulin

Pointe de Leydé

Ste-Anne-la-Palud

Réserve du Cap Sizun

72

Pointe de Brézellec

Locronan

Pointe du Van

Douarnenez

N 165

P.t o

Ile de Sein

Calvaire de Quilinen

Site du Stap

Pointe du Raz

Pont-Croix

St-Tugen

Audierne

LA CORNOUAILLE

Plozévet

Quimper

Kerdév

Chapelle de Languivoa

Odet

Fouesnant

Co

Calvaire de N.D. de Tronoën

Pont-l'Abbé

Bénodet

Kérazan

Beg-Meil

Penmarch

Loctudy

Phare d'Eckmühl

Iles de Glénan

OCÉAN

ATLANTIQU

Légende

Vaut le voyage	★★★
Mérite un détour	★★
Intéressant	★

Les noms noirs désignent les villes
et curiosités décrites dans ce guide.
Consulter l'index alphabétique

Signes conventionnels

●	Localité décrite	✝	Edifice religieux
—	Parcours décrit	∴	Ruines
Ⓥ	Vue	⋈	Château
☀	Panorama	▲	Curiosités diverses

0 — 20 km

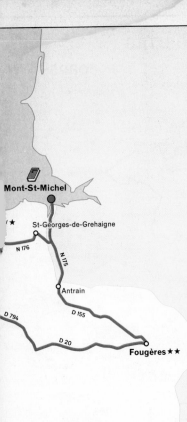

Mont-St-Michel

★ St-Georges-de-Grehaigne

N 176

N 175

Antrain

D 794

D 155

D 20

Fougères ★★

★ Champeaux

D 29 ● **Vitré ★★**

D 463

D 88

★ les Rochers-Sévigné

Châteaugiron

D 178

★ la Roche-aux-Fées

D 94

Retiers

la Guerche-de-Bretagne

Lac des Mottes

D 94

D 178

Châteaubriant

✝ Abbaye de Melleray

Grand Réservoir de Vioreau

D 178

LOIRE

TES

ITINÉRAIRE ━━━ :

Lannion - Roscoff - Brest
(circuit de 550 km)

ITINÉRAIRE ━━━ :

Lorient - Quimper - Pleyben
(circuit de 750 km)

ITINÉRAIRE ━━━ :

Le Mont-St-Michel -
Perros-Guirec - Pontivy
(circuit de 850 km)

ITINÉRAIRE ━━━ :

Rennes - Vannes - Nantes
(circuit de 900 km)

*Dans le **guide Michelin FRANCE**
de l'année vous trouverez un
choix d'hôtels agréables, tranquilles, bien situés, avec l'indi-
cation de leur équipement :
piscines, tennis, plages aménagées, aires de repos... ainsi que
les périodes d'ouverture et de
fermeture des établissements.*

*Vous y trouverez aussi
un choix révisé de maisons
qui se signalent par la qualité de
leur cuisine :
repas soignés à prix modérés,
étoiles de bonne table.*

*Dans le **guide Michelin Camping
Caravaning** France de l'année
vous trouverez les commodités
et les distractions offertes par
de nombreux terrains : magasins,
bars, laverie, salle de jeux, golf
miniature, jeux et bassins pour
enfants, piscines... etc.*

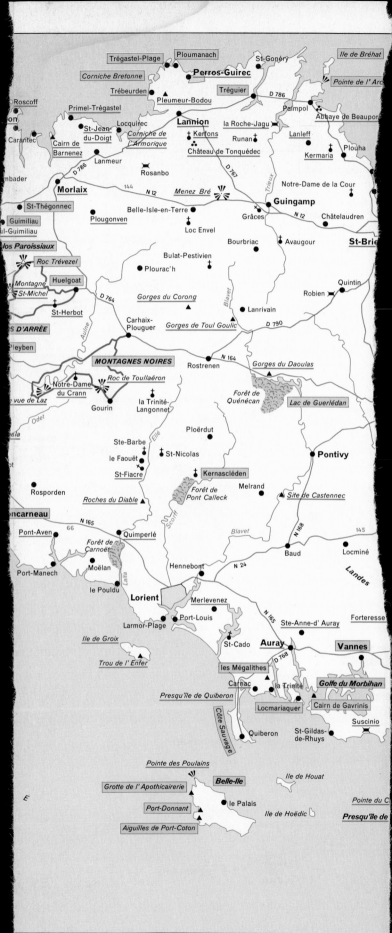

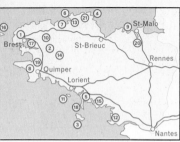

LES SCHÉMAS
DE CE GUIDE

(D'après photo Nief/Jacana)

★ **Perros-Guirec**
★ Port-Blanc
Presqu'île Sauvage
Ile de
Pointe de

★★ *Corniche Bretonne*
★ Trébeurden
★★ Tréguier
Paimpol
Po

★ Roscoff
St-Michel-en-Grève
D 786
★ **Lannion** ★
Kerfons ★
Ch^au de Tonquédec ★
Kermaria
D 94
D 21

zéré D 10
Carantec
Pointe de Pen-al-Lann
Kergrist
D 767

ol-de-Léon
Corniche de l'Armorique ★
D 11

★ Lampaul-Guimiliau
★ **Morlaix** ★
N 12
★ *Menez Bré*
N 12
● **Guingamp**

siau
St-Thégonnec ★★
Plougonven ★
D 42

Guimiliau ★★
Pleyber-Christ
D 785
D 9
D 37
D 767
★ **St-**

le Relecq
D 24
Bourbriac

Commana
D 42
Bulat-Pestivien
D 31

n ★
St-Michel
★ *Roc Trévezel* ★★

Brasparts
★ St-Herbot
Huelgoat ★★
★ *Gorges du Corong*
Gorges de Toul Goulic ★

Lannédern
★ *Roc'h Begheor*
Loqueffret
D 8

★★
Pleyben ★★

aulin
N 164
Roc de Toullaëron ★
★★ *Lac de Guerlédan*

★ *N. D. du Crann*
la Trinité-Langonnet
D 156

Gourin
Abbaye de Langonnet
Stival
● **Pontivy**

per ★★
Ste-Barbe
le Faouët
★ St-Nicolas

★ St-Fiacre
Kernascléden ★★
D 782

esnant
la Forêt-Fouesnant
Forêt de Pont Calleck
D 010

Concarneau ★★
Pont-Aven ★
Quimperlé ★
D 769

-Meil
Kerdruc
Moëlan-s-Mer
D 765

Cabellou
Kerascoët
Bélon
D 24
Pont de St-Maurice
Hennebont
Landes

e Trévignon
Port-Manech
Doëlan
Lorient
D 115

300
le Pouldu
Fort-Bloqué
Merlevenez ★
D 16

Larmor-Plage
Port-Louis
D 33
Ste-Anne-d'Aur

Ile de Groix ★
St-Cado
★ **Auray**
Van

D 781
G

★★ *Alignements du Ménec*

★ Carnac
★★ Locmariaquer

Quiberon

I Q U E

Belle-Ile ★★
★ *Presqu*

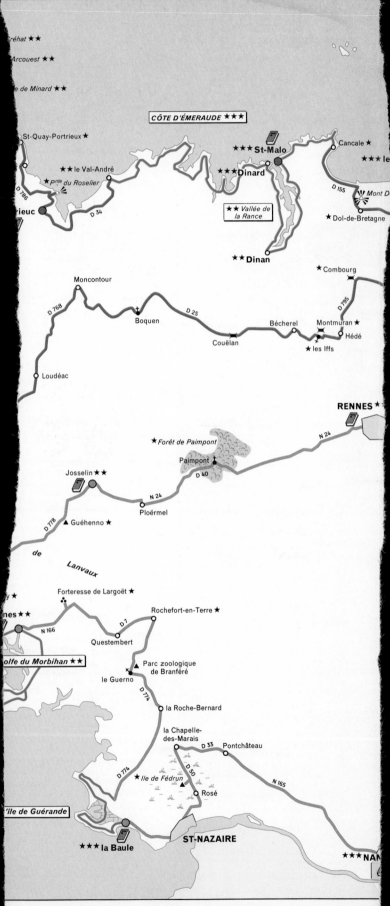

réhat ★★

Arcouest ★★

e de Minard ★★

St-Quay-Portrieux ★

★★ le Val-André

★ Pnte du Roselier

D 786

D 34

rieuc

CÔTE D'ÉMERAUDE ★★★

★★★ St-Malo

★★★ Dinard

★★★ Vallée de la Rance

Cancale ★

★★★ le

D 155

Mont Do

★ Dol-de-Bretagne

★★ Dinan

Moncontour

Boquen

D 768

D 25

Couëlan

Bécherel

Montmuran ★

★ les Iffs

Hédé

D 795

★ Combourg

Loudéac

RENNES ★

★ Forêt de Paimpont

Paimpont

N 24

Josselin ★★

N 24

Ploërmel

D 40

D 778

▲ Guéhenno ★

de

Lanvaux

Forteresse de Largoët ★

y ★

nes ★★

Rochefort-en-Terre ★

N 166

D 7

Questembert

olfe du Morbihan ★★

▲ Parc zoologique de Branféré

le Guerno

D 774

la Roche-Bernard

la Chapelle-des-Marais

D 33

Pontchâteau

D 774

D 50

★ Ile de Fédrun

▲ Rosé

N 165

'île de Guérande

★★★ la Baule

ST-NAZAIRE

★★★ NA

ITINÉRAIRES DE VISITE RÉGIONAUX

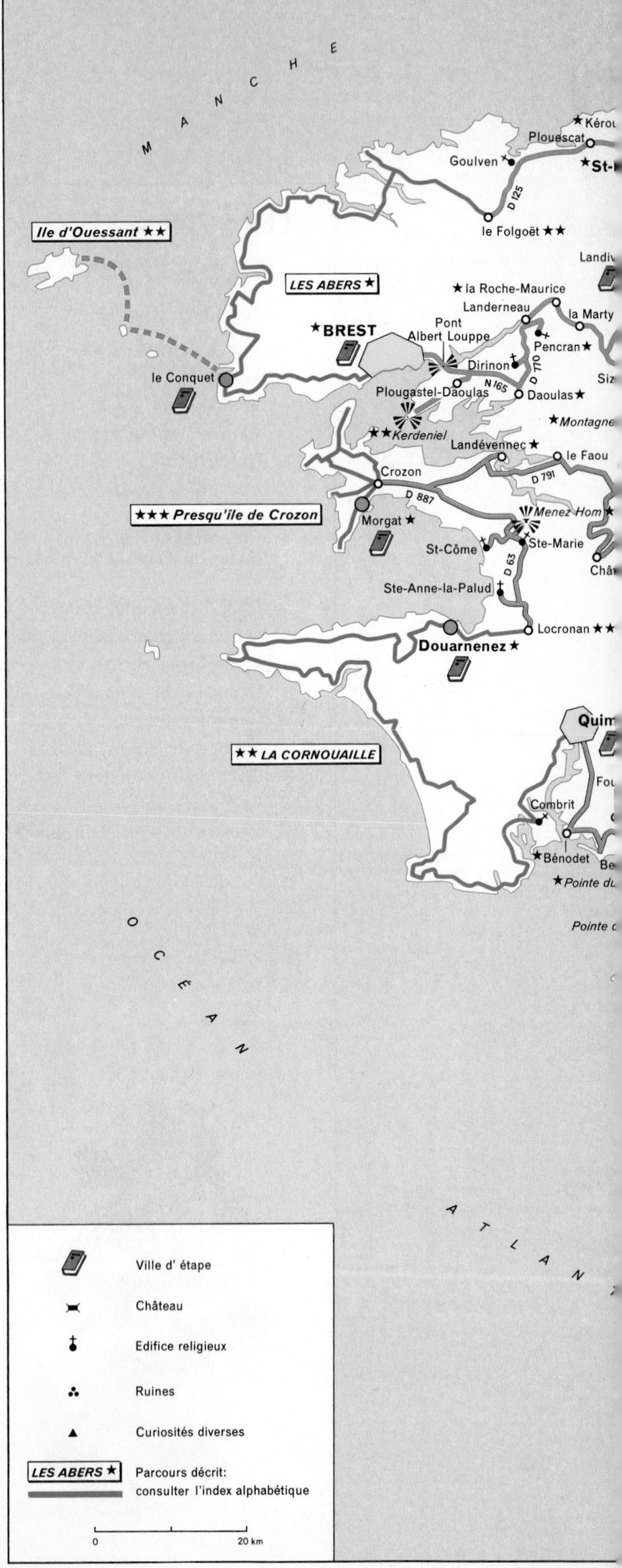

Map of the Brest / Cornouaille region with the following labels:

MANCHE

★ Kérou
Plouescat
Goulven ★
★ St-

le Folgoët ★★
D 125

Ile d'Ouessant ★★

Landi

LES ABERS ★

★ la Roche-Maurice
Landerneau
★ BREST
Pont Albert Louppe
Pencran ★
Dirinon
N 165
D 770
Plougastel-Daoulas
Daoulas ★
le Conquet

la Marty

Siz

★★ Kerdeniel
Landévennec ★
le Faou

★ Montagne

★★★ Presqu'île de Crozon
Crozon
D 887
D 791
Morgat ★
Menez-Hom
St-Côme
Ste-Marie
D 63

Ste-Anne-la-Palud †
Chât

Locronan ★★

Douarnenez ★

Quim

★★ LA CORNOUAILLE
Fou
Combrit

★ Bénodet
Be
★ Pointe du

Pointe

OCÉAN

ATLAN

Légende:

📖 Ville d' étape

⚔ Château

† Edifice religieux

⁂ Ruines

▲ Curiosités diverses

LES ABERS ★ Parcours décrit: consulter l'index alphabétique

0 ———— 20 km

LIEUX DE SÉJOUR

Sur la carte p. 14 et 15 ont été sélectionnées quelques localités particulièrement adaptées à la villégiature en raison de leurs possibilités d'hébergement et de l'agrément de leur site.
Pour plus de détails, vous consulterez :

Pour l'hébergement

Le **guide Michelin France** des hôtels et restaurants et le **guide Camping Caravaning France** ; chaque année, ils présentent un choix d'hôtels, de restaurants, de terrains, établi après visites et enquêtes sur place. Hôtels et terrains de camping sont classés suivant la nature et le confort de leurs aménagements. Ceux d'entre eux qui sortent de l'ordinaire par l'agrément de leur situation et de leur cadre, par leur tranquillité, leur accueil, sont mis en évidence. Dans le guide Michelin France, vous trouverez également l'adresse et le numéro de téléphone du bureau de tourisme ou syndicat d'initiative.

Pour le site, les sports et distractions

Les **cartes Michelin** à 1/200 000 *(assemblage p. 3)*. Un simple coup d'œil permet d'apprécier le site de la localité. Elles donnent, outre les caractéristiques des routes, les emplacements des baignades en rivière ou en étang, des piscines, des golfs, des hippodromes, des terrains de vol à voile, des aérodromes...

LOISIRS

Sur la côte

Pour goûter pleinement le charme de la côte, il faut prendre intérêt aux choses de la mer.
Regardez vivre les pêcheurs, suivez les mouvements des ports, petits ou grands. Assistez de bon matin à la criée, guettez le retour des bateaux de pêche. Même si vous ne vous sentez pas le pied et le cœur parfaitement marins, ne craignez pas de quitter le « plancher des vaches », soit à bord d'une barque de pêche, soit sur les vedettes d'excursion. La forme des côtes, vues du large, vous sera une révélation.
Suivez les aspects changeants de la mer et du ciel : un coucher de soleil, un soir de pleine lune, une nuit obscure balayée par le faisceau lumineux des phares. De jour, ces phares constituent d'admirables observatoires. Lorsqu'elle est possible, la visite de leur machinerie offre un attrait supplémentaire.
Il est bon de s'endurcir au vent : les gens de mer sourient quand un terrien baptise tempête ce qui, pour eux, n'est qu'une aimable « petite brise ».
Par « bonne brise », avancez le long des pointes ou des caps. Recevez avec le sourire les paquets d'embruns à goût de sel. L'important est d'avoir vu et entendu de près la mer déchaînée sur un « bout du monde » : le spectacle est grandiose.
Les cures marines. – Les propriétés de l'eau de mer et la douceur du climat permettent de soigner les rhumatismes, l'arthrose, les traumatismes divers. Des centres de thalassothérapie sont situés sur la Manche (Paramé, Roscoff) et l'Atlantique (Douarnenez, Bénodet, Quiberon).

La voile

Le découpage des côtes offre des baies bien abritées très favorables à la pratique de la voile. Nombreux sont les clubs nautiques ayant une école de voile, tel le centre des « Glénans ». Dans les grandes stations, des régates sont organisées tout au long de la saison.
Perros-Guirec est la ville-étape du Tour de France à la voile et la ville-départ de la Course en solitaire du « Figaro » (en juillet). A Brest se déroulent les 24 h de la planche à voile (en mai). De St-Malo part la Course de la Route du Rhum (prochain départ en 1986) et de Lorient la Course Transatlantique en double (prochain départ en 1987)...

(Photo J. Gauthier/Azimut)

La navigation de plaisance

Les côtes de la Manche et de l'Atlantique sont favorables à la navigation de plaisance à voile ou à moteur. Les îles sont autant de points d'escale ; de très nombreux ports, des criques, parfois quelques grèves, peuvent accueillir les plaisanciers. Les principaux ports de plaisance figurent sur la carte des lieux de séjour *(p. 14 et 15)*, ils ont été sélectionnés pour leur nombre de places important et les services dispensés : carburant, eau douce et électricité à quai, sanitaires et douches, manutention par grue ou élévateur, réparation, gardiennage.
La Bretagne offre aussi une autre forme de navigation aux plaisanciers, celle des canaux. Une liaison Manche-Océan emprunte le canal d'Ille-et-Rance, puis la Vilaine, en passant par Dinan, Rennes et Redon. Partant de Lorient, la croisière sur le Blavet, le tronçon oriental du canal de Nantes à Brest et l'Erdre, font découvrir Josselin, Redon, avant de gagner Nantes. Du fond de la rade de Brest, la remontée de l'Aulne et de la

partie occidentale du canal de Nantes à Brest conduit à Châteaulin et Carhaix-Plouguer.
Pour plus de détails, consulter le guide des Canaux Bretons, éditions du Plaisancier, 69641 Caluire CEDEX.

La pêche d'amateur

En mer. – De la baie du Mont St-Michel à l'estuaire de la Loire, l'étendue des côtes semble promettre un champ d'activités sans limites à l'amateur de pêche en eau salée, sport qu'il pourra pratiquer à pied, en bateau ou en plongée. Il peut employer une ligne à un ou deux hameçons, au-delà de ce nombre la déclaration doit en être faite à l'Inscription Maritime. Une autorisation est nécessaire pour l'emploi d'un filet. On peut pêcher à la ligne flottante d'un rocher, d'un quai, du rivage, en utilisant une ligne lestée d'un plomb. La crevette se pêche au haveneau, filet à main, à long manche, le moment le plus favorable est la basse mer. La pelle ou le râteau en main, on peut s'attaquer aux palourdes, aux praires, aux coques, aux équilles. Dans les rochers, on recherchera les moules, les crabes, les bigorneaux, les ormeaux, etc. ; en plongée, les araignées, les poissons de roches.

En eau douce. – Au séjournant désireux de taquiner la truite, le brochet, le saumon, le mulet, l'alose, etc., la Bretagne propose, en plus de ses nombreux estuaires, son riche réseau de rivières et de ruisseaux.

Suivant l'usage, il conviendra d'observer la réglementation nationale et locale ; de s'affilier pour l'année en cours, dans le département de son choix, à une Association de Pêche et de Pisciculture agréée par le Préfet ; d'acquitter les taxes afférentes au mode de pêche pratiqué ; d'obtenir, pour pêcher dans des eaux situées à l'intérieur d'un domaine privé, l'autorisation du propriétaire riverain.

La plongée sous-marine

Ce sport est de plus en plus pratiqué en Bretagne. Les amateurs de chasse sous-marine ou les contemplateurs de paysage sous-marin trouvent, surtout le long de la côte Sud (Port-Manech, Port Goulphar à Belle-Ile, etc.), des criques limpides, poissonneuses et riches en algues. Le centre de plongée des îles de Glénan groupe les adeptes des grands fonds qui peuvent s'entraîner, l'hiver, en piscine.

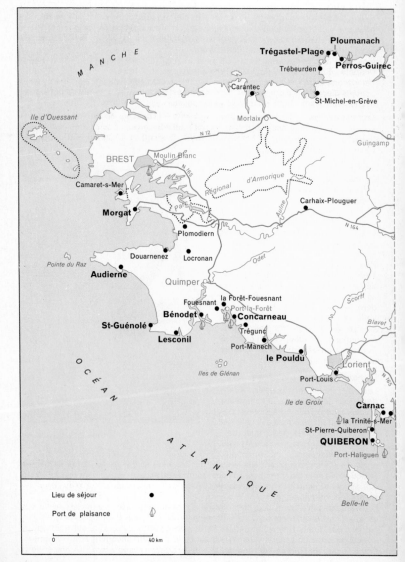

A l'intérieur

Longtemps tenu à l'écart, l'**Argoat** *(p. 21)* est demeuré silencieux, mélancolique et foncièrement rural, mais des aménagements tels que ceux du Parc Naturel Régional d'Armorique (1969), dans les monts d'Arrée, y attirent les touristes en nombre croissant.

L'Argoat est en effet un lieu de séjour idéal pour les amoureux de la nature qui pourront y méditer dans le calme ; pour les naturalistes qui y trouveront une multitude d'oiseaux, une grande variété de plantes à observer ; pour les promeneurs solitaires à qui un détour du chemin révèlera une ancienne demeure seigneuriale, devenue ferme, ou qui, suivant un sentier à peine tracé à travers champs, découvriront un mégalithe, une petite chapelle isolée signalée par son fin clocher, une gorge où disparaît la rivière aux eaux vives sautant de roche en roche ; pour les poètes, sensibles à un charme simple, qui, transportés dans un monde irréel, recréeront à loisir la riche légende bretonne dans une atmosphère souvent embuée, propice à la rêverie et au mystère.

Randonnées pédestres

De nombreux sentiers de Grande Randonnée permettent de découvrir la région décrite dans ce guide.

Des topo-guides édités par la Fédération Française de la Randonnée pédestre — Comité national des Sentiers de Grande Randonnée (92, rue de Clignancourt, 75883 Paris Cedex 18, ℡ 259 60 40) — en donnent le tracé détaillé et procurent d'indispensables conseils aux randonneurs.

Les GR 37, 38, 39, 380 sillonnent l'Argoat en tous sens ; ils feront la joie des bons marcheurs comme des moins chevronnés.

Aimer la nature,

c'est respecter le pureté des sources,
la propreté des rivières, des forêts, des montagnes...

c'est laisser les emplacements nets de toute trace de passage.

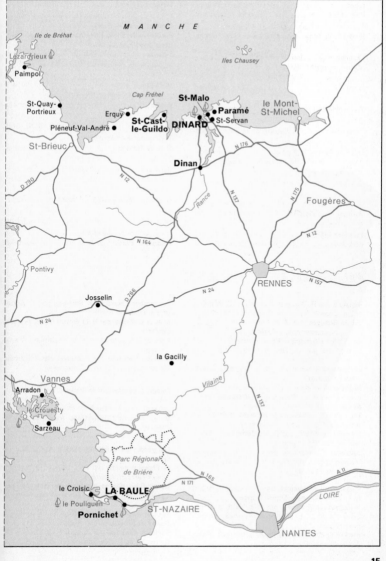

PRINCIPALES FÊTES

DATE, LIEU ET NATURE DE LA MANIFESTATION
(pour les localités non décrites, nous indiquons le n° de la carte Michelin et le n° du pli)

Jeudi de la Mi-Carême et dimanche suivant
Nantes ....Carnaval
2e dimanche de mai
Quintin ....Pardon de N.-D.-de-Délivrance
Jeudi de l'Ascension
St-Herbot .... Pardon
3e dimanche de mai
Tréguier .... Pardon de la Saint-Yves
Samedi et dimanche de Pentecôte
Moncontour ....Pardon de la Saint-Mathurin
Dimanche et lundi de Pentecôte
Quimperlé . Pardon de Toulfoën ou Fête des Oiseaux
Lundi de Pentecôte
Carantec ....Pardon de N.-D.-de-Callot
Dimanche de la Trinitié et veille au soir
Chapelle N.-D.-du-Crann .... Pardon
Rumengol .... Pardon
Samedi soir et dimanche avant la Saint-Jean
St-Tugen .... Pardon
Dernier dimanche de juin
St-Jean-du-Doigt ....Pardon du Feu
Plouguerneau .... Pardon de la Saint-Pierre-
et-Saint-Paul (procession des « petits saints »)
Le Faouët ....Pardon de la Sainte-Barbe
1er dimanche de juillet et samedi précédent
Guingamp ....Pardon de N.-D.-de-Bon-Secours
2e dimanche de juillet
Locronan .... Petite Troménie
Pont-l'Abbé ....Fête des brodeuses
Samedi après le 14 juillet
Belle-Isle-en-Terre . . Grand tournoi de lutte bretonne
3e dimanche de juillet
Carantec ....Pardon de la Saint-Carantec -
Messe bretonne (10 h)
3e semaine de juillet
Erquy ....Fête de la Mer
26 juillet
Ste-Anne-d'Auray .... Grand Pardon
26 juillet ou dimanche suivant
Fouesnant ....Pardon de la Sainte-Anne
4es samedi et dimanche de juillet
Le Vieux Marché 230 pli 6 .... Pèlerinage
islamo-chrétien à la chapelle des Sept-Saints
4e dimanche de juillet (et jours précédents)
Quimper ...... ★ Grandes Fêtes de Cornouaille
4e dimanche de juillet
Bubry 230 pli 35 ... Pardon de la Sainte-Hélène
Paimpol ....Fête des Terre-Neuvas et Islandais
1er dimanche d'août
Persquen 230 pli 21 . Pardon de N.-D.-de-Pénéty
Pont-Aven ....Fête des Fleurs d'Ajoncs

1re quinzaine d'août
Lorient
Festival des Cornemuses — Championnat des
Bagadou
15 août (et veille au soir)
Perros-Guirec ..... Pardon de N.-D.-de-la-Clarté
15 août
Plomodiern 230 pli 18
Festival folklorique au Menez-Hom
Ile de Fédrun Fête de la Brière — Course de chalands
Quelven .... Pardon de Notre-Dame
15 août, au soir
Vannes .....Fête d'Arvor (devant les remparts)
Semaine après le 15 août
Guingamp
Festival de la danse bretonne (traditionnelle et
scénique) et de la Saint-Loup - Concours Natio-
nal le dimanche de clôture.
Dimanche après le 15 août
Carantec ....Pardon de N.-D.-de-Callot
Ploërdut ....Pardon de N.-D.-de-Crénénan
Avant-dernier dimanche d'août (et tous les soirs
de la semaine précédente)
Concarneau ....★ Fête des Filets Bleus
3e dimanche d'août
Carnac .... Fête des Menhirs
Dernier dimanche d'août (la veille au soir et le
mardi suivant)
Ste-Anne-la-Palud .... Grand Pardon
1er dimanche de septembre
Camaret
Pardon de N.-D.-de-Rocamadour — Bénédiction
de la mer
Penhors .... Pardon de N.-D.-de-Penhors
1er dimanche de septembre (ou 2e quand le 8 est
un dimanche)
Le Folgoët .... Grand Pardon
2e dimanche de septembre
Carnac .... Pardon de la Saint-Cornély
8 septembre
Josselin ....Pardon de N.-D.-du-Roncier
3e dimanche de septembre
N.-D.-de-Tronoën .... Pardon
Dernier dimanche de septembre
Hennebont ....Pardon de N.-D.-du-Vœu
Plouguerneau .... Pardon de la Saint-Michel
Dimanche le plus proche du 29 septembre
Le Mont-St-Michel ..Fête de l'Archange saint Michel
4 décembre
Le Faouët ....Pardon de la Sainte-Barbe
2e dimanche de décembre
Paimpol .. Pardon de N.-D.-de-Bonne-Nouvelle

QUELQUES LIVRES

Bretagne, par H. Waquet, A. Dupouy, C. Wallaux
et Ch. Chassé (Paris, Horizons de France).
Voir la Bretagne, par B. Hennequin et J. Legros
(Paris, Hachette, coll. « Réalités »).
Guide Bleu « Bretagne » (Paris, Hachette).
La Bretagne, par CL. Dervenn (Paris, Sun, coll.
« Voir en couleurs »).
La Bretagne aujourd'hui, par J. Hureau (Paris,
Jeune Afrique).
La Bretagne en images (Châteaulin, Jos le Doaré,
coll. « Images de Bretagne », « Bretagne vivan-
te » et « La Bretagne en couleurs »).
Merveilles des châteaux de Bretagne et de Vendée
(Paris, Hachette, coll. « Réalités »).
Mystérieuse Brière, par R. Guillemin (La Baule,
édition des Paludiers).
Collection Ouest-France (Rennes) : nombreuses
monographies illustrées sur la Bretagne, sa
flore et sa faune.

Protohistoire de Bretagne, par P.-R. Giot, J.-Briard
et L. Pape (Rennes, Ouest-France).
Préhistoire de Bretagne, par P.-R. Giot, J. L'Hel-
gouac'h et J.-L. Monnier (Rennes, Ouest-
France).
Histoire de Bretagne, par Ph. Chardronnet (Paris,
Nouvelles éditions latines).

Les grandes heures de la Bretagne, par Y. Rudel
(Paris, Librairie académique Perrin).
Anne de Bretagne, par H. Le Boterf (Paris, France-
Empire).
L'Art de Bretagne, par V.-H. Debidour (Paris,
Arthaud).
Le Trésor historique et monumental, par P. Barbier
(St-Brieuc, Les Presses Bretonnes).

Cuisine et gastronomie de Bretagne, par L. Le Cunff
(Rennes, Ouest-France).
Les meilleures recettes bretonnes, par L. Le Cunff,
B. et J.-P. Perrin-Chattard (Rennes, Ouest-
France).

Les grandes heures littéraires de Bretagne, par Ch. Le
Quintrec (Rennes, Ouest-France).
Le Cheval d'orgueil, par P.-J. Hélias (Paris, Plon,
coll. « Terre Humaine »).
Barzaz Breiz (Chants populaires de Bretagne), par
La Villemarqué (Paris, Librairie académique
Perrin).
Les Chouans, par H. de Balzac.
Quatre-vingt-treize, par V. Hugo.
Pêcheurs d'Islande, par P. Loti.
Un recteur de l'île de Sein, par H. Queffélec.

Introduction
au voyage

Le roc Trévezel.

PHYSIONOMIE DU PAYS

LA FORMATION DU SOL

La Bretagne actuelle est le résultat d'une évolution qui se poursuit depuis des millions de siècles. Il y a, croit-on, plus de 4 milliards d'années que, sphère incandescente, notre globe s'est détaché du soleil. Cette longue durée a été divisée en périodes ou « ères ».

Ère primaire. — Début, il y a environ 600 millions d'années. Les eaux recouvrent la France ; puis se produit un bouleversement formidable de l'écorce terrestre, le plissement hercynien, dont la forme en V apparaît en tireté sur la carte ci-dessous, qui fait surgir un certain nombre de hautes montagnes parmi lesquelles le Massif Armoricain. Ces montagnes formées de roches cristallines imperméables (granit, gneiss, micaschistes, mêlées de roches éruptives, tel le porphyre) se présentent sous forme de deux chaînes allongées d'Ouest en Est et séparées par un sillon central.

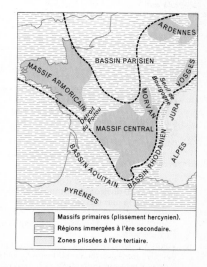

Ère secondaire. — Début, il y a environ 200 millions d'années. Dès le début de cette ère, le relief hercynien a été aplani par l'érosion, formant la pénéplaine armoricaine. L'érosion, destruction continue du sol par l'alternance des pluies, du soleil, de la gelée et par l'action des eaux courantes, vint à bout de roches aussi dures que le granit ou le grès.

Ère tertiaire. — Début, il y a environ 60 millions d'années. Le Massif Armoricain ne fut que faiblement relevé. Les parties les plus hautes sont des collines culminant à 384 m au Signal de Toussaines — Tuchenn-Gador — dans les monts d'Arrée. Des mouvements de bascule du sol sont à l'origine des indentations profondes de la côte.

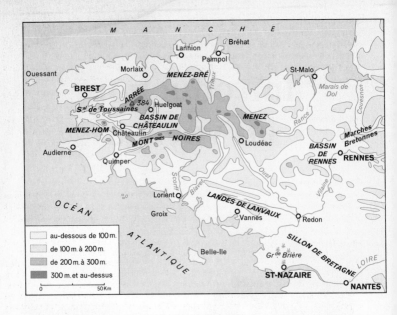

Ère quaternaire. – Début, il y a environ 2 millions d'années. C'est l'ère actuelle au cours de laquelle s'est développée l'humanité.

Des oscillations du niveau de la mer, dues à l'immobilisation des eaux à l'époque glaciaire suivie d'une remontée lors de la fonte des glaces, ont entraîné l'immersion des vallées, créant les **abers** bretons ; les crêtes de l'intérieur deviennent d'abruptes falaises (cap Fréhel, pointe de Penhir, pointe du Raz) ; d'anciennes collines, des îles (Batz, Ouessant, Sein, Groix, Belle-Ile, etc.).

LES PAYSAGES

L'Armor

Ce nom d'**Armor,** qui signifie « pays voisin de la mer », fut donné à la région côtière par les Gaulois, l'intérieur étant l'Argoat.

La côte bretonne est extraordinairement découpée ; cela lui vaut 1 200 km de développement alors que, sans dents de scie, elle en aurait 600. Ce littoral déchiqueté est un des paysages qui donne à la Bretagne son originalité.

Les paysages côtiers les plus typiques se trouvent à l'extrémité Ouest de la péninsule. Les sombres falaises, les caps déchiquetés, hauts de 50 à 70 m, les îles, les rochers, les écueils lui donnent un caractère sauvage qui se reflète dans les appellations locales : passage de la Grande Peur (Fromveur), baie des Trépassés, enfer de Plogoff.

Il y a bien d'autres points impressionnants, eux aussi : l'entassement sur 20 m de hauteur, parfois, des énormes blocs de granit rose de Ploumanach et de Trégastel, le promontoire de grès rouge du cap Fréhel qui domine la mer de 57 m ; les grottes aux vives couleurs de Morgat. La rade de Brest, la baie de Douarnenez, le golfe du Morbihan et ses îles ne s'oublient pas.

Les estuaires qui se succèdent entre la Rance et la Loire offrent de magnifiques spectacles quand on passe, à mer haute, sur les imposants ouvrages d'art (pont Albert-Louppe, pont de Térénez, etc.) qui les franchissent.

Quelques parties basses tranchent sur l'ensemble rocheux de la côte. Au Nord, c'est la baie du Mont-St-Michel que borde une plaine gagnée sur la mer. Au Sud, l'inhospitalière baie d'Audierne, le littoral entre Port-Louis et le pied de la presqu'île de Quiberon, la plage de la Baule donnent un avant-goût des vastes étendues de sable qui triomphent, passé la Loire.

Partout où la côte s'offre directement à la brise de mer, l'aridité est complète. C'est le cas des pointes, des sommets de falaises : le sel, dont les vents sont imprégnés, brûle la végétation. Par contre, dans les endroits abrités croissent avec exubérance de magnifiques plantes ornementales. Arums, camélias, hortensias, rhododendrons, qui feraient l'orgueil de jardiniers expérimentés, parent les plus modestes jardins. La douceur du climat est telle que les plantes des pays chauds (mimosas, araucarias, agaves, grenadiers, palmiers, eucalyptus, myrtes, lauriers-roses, figuiers, etc.) viennent en pleine terre.

Les marées. – Le touriste en Bretagne doit tout d'abord se familiariser avec le rythme des marées, division du temps aussi régulière que la course du soleil. Deux fois en 24 heures, la mer s'avance sur la côte – c'est le flux ou flot – elle atteint la « laisse de haute mer », reste quelque temps « étale », puis se retire – c'est le reflux ou jusant – jusqu'à la « laisse de basse mer » ; après un nouvel « étale », elle reprend sa montée et ainsi de suite.

Vous trouverez les heures des marées indiquées dans les hôtels, sur les quais des ports, dans les journaux locaux. Consultez-les pour choisir vos distractions.

C'est à haute mer que la côte bretonne prend toute sa beauté. Les lames montent à l'assaut des falaises, se brisent sur les bords rocheux, se précipitent dans les baies en crêtes parallèles ; les estuaires s'emplissent et leur nappe liquide est magnifique. C'est le moment où le parcours d'une route côtière, où la visite d'un port offrent les aperçus les plus favorables ; c'est aussi l'heure des sports et des jeux nautiques.

A mer basse, les grèves découvertes, tachées de goémons et d'herbes marines, souvent sales, peuvent décevoir ; aux embouchures des fleuves côtiers, on n'aperçoit alors qu'un pauvre filet d'eau, serpentant au milieu de vases. L'espace de grève découvert entre les hautes et basses mers est d'autant plus grand que la marée est plus forte et la pente du fond plus faible : dans la baie du Mont-St-Michel, cet espace s'étend sur 15 ou 20 kilomètres. La marée basse fait, par contre, la joie des pêcheurs de crabes, crevettes, palourdes, moules, etc.

Sur la côte Nord, dans le golfe de St-Malo, l'amplitude de la marée, qui peut s'élever jusqu'à 13,50 m dans les marées exceptionnellement fortes, atteint dans les mêmes conditions 15 m au fond de la baie du Mont-St-Michel. Quand la tempête souffle, les coups de bélier des lames sont formidables. Il arrive que les chocs reçus par les rochers de Penmarch se répercutent jusqu'à Quimper, à 30 km de là.

Attaquant les parties les plus tendres des falaises, la mer creuse des fissures, fait tomber des pans de roc. Des grottes (Morgat), des tunnels, des arches («château» de Dinan) naissent ainsi. Des presqu'îles, reliées à la terre par une languette plus friable, se tranforment peu à peu en îles.

Le flot ne fait pas que détruire ; il construit. Les sables qu'il apporte, s'ajoutant aux alluvions déversées par les cours d'eau, forment les plages, comblent peu à peu les baies (la baie du Mont-St-Michel en est un exemple frappant) et rattachent les îles ; c'est le cas de Quiberon et ce sera probablement un jour celui de Bréhat.

Les vagues. — Les vagues ou, comme disent les marins, les lames, sont un mouvement ondulatoire produit par le vent. Même lorsque la brise ne souffle plus, l'ébranlement se propage à de grandes distances : c'est la houle. Par une illusion d'optique, l'eau semble se déplacer ; mais il suffit de regarder flotter un bouchon pour constater que la houle ne provoque pas de déplacement. Près du rivage, le mouvement ondulatoire des vagues, qui se manifeste jusqu'à environ 30 m de profondeur, est freiné par le fond ; un déséquilibre se produit et la crête de la lame s'écoule en formant de longs rouleaux d'écume et en faisant entendre un bruit sourd et rythmé : c'est le ressac. Quand la vague atteint un obstacle abrupt, rochers ou falaise, elle est comme réfléchie, s'élève en l'air en lançant des embruns, puis retombe de tout son poids. Les jours de tempête, le spectacle est prodigieux.

Une pépinière de marins. — Les Bretons «naissent avec de l'eau de mer autour du cœur» dit un proverbe. Qu'ils pratiquent la pêche côtière, la pêche hauturière, la grande pêche ou pêche à la morue, la pêche aux crustacés, ils ont su s'adapter aux techniques les plus modernes. Avec Lorient et Concarneau, ils possèdent les deux ports de pêche les plus importants après Boulogne et arrivent largement en tête des régions françaises pour la valeur et l'importance des prises.

La pêche côtière. — Elle se pratique tout le long du littoral. Les barques, qui utilisent la marée pour sortir et rentrer au port, rapportent des «poissons frais» tels que soles, mulets, turbots, raies, bars, dorades, maquereaux, crustacés, coquilles St-Jacques. Leur production, toutefois, est loin de répondre toujours aux besoins de la consommation locale : une ville comme St-Brieuc, par exemple, est approvisionnée en partie par Lorient.

Sur le littoral atlantique, la pêche de la sardine constitue une activité saisonnière de juin à septembre. En hiver, les sardiniers pratiquent le chalutage ou la pêche aux crustacés.

La pêche hauturière. — La pêche au chalut, pratiquée dans le golfe de Gascogne, la mer d'Irlande et jusqu'au large de l'Islande, assure l'essentiel de la production de pêche fraîche, et en particulier des poissons de grande consommation. Elle représente la principale activité des grands ports tels que Lorient, Concarneau et Douarnenez.

Le **thon** fait l'objet d'une pêche de surface pratiquée à la traîne ou à l'appât vivant dans le golfe de Gascogne, à la senne tournante le long des côtes africaines.

La pêche au thon blanc ou «germon» a lieu de juin à octobre ; elle commence entre le Portugal et les Açores pour se terminer dans le golfe de Gascogne.

Le thon tropical (albacore ou listao) est pêché par une trentaine de grands thoniers-congélateurs, armés à Concarneau et basés dans les ports d'Afrique occidentale.

La grande pêche. — Elle désigne la pêche à la **morue** pratiquée sur les bancs de Terre-Neuve, du Labrador et du Groenland. Elle fit, autrefois, la célébrité de Paimpol et de St-Malo ; elle ne subsiste que dans ce dernier port. La flotille de cette pêche est en pleine mutation par suite de la désaffection du consommateur pour la morue salée au profit de la morue congelée.

Les chalutiers actuels sont de véritables usines équipées d'installations de filetage mécanique du poisson et de congélation par «plaques» ou en «tunnel».

St-Malo est le troisième port français pour la morue salée et le premier pour la morue surgelée.

La pêche aux crustacés. — Elle se pratique sur les côtes rocheuses à l'aide de « casiers » ou nasses ; mais, à côté de cette pêche côtière, il existe une pêche lointaine qui fait appel à des techniques plus modernes.

Les langoustiers-congélateurs de Camaret, Audierne et Douarnenez partent en effet pour plusieurs mois, sur les côtes de Mauritanie notamment. Ils sont équipés de viviers et d'installations permettant la congélation des queues de langoustes.

Au retour, une partie de la pêche vivante est placée dans des viviers de stockage situés sur toute la côte, et plus particulièrement entre Primel et Audierne.

La conchyliculture. — L'élevage des huîtres et des moules constitue une activité importante. Grande productrice d'huîtres plates (belons à chair blanche), la Bretagne a également développé ses parcs d'huîtres creuses ; les parcs d'affinage sont installés sur la côte de la Manche, près de Cancale et de Morlaix ; sur la côte Atlantique, dans les rivières de Bélon et de Pénerf principalement. Les moules de bouchot se cultivent de la baie du Mont-St-Michel à la baie de St-Brieuc et dans l'estuaire de la Vilaine tandis que les moules de parc ou élevage à plat se rencontrent dans l'Aven, à l'Ile-Tudy et au Croisic.

(D'après photo R. Gernot/Azimut)

Culture des moules sur bouchot.

L'industrie de la pêche. — Sardines, maquereaux, thons blancs et thons albacores sont mis en boîte dans les nombreuses conserveries de la côte et notamment dans la région de Penmarch, à Douarnenez, Concarneau, Quiberon et Nantes. La Bretagne assure dans ce domaine près des 2/3 de la production nationale.

L'industrie des algues. — Matières premières de l'industrie chimique (iode, soude, alginates, etc.), les algues et en tout premier lieu le classique goémon ont été depuis longtemps récoltés comme engrais.

C'est aussi comme amendement que les Bretons utilisent les sables coquilliers des grèves , la tangue et le maërl (banc de sable contenant des débris d'algues calcaires, exploité au large de Paimpol). Celui-ci, selon un proverbe populaire, change « la bruyère en trèfle et le seigle en froment » ; il peut être employé indifféremment sous forme brute ou après passage dans les usines de broyage.

D'importantes usines (la principale à Pleubian) extraient, des algues, les alginates, employés dans la composition d'aliments (biscottes), de cosmétiques, de matières plastiques ; production d'iode, de soude, broyage de maërl, traitement des déchets de poisson (pour servir à la fabrication d'engrais, d'aliments pour animaux, de produits pharmaceutiques) occupent aussi maintes entreprises dans les zones côtières.

Les chantiers navals. — Près de la moitié des navires construits en France viennent des chantiers navals de Bretagne : Chantiers de l'Atlantique à St-Nazaire pour la Marine Marchande, arsenaux de Brest et de Lorient pour la Marine Nationale.

La « Ceinture dorée ». — Aux activité de la mer vient s'ajouter la production maraîchère de la « Ceinture dorée », régions côtières limoneuses et abritées qui jalonnent la côte de St-Malo à la Loire.

Pommes de terre, choux-fleurs, artichauts, petits pois, haricots verts, carottes, choux, oignons, ail, sont cultivés en « plein champ ». Une partie de la récolte est écoulée vers les grands centres de consommation, région parisienne notamment, le reste est dirigé vers les usines de conserves situées à proximité immédiate des zones de production ou exporté vers la Grande-Bretagne.

(Photo Michel Guillard/Scope)

L'Argoat

Moins pittoresque que l'Armor, la Bretagne intérieure ou Argoat reste cependant très attrayante.

Les plateaux. – Les plateaux couvrent la plus grande partie du pays. Qu'on ne s'attende pas à trouver ici de vastes surfaces sans relief, qui fuient à l'infini. C'est une succession de mamelons, que le touriste franchit sans bien se rendre compte de leur orientation générale. Des rivières, profondément encaissées, aux eaux brunes et vives, se glissent au milieu de ces ondulations. Le terrain est généralement découpé en damier par des talus ou des murs de pierre sèche qui délimitent les champs et les prés. Les talus portent le plus souvent des chênes étêtés et la campagne, vue de loin, semble très boisée.

La montagne. – La montagne ! Le mot écrase un peu les collines bretonnes. Mais c'est bien ainsi que les gens de la côte dénomment la partie centrale de la Bretagne. Il faut dire qu'en maints endroits, l'aridité, la solitude de la chaîne, les dents de scie des crêtes contrastant avec les ondulations des plateaux qu'elles dominent, le vent qui souffle vigoureusement donnent l'impression de la haute altitude. Du roc Trévezel (384 m), du Ménez-Hom (330 m), du Menez-Bré (302 m), on découvre – par temps bien sec – une immense étendue de terre bretonne.

Les rivières qui descendent de la montagne vers la Manche ou l'Atlantique présentent de jolis sites : la fraîche végétation de leurs vallées contraste avec l'âpreté des sommets.

Les forêts et les landes. – La Bretagne a possédé, autrefois, d'immenses forêts de chênes et de hêtres. Les générations qui se sont succédé depuis les Romains ont porté la hache dans ces massifs et il n'en reste plus que des tronçons épars : forêts de Paimpont, Loudéac, Huelgoat, Quénécan, etc. Ce sont des bois accidentés, coupés de gorges, de ravins, de chaos de rochers, dont Huelgoat est l'exemple accompli. Malheureusement, la plupart d'entre eux semblent négligés, le taillis domine. Les belles futaies sont rares et ces forêts doivent leur pittoresque plus à leur relief qu'à leur peuplement.

Des landes incultes avaient succédé aux forêts. Dans la région des sommets, elles s'étendent encore en vastes solitudes dont la mélancolie s'éclaire au moment où les ajoncs ont leur manteau d'or ou quand les bruyères forment un tapis violet. Ailleurs, elles ont presque partout cédé devant l'effort paysan et sont devenues terrains de culture. C'est le cas des landes de Lanvaux dont le nom déroute le visiteur, il croit trouver une terre inculte et découvre une région mise en valeur et riche de promesses.

Les activités des hommes. – Très longtemps voué à l'agriculture et à l'élevage, l'Argoat a connu, grâce à la « décentralisation » de grandes firmes, un développement industriel important.

L'agriculture. – Bien que terre réputée ingrate et pauvre, la Bretagne n'en a pas moins toujours été l'une des toutes premières régions agricoles de France.

Les cultures céréalières, principalement, couvrent près de la moitié des surfaces labourées et côtoient les plantes fourragères (choux, betteraves) réservées à l'alimentation du bétail.

Les pommiers sont encore nombreux en Ille-et-Vilaine et dans le Sud du Finistère, mais connaissent une certaine régression dans le Morbihan. Leurs fruits sont récoltés pour la fabrication de cidre, de jus ou de concentrés de jus de pommes.

L'élevage. – L'Argoat est avant tout le pays des vaches laitières, fournissant environ le cinquième des produits laitiers français. De grandes laiteries industrielles se rencontrent, très nombreuses, en Ille-et-Vilaine et Finistère.

L'élevage des porcs, presque exclusivement fermier à l'origine, s'est industrialisé. Très important, il répond à une consommation locale, mais approvisionne surtout le marché national et les multiples entreprises qui se consacrent à la fabrication de la charcuterie fraîche ou de conserve et aux salaisons.

L'aviculture convenant très bien aux surfaces exiguës connaît un succès croissant, environ le tiers de la production nationale. Les Côtes-du-Nord qui possèdent une station avicole expérimentale à Plougrafan, arrivent en tête avec le Finistère pour la production de poulets et d'œufs.

L'industrie. – Particulièrement florissante et variée dans cette Bretagne centrale. A Rennes et dans sa région se sont implantés deux usines Citroën, des imprimeries, des fabriques de cartons d'emballage (rencontrées aussi dans le Finistère), de matériaux de construction, de bonneterie, des ateliers militaires.

Redon fabrique des briquets à gaz, Châteaubriant près du tiers des charrues françaises, Fougères des chaussures et du verre, Dinan de la bonneterie ; des usines de papiers à cigarettes fonctionnent à Quimperlé, Scaër et Ergué-Gabéric.

Les industries extractives, peu nombreuses mais actives, conservent une certaine importance. Ce sont les usines de kaolin et les ardoisières de Châteaulin et Carhaix-Plouguer en particulier, la mine d'étain de St-Renan (Finistère), les gisements de cuivre, zinc et plomb des Montagnes Noires, de titane du Sud de l'Ille-et-Vilaine, les carrières de granit, dont le plus réputé, celui de Kersanton près de Logonna (Finistère), a été abondamment utilisé dans la statuaire bretonne.

QUELQUES FAITS HISTORIQUES

Avant J.-C.	### L'antique Armor
6ᵉ s.	Les Gaulois arrivent dans la péninsule. Ils lui donnent le nom d'Armor (pays de la mer). Un peuple mal connu, grand dresseur de mégalithes, les a précédés.
56	César détruit la flotte des Vénètes, le peuple le plus puissant d'Armor *(détails p. 140)* et conquiert tout le pays.
Après J.-C.	Pendant quatre siècles, la civilisation romaine accomplit son œuvre. Puis, les invasions barbares ruinent l'Armor qui retourne presque à l'état sauvage.

L'Armor devient la Bretagne

460	Arrivée des premiers Celtes de Grande-Bretagne, chassés de chez eux par les Angles et les Saxons. L'émigration se poursuit pendant deux siècles. Ces colons raniment et évangélisent l'Armor, lui donnent son nouveau nom : Petite Bretagne, qui devient Bretagne tout court. De leurs chefs religieux, le peuple breton a fait des saints, patrons de nombreuses villes de la péninsule *(p. 25)*. L'État reste anarchique : à la base, il y a une poussière de « plous » ou paroisses.
799	Charlemagne soumet toute la Bretagne.

Le Duché de Bretagne

826	Louis le Pieux fait duc de Bretagne un noble Vannetais : Nominoé *(p. 214)*.
845	Nominoé se libère de la suzeraineté franque en battant Charles le Chauve près de Redon. Il rassemble toute la Bretagne sous son autorité et ouvre une dynastie ducale, indépendante, qui durera plus d'un siècle.
851	Erispoë, fils de Nominoé, prend le titre de roi de Bretagne. Il sera assassiné par son cousin, Salomon, qui lui succède en 857.
874	Assassinat de Salomon (dit le Grand, ou saint Salomon). Sous son règne, le royaume de Bretagne, atteignant son apogée, a englobé le Cotentin, l'Avranchin et le comté de Craon.
919	Grande invasion normande. Rapines et pillages.
939	Le roi Alain Barbe-Torte chasse les derniers Normands.
952	Mort d'Alain, dernier roi de Bretagne. Dans les forteresses qui se sont élevées un peu partout pour résister aux Normands, les seigneurs bravent l'autorité des successeurs de Barbe-Torte. C'est une période de désordres et de misères qui se prolongera jusque vers la fin du 14ᵉ s.
1341	La guerre de Succession s'ouvre à la mort du duc Jean III. Sa nièce, Jeanne de Penthièvre, femme de Charles de Blois, que soutiennent les Français, et son frère Jean de Montfort, allié des Anglais, se disputent le duché.
1351	Combat des Trente *(p. 119)*.
1364	Charles de Blois, malgré l'aide de Du Guesclin *(voir p. 24)*, est battu et tué à Auray *(p. 50)*. De cette guerre, la Bretagne sort ruinée.

Les Montfort

1364-1468	Les ducs de la maison de Montfort relèvent le pays. C'est la période la plus éclatante de son histoire. Les arts atteignent leur apogée. Les ducs, véritables souverains, ne rendent qu'un hommage théorique au roi de France. Le comte de Richemont, connétable de France *(p. 216)*, fut l'un d'eux.
1488	Le duc François II, entré dans la coalition féodale dirigée contre la régente de France, Anne de Beaujeu, est battu à St-Aubin-du-Cormier *(p. 192)* et meurt. Sa fille, Anne de Bretagne, lui succède.

Réunion de la Bretagne à la France

1491	Anne de Bretagne épouse Charles VIII *(détails p. 181)*. Mais elle reste duchesse et souveraine de Bretagne.
1498	Charles VIII meurt accidentellement. Anne retourne dans son duché.
1499	Anne redevient reine de France en se mariant avec Louis XII qui, en hâte, a répudié sa première femme. Le duché reste toujours distinct de la couronne *(détails p. 214)*.
1514	Anne de Bretagne meurt. Sa fille, Claude de France, hérite du duché. Elle épouse François d'Angoulême qui va devenir François Iᵉʳ.

(Photo Musée de Bretagne, Rennes)
Anne de Bretagne.

1532	Claude cède son duché à la couronne. François Iᵉʳ fait ratifier cette union définitive de la Bretagne et de la France par le Parlement de Vannes.

Loyalisme et révoltes

1534 Le Malouin Jacques Cartier *(p. 196)* découvre l'estuaire du St-Laurent.

1588 La Bretagne se soulève contre son gouverneur, le duc de Mercœur, qui veut profiter des troubles de la Ligue pour s'approprier la province. Des bandits, comme le fameux La Fontenelle *(p. 94)*, mettent le pays à feu et à sang.

1598 Par l'Édit de Nantes, Henri IV met fin aux luttes religieuses *(p. 145)*.

1675 Révolte dite du « papier timbré ». Elle dégénère en jacquerie *(p. 167)*.

1711 Duguay-Trouin *(p. 196)* s'empare de Rio-de-Janeiro.

(Photo Musée de St-Malo)
Surcouf.

1764 Le Parlement de Rennes et son procureur général La Chalotais *(p. 182)* s'opposent au gouverneur d'Aiguillon. Le prestige de l'autorité royale est fort entamé. La Révolution s'annonce.

1765 De nombreux réfugiés acadiens s'installent à Belle-Ile *(p. 54)*.

1773 Naissance de Surcouf, corsaire breton *(p. 196)*.

1789 Les Bretons accueillent la Révolution avec enthousiasme.

1793 Carrier noie en série à Nantes *(p. 145)*.

1793-1804 La Chouannerie : c'est le nom donné à l'insurrection royaliste qui se déroula de 1793 à 1804 et dont les artisans avaient adopté le hululement du chat-huant comme signe de ralliement. Ses origines, comme pour la guerre de Vendée (voir le guide Vert Michelin Côte de l'Atlantique), furent l'exécution de Louis XVI, la conscription et la persécution des prêtres qui ne reconnaissent pas la Constitution Civile du Clergé.
Parmi ses chefs, dominent le marquis de la Rouërie, né à Fougères *(p. 100)* et instigateur du mouvement, et Cadoudal, fils d'un cultivateur des environs d'Auray *(p. 50)*.

1795 Débarquement de Quiberon *(p. 169)*.

1804 Exécution de Cadoudal.

1826 Mort du grand médecin quimpérois René Laënnec *(p. 171)*.

1832 Une nouvelle tentative de révolte, organisée par la duchesse de Berry, échoue *(p. 145)*. C'est le dernier soubresaut.

1909 La grève des soudeurs des conserveries concarnoises dégénère en émeute.

1914-1918 La Bretagne paie un lourd tribut en vies humaines à la Grande Guerre.

La Bretagne contemporaine

1927-1928 L'aviateur morbihanais Le Brix effectue, avec Costes, le premier tour du monde aérien.

1940 Les habitants de l'île de Sein *(p. 208)*, premiers à rallier le général de Gaulle.

1942 Audacieux coup de main anglo-canadien contre la base de St-Nazaire *(p. 202)*.

1944-1945 La fin de l'occupation nazie en Bretagne voit se multiplier les destructions, notamment à Brest, Lorient, St-Malo, St-Nazaire...

1951 La formation du Comité d'Études et de Liaison des Intérêts Bretons (CELIB) prélude au renouveau économique de la Bretagne.

1962 1re liaison de télévision par satellite réalisée à Pleumeur-Bodou *(p. 159)*.

1966 Mise en service de l'usine marémotrice de la Rance *(p. 178)*, et de la centrale nucléaire des Monts d'Arrée (près de Brennilis).

1967 Le naufrage, en mars, au large des côtes anglaises, du pétrolier « Torrey Canyon », engendre la première « marée noire » venue polluer les plages bretonnes.

1969 Création du Parc Naturel Régional d'Armorique *(p. 47)*.

1975 Premiers forages pétroliers entrepris en mer d'Iroise (sur le plateau continental enveloppant le Finistère).

1978 Institution de la Charte culturelle et du Conseil culturel de Bretagne.
Échouage du pétrolier « Amoco Cadiz » devant Portsall.

DU GUESCLIN

Bertrand Du Guesclin, né au début du 14e s. au château de la Motte-Broons, près de Dinan, fut un des plus grands hommes de guerre français.

Entré au service du roi en 1356, il est armé chevalier au château de Montmuran (p. 114), le lendemain de la prise de Rennes. Ses victoires lui valent titres et honneurs : gouverneur de Pontorson (1360), comte de Longueville (1364), duc de Molina, duc de Transtamarre (1366), roi de Grenade (1369) et, enfin, connétable de France (1370). A sa mort, les possessions de la couronne s'étaient considérablement agrandies aux dépens des Anglais et de leurs alliés. Ses restes furent déposés dans quatre sépultures (p. 88). La carte ci-dessous permet de suivre l'ordre de ses principales campagnes.

(Photo Musée de Bretagne, Rennes)

Du Guesclin.

①	1356	Prise de Rennes.
②	1359	Délivrance de Dinan.
③	1363	Prise de plusieurs villes bretonnes. De St-Pol-de-Léon, Du Guesclin arme des barques contre les Anglais.
④	1364	Prise de Mantes et de Meulan.
⑤	—	(16 mai) Victoire de Cocherel.
⑥	—	(29 septembre) Défaite d'Auray. Du Guesclin est fait prisonnier.
⑦	1366	« Les Grandes Compagnies » commandées par Du Guesclin pénètrent en Espagne par les Cols de la Perche et du Perthus. Une succession de victoires sur Pierre le Cruel et les Anglais les mène jusqu'à Séville.
	1367	(3 avril) Défaite de Najera : Du Guesclin, fait prisonnier, est emmené en captivité par les Anglais à Bordeaux.
	1369	(17 janvier) Du Guesclin, libéré contre rançon, retourne en Espagne.
	—	(mars) Siège du Château de Montiel. Pierre le Cruel est tué. Du Guesclin rentre en France.
⑧	1370	Prise de Moissac. Libération du Périgord.
⑨		Libération du Mans. Victoire de Pontvallain. Le Maine et l'Anjou sont libérés.
⑩		Prise de Bressuire.
⑪		Défaite du Pont de Juigné. Du Guesclin est fait prisonnier.
⑫	1371	Prise de Briouze.
⑬	1372	Victoire de Mortain. Le Bocage normand est libéré.
⑭	1372-1373	Prise de nombreuses villes en Poitou-Saintonge-Angoumois.
⑮	1373	La Bretagne est conquise, sauf Brest et Derval.
⑯	1374	Prise de St-Sauveur-le-Vicomte.
⑰	1378	La Normandie est soumise, sauf Cherbourg.
⑱	1380	(27 juin) Prise de Chaliers.
⑲	—	(13-14 juillet) Prise de Châteauneuf-de-Randon. Mort de Du Guesclin.

Dinan Principaux combats ou sièges
Possessions anglaises en 1361
Possessions anglaises en 1380
- - - Frontières en 1380
---- Frontières actuelles

Calais

Cherbourg

St-Sauveur-le-Vicomte ⑯ Carentan · Comté de Longueville

Jersey · Pont-Audemer

Brest · St-Pol-de-Léon · Mortain ⑰ · Cocherel

St-Malo ⑤ ④ · St-Denis

La Roche-Derrien ③ Dinan ⑬ ⑫ · Mantes Meulan

⑮ ② Pontorson Briouze

La Motte-Broons ① Rennes

Auray ⑥ Derval ⑨ Le Mans, Pontvallain

Guérande ⑪ Pont-de-Juigné

Bressuire

⑩

Niort Poitiers

La Rochelle

Chizé ⑭

Angoulême Montferrand

Bordeaux Le Puy

Chaliers ⑱

Moissac ⑧ ⑲ Châteauneuf-de-Randon

Col du Perthus

⑦ Col de la Perche

ESPAGNE

(D'après documents fournis par le Musée des Monuments français, au Palais de Chaillot)

TRADITIONS ET FOLKLORE

UNE TERRE DE LÉGENDES

L'âme bretonne a toujours incliné au rêve, au fantastique, au surnaturel, C'est ce qui explique l'étonnante abondance et la persistance des légendes au pays d'Armor.

La Table Ronde. – Après la mort du Christ, Joseph d'Arimathie, un de ses disciples, quitte la Palestine en emportant quelques gouttes du sang divin dans la coupe où le Rédempteur a bu lors de la dernière Cène. Il débarque en Bretagne, séjourne en forêt de Brocéliande (actuellement forêt de Paimpont), puis disparaît sans laisser de trace : la précieuse coupe est perdue.
Au 6e s., le roi Arthur et cinquante chevaliers entreprennent de la retrouver. Elle constitue, pour eux, le Saint Graal, que seul pourra conquérir un guerrier au cœur pur. Perceval (le Parsifal de Wagner) en est le type. La recherche du Graal a donné naissance, au Moyen Age, à d'inépuisables récits d'aventures qui forment le cycle de la Table Ronde (Arthur et ses chevaliers s'assemblaient autour d'une table qui était ronde pour supprimer toute préséance).

Merlin et Viviane. – Un des compagnons du roi Arthur, Merlin l'enchanteur, est venu dans la forêt de Brocéliande afin d'y vivre dans la retraite. Mais il rencontre Viviane : l'amour exalte l'enchanteur et la fée. Pour garder plus sûrement Merlin, Viviane lui soutire un à un ses secrets et l'enferme dans un cercle magique. Ce serait un jeu, pour lui, de se libérer, mais il accepte avec joie, et pour l'éternité, cette captivité amoureuse.

Tristan et Iseult. – Tristan, prince de Léonois, envoyé par son oncle Mark, roi de Cornouaille, ramène d'Irlande Iseult, que Mark va épouser. Sur le navire, Tristan et Iseult boivent par erreur le philtre destiné à lier, d'un amour inaltérable, Iseult à son époux. La passion éclate dans les deux cœurs, plus forte que le devoir. Les récits font varier les dénouements : tantôt Tristan est tué par Mark, ulcéré de sa trahison ; tantôt, il se marie et meurt dans son château de Bretagne. Mais Iseult le suit invariablement dans la tombe. L'opéra de Wagner et le livre de Joseph Bédier ont célébré ce drame d'amour.

La ville d'Is. – Au temps du bon **roi Gradlon**, vers le 6e s., Is est la capitale de la Cornouaille : la baie des Trépassés, la baie de Douarnenez, Penmarch en revendiquent les vestiges. Elle est si belle que, d'après une tradition bretonne, les habitants de Lutèce, cherchant un nom pour leur fière cité, auraient choisi Par-Is (pareille à Is), d'où Paris. La ville est protégée de la mer par une digue et le roi garde toujours sur lui la clef d'or qui ouvre les écluses.
Sa fille, la belle Dahut, appelée encore Ahès, qui mène une vie de débauche, rencontre le diable, sous la forme d'un séduisant jeune homme. Il lui demande, comme preuve d'amour, d'ouvrir les portes aux flots. Dahut dérobe la clef des écluses pendant le sommeil du roi et bientôt la mer se rue dans la ville. Gradlon fuit, à cheval, sa fille en croupe. Mais les vagues le poursuivent et vont l'engloutir. A ce moment, une voix céleste lui ordonne, s'il veut être sauvé, de jeter à l'eau le démon qu'il porte derrière lui. Le roi obéit, le cœur saignant, et la mer se retire aussitôt. Mais Is est détruite.
Gradlon prend comme nouvelle capitale Quimper (sa statue se dresse entre les deux flèches de la cathédrale). Il finit ses jours en odeur de sainteté, guidé et soutenu par saint Corentin. Quant à Dahut, changée en sirène, elle est devenue Marie-Morgane et entraîne, depuis lors, au fond de la mer, les marins que sa beauté attire. Il en sera ainsi jusqu'au Vendredi de la Croix où la messe du rachat sera célébrée dans une église de la cité engloutie. Alors Is ne sera plus maudite et Morgane reprendra sa première forme.

LES SAINTS

La Bretagne des magiciens, des esprits, des fées, des démons et aussi des démones, est le pays de France qui a connu la plus extraordinaire floraison d'auréoles. Les saints s'y dénombrent par centaines ; leurs statues de bois peint décorent églises et chapelles. A dire vrai, on peut compter sur les doigts ceux qui ont été canonisés à Rome (saint Yves, par exemple). Les plus officiels ont simplement été reconnus par les évêques ; le peuple s'est donné les autres. Leur notoriété ne dépasse pas les limites de la province, ni même, bien souvent, du village où ils sont vénérés.

Les patrons des villes. – Les chefs religieux des Celtes qui débarquèrent, au 5e s., venant de Grande-Bretagne *(voir p. 22)* sont devenus les saints patrons des sept anciens évêchés : St-Malo, St-Brieuc, St-Pol-de-Léon, Dol (saint Samson), Tréguier (saint Tugdual), Quimper (saint Corentin), Vannes (saint Patern). Il en est de même pour beaucoup d'autres localités : St-Efflam, St-Lunaire, St-Briac, St-Gildas, etc.
Jusqu'au 16e s., la tradition exigeait que tout Breton fît, au moins une fois dans sa vie, le pèlerinage des cathédrales : c'était le Tro Breiz (tour de Bretagne). Qui manquait à ce rite devait effectuer le voyage après sa mort, en avançant, tous les sept ans, de la longueur de son cercueil !

Les saints « guérisseurs ». – Les relations des Bretons avec leurs saints ont toujours été empreintes de confiance, d'amitié et même de familiarité.
Il y a des saints qu'on invoque en toutes circonstances. D'autres, innombrables, sont invoqués contre une maladie déterminée : rhumatismes, affections capillaires, etc. ; pendant des siècles, ils ont tenu lieu de médecins.
Les bœufs, les chevaux ont aussi leurs patrons attitrés (saint Cornély, saint Herbot).

Saint Yves. – « Monsieur saint Yves » est le saint le plus populaire de Bretagne. C'est le redresseur de torts et la consolation des pauvres.
Fils d'un gentilhomme campagnard, Yves Helori est né à Minihy-Tréguier au manoir de Kermatin, en 1253. Tout jeune, il a déjà le goût de la vie ascétique. Venu étudier le droit à Paris, il en approfondit les finesses pendant treize ans, puis, revenu en Bretagne, se fait prêtre et exerce, à l'évêché de Tréguier, les fonctions de magistrat dans l'une des cours, d'avocat devant les autres.

Il acquiert une popularité inouïe par son esprit de justice et de conciliation, par la rapidité de ses jugements et la concision de ses plaidoiries. Un jour, un bourgeois assigne devant lui un mendiant qui, chaque jour, vient devant le soupirail de sa cuisine humer le fumet des plats. Yves prend une pièce de monnaie, la fait sonner et renvoie le plaignant en disant : « Le son paie l'odeur ».

Pour ne pas nuire aux avocats, saint Yves choisit les causes des plus misérables, d'où son surnom « d'avocat des pauvres ». C'est, en somme, le précurseur de l'assistance judiciaire. Mort en 1303, il est canonisé en 1347.

En tant que patron des avocats et des gens de loi, son culte s'est étendu à l'Europe entière et jusqu'en Amérique. Ce qui explique que des délégations d'avocats étrangers se joignent à la foule des pèlerins toujours aussi nombreux qui, à Tréguier, assistent au « pardon des pauvres » (voir p. 210).

Les saints du calendrier. — La mystique Bretagne, au cœur innombrable, a fait aussi une place aux grands saints de l'Église. Les apôtres alignent leurs statues au long des porches, se dressent sur les calvaires ; saint Michel est le patron des lieux élevés ; saint Jacques, des marins ; saint Fiacre, des jardiniers ; sainte Barbe, invoquée par temps d'orage, est la patronne des corporations qui manient les explosifs (son père, qui lui fit subir le martyre, tomba frappé de la foudre) ; sainte Apolline protège des maux de dents ; bien d'autres encore ont un culte établi. Mais c'est à la Vierge Marie que va la ferveur la plus vive.

Sainte Anne. — Son culte, répandu en Occident au retour des croisades, favorisé en Bretagne par la duchesse Anne et son souvenir, a fait de sainte Anne, mère de la Vierge, la patronne des Bretons par qui elle était autrefois invoquée pour les récoltes de foin. Le plus fameux pardon breton, celui de Ste-Anne-d'Auray, lui est consacré et aussi celui, très important, de Ste-Anne-la-Palud, d'où ce dicton : « Mort ou vivant, à Sainte-Anne une fois doit aller tout Breton ».

Une légende peu orthodoxe fait de sainte Anne une Cornouaillaise de sang royal, transportée par les anges à Nazareth pour la préserver des brutalités de son époux. Après avoir donné le jour à la Vierge Marie, elle serait revenue mourir en Bretagne. C'est Jésus qui, rendant visite à son aïeule, aurait fait jaillir la source sacrée de Ste-Anne-la-Palud.

Ses statues la représentent le plus souvent avec un manteau de couleur verte, symbolisant l'espoir du monde, seule ou apprenant à lire à Marie.

LES COSTUMES ET LES COIFFES

Les costumes. — La Bretagne possède des costumes d'une variété et d'une richesse surprenantes. Le proverbe « Kant bro kant giz - Kant parrez kant iliz » (Cent pays cent guises - Cent paroisses cent églises) souligne cette diversité.

Les beaux costumes, transmis de génération en génération, étaient autrefois de toutes les fêtes familiales et publiques. Il était d'usage qu'une jeune fille, lors de son mariage, fît la coûteuse acquisition d'une magnifique toilette, qui devait lui servir bon nombre d'années. Aujourd'hui, les costumes traditionnels ne sortent que rarement des armoires. Pour les grandes circonstances : pardons, premières communions, noces, baptêmes et parfois grand-messe des fêtes carillonnées, certaines femmes, rarement les jeunes, s'en parent encore.

Malgré une tentative de modernisation des costumes et les efforts des sociétés régionalistes qui cherchent depuis quelques années, et non sans succès, à redonner aux jeunes le goût des anciennes parures, le touriste qui parcourt rapidement la Bretagne rencontrera peu de ces riches costumes, popularisés par les cartes postales et les ouvrages spécialisés.

Quelques vieillards sont restés fidèles à leur chapeau de feutre enrubanné ou à boucle, plus rarement à leur gilet brodé.

Les costumes traditionnels féminins brillent surtout par l'éclat de leurs tabliers qui révèlent, par la richesse de

(Photo Dupont/Explorer)

Bigoudènes.

leur décoration, l'aisance de la famille. De satin ou de velours, brochés et brodés, garnis de dentelles, ces tabliers sont de formes et dimensions diverses : sans bavette à Quimper, ils en ont une réduite à Pont-Aven et une grande remontant jusqu'aux épaules à Lorient. Les robes de cérémonie, généralement noires, sont souvent ornées de bandes de velours ; les plus belles, celles de Quimper, ont des broderies de soies multicolores.

Les coiffes. — La grande originalité du costume féminin breton est la coiffe, portée surtout dans le Finistère et le Morbihan.

L'une des plus seyantes est certainement celle de **Pont-Aven** : de dentelle, harmonieusement disposée autour d'un ruban de couleur, elle se complète d'une grande collerette empesée. La coiffe **bigoudène** (région de **Pont-l'Abbé**) est l'une des plus curieuses. Autrefois de petites dimensions, ce ravissant petit menhir de dentelle a atteint, après 1930, des proportions surprenantes.

A **Quimper,** la coiffe est plus petite et se porte sur le sommet de la tête. A **Plougastel,** dans une région encore imprégnée de traditions, la coiffe offre des réminiscences des hennins médiévaux peu élevés toutefois. Elle est attachée sous le menton par un flot de rubans noués sur le côté *(illustration p. 219).*

La simplicité de la matière s'allie à l'originalité de la forme dans la coiffe de **Tréguier.** Celle de **Douarnenez** est serrée sur le chignon, celle d'**Auray** ombre le front, celle de **Huelgoat** est une sorte de résille en dentelle.

Pour avoir une idée de la richesse et de la variété du vêtement breton, le touriste visitera les musées de Quimper, Guérande, Rennes, Nantes, Dinan, etc., qui ont réuni de belles collections.

(Photo Hervé Coataner/Scope)
Cap Sizun.

◀ *(Photo Christiane Olivier, Nice)*
Pont-Aven.

LES PARDONS

Les pardons bretons sont, avant tout, des manifestations de ferveur religieuse. Ils ont lieu dans des églises ou chapelles consacrées par une tradition parfois millénaire. Les fidèles viennent chercher là le pardon de leurs fautes, exécuter un vœu ou demander des grâces.

Les grands pardons sont fort impressionnants — les petits, moins spectaculaires, sont souvent plus fervents — et le touriste se doit d'assister à l'un d'eux *(liste p. 16).*

La procession, qui a lieu l'après-midi, est la cérémonie la plus originale : cierges, bannières, statues de saints portées par des hommes ou des jeunes filles parfois en costumes ; cortège de pèlerins chantant des cantiques, prêtres, saint sacrement, éventuellement plusieurs évêques.

Après la procession, la fête profane se donne libre cours. C'est à l'ordinaire un spectacle du type forain assez banal.

(Photo Dupont/Explorer)
Le pardon de Ste-Anne-la-Palud.

ÉVOLUTION ET RÉGIONALISME

Les deux Bretagnes. — La carte ci-dessous délimite la **Haute-Bretagne** ou pays gallo et la **Basse-Bretagne** ou Bretagne bretonnante. On parle français dans la première, français et breton dans la seconde.

La Basse-Bretagne comporte quatre régions ; chacune a ses coutumes et apporte ses nuances dans le parler Breton. Ce sont : le pays de Tréguier ou Trégorrois, le pays du Léon, la Cornouaille et le pays de Vannes ou Vannetais.

Outre la langue, cette limite entre les deux Bretagnes correspond aux traditions. C'est en Basse-Bretagne que l'on a le plus de chances de retrouver les coutumes ; en Haute-Bretagne, il n'en est presque plus de trace. Cette limite n'est pas restée fixe.

(D'après A. Dauzat)

Les deux Bretagnes.

La langue bretonne. —

Du point de vue linguistique et ethnique, les Bretons sont plus proches des Gallois que des Français. C'est qu'aux 5e et 6e s. *(voir p. 22),* l'Armorique (Bretagne actuelle) a donné asile aux Brittons chassés de la Bretagne (Grande-Bretagne actuelle) par l'invasion anglo-saxonne. La Bretagne fut ainsi formée et le breton rivalisa avec le français, dérivé du bas latin.

Au 9e s., la dynastie de Nominoé *(p. 214)* marque l'apogée de la nation bretonne et l'extrême avancée de sa langue *(voir carte ci-dessus).* Puis, les invasions normandes et la féodalité mettent à mal l'unité bretonne. Le rattachement à la France au 15e s. et la Révolution renversent la situation en faveur du français.

L'association U. D. B. (Union pour la défense de la langue bretonne) qui a mené campagne pour l'enseignement facultatif du breton en Basse-Bretagne l'a obtenu dans les lycées et écoles normales. Une section de celtique existe à l'Université de Haute Bretagne-Rennes II. La création d'un institut de langues celtiques est réclamée.

Noms bretons. — *Voir page 4.*

L'évolution rapide de la Bretagne. — La Bretagne a plus changé dans la première moitié du 20e s. que dans les deux siècles précédents. Le contact des soldats bretons avec des hommes d'autres provinces et surtout le retour au pays natal de compatriotes qui ont occupé des postes de commandement dans la marine, l'administration, le commerce et l'industrie, ont renforcé l'évolution provoquée par les touristes. L'originalité conservée dans les mœurs, l'habillement, le mobilier, s'est émoussée. Les villages ne forment plus un bloc d'habitudes, de croyances traditionnelles. Moins de la moitié des Bretons connaissent encore leur langue.

Régionalisme et cercles celtiques. — De nos jours, les provinces cultivent le régionalisme. En Bretagne, quelques groupes folkloriques étaient actifs, bien que le mouvement ne soit pas né « au pays » : avant 1939, les Bretons de Paris — fondateurs du premier cercle celtique en 1917 — se sont attachés à répandre le goût des réunions bretonnes ; à la Libération, les cercles s'accroissent. Aujourd'hui, ils sont plus de soixante, en Bretagne, pour remettre en honneur les danses, la musique et les costumes. Les « sonneurs » (joueurs de biniou), qui étaient 63 en 1939, atteignent le nombre de 2 500 se répartissant ainsi : 500 sonneurs de couple utilisent le vieux biniou traditionnel joint à la bombarde, 2 000 sonneurs de bagad (groupe) jouent de la cornemuse écossaise rebaptisée grand biniou. Les premiers animent localement les fêtes, les mariages ; les seconds participent aux grandes réunions folkloriques, aux défilés.

Les congrès du Bleun-Brug (association catholique culturelle bretonne), les fêtes folkloriques sont autant de prétextes pour réunir ces groupes, les faire concourir et se produire pour la plus grande joie des assistants. La vitalité de cercles analogues s'affirme dans toute la France et outre-mer. Paris et sa région comptent quelque 94 associations. Les Bretons de New York procèdent tous les ans à l'élection d'une « duchesse Anne ».

VIE LITTÉRAIRE

Moyen Age et Renaissance. − La vie intellectuelle se concentre dans les monastères. La langue employée est le latin. Les sujets traités ont le plus souvent pour objet l'histoire de l'Église ou de la Bretagne, la morale et la vie des saints. Une vie de saint Guénolé fut écrite par l'abbé de Landévennec, Wurdisten, au 9e s. Il décrit ce village comme étant « un lieu exposé au soleil et plein de charme..., une sorte de paradis ayant une vue splendide sur le levant, le premier chaque année à donner des pousses et des fleurs, le dernier à perdre ses feuilles ». Un moine de l'abbaye de Landévennec, Wromonoc, traite à la même époque une vie de saint Pol.

On peut citer, à la fin du 11e s., le moine Wallon qui compose des poèmes latins sur l'avarice et le mépris des richesses. Au 12e s. apparaissent de grandes figures :

Pierre Abélard, brillant philosophe, natif du Pallet, près de Nantes, fut abbé de St-Gildas-de-Rhuys *(p. 195),* dans ce cloître retiré, il reçoit la correspondance passionnée de la jeune Héloïse, épousée secrètement, et relate l'histoire de ses malheurs.

Étienne de Fougères, évêque de Rennes en 1168, dont le Livre des Manières est une occasion de moraliser ses contemporains.

Guillaume Le Breton, poète et historiographe de Philippe Auguste, auteur des douze volumes de Philippide où il exalte les événements du règne avec patriotisme.

De nombreux étudiants bretons fréquentent l'Université de Paris, puis celle de Nantes après sa fondation au 15e s. Des écoles se créent dans les petites paroisses. Et pourtant, il faut arriver aux 15e et 16e s. pour trouver les historiens Pierre Le Baud, Alain Bouchard et Bertrand d'Argentré, le poète nantais Meschinot (auteur d'un recueil de ballades : Les lunettes des Princes), le conseiller au Parlement de Rennes, Noël du Fail, le dominicain Albert Legrand qui écrivit la Vie des saints de la Bretagne Armoricaine.

17e et 18e siècles. − Mme de Sévigné, Bretonne par alliance, a, de son château des Rochers-Sévigné *(p. 188),* daté maintes lettres décrivant avec faconde Rennes, Vitré, Vannes, le manoir qu'elle habite, et Port-Louis où elle a fait « le plus joli voyage du monde ».

Lesage *(p. 142),* spirituel auteur de Gil Blas, est un observateur attentif de la société qui aime aussi la vie des champs et transpose des souvenirs de son Vannetais natal. Duclos, moraliste et historien, fut maire de Dinan pendant six ans. **Fréron** *(p. 171)* qu'illustrèrent ses démêlés avec Voltaire dont il était le filleul, fut le brillant directeur de l'Année littéraire, journal périodique parisien ; renforçant ses attaches bretonnes, il épouse une Quimpéroise puis une Pont-l'Abbiste. Les bénédictins Dom Lobineau, né à Rennes en 1666, et Dom Morice, né à Quimperlé en 1693, furent des historiens de la Bretagne.

Romantisme et époque contemporaine. − Trois hommes dominent le 19e s. :

François-René de Chateaubriand *(p. 74 et 197)* a eu un rayonnement immense en littérature. Sa sensibilité, son éloquence passionnée, sa riche imagination, servies par un style brillant, expliquent l'influence qu'il exerça sur ses contemporains. Dans les Mémoires d'outre-tombe, il évoque son enfance à St-Malo et sa jeunesse au château de Combourg.

Lamennais *(p. 197),* apologiste fervent de la théocratie, devint démocrate convaincu. L'évolution de sa philosophie se reflète dans ses œuvres, depuis l'Essai sur l'indifférence, de ses débuts, jusqu'au Livre du peuple, paru en 1837.

Ernest Renan *(p. 211),* philologue, historien et philosophe, fut un esprit critique professant une foi absolue dans la science. En un style souple et brillant, il écrivit de nombreux ouvrages parmi lesquels ses Souvenirs d'Enfance et de Jeunesse rappellent sa Bretagne natale.

Moins puissants, mais fidèles interprètes du terroir et de la pensée bretonne, sont le délicat

(Photo Bulloz)
Chateaubriand, par Girodet
(Musée de St-Malo).

poète **Auguste Brizeux,** auteur de Marie et des poésies Telen Arvor ; le conteur Émile Souvestre qui écrivit Les derniers Bretons ; Hersart de la Villemarqué qui publia en 1839 un recueil poétique de chants populaires, le Barbaz Breiz et, en 1862, Myrddhinn ou l'Enchanteur Merlin ; le chantre du cidre Frédéric Le Guyader ; le folkloriste et poète **Anatole Le Braz** avec Les légendes de la mort et La chanson de la Bretagne ; le romancier **Charles Le Goffic,** également poète avec l'Amour breton, publié en 1889 ; le chansonnier **Théodore Botrel** qui célébra Les chansons de chez nous et Les chants du bivouac.

Les poètes symbolistes Villiers-de-l'Isle-Adam et Tristan Corbière, les romanciers Paul Féval, auteur du Bossu, **Jules Verne,** précurseur des découvertes modernes, Zénaïde Fleuriot, née à St-Brieuc en 1829 et encore lue par la jeunesse, Louis Hémon, rendu célèbre par sa Maria Chapdelaine, quoiqu'il n'ayant pas chanté leur province, doivent encore être cités ici, ainsi que Pierre Loti, pour Mon frère Yves et Pêcheur d'Islande.

Alphonse de Chateaubriant, né à Rennes en 1877, dépeint la Brière. **J.-P. Calloc'h,** natif de l'île de Groix *(p. 106),* poète lyrique, s'exprime en lais bretons : Ar an Deulin (A genoux). Le poète surréaliste **Saint-Pol-Roux** dit « le Magnifique », Marseillais mais Breton de cœur, dont l'œuvre est teintée parfois de romantisme, écrivit les Féeries intérieures ; après sa mort, en 1940, on publia Bretagne est univers.

Jakes Riou (1899-1937), écrivain d'expression bretonne, est l'auteur de Nominoé.

René-Guy Cadou, Briéron de Ste-Reine-de-Bretagne (1920-1951), chante son pays.

Henri Queffélec, né à Brest en 1910, et, de nos jours, l'un des auteurs ayant le plus célébré la Bretagne : Un recteur de l'Ile de Sein, Un homme d'Ouessant, Au bout du monde, Franche et secrète Bretagne, Promenades en Bretagne.

Pierre-Jakez Hélias évoque, dans Le cheval d'orgueil, les traditions du pays bigouden.

L'ART

ABC D'ARCHITECTURE

A l'intention des lecteurs peu familiarisés avec la terminologie employée en architecture, nous donnons ci-après quelques indications générales sur l'architecture religieuse et militaire, suivies d'une liste alphabétique des termes d'art employés pour la description des monuments dans ce guide.

Architecture religieuse

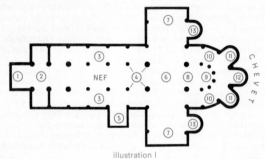

illustration I

Plan-type d'une église. — Il est en forme de croix latine, les deux bras de la croix formant le transept : ① Porche — ② Narthex — ③ Collatéraux ou bas-côtés (parfois doubles) — ④ Travée (division transversale de la nef comprise entre deux piliers) — ⑤ Chapelle latérale (souvent postérieure à l'ensemble de l'édifice) — ⑥ Croisée du transept — ⑦ Croisillons ou bras du transept, saillants ou non, comportant souvent un portail latéral — ⑧ Chœur, presque toujours « orienté » c'est-à-dire tourné vers l'Est ; très vaste et réservé aux moines dans les églises abbatiales — ⑨ Rond-point du chœur — ⑩ Déambulatoire : prolongement des bas-côtés autour du chœur permettant de défiler devant les reliques dans les églises de pèlerinage — ⑪ Chapelles rayonnantes ou absidioles — ⑫ Chapelle absidale ou axiale. Dans les églises non dédiées à la Vierge, cette chapelle, dans l'axe du monument, lui est souvent consacrée — ⑬ Chapelle orientée.

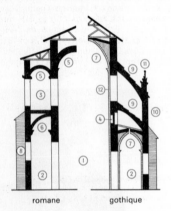

romane   gothique

◄ illustration II

Coupe d'une église : ① Nef — ② Bas-côté — ③ Tribune — ④ Triforium — ⑤ Voûte en berceau — ⑥ Voûte en demi-berceau — ⑦ Voûte d'ogive — ⑧ Contrefort étayant la base du mur — ⑨ Arc-boutant — ⑩ Culée d'arc-boutant — ⑪ Pinacle équilibrant la culée — ⑫ Fenêtre haute.

illustration III

Cathédrale gothique : ① Portail — ② Galerie — ③ Grande rose — ④ Tour clocher quelquefois terminée par une flèche — ⑤ Gargouille servant à l'écoulement des eaux de pluie — ⑥ Contrefort — ⑦ Culée d'arc-boutant — ⑧ Volée d'arc-boutant — ⑨ Arc-boutant à double volée — ⑩ Pinacle — ⑪ Chapelle latérale — ⑫ Chapelle rayonnante — ⑬ Fenêtre haute — ⑭ Portail latéral — ⑮ Gâble — ⑯ Clocheton — ⑰ Flèche (ici, placée sur la croisée du transept).

Pour tout ce qui fait l'objet d'un texte dans ce guide
(villes, sites, curiosités isolées, rubriques d'histoire ou de géographie, etc.),
reportez-vous à l'index alphabétique.

illustration IV

illustration V

Enceinte fortifiée : ① Hourd (galerie en bois) - ② Mâchicoulis (créneaux en encorbellement) - ③ Bretèche - ④ Donjon - ⑤ Chemin de ronde couvert - ⑥ Courtine - ⑦ Enceinte extérieure - ⑧ Poterne.

Tours et courtines : ① Hourd - ② Créneau - ③ Merlon - ④ Meurtière ou archère - ⑤ Courtine - ⑥ Pont dit « dormant » (fixe) par opposition au pont-levis (mobile).

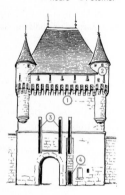

◄ illustration VI

Porte fortifiée : ① Mâchicoulis - ② Échauguette (pour le guet) - ③ Logement des bras du pont-levis - ④ Poterne : petite porte dérobée, facile à défendre en cas de siège.

illustration VII ►

Fortifications classiques : 1 Entrée - 2 Pont-levis - 3 Glacis - 4 Demi-lune - 5 Fossé - 6 Bastion - 7 Tourelle de guet - 8 Ville - 9 Place d'Armes.

TERMES D'ART EMPLOYÉS DANS CE GUIDE

Absidiole : illustration I.
Anse de panier : arc aplati, très utilisé à la fin du Moyen Age et à la Renaissance.
Arcature lombarde : décoration en faible saillie, faite de petites arcades aveugles reliant des bandes verticales, caractéristiques de l'art roman de Lombardie.
Archère : illustration V.
Archivolte : illustration XIII.
Bas-côté : illustration I.
Bas-relief : sculpture en faible saillie sur un fond.
Basse-cour : avant-cour d'un château fort.
Berceau (voûte en) : illustration II.
Blochet : patin de bois sur lequel s'assemblent les pièces d'angle de la charpente ; illustration IX.
Caisson : compartiment creux ménagé comme motif de décoration (plafond ou voûte).
Chapelle absidale ou axiale : dans l'axe de l'église ; illustration I.
Chapiteau : illustration XIV.
Chemin de ronde : illustration IV.
Chevet : illustration I.
Claveau : l'une des pierres formant un arc ou une voûte.
Clef de voûte : illustration XVIII.
Clôture : dans une église, enceinte fermant le chœur.
Collatéral : illustration I.
Contrefort : illustration II.
Corbeau : pierre ou pièce de bois partiellement engagée dans le mur et portant sur sa partie saillante une poutre ou une corniche.
Coupole : illustrations XV et XVI.
Courtine : illustration V.
Crédence : dans une église, niche aménagée dans le mur.
Croisée d'ogives : illustration XVIII.
Crypte : église souterraine.
Cul-de-four : illustration XX.
Cul-de-lampe : illustration XVII.
Déambulatoire : illustration I.
Donjon : illustration IV.
Douve : fossé, généralement rempli d'eau, protégeant un château fort.
Encorbellement : construction en porte à faux.
Engoulant : animal représenté avalant les extrémités d'une poutre.
Entrait : poutre transversale assurant l'écartement de la charpente.
Flamboyant : style décoratif de la fin de l'époque gothique (15e s.), ainsi nommé pour ses découpures en forme de flammèches aux remplages des baies.
Flèche : illustration III.
Fresque : peinture murale appliquée sur l'enduit frais.

Gâble : illustration III.
Gargouille : illustration III.
Géminé : groupé par deux (arcs géminés, colonnes géminées).
Gloire : auréole entourant un personnage ; en amande, elle est appelée aussi mandorle (de l'italien « mandorla », amande).
Haut-relief : sculpture au relief très saillant, sans toutefois se détacher du fond (intermédiaire entre le bas-relief et la ronde-bosse).
Jubé : p. 36 ; illustration XI.
Linteau : illustrations XIII et XIV.
Mâchicoulis : illustration IV.
Mandorle : voir « Gloire ».
Meurtrière : illustration V.
Miséricorde : illustration XII.
Modillon : petite console soutenant une corniche.
Ogive : arc diagonal soutenant une voûte ; illustrations XVII et XVIII.
Pietà : mot italien désignant le groupe de la Vierge tenant sur ses genoux le Christ mort ; on dit aussi Vierge de Pitié.
Pignon : partie supérieure, en forme de triangle, du mur qui soutient les deux pentes du toit.
Pilastre : pilier plat engagé dans un mur.
Pinacle : illustrations II et III.
Piscine : dans une église, cuve baptismale ou fontaine d'ablutions à l'usage du prêtre qui célèbre la messe.
Placître : p. 37.
Plein cintre : en demi-circonférence, en demi-cercle.
En poivrière : à toiture cônique.
Porche : lieu couvert en avant de la porte d'entrée d'un édifice.
Poterne : illustrations IV et VI.
Poutre de gloire : p. 36 ; illustration X.
Remplage : réseau léger de pierre découpée garnissant tout ou partie d'une baie, une rose ou la partie haute d'une fenêtre.
Rose : illustration III.
Sablière : corniche à la base des voûtes ; illustration VIII.
Sacraire : meuble ou niche destinés à renfermer les vases sacrés.
Stalle : illustration XII.
Tiers-point (arc en) : arc brisé inscrit dans un triangle équilatéral.
Transept : illustration I.
Travée : illustration I.
Tribune : illustration II.
Triptyque : ouvrage de peinture ou de sculpture composé de trois panneaux articulés pouvant se refermer.
Trompes (coupole sur) : illustration XV.
Trumeau : illustration XIII.
Voussures : illustration XIII.
Voûte d'arêtes : illustration XIX.

illustration VIII

(D'après photos Dr Le Thomas) illustration IX

Sablière

Extrémité d'un blochet

◄ illustration X

Poutre de gloire, ou tref : elle tend l'arc triomphal à l'entrée du chœur. Elle porte le Christ en croix, la Vierge, saint Jean et, parfois, d'autres personnages du calvaire.

illustration XII ▼

Stalles : ① Dossier haut — ② Pare-close — ③ Jouée — ④ Miséricorde.

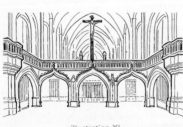

illustration XI

Jubé : remplaçant la poutre de gloire dans les églises importantes, il servait à la lecture de l'épître et de l'évangile. La plupart ont disparu à partir du 17e s. : ils cachaient l'autel.

Portail : ① Archivolte ; elle peut être en plein cintre, en arc brisé, en anse de panier, en accolade, quelquefois ornée d'un gâble, selon le style du monument — ② Voussures (en cordons, moulurées, sculptées ou ornées de statues) formant l'archivolte — ③ Tympan — ④ Linteau — ⑤ Piédroit ou jambage — ⑥ Ébrasements, quelquefois ornés de colonnes ou de statues — ⑦ Trumeau (auquel est généralement adossé une statue) — ⑧ Pentures.

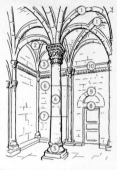

illustration XIV ▶

Arcs et piliers : ① Nervures — ② Tailloir ou abaque — ③ Chapiteau — ④ Fût ou colonne — ⑤ Base — ⑥ Colonne engagée — ⑦ Dosseret — ⑧ Linteau — ⑨ Arc de décharge — ⑩ Frise.

◀ illustration XV

Coupole sur trompes : ① Coupole octogonale — ② Trompe — ③ Arcade du carré du transept.

illustration XVI ▶

Coupole sur pendentifs : ① Coupole circulaire — ② Pendentif — ③ Arcade du carré du transept.

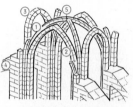

illustration XVII

Voûte à clef pendante : ① Ogive — ② Lierne — ③ Tierceron — ④ Clef pendante — ⑤ Cul de lampe.

illustration XVIII

Voûte sur croisée d'ogives : ① Arc diagonal — ② Doubleau — ③ Formeret — ④ Arc-boutant — ⑤ Clef de voûte.

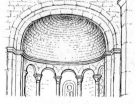

illustration XIX

Voûte d'arêtes. — L'un des principaux modes de couverture romans : ① Grande arcade — ② Arête — ③ Doubleau.

illustration XX

Voûte en cul de four : elle termine les absides des nefs voûtées en berceau.

PRINCIPAUX MONUMENTS DE BRETAGNE

	★★★	
Mont St-Michel : abbaye		St-Malo : remparts

	★★	
Carnac : mégalithes	Josselin : château	Quimper : cathédrale
Concarneau : ville close	Kernascléden : église	Quimperlé : église
Dol-de-Bretagne : cathédrale	Locmariaquer : mégalithes	Rennes : palais de Justice
Le Folgoët : église	Locronan : église	St-Malo : château
Fougères : château	Nantes : château	St-Pol-de-Léon : cathédrale
Fort-la-Latte : château	N.-D.-de-Tronoën : calvaire	St-Thégonnec : enclos paroissial
Gavrinis : cairn	Pleyben : enclos paroissial	Tréguier : cathédrale
Guimiliau : enclos paroissial	Plougastel-Daoulas : calvaire	Vitré : château
	Plougonven : calvaire	

L'ART BRETON

Monuments préhistoriques

Les mégalithes. – En Bretagne, il y a de nombreux mégalithes (grandes pierres). Il en reste plus de 3 000 dans la seule région de Carnac. Ces édifices ont été dressés entre 5000 et 2000 ans avant J.-C., par la race mal connue qui a précédé ici les Gaulois. Elle devait avoir atteint un certain degré de civilisation pour déplacer et mettre debout des pierres dont le poids atteint jusqu'à 350 t. Simple comparaison : la mise en place (en 1836) de l'obélisque de Louqsor, à Paris, fut considérée comme un exploit ; or, ce monument ne pèse que 220 t.

Le **menhir** était placé sur un point d'eau, près d'une tombe, souvent sur une pente ; il devait avoir un sens symbolique. Une vingtaine de menhirs dépassent 7 m. Celui de Locmariaquer *(p. 129)* servait de jalon central dans un système de visées à grandes distances.

Les **alignements** ou menhirs placés en file seraient les restes de monuments religieux consacrés au culte de la lune ou du soleil (des menhirs isolés sont les reliques de monuments plus complexes). Certains, disposés en rangées parallèles, aboutissent vers l'Occident à un hémicycle ou **cromlech**, comme à Carnac *(p. 69),* d'autres s'entrecroisent, comme à Lagatjar *(p. 86).* Ces lignes semblent orientées astronomiquement, à quelques degrés près, soit sur les points cardinaux, soit sur les levers et couchers lunaires ou solaires particuliers, permettant ainsi la prévision des éclipses.

Quant aux **dolmens,** le plus célèbre étant la Table des Marchands à Locmariaquer *(p. 129),* on les considère comme des chambres funéraires. Ils peuvent être précédés d'une galerie d'accès qu'on appelle **tumulus,** la plupart ont été dégagés et se trouvent à l'air libre. Les tumulus ronds de l'intérieur du pays sont plus récents que les tumulus à chambres fermées, tel celui de St-Michel à Carnac *(p. 69) ;* leur construction s'est poursuivie jusqu'à 1 000 ans avant J.-C. Les **cairns** sont des tumulus en pierres sèches ; celui de Barnenez *(p. 52)* remonte à plus de 5 000 ans avant J.-C., celui de Gavrinis *(p. 103)* étant moins ancien.

Certains tumulus sans sépulture ont pu servir de frontières. Au Nord de la Bretagne, on trouve le plus souvent des **allées couvertes,** formées d'une double rangée de pierres dressées, recouvertes de dalles et parfois gravées.

(Photo Costa/Explorer)

Alignements de Kerlescan.

La tradition mystique. – Les menhirs ont été associés pendant de longs siècles à la vie mystique de la Bretagne. Les Romains ont adapté certains menhirs à leurs rites en y sculptant les images de leurs dieux. La religion chrétienne a sanctifié, en les surmontant d'une croix ou en y gravant ses symboles, ces pierres levées que le peuple continuait à vénérer.

Églises et chapelles

Neuf cathédrales ou anciennes cathédrales, une vingtaine d'églises importantes, des milliers d'églises et de chapelles rurales forment un ensemble de monuments religieux digne de la mystique Bretagne. Ces monuments ont été élevés par le peuple et exécutés par des artistes qui ont fait passer dans leurs œuvres la foi qui les animait. Ils l'ont traduite avec une richesse parfois excessive – leurs retables abondamment décorés en sont un exemple – et un réalisme parfois presque caricatural – témoins les sculptures de certains chapiteaux et de nombreuses sablières. Ne subissant les influences extérieures que partiellement, ils ont toujours su conserver leur originalité et rester fidèles à leurs traditions.

Les cathédrales. – Elles sont inspirées des grands édifices de Normandie ou d'Ile-de-France, mais ne peuvent rivaliser, ni par les dimensions, ni par l'ornementation, avec leurs modèles. Les petites villes qui les ont élevées avaient des ressources limitées. De plus, la construction s'est ressentie de l'emploi du granit, pierre dense et difficile à travailler. Il a fallu se contenter de voûtes relativement basses et d'une décoration simplifiée.

Les difficultés de trésorerie ont fait durer les travaux de trois à cinq siècles. De ce fait, toutes les étapes du gothique s'y retrouvent, depuis l'arc sobre et dépouillé du début jusqu'à la folle exubérance du flamboyant. Et la Renaissance est souvent venue mettre la dernière touche. Les plus intéressantes de ces cathédrales sont celles de St-Pol-de-Léon, Tréguier, Quimper, Nantes, Dol.

Églises et chapelles rurales. — La Bretagne, à l'époque romane (11e et 12e s.), était dans une condition misérable. Les édifices élevés ont été peu nombreux et peu importants. La plupart ont été détruits ou transformés aux siècles suivants. C'est au temps du gothique et de la Renaissance, sous les ducs et après la réunion à la France, que la campagne s'est couverte d'églises et de chapelles.

Jusqu'au 16e s., le plan général est un rectangle, mais on rencontre assez souvent le plan en T qui peut déconcerter. La nef, la plupart du temps sans bas-côtés, aboutit au chœur flanqué de chapelles latérales souvent très importantes. Le chevet est plat. Pas de fenêtres latérales : le jour arrive par les ouvertures percées dans le chevet, tout au bout de l'église. La voûte de pierre, très rare, est remplacée par une charpente lambrissée, souvent peinte, dont les entraits (voir p. 31) à têtes de crocodiles, les sablières (voir p. 32), les têtes des blochets (voir p. 31) sont fréquemment sculptés et également peints. Quand il n'y a pas de transept, un arc de pierre sépare le chœur de la nef.

A partir du 16e s., une grande transformation s'opère. Le transept devenu de règle donne au plan la forme d'une croix latine, l'arc central disparaît, le chevet est à trois pans, les fenêtres des bas-côtés donnent de la lumière à la nef.

Le touriste sera surpris de rencontrer, dans les hameaux de quelques feux et même dans des solitudes désolées, des chapelles qui seraient l'orgueil de

(Photo Christiane Olivier, Nice)
La chapelle St-Fiacre.

localités importantes (N.-D.-du-Folgoët, Kernascléden, N.-D.-du-Crann, St-Fiacre-du-Faouët, etc.). La foi des petits pays bretons a fait des miracles.

Toutefois, nombreuses sont les chapelles qui, ouvertes au culte une seule fois dans l'année à l'occasion d'un pardon ou d'une fête locale, laissent une pénible impression d'abandon aussi bien spirituel que matériel.

Les clochers. — Les Bretons ont la fierté de leurs clochers. Servant en même temps de beffroi, ils symbolisaient à la fois la vie religieuse et la vie municipale. Les populations y tenaient de toutes leurs fibres. C'était, pour elles, un châtiment terrible quand un souverain mécontent les faisait abattre. Habituellement de plan carré, leur emplacement sur le monument est très variable.

On rencontre souvent, dans les petites églises et chapelles, un clocher-pignon plus léger et moins coûteux que le clocher classique. Il est placé soit sur le pignon de la façade Ouest, soit sur le toit de l'édifice, à l'intersection du chœur et de la nef.

On y accède par des marches extérieures ou par des escaliers logés dans des tourelles qui le flanquent et lui sont reliées par une galerie.

Ces petits clochers se réduisent parfois à un mur à pignon aigu, percé d'arcades. Ce mode de construction, répandu dans le Sud-Ouest de la France, est assez rare en Bretagne.

Les porches. — Dans les églises bretonnes, un porche important s'ouvre sur le côté Sud. Il a longtemps servi de lieu de réunion pour les notables de la paroisse, qui prenaient place sur les bancs de pierre garnissant les murs.

(Photo Atlas/Parra Bordas)
St-Pol-de-Léon. — Le Kreisker.

Une double rangée d'apôtres le décore souvent. On les reconnaît à leurs attributs : saint Pierre tient la clef du Paradis ; saint Paul, un livre ou une épée ; saint Jean, un calice ; saint Thomas, une équerre ; saint Jacques le Majeur, un bâton de pèlerin. D'autres portent les instruments de leur martyre : saint Matthieu, une hachette ; saint Simon, une scie ; saint André, une croix ; saint Barthélemy, un couteau.

Fontaines

Les fontaines sont innombrables en Basse-Bretagne. La plupart d'entre elles sont des fontaines sacrées.

Presque tous les lieux de pardons ont, à côté de la chapelle, une fontaine où les fidèles vont boire. Elle est placée sous la protection d'un saint ou de la Vierge dont les statues s'abritent dans de petits sanctuaires, tantôt frustes, tantôt ornés. Dans les grands pèlerinages, comme Ste-Anne-d'Auray, la source a été aménagée de façon moderne, avec vasques, bassins, escaliers.

Mobilier religieux

Sculpture. – Du 15e au 18e s., une armée de sculpteurs bretons, sur pierre et surtout sur bois, ont fourni aux églises : chaires, buffets d'orgues, baptistères, clôtures de chœur, jubés, poutres de gloire, retables, niches à volet, confessionnaux, saints sépulcres, statues, etc.

Ces œuvres sont, en général, plus poussées que les figures des calvaires : il est beaucoup plus facile de travailler le chêne, le châtaignier ou l'albâtre que le granit.

En visitant les églises de Guimiliau, Lampaul-Guimiliau, St-Thégonnec, St-Fiacre-du-Faouët, la cathédrale de Tréguier, qui possède un bel ensemble de stalles, on aura une bonne idée du mobilier religieux breton.

Les **jubés**, nombreux dans les églises bretonnes, sont souvent d'une richesse inouïe. Quelques-uns sont sculptés dans le granit, comme à l'église du Folgoët, mais la plupart, et c'est une des originalités de la

(Photo Atlas/Hureau)

Chapelle St-Fiacre. — Le jubé.

Bretagne, sont en bois. Leur décoration, extrêmement variée, diffère sur leurs deux faces. Le jubé joue un double rôle : il sépare le chœur de la partie de l'église réservée aux fidèles et complète les clôtures latérales du chœur ; il sert également à la prédication et à la lecture des prières, qui sont faites du haut de sa galerie supérieure. Il doit d'ailleurs son nom au premier mot d'une prière que l'on y chantait. Il est, en général, surmonté d'un grand crucifix, entouré des statues de la Vierge et de saint Jean, qui font face à la foule.

La **poutre de gloire** ou tref, qui tendait l'arc triomphal, est à l'origine du jubé. Afin de l'empêcher de fléchir, on fut amené à la soutenir par des poteaux qui, par la suite, firent place à une clôture plus ou moins ouvragée. On la trouve surtout dans les petites églises et chapelles où son rôle de clôture du chœur est purement symbolique. Décorée, en général, de scènes de la Passion, elle porte toujours le groupe du Christ entouré de la Vierge et de saint Jean.

(Photo P. Gaigneux/Azimut)

Lampaul-Guimiliau. — La poutre de gloire.

Les œuvres de la Renaissance sont nombreuses et très surchargées. Les **fonts baptismaux** et les **chaires à prêcher** deviennent de vrais petits monuments richement décorés. Les **retables**, motifs décoratifs des autels, subissent une évolution intéressante, dont les églises bretonnes permettent de suivre les étapes. L'autel primitif n'était qu'une table ; du fait de la décoration, il perd petit à petit sa simplicité et atteint des dimensions étonnantes. Aux 12e et 14e s., les autels s'ornent d'un gradin peu élevé, le retable est de même longueur que l'autel. La sculpture s'empare du retable et l'on y voit des scènes à personnages, dont le sujet est tiré de la Passion. A partir du 15e s., l'autel devient un prétexte à colonnes torses, frontons, niches avec statues et panneaux sculptés, qui trouvent leur épanouissement au 17e s. Le retable, dont le sujet principal est perdu dans l'ornementation faite d'angelots, de guirlandes, etc., en arrive à occuper la totalité de la chapelle réservée à l'autel et parfois, ne faisant qu'un avec les retables des autels voisins, orne toute la muraille du chevet comme c'est le cas à Ste-Marie-du-Ménez-Hom *(p. 208).* Il est curieux de rencontrer, dans les retables bretons du 15e s., l'influence des ateliers flamands passés maîtres dans ces travaux, aux minuscules figures extraordinairement fouillées.

La dévotion au Rosaire, due au dominicain breton Alain de la Roche (15e s.), donna lieu à partir de 1640, à l'érection de maints retables dans lesquels la Vierge est représentée remettant le chapelet à saint Dominique et à sainte Catherine de Sienne.

Moins importantes, mais également très nombreuses, sont les niches à volets renfermant un **Arbre de Jessé.** Jessé, qui appartenait à la tribu de Juda, eut un fils, David, de qui descend la Vierge Marie. Il est généralement représenté couché. Dans son cœur, ses entrailles ou ses reins plongent les racines de l'arbre dont les rameaux portent, dans l'ordre chronologique, les rois et les prophètes, ancêtres du Christ. La Vierge, au centre, figure la tige qui porte la fleur : Jésus.

Parmi les nombreuses statues qui ornent les églises, véritables portraits et documents de premier ordre pour l'histoire du costume, le groupe trinitaire de sainte Anne, la Vierge et l'Enfant se retrouve assez souvent en Bretagne. Cette figuration, fréquente en Europe Centrale, est relativement rare en France.

Mise au tombeau. — La Mise au tombeau ou Saint sépulcre, souvent traitée sur les calvaires, groupant généralement autour du Christ mort sept personnages, fait ici assez rarement l'objet de compositions comme on en trouve dans le reste de la France. Celles de Lampaul-Guimiliau et de St-Thégonnec sont les plus remarquables.

La sculpture funéraire est magistralement représentée par le tombeau de François II, à Nantes, et le mausolée d'Olivier de Clisson, à Josselin.

Vitraux. — Alors que les retables, sablières, statues sont la plupart du temps polychromes, les peintures et les fresques sont rares. Celles de Kernascléden sont presque une exception. Par contre, nombreuses sont les verrières, souvent inspirées d'Italiens ou de Flamands, mais toujours de facture bretonne et quelques-unes d'une réelle valeur. La cathédrale de Dol en possède une très belle du 13e s. Il faut voir parmi les vitraux sortis, du 14e au 16e s., des trois ateliers de Rennes, Tréguier, Quimper, ceux des églises de N.-D.-du-Crann, la Roche, St-Fiacre-du-Faouët, qui sont remarquables.

Au 20e s., la restauration ou la création de nombreuses églises et chapelles a permis de parer ces édifices religieux de vitraux éclatants, souvent non figuratifs. La cathédrale de St-Malo en offre un bel exemple.

Orfèvrerie. — La Bretagne, malgré d'importantes pertes, possède encore de très belles pièces d'orfèvrerie dues à des artistes locaux, la plupart morlaisiens. Et, si quelques beaux calices, si de fines châsses sont encore jalousement mis à l'abri des convoitises, il est possible de voir de magnifiques reliquaires, des calices et des patènes richement ouvrés, de superbes croix processionnelles, comme à Carantec, St-Jean-du-Doigt, St-Gildas-de-Rhuys, Paimpont, Locarn.

Enclos paroissiaux

L'enclos paroissial est l'ensemble monumental le plus typique des bourgs bretons. Le touriste ne devra pas quitter la péninsule sans en avoir vu quelques exemples. Le circuit des enclos paroissiaux décrit p. 96 réunit les plus intéressants d'entre eux. L'enclos avait pour centre le cimetière, très petit, aux dalles uniformes, qui tend à disparaître. Autour du champ de repos, qui s'ouvre souvent par une **porte triomphale**, se groupent l'**église** avec son **placître** *(1)*, le **calvaire**, l'**ossuaire.** Ainsi, la vie spirituelle de la paroisse était étroitement rattachée à la communauté des morts. La pensée de la mort, l'« Ankou », est d'ailleurs familière aux Bretons qui l'ont souvent représentée.

L'émulation extraordinaire qui existait entre villages voisins explique la richesse des enclos qui, à l'époque de la Renaissance et au 17e s., ont surgi en Basse-Bretagne. La rivalité de Guimiliau et de St-Thégonnec a duré deux siècles : un calvaire réplique à une porte triomphale, un ossuaire à un porche, une tour à un clocher, une chaire à des fonts baptismaux, une tribune d'orgues à des confessionnaux, une Mise au tombeau à des boiseries de chœur. Ainsi naquirent les deux plus beaux enclos de Bretagne.

Portes triomphales. — Souvent, l'entrée du cimetière est décorée d'une porte monumentale. Elle est traitée en arc de triomphe, pour symboliser l'entrée du juste dans l'immortalité.

Certaines portes élevées à la Renaissance, comme celles de Sizun et de Berven, évoquent de façon étonnante les arcs de triomphe antiques.

Ossuaires. — Dans les minuscules cimetières bretons d'autrefois, les corps devaient être fréquemment exhumés pour laisser la place aux nouveaux défunts. On entassait les ossements dans de petits réduits, percés de baies d'aération, qu'on élevait contre l'église ou le mur du cimetière. Puis, ces ossuaires sont devenus des bâtiments isolés, plus vastes, plus soignés d'exécution. Ils ont pris la forme de reliquaires et ont servi de chapelles funéraires.

---

(1) Locution ancienne signifiant terrain vague, employée par les historiens bretons pour désigner la place devant l'église.

Calvaires. — Ces petits monuments de granit, foncièrement bretons, groupent autour du Christ en croix des épisodes de la Passion. Bon nombre d'entre eux furent érigés pour conjurer la peste de 1598 ou en action de grâces après sa disparition. Ils servaient à l'instruction religieuse de la paroisse ; le prêtre prêchait, monté sur la plate-forme, et montrait, avec une baguette, les scènes qu'il racontait à ses ouailles. Les calvaires ont eu pour ancêtres lointains les menhirs christianisés *(voir p. 34)*, encore assez nombreux, et pour prédécesseurs immédiats, les croix, simples ou ornées. Les croix de chemin sont légion : il y en eut des dizaines de mille. Au 16e s., un évêque du Léon se vantait d'en avoir élevé 5 000 à lui seul. Beaucoup de croix ornées, fréquentes au 14e s., ont été détruites. Le plus ancien des calvaires existants est celui de Tronoën, qui date de la

(Photo Christiane Olivier, Nice)

N.-D.-de-Tronoën. — Le calvaire.

fin du 15e s. On a continué d'en élever jusqu'aux approches du 18e s.

Les plus célèbres sont ceux de Guimiliau (200 personnages), Plougastel-Daoulas (180 personnages), Pleyben.

La sculpture est fruste et naïve ; c'est un art de tailleur de pierre villageois, mais il y a beaucoup d'observation. L'expression, la vie sont souvent saisissantes. La taille du sujet croît souvent avec son importance. De nombreux personnages, les soldats notamment, portent des costumes des 16e et 17e s.

Une leçon d'histoire sainte. — Un grand calvaire met sous les yeux l'histoire de la Vierge et du Christ : Mariage de la Vierge, Annonciation, Visitation, Nativité, Adoration des bergers, Adoration des Mages, Présentation au temple, Circoncision, Fuite en Égypte, Baptême de Jésus, Entrée à Jérusalem, la Cène, le Lavement des pieds, le Jardin des Oliviers, Baiser de Judas, Arrestation de Jésus, Jésus devant Caïphe, Jésus devant Hérode, Pilate se lavant les mains, Flagellation, Couronnement d'épines, Portement de croix, Jésus tombant sous la croix, Descente de croix, Embaumement, Mise au tombeau, Résurrection, Descente aux limbes.

Catell-Gollet. — L'histoire de Catell-Gollet (Catherine perdue) figure sur plusieurs calvaires (Plougastel-Daoulas, Guimiliau). Catherine, jeune servante, a dissimulé en confession ses écarts de conduite. Glissant plus avant sur la mauvaise pente, elle dérobe une hostie consacrée pour la donner au diable, qui a pris les apparences de son amoureux. La coupable est condamnée aux flammes éternelles. Elle est esquissée ci-dessous (à l'angle de la plate-forme, au pied de la croix de droite) dans la gueule de l'enfer : les diables lui prennent le cou dans une fourche et labourent à coups de griffes son corps dévêtu. Le recteur (curé), quand il faisait son prêche, tirait de cette aventure une terrible leçon à l'usage des filles coquettes.

Aucun calvaire ne présente la totalité de ces scènes. Le sculpteur a choisi celles qui l'inspiraient le mieux et les a groupées sans souci d'ordre chronologique. Certaines se reconnaissent au premier coup d'œil, d'autres, plus ou moins abîmées, sont traitées plus sommairement.

① Croix du Christ. Parfois, elle est seule ou accompagnée d'une seule croix de larron.

② Croix de larrons. Elles sont généralement en forme de T et encadrent la Croix du Christ.

③ Cavaliers (gardes romains) ou Saintes femmes, ou encore saint Pierre, saint Jean, saint Yves.

④ Vierge de pitié (Marie tient dans ses bras Jésus détaché de la Croix) ou des anges recueillant, dans des calices, le sang du Crucifié.

⑤ et ⑥ Plate-forme et frise faisant le tour du socle. Elles portent de nombreux personnages, soit isolés (apôtres, saints, femmes), soit mêlés à des scènes de la Passion.
Les quatre évangélistes occupent généralement des niches aux angles de la frise.

⑦ Autel ou se trouve la statue du saint à qui le calvaire est consacré (parfois, il y en a plusieurs).

(D'après photo Archives T.C.F.)

Plougastel-Daoulas. — Calvaire type.

Meubles

Pendant des siècles, les artisans bretons ont exécuté des lits clos, buffets, vaisseliers, armoires, gaines d'horloges. La répétition des mêmes modèles, ne différant souvent d'une pièce à l'autre que par de petits détails d'ornementation, leur a permis d'atteindre à une véritable maîtrise.

Le **lit clos,** caractéristique essentielle du mobilier breton, permettait de se protéger du froid et aussi de s'isoler dans la grande pièce commune. Le lit, parfois à étage, est fermé par deux portes coulissantes, remplacées par une seule grande porte dans le Léon ou par d'épais rideaux dans la région d'Audierne. Il se complète toujours d'un banc-coffre, qui en facilite l'accès, et permet de ranger le menu linge. Une riche ornementation décore la façade du lit et du coffre : fuseaux, guirlandes, motifs religieux où l'on reconnaît quelquefois la reproduction du monogramme du Christ, figures géométriques, juxtaposées ou entrelacées, appelées décoration au « compas » ; ces différents thèmes se retrouvent aussi sur les armoires. En Haute-Bretagne, le lit clos cède souvent la place au lit à quenouille, lit d'angle dont les quatre colonnes supportent un ciel de lit garni de rideaux.

Le coffre, comme dans la plupart des régions françaises, a joué un rôle important, il abrite le linge ou le grain, blé, sarrasin, destiné à l'usage ménager.

L'armoire à deux portes, pièce également très importante du mobilier breton, est coiffée le plus souvent d'une corniche plate débordante ou parfois à double cintre comme dans le bassin de Rennes.

Les buffets, imposants, présentent cinq portes et deux tiroirs, certains motifs décoratifs peuvent être rehaussés de clous de cuivre comme pour les armoires.

Les tables sont de vastes coffres à plateaux coulissants, des bancs à dosserets sculptés les accompagnent.

De très belles pièces ou des reconstitutions d'intérieurs anciens sont visibles dans les musées de Nantes, Rennes, Quimper, dans le château de Kerjean.

(D'après photo Dupont/Explorer)

Un intérieur breton.

Forteresses et châteaux

Le granit breton déconcerte quelque peu celui qui aborde la Bretagne pour la première fois. Net et sévère, il ne vieillit pas et n'étaient les lignes générales et le mode de construction qui permettent de les différencier, il ne serait guère possible de donner un âge aux monuments dont la grisaille s'intègre parfaitement au paysage. Si l'on excepte les forteresses, placées pour la plupart en sentinelle sur la frontière de l'Est ou Marches bretonnes, par crainte des rois de France, ou sur les côtes, pour prévenir les incursions des envahisseurs anglais, on trouve peu de châteaux importants. Cela traduit parfaitement le caractère de la population dont tous les efforts artistiques sont au service de la religion.

Il est cependant facile d'évoquer l'époque médiévale. Peu de régions ont, en effet, été aussi riches en forteresses et, malgré les destructions et le manque d'entretien, bon nombre restent encore debout. En présence de ces murailles, on imaginera les difficultés de la guerre au Moyen Age. Si quelques forteresses tombent par surprise ou au premier assaut, il n'est pas rare que le siège se prolonge pendant plusieurs mois. L'assaillant creuse alors des galeries sous les remparts, amène des engins capables de lancer des pierres de plus de 100 kg, s'attaque aux portes à coups de bélier, avant de pouvoir lancer l'assaut décisif.

Au milieu du 15e s., l'artillerie introduit de nouvelles méthodes de combat et ceci entraîne des modifications importantes dans l'architecture militaire.

A St-Malo, à Guérande, on voit encore, complète, la ceinture de pierre qui enserrait ces villes. Des fragments de remparts, plus ou moins importants, se rencontrent dans quantité d'autres localités. Vannes, Concarneau, Port-Louis ont leur enceinte presque complète. Les forteresses sont nombreuses ; celles de Fougères et de Vitré comptent parmi les plus belles de France. Dinan, Combourg ont leurs châteaux forts encore

Vitré. — Le château.

debout ; Suscinio, Tonquédec, etc., offrent des ruines imposantes ; la Hunaudaye, de moindre importance, les tours d'Elven, de Châteaugiron ont encore fière allure. La sentinelle avancée du fort la Latte occupe un site magnifique.

Les édifices, mi-forteresses, mi-palais, comme Kerjean, Josselin, le château des ducs de Bretagne à Nantes, fort intéressants à visiter, n'abondent pas. C'est que la noblesse bretonne — le duc et quelques grandes familles mis à part — était pauvre. Elle comptait de nombreux gentilshommes campagnards vivant dans des manoirs très simples ayant toutefois conservé leurs tours de défense. Ils cultivaient leurs terres, comme des paysans, mais ne renonçaient pas à leur rang et continuaient de porter l'épée.

Ces manoirs-fermes donnent, en certains coins, beaucoup d'allure à la campagne bretonne. C'est le cas en Léon où ils sont nombreux et où Kergonadeac'h, Kerouzéré, Kergroadès font, avec Tronjoly, cortège à ce Kerjean, orgueil de la province. Construits plus tardivement, certains autres châteaux n'ont plus aucun caractère défensif, ils s'imposent par la sobriété de leurs lignes et leur belle ordonnance, comme Rocher-Portail, ou bien ils plaisent par la grâce de quelques détails, ainsi Lanrigan, La Bourbansais. D'autres encore, comme Landal, valent surtout par leur cadre ou bien s'enorgueillissent d'un jardin bien dessiné ou d'un beau parc, tels Bonne-Fontaine, Caradeuc, Rosanbo.

Vieilles rues, vieilles maisons

Un des charmes du voyage en Bretagne, c'est la flânerie dans les vieux quartiers. Il n'est guère de villes ou de bourgs qui n'aient conservé, telles qu'elles étaient il y a 300 ou 400 ans, des rues entières ou tout au moins quelques maisons isolées.

On y évoquera la vie d'autrefois. Au rez-de-chaussée des maisons, les boutiques des marchands et des artisans sont annoncées par des enseignes de tôle qui grincent au bout de leurs potences. Le linge sèche sur des gaules fixées aux fenêtres, long des façades. Par les poulies accrochées en haut des pignons, on hisse les objets lourds. Dans les rues étroites, les toits des maisons en encorbellement se rejoignent presque ; il fait sombre, mais, sur l'arrière, les pièces d'habitation et les arrière-boutiques donnent sur des cours qui leur apportent l'air et la lumière.

On besogne dur et longtemps pour un très petit salaire. Dès que le jour point, le guetteur, du haut du beffroi, sonne de la trompette et les travailleurs sautent du lit. Chaque métier est fortement organisé en corporation qui a sa rue, sa bannière, son patron, sa fête annuelle. Il n'y a pas de vie nocturne : à 8 h en hiver, à 9 h en été, le beffroi sonne le couvre-feu, le guet tend les chaînes dans les rues, les lumières s'éteignent, la ville s'endort.

Le dimanche apporte sa détente. Les cloches, en un concert assourdissant, appellent les fidèles aux offices. Messes, vêpres, processions se succèdent. Les grandes liesses sont les foires, les fêtes de la moisson, des vendanges, des corporations, les pardons, les représentations. On s'amuse à des jeux d'adresse, comme le « papegault » (oiseau de bois qu'on tire à l'arbalète) ; comme la « quintaine », où le jouteur, lance en main, se dirige, au trot d'un âne, vers une sorte de jaquemart de bois qu'il doit frapper au milieu du corps ; si le coup est mal ajusté, le mannequin pivote sur son axe vertical et la badine dont il est armé cingle le maladroit.

Villes modernes. — Il est difficile d'établir un parallèle entre les villes témoins du passé et les cités modernes. Et pourtant, si Dinan, Locronan, Vitré, Morlaix, Quimper, pour ne citer que les principales, St-Malo, admirablement recréée, dégagent un charme indéniable, on ne peut rester insensible à l'ordonnance des ensembles constitués par des villes comme Brest et Lorient. Construites avec un souci évident d'harmonie et d'unité, leurs larges rues, leurs vastes places, très aérées, ne manquent pas d'élégance. Le visiteur pourra quelquefois être surpris à la vue de certains monuments audacieux, mais, même prévenu contre l'art moderne, il lui arrivera d'admirer l'envolée d'un haut campanile, la pureté de lignes d'une façade de béton, l'heureux effet décoratif tiré d'une combinaison de pierre et de ciment, et, surtout, pour peu qu'il soit sensible à l'harmonie des couleurs, s'il pénètre à l'intérieur d'un de ces édifices, il sera frappé par la science de l'éclairage qu'ont les artistes d'aujourd'hui.

LA TABLE

Ce qui caractérise la cuisine bretonne, c'est la qualité de ses produits, plutôt que le raffinement de sa préparation.

Fruits de la mer, crustacés et poissons. — Coquillages, crustacés, poissons sont de premier ordre. On fera un sort particulier aux langoustes, aux palourdes farcies ou grillées, aux coquilles St-Jacques, aux langoustines, aux crevettes, aux croustilles et chaussons de crabes.

Les huîtres de Belon, les «armoricaines» (Concarneau, la Forêt, Ile-Tudy), les cancalaises sont bien connues, mais ne sont bien à point qu'en fin de saison touristique.

Le roi du repas, dans les hôtels bretons, c'est le homard. On le sert grillé ou à la crème, et surtout dans le riche coulis de la recette à l'armoricaine ou à l'américaine (cette dernière appellation serait née d'une faute d'impression dans le menu d'un grand restaurant parisien).

N'oublions pas la «cotriade» (la bouillabaisse bretonne), le «pot-au-feu» de congre, le saumon de l'Aulne ou de l'Élorn, les truites de l'Arrée et des Montagnes Noires, le brochet ou l'alose de la Loire, accommodés au «beurre blanc». Cette préparation, qui allie au beurre demi-sel le vinaigre et l'échalote, demande un réel tour de main. Ajoutons les civelles, jeunes anguilles venues de la mer des Sargasses et qui, pêchées dans l'estuaire de la Loire, deviennent une fois frites une spécialité nantaise.

Viandes, légumes et fruits. — Les moutons de prés-salés de la côte sont célèbres. Le gigot à la bretonne (aux haricots blancs) fait partie du grand patrimoine gastronomique français. Les perdrix grises, les lièvres de landes sont parfumés. On connaît les poulets du pays rennais et les canards nantais. La charcuterie est de goût relevé : jambon de Morlaix, lard, boudin, andouilles fumées de Guéméné-sur-Scorff, andouillettes de Quimperlé.

Pommes de terre, artichauts, choux-fleurs, petits pois sont la gloire de la «Ceinture dorée». Il faut ajouter les fraises et les melons de Plougastel, les cerises de Fouesnant et d'autres fruits encore.

Crêpes, gâteaux, friandises. — La plupart des villes ont des crêperies où l'on sert des crêpes de froment ou de sarrasin accompagnées de cidre ou, pour les amateurs de laitage, de lait baratté. Dans les unes, exiguës et pittoresques, on assistera à la confection de ses propres crêpes. Dans les autres, plus modernes et décorées de meubles bretons, le cadre et le confort seront peut-être plus appréciés, mais les crêpes n'en seront pas forcément meilleures.

Il y a la crêpe simple et nue dont le Breton se régale depuis des siècles et aussi les crêpes à la confiture, au fromage, aux œufs, au jambon, à la salade, etc. La crêpe de sarrasin ou galette se mange salée et la crêpe de froment sucrée.

Les gâteaux (crêpes-dentelles de Quimper, galettes bretonnes, biscuits de Nantes, pain d'avoine à la crème de Quintin, far, kuign aman) trouvent de nombreux amateurs ainsi que les pralines de Rennes, les berlingots de Nantes.

Cidre, Muscadet et vin de Rhuys. — Malgré la réduction de sa consommation, la boisson régionale reste le cidre. Certains crus bretons (Fouesnant, Beg-Meil) méritent l'attention des amateurs.

Le seul vin breton est le Muscadet, répandu dans toute la Bretagne. Les Nantais l'entourent d'un culte jaloux et ont fondé en son honneur l'ordre des chevaliers des «Bretvins». Ce cépage, cultivé dans la seule région de Nantes, sur les coteaux qui bordent la Sèvre nantaise, donne un vin blanc, sec et fruité, particulièrement recommandé pour la dégustation des huîtres et coquillages ; le «gros-plant», plus modeste, accompagne agréablement les spécialités bretonnes. Le circuit du Muscadet *(voir le guide Vert Michelin Côte de l'Atlantique)* fait traverser les meilleures communes productrices.

La vigne pousse encore dans la presqu'île de Rhuys, mais le vin qu'on en tire excite la verve bretonne : «Pour le boire, il faut être quatre et un mur ; un qui verse, un qui boit, deux qui le tiennent et le mur pour empêcher de reculer». Distillé, il produit, par contre, une excellente fine.

LÉGENDE

Curiosités

★★★ **Vaut le voyage**
★★ **Mérite un détour**
★ **Intéressant**

Itinéraire décrit, point de départ de la visite
sur la route   en ville

	Château - Ruines		Édifice religieux
	Calvaire		Bâtiment (avec entrée principale)
	Panorama - Vue		Remparts - Tour
	Phare - Moulin		Porte de ville
	Barrage - Usine		Fontaine
	Fort - Carrière		Statue - Petit bâtiment
	Curiosités diverses		Jardin, parc, bois
		B	Lettre identifiant une curiosité

Autres symboles

	Autoroute (ou assimilée)		Bâtiment public
	Échangeur : complet, partiel, numéro		Hôpital
	Grand axe de circulation		Marché couvert
	Voie à chaussées séparées		Gendarmerie - Caserne
	Voie en escalier - Sentier		Cimetière
	Voie piétonne - impraticable		Hippodrome - Golf
1429	Col - Altitude		Piscine de plein air, couverte
	Gare - Gare routière		Patinoire - Table d'orientation
	Transport maritime :		Port de plaisance
	Voitures et passagers		Tour, pylône de télécommunications
	Passagers seulement		Stade - Château d'eau
	Aéroport		Bac - Pont mobile
			Bureau principal de poste restante
(3)	Numéro de sortie de ville, identique sur les plans et les cartes MICHELIN		Information touristique
			Parc de stationnement

Dans les guides MICHELIN, sur les plans de villes et les cartes, le Nord est toujours en haut.
Les voies commerçantes sont imprimées en couleur dans les listes de rues.

Abréviations

A	Chambre d'Agriculture	J	Palais de Justice	POL.	Police
C	Chambre de Commerce	M	Musée	T	Théâtre
H	Hôtel de ville	P	Préfecture, Sous-préfecture	U	Université

cv Sigle concernant les conditions de visite : voir nos explications p. 4 et p. 225.

Dans ce guide

*les plans de ville indiquent essentiellement les rues principales
et les accès aux curiosités,
les schémas mettent en évidence les grandes routes et l'itinéraire de visite.*

CURIOSITÉS

description

par ordre alphabétique

(Photo S. Chirol)

La pointe de Brézellec.

★ Les ABERS

Carte Michelin n° 58 plis 3, 4 ou 230 plis 2, 3.

La côte Nord-Ouest du Finistère, dite encore « Côte des Légendes », est entaillée par des estuaires appelés « abers » (Aber Wrac'h, Aber Benoît, Aber Ildut) dont le spectacle, à marée haute, est remarquable.

Les abers diffèrent des estuaires de la côte Nord (rivière de Morlaix, Jaudy, Trieux) : leur sillon est beaucoup moins profond, leurs pentes moins raides. Au-delà du point où vient mourir le flot marin, l'aber est continué, vers l'amont, non par un petit fleuve côtier, mais par un mince ruisseau qui n'a pas assez de puissance pour draguer un chenal dans l'embouchure envasée. Il n'y a pas de port important en tête d'estuaire comme Morlaix ou Dinan.

Toute cette côte, basse et rocheuse, semée d'îlots, est particulièrement riche en **goémon** de diverses variétés. Les usines en utilisent la plus grande partie : les laminaires sont destinées à la production d'alginates et de mannitol, les fucus et algues d'épaves servent à la fabrication de poudres pour la nourriture du bétail ; le reste est vendu comme engrais *(détails p. 20).*

Circuit au départ de Brest   *197 km – compter une journée*

Quitter Brest par ② du plan en direction de Roscoff.

cv **Gouesnou.** – 4 101 h. L'église du 17e s. présente sur le flanc gauche un porche monumental. Le chevet polygonal de 1615, surmonté de trois frontons élancés, forme avec la sacristie un bel ensemble où se mêlent les styles gothique et classique. A l'intérieur, vitraux de J. le Chevallier (1970) et niches Renaissance sur deux registres dans le chœur. A l'Ouest, en contrebas de l'église, sous les arbres, une fontaine Renaissance, dotée d'un autel, est ornée de la statue de saint Gouesnou.

Prendre la direction de Lannilis et, dans Bourg-Blanc, tourner à droite.

cv **Chapelle St-Jaoua.** – Au centre d'un vaste enclos ombragé, une charmante chapelle du début du 16e s. abrite le tombeau avec gisant de saint Jaoua. En bordure de la route, remarquer l'imposante fontaine du 17e s. faite d'un assemblage de grosses pierres ; de curieuses demi-sphères flanquées de pinacles trapus couronnent le monument et les pilastres.

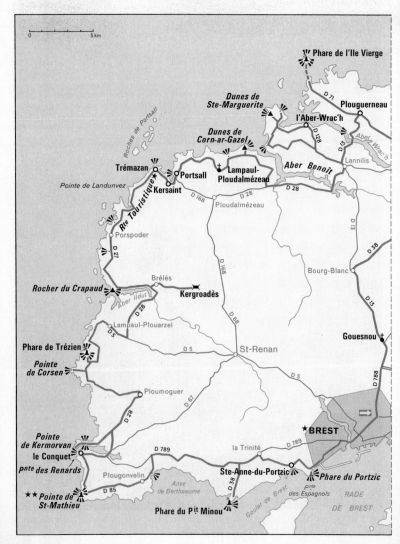

Plouvien. – 2 779 h. Dans l'église paroissiale, tombeau de 1555 en granit de kersanton ; le gisant est soutenu par seize petits religieux figés dans des attitudes de prière, de lecture ou de méditation.

Quitter Plouvien à l'Est par la route de Lesneven.

cv **St-Jean-Balanant.** – La chapelle du 15e s. était une fondation des Chevaliers de St-Jean de Jérusalem dépendant de la Commanderie de la Feuillée, dans les monts d'Arrée. Au tympan, remarquer le bas-relief représentant le baptême du Christ. Fontaine à droite de la chapelle.

Continuer en direction de Lesneven et au quatrième carrefour tourner à droite vers Locmaria.

Chapelle de Locmaria. – Précédée d'une belle **croix**★ à personnages à deux traverses, cette chapelle des 16e et 17e s. possède un clocher-porche carré.

Par le Drennec, route de gauche, gagner le Folgoët.

★★ **Le Folgoët.** – *Page 99.*

Prendre vers Lannilis et à Croas-Kerzu tourner à droite vers Plouguerneau.

A l'entrée de Grouannec-Cöz, remarquer sur la droite, fichée dans le mur de clôture d'une ferme, une croix gallo-romaine à huit pans.

Grouannec-Cöz. – A la sortie du bourg, à droite, petit enclos paroissial du 16e s. avec fontaine de N.-D.-de-Grouannec. Dans l'église, vitraux de Max Ingrand, sablière et poutres sculptées dans le bas-côté droit ; des croix de céramique marquent les stations du chemin de croix. A 100 m, à gauche, on peut voir la fontaine « de la guérison » avec N.-D.-de-la-Clarté.

Plouguerneau. – 5317 h. Pardons *(voir p. 16).*

Prendre la direction des grèves de Lilia.

Belles plages de sable fin, bien abritées au fond d'une anse.

cv **Phare de l'Ile Vierge.** – Construit de 1897 à 1902, il a une portée moyenne de 52 km. C'est le plus haut de France (77 m). Du sommet (397 marches), on découvre un vaste **panorama**★ sur la côte finistérienne, allant, par temps clair, de l'île d'Ouessant à l'île de Batz.

Revenir à Plouguerneau et prendre la direction de Brest. A 2 km, l'ancien tracé de la route forme belvédère (petit calvaire) et offre une belle **vue**★ *sur l'Aber-Wrac'h, à voir de préférence à marée haute. Puis on franchit l'aber, joli site où les bateaux viennent s'abriter. Dans Lannilis, tourner à droite.*

L'Aber-Wrac'h. – Avec son important centre de voile, l'Aber-Wrac'h est un port de plaisance très fréquenté. Une école d'apprentissage maritime, dont le bâtiment surplombe le bourg, anime également ce séjour balnéaire.

La route en corniche longe la baie des Anges ; sur la gauche, se dressent les ruines du couvent de N.-D.-des-Anges (16e s.). *Prendre à droite vers les dunes de Ste-Marguerite, puis encore à droite vers le fort Cézon.* De la plate-forme aménagée en bout de route, **vue** intéressante sur l'estuaire de l'Aber-Wrac'h et, perchées sur une île, les ruines du fort Cézon qui commandait l'entrée, le phare de l'Ile Vierge. *Faire demi-tour et à la sortie de Poulloc tourner à droite vers les dunes.*

Dunes de Ste-Marguerite. – Des chemins permettent de les parcourir en voiture et de découvrir de fort belles vues : à gauche sur l'Aber Benoît

(Photo A.P. Sandford/Azimut)

Le ramassage du goémon.

et les roches de Portsall, à droite sur le chenal de l'Aber Wrac'h truffé d'îlots. Sur les dunes, sèche le goémon qui, après deux ou trois jours d'exposition au soleil, est expédié vers les usines de traitement *(voir p. 44)*.

Gagner la chapelle de Brouënnou où l'on tourne à gauche vers le Passage St-Pabu. A mi-descente, du terre-plein aménagé sur la gauche, jolie vue sur l'Aber Benoît et St-Pabu. Par Landéda rejoindre Lannilis où l'on prend la direction de Ploudalmézeau.

Aber-Benoît. — Après avoir franchi cet aber, la route le longe pendant quelques kilomètres et permet d'en apprécier le joli site.

A 5 km tourner à droite vers St-Pabu que l'on traverse et suivre le fléchage du camping pour gagner les dunes de Corn-ar-Gazel.

Dunes de Corn-ar-Gazel. — Elles offrent une très belle vue sur la presqu'île de Ste-Marguerite, l'Aber-Benoît et son chapelet d'îlots.

Faire demi-tour et suivre à droite la route touristique qui serpente dans les dunes et offre de belles échappées sur la côte.

Lampaul-Ploudalmézeau. — 610 h. L'église de ce modeste village conserve de la Renaissance bretonne le porche Nord, un magnifique **clocher-porche★** coiffé d'un dôme surmonté de lanternons et une vaste chapelle à droite du chœur.

Continuer vers Portsall. Des chemins escaladent les dunes et conduisent aux immenses plages de sable blanc.

Portsall. — Ce petit port est établi dans une anse très fermée. D'une croix-calvaire perchée sur la falaise au fond du port *(1/4 h à pied AR, accès par Bar-an-Lan, route de Kersaint)*, belle **vue** sur le port, la côte et les roches de Portsall, au large, sur lesquelles est venu s'échouer le pétrolier « Amoco Cadiz » en 1978.

Kersaint. — A la sortie du village, en direction d'Argenton, se dressent sur la gauche les ruines du château de Trémazan du 13ᵉ s.

Trémazan. — Du vaste parc de stationnement, au-delà du village, une immense **vue★** se dégage sur l'île Verte, les roches de Portsall, le phare de Corn Carhai.

★ **Route touristique.** — Tracée en corniche, elle permet de découvrir une côte sauvage frangée de rochers d'où se détache la curieuse **pointe de Landunvez** en dents de scie. La route traverse ensuite de petits centres balnéaires, Argenton, **Porspoder** où aurait débarqué au 6ᵉ s. saint Budoc évêque de Dol-de-Bretagne, Melon. *A l'entrée de Lanildut, tourner à droite.*

Rocher du Crapaud. — Commandant l'étroit goulet de l'**Aber-Ildut**, il offre de belles vues sur le port et l'aber, estuaire pittoresque accessible aux bateaux quelle que soit la marée. La rive Nord est boisée, au Sud s'étendent dunes et plages. C'est à hauteur de l'Aber qu'est fixée la séparation théorique de la Manche et de l'Atlantique. Toutefois les marins situent cette limite plus au Sud, à la Pointe de Corsen *(ci-dessous)*, en raison de la différence des fonds marins.

Après Lanildut, la route longe l'aber avant d'atteindre Brélès.

ᴄᴄ **Château de Kergroadès.** — *3,5 km au départ de Brélès.* Cette demeure de 1613 a été restaurée. La cour d'honneur, fermée par une galerie crénelée, est entourée par un sévère corps de logis flanqué de deux tours rondes, et par deux ailes en retour. Remarquer le joli puits.

Prendre la direction de Plouarzel, puis tourner à droite vers Lampaul-Plouarzel. Ensuite on longe l'anse de Porspol, avec au large l'île Ségal, et traverse Trézien.

ᴄᴄ **Phare de Trézien.** — Haut de 59 m, il a une portée moyenne de 35 km. Du sommet (182 marches), **panorama★** qui se développe de la pointe St-Mathieu à Porspoder en passant par Ouessant.

Continuer en direction de la grève de Porsmoguer. Dans un groupe de maisons tourner à droite. La route longe la station de Corsen, centre de surveillance de la navigation maritime, avant d'atteindre une maison ruinée sur la falaise.

Pointe de Corsen. — Cette falaise haute de 50 m est le point situé le plus à l'Ouest de la France continentale. Vue intéressante sur la côte et les îles.

Par la grève de Porsmoguer, gagner Ploumoguer où l'on prend vers le Conquet. A 5 km, tourner à droite vers la pointe de Kermorvan.

Pointe de Kermorvan. — En son centre, elle se réduit à un isthme d'où l'on découvre une jolie vue à droite sur la plage des Blancs Sablons, à gauche sur le **site★** du Conquet. A l'extrémité de la pointe, à gauche de l'entrée du phare, le chaos rocheux est un remarquable belvédère.

La route mène au Conquet en contournant le vaste estuaire où s'abrite le port.

Le Conquet. — 2011 h. La ville occupe un joli **site★** que l'on découvre principalement de la pointe de Kermorvan. Ce petit port de pêche, d'où l'on peut embarquer pour Ouessant et Molène, se livre à la pêche aux crustacés (langoustes, homards, crabes, araignées de mer). Une agréable promenade consiste à emprunter la Corniche du Port qui offre de belles vues sur le port et la pointe de Kermorvan, au large l'archipel ouessantin et les nombreux phares le signalant. L'église, reconstruite au 19ᵉ s., conserve, dans le chœur, un beau vitrail de la Passion (16ᵉ s.) et, sous le porche, des sculptures du 15ᵉ s.

Du Conquet à Brest, l'itinéraire est décrit en sens inverse p. 65.

Le tableau de la page 42 donne la signification des signes conventionnels employés dans ce guide.

ANTRAIN

Carte Michelin n° 🔠🔠 pli 17 ou 🔳🔳🔳 pli 27.

Perché sur un promontoire séparant le Couesnon et la Loisance avant leur confluent, Antrain domine une verte région bocagère. C'est une ville-marché aux petites rues en pente.

De son ancienne église romane subsiste un beau portail en plein cintre encadré de contreforts.

EXCURSIONS

cc **Château de Bonne-Fontaine.** — *1,5 km au Sud. Quitter Antrain par les rues du Général-Lavigne et de Bonne-Fontaine.*
Il fut élevé en 1547 sous forme de manoir fortifié et remanié au 19ᵉ s., Bonne-Fontaine s'inscrit dans un vaste parc à l'anglaise. L'élégance des tourelles qui ornent son grand corps de logis, ses hautes fenêtres, ses lucarnes sculptées corrigent la sévérité de ses tours trapues à mâchicoulis coiffées de toits en poivrière.

cc **Tremblay.** — *4 km au Sud par le D 155 et la N 175.* 1 653 h. L'église des 11ᵉ et 12ᵉ s., remaniée au 16ᵉ s., restaurée après incendie, en 1801, est un exemple de style roman. A l'intérieur, remarquer l'élégance du dais et la gloire rayonnante au sommet de la grande croix du maître-autel. Celle-ci porte, au centre, trois têtes accolées représentant la Sainte-Trinité et, au pied, les symboles des évangélistes. Le grand bras, très orné, est entouré de vigne et d'épis de blé becquetés par des oiseaux. Dans la nef, les six statues anciennes en bois et le Christ placé au revers du porche d'entrée sont intéressants.

cc **Château du Rocher-Portail.** — *14 km à l'Est par le D 155 et le D 102 à gauche.* Une allée de châtaigniers mène au château qui se dresse dans un beau site. Le château fut construit en 1608 par Gilles Ruellan, ancien colporteur devenu conseiller d'État. Une longue façade et deux ailes en équerre encadrent une grande cour, close sur le quatrième côté par une balustrade de granit, précédée d'une douve. Le rez-de-chaussée de l'aile gauche est occupé par une belle galerie à arcades dont l'autre face donne sur un étang. Un passage voûté percé sous l'aile droite donne accès à une seconde cour fermée par les communs.

★★ ARRÉE (Monts d')

Carte Michelin n° 🔠🔠 plis 5, 6, 15, 16 ou 🔳🔳🔳 plis 18, 19.

Les monts d'Arrée sont les plus élevés des « montagnes bretonnes », bien que leur point culminant n'atteigne pas 400 m, mais aussi les plus caractéristiques. Ils furent peut-être, aux époques primaires, des cimes orgueilleuses *(voir p. 17).* Les sommets de grès ou de granit ont été transformés par l'érosion en croupes arrondies, ou « menez » (Menez-Bré, *p. 57 ;* Menez-Hom, *p. 134).* Les quartzites, débarrassés par le travail des eaux des schistes qui les entouraient, sont devenus des crêtes découpées en dents de scie, hérissées d'aiguilles : ce sont les rocs ou « roc'hs » (roc Trévezel). Ces collines jouent la haute montagne. L'impression est produite par l'aridité, la solitude, les vues immenses qu'on découvre, la brume qui, souvent, encapuchonne les sommets.

La chaîne est boisée par place, principalement dans la partie Est, mais sur les sommets pas un arbre : la lande, parsemée d'escarpements rocheux ; çà et là, des touffes d'ajoncs dont les fleurs d'or éclatent au printemps, des bruyères que septembre fleurit en violet. A de larges intervalles, quelques hameaux. Sur les flancs, de petits cours d'eau ont creusé des vallées parfois sauvages, souvent pleines de fraîcheur. Cette région est protégée par la création du Parc Naturel Régional d'Armorique.

Parc Naturel Régional d'Armorique. — Inauguré en septembre 1969, il englobe 29 communes sur une superficie de 65 000 ha et comprend trois zones : les monts d'Arrée, l'estuaire de l'Aulne, le secteur des caps et des îles (presqu'îles de Roscanvel et de Camaret, archipel d'Ouessant). Son objectif est de sauvegarder les paysages, la flore, la faune ; de créer des activités propres à développer l'économie (coopératives, artisanat) ; de préserver les aspects de la civilisation rurale. L'aménagement d'un centre d'informations à Menez-Meur, l'ouverture de musées dans des maisons traditionnelles (Brasparts, Kerouat, Ouessant, St-Rivoal, Trégarvan), le balisage de circuits, en sont les principales réalisations.

Circuit au départ de Huelgoat

122 km — compter une journée — schéma p. 48

Quitter Huelgoat (p. 117) au Sud en direction de Pleyben. A 2 km, la route offre une vue très étendue sur le bassin de l'Aulne et les Montagnes Noires.

★ **St-Herbot.** — *Visite : 1/2 h.* L'**église**★, surmontée d'une tour carrée, apparaît dans un cirque boisé, au milieu d'un paysage sévère et dénudé. Elle est en majeure partie de style gothique flamboyant. Au porche du flanc droit est accolé un petit ossuaire Renaissance ; sur le flanc gauche, un monumental escalier en fer à cheval dessert la chapelle. Une belle croix de 1571, en granit de Kersanton, précède l'édifice.
A l'intérieur, le chœur est entouré par une remarquable **clôture**★★ en chêne sculpté, surmontée d'une Crucifixion. Les deux tables de pierre, adossées à cette clôture, côté nef, étaient destinées à recevoir les touffes de crins prises à la queue des bœufs et des vaches et offertes par les paysans pendant le pardon *(voir p. 16),* afin d'obtenir la protection de saint Herbot, patron des bêtes à cornes. A signaler, en outre, les quinze stalles (relever les sièges), richement décorées et adossées à la clôture, le tombeau du saint composé d'une simple dalle de pierre avec son effigie reposant sur quatre colonnettes, les vitraux (1556) de la grande fenêtre du chœur et des fenêtres latérales, représentant respectivement la Passion, saint Yves et saint Laurent.

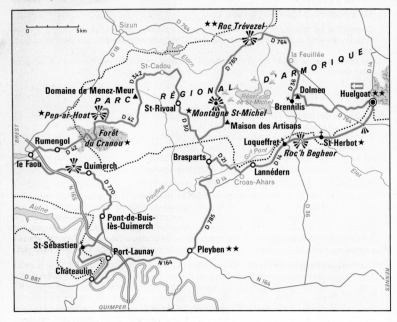

Roc'h Begheor. — *1/4 h à pied. Parc de stationnement à droite de la route.* Un sentier parmi les ajoncs mène au sommet culminant à 277 m. Beau **point de vue**★ sur les monts d'Arrée et les Montagnes Noires.

cv **Loqueffret.** — 482 h. L'église du 16ᵉ s. abrite, dans le bras droit du transept, un retable en bois doré du 17ᵉ s. ; dans le bras gauche, une imposante Trinité protégée par une niche à volets sculptés. Au bas de la nef, la tribune présente des panneaux peints où se reconnaissent le Christ et les apôtres. Sur le flanc droit de l'église, belle croix à personnages.

Lannédern. — 361 h. Petit enclos paroissial *(détails sur les enclos p. 37)* dont la croix à personnages présente, sur la traverse inférieure, saint Edern chevauchant un cerf. Dans
cv l'église, on peut voir le tombeau du saint (14ᵉ s.) et six bas-reliefs polychromés (17ᵉ s.) retraçant sa vie. Dans le chœur, vitrail de la Passion du 16ᵉ s. et statues de la Vierge et de saint Edern, du 17ᵉ s.

> *Continuer vers Pleyben et à Croas-Ahars, tourner à droite.*

Brasparts. — 1 115 h. Ce bourg possède un intéressant enclos paroissial du 16ᵉ s. Sur le calvaire, remarquer saint Michel terrassant le dragon et une Pietà rustique où la Vierge debout est entourée des saintes femmes. L'**église**, remaniée au 18ᵉ s., possède un beau porche à lanternons. En entrant on aperçoit à droite, une **Vierge de pitié**★ du 16ᵉ s. et, à gauche du chœur, un retable du Rosaire, de 1668. Dans le chœur, à gauche du maître-autel, beau vitrail de la Passion du 16ᵉ s.

> *Gagner Pleyben.*

(D'après photo Christiane Olivier, Nice)
Une maison près de Brasparts.

★★ **Pleyben.** — *Page 159.*

> *Continuer en direction de Châteaulin.*

Châteaulin. — *Page 73.*

> *Emprunter la rive droite de l'Aulne.*

Port-Launay. — 533 h. Situé sur l'Aulne en aval de Châteaulin dont il est le port. Son long quai fait l'objet d'agréables promenades.

> *Laisser sur la droite la route de Brest et continuer le long de l'Aulne, passer sous le viaduc ferroviaire, à un rond-point prendre à droite et 100 m plus loin à gauche.* La route monte à flanc de coteau et offre une belle vue sur cette verdoyante vallée.

Chapelle St-Sébastien. — Elle se dresse aux abords d'une ferme. De l'enclos du 16ᵉ s., subsistent la porte triomphale supportant saint Sébastien encadré par deux archers, et un beau calvaire à personnages, où l'on reconnaît le saint transpercé de flèches. L'intérieur de la chapelle, assez délabré, conserve de magnifiques **retables**★ du 17ᵉ s., en bois sculpté doré, dans le chœur et le transept ; à gauche, des panneaux retracent l'histoire de Lorette ou Loreto, petite ville italienne de la région des Marches où, de Nazareth, aurait été transportée par des anges, au 13ᵉ s., la maison de Marie.

Suivre la petite route qui enjambe la voie ferrée et la voie express Quimper-Brest, puis tourner à gauche en direction de Brest.

Pont-de-Buis-lès-Quimerch. – 3 989 h. A la sortie de la localité, en contrebas de la route, à gauche, se trouve l'importante poudrerie qui a près de trois siècles d'existence. Outre de la poudre de guerre, elle produit la totalité des poudres de chasse et développe le domaine des matières plastiques et des engins pyrotechniques.

Quimerch. – *En haut de la montée, à droite, un parc de stationnement a été aménagé avec table d'orientation.* La **vue★**, profonde, s'étend du Menez-Hom à la forêt du Cranou par la rade de Brest et la presqu'île de Plougastel.

Le Faou. – *Page 98.*

Par une petite route dans le Faou, gagner Rumengol.

Rumengol. – *Page 191.*

★ **Forêt du Cranou.** – La route, ondulée et sinueuse, traverse la forêt domaniale du Cranou, accidentée, qui présente de belles futaies de chênes et de hêtres. Des aires de pique-nique y ont été aménagées.

A la sortie de la forêt du Cranou, tourner à droite vers St-Rivoal ; à l'entrée de Kerancuru, prendre à gauche pour gagner Pen-ar-Hoat-ar-Gorré. Dans le hameau aux vieilles maisons de schiste, tourner à gauche vers Hanvec et immédiatement encore à gauche dans une petite route goudronnée en montée. Laisser la voiture près de la ferme.

★ **Pen-ar-Hoat.** – Altitude 217 m. 3/4 h à pied AR. Emprunter le chemin qui longe la ferme et appuyer à gauche en s'orientant sur la ligne des hauteurs ; après être passé entre de petits murs, la montée se termine dans les ajoncs. Le **panorama★** se développe sur les montagnes couvertes de landes : au Nord, des collines bordant l'Elorn, à l'Est les hauteurs proches de l'Arrée, au Sud la forêt du Cranou et au loin les Montagnes Noires et le Menez-Hom, à l'Ouest la rade de Brest.

Revenir à Kerancuru où l'on tourne à gauche et à 3,5 km encore à gauche vers Sizun.

cv **Domaine de Menez-Meur.** – Ce domaine s'étend sur plusieurs centaines d'hectares dans un site vallonné. Les bâtiments de la ferme abritent la Maison du Parc, centre administratif, et un Centre d'Accueil et d'Information. Un petit musée retrace les différentes activités du Parc et ses réalisations, présente la faune et la flore et illustre le travail du sabotier que l'on rencontrait jadis, couramment, dans les forêts environnantes. Un «sentier-découverte» *(1 h 1/2 environ)* serpente parmi les vastes enclos où vivent poneys, moutons, mouflons de Corse, sangliers, daims, cerfs Sika, cheval de Prjewalski, tout en faisant connaître la flore propre à cette région.

Par St-Cadou, gagner St-Rivoal.

cv **St-Rivoal.** – 208 h. A la sortie du village, sur la route du Faou, à gauche en contrebas, une fermette de 1702 constitue l'un des éléments, disséminés dans le Parc d'Armorique, d'un musée en plein air consacré aux différents styles de la construction bretonne. Cette petite maison de schiste à très bel escalier extérieur couvert desservant le fenil, se compose d'une vaste pièce où, d'un côté vivait la famille autour de la grande cheminée, et de l'autre les animaux domestiques. Contiguë, on peut voir la grange abritant le matériel nécessaire à l'exploitation et deux fours à pain dans la cour.

Prendre la direction de Brasparts. La route se déroule dans un paysage de collines, de vallées verdoyantes et boisées dont la fraîcheur contraste avec l'aridité des sommets rocheux et couverts de landes. A 5,5 km, tourner à gauche vers Morlaix.

cv **Maison des Artisans.** – Partie intégrante du Parc Régional, elle est installée dans la ferme St-Michel et expose les créations de plus de deux cents artisans bretons : peinture, sculpture, poterie, tissage, orfèvrerie, etc.

Poursuivre en direction de Morlaix.

★ **Montagne St-Michel.** – Le chemin signalé *(1 km)* s'amorce à gauche de la route. Du sommet (alt. 380 m) où se dresse une petite chapelle dont le faîte atteint 391 m d'altitude, **panorama★** sur les monts d'Arrée et les Montagnes Noires. Au pied de la montagne s'étend, vers l'Est, un vaste marais tourbeux appelé le Yeun Elez. L'hiver, sous la brume, le lieu est si lugubre que la légende bretonne avait situé là le «Youdig», gouffre formant l'entrée de l'Enfer. On aperçoit au-delà le lac artificiel créé par le barrage de St-Michel qui fait partie de la centrale nucléaire des Monts d'Arrée, à Brennilis. A droite du lac, sur la pointe rocheuse, remarquer un alignement mégalithique appelé la «noce de pierre».

La route de Morlaix offre des vues magnifiques sur un paysage de montagne et la cuvette de Brennilis tout en longeant le Signal de Toussaines (384 m).

★★ **Roc Trévezel.** – *Page 97.*

A hauteur du pylône de Roc-Tredudon, tourner à droite vers Huelgoat, à 6 km, encore à droite vers Brennilis.

Brennilis. – 573 h. Ce bourg possède une église du 15ᵉ s. coiffée d'un fin clocher ajouré. A *cv* l'intérieur, sept panneaux polychromés (17ᵉ s.) du maître-autel et un vitrail (16ᵉ s.) du chœur présentent des épisodes de la vie de la Vierge ; dans le bras droit du transept, bel autel du 16ᵉ s. orné de bas-reliefs représentant les douze sibylles.

Revenir à l'entrée de Brennilis et prendre à droite.

Dolmen. – A 100 m, à droite, un sentier fléché mène à cette allée couverte en partie enfouie sous un tumulus.

Continuer sur cette petite route qui ramène à Huelgoat.

Les églises ne se visitent pas pendant les offices.

ASSÉRAC

1 132 h. (les Asséracais)

Carte Michelin n° 63 pli14 ou 230 plis 51, 52.

Ce bourg, situé au Nord-Ouest du Parc Naturel Régional de Brière *(p. 103)*, possède sur la côte un centre d'élevage de coquillages. Tout proches s'étendent, au départ de Pont-d'Armes, les marais salants *(p. 108)* du Trait de Mesquer.

EXCURSION

Circuit de 35 km. — *A l'Ouest - environ 1 h 30.*

Pen-Bé. — **Vue** sur la pointe de Merquel, la baie (bouchots à moules) et l'île Dumet.

Gagner Kerséquin et prendre à gauche.

★ **Pointe du Bile.** — La **vue**★ s'étend sur deux îlots et de belles falaises ocre.

Poursuivre en passant par **Poudrantais** où la route permet un coup d'œil sur les falaises.

Plage de la Mine d'Or. — Au pied de hautes falaises, sur cette longue grève se détachent deux curieux rochers dont l'un en forme de menhir.

Traverser le **Haut-Pénestin**, village aux jolies maisons.

Pointe du Halguen. — Elle est couverte de landes émaillées de pins. On peut gagner, à pied, les plages rocheuses encadrées de courtes falaises.

La route longe ensuite la rive basse de la Vilaine.

Tréhiguier. — Ce petit port de pêche est un centre mytilicole. De nombreuses barques à moteur ou à godille pour collecter les moules sont ancrées à l'embouchure de la Vilaine ainsi que des bateaux de plaisance. Atteindre, à pied, la **pointe du Scal**★ où le fleuve s'élargit entre la pointe du Halguen, à gauche, et celle de Pen-Lan.

Revenir à Assérac par les D 192 et 83.

AUDIERNE

3 094 h. (les Audiernais)

Carte Michelin n° 58 pli 13 ou 230 pli 16 — Schéma p. 80 — Lieu de séjour p. 14.

Ce port de pêche est situé sur l'estuaire du Goyen, au pied d'une colline boisée, dans un joli **site**★. Sa plage s'étend à 1 500 m de la localité, en contrebas de Ste-Evette, près du môle d'embarquement pour l'île de Sein.

Audierne se livre surtout à la pêche de la langouste et du homard, mais pratique également la pêche au thon blanc dit «germon», de juin à octobre. L'activité du port retiendra l'attention du touriste. Un pardon a lieu le dernier dimanche d'août.

⊙ **Grands viviers.** — *Accès par le quai Pelletan et la route de la corniche.*

On peut y voir des crustacés (homards, langoustes, araignées, tourteaux) groupés dans une trentaine de bassins.

⊙ **La Chaumière.** — *Face aux Grands viviers.* Bel intérieur des 17e et 18e s. avec meubles et objets usuels de cette époque, typiques de la région d'Audierne.

★ AURAY

10 185 h. (les Alriens ou Alréens)

Carte Michelin n° 63 pli 2 ou 230 pli 36 — Schéma p. 141.

Cette ville ancienne est bâtie sur les rives du Loch ou rivière d'Auray, à proximité du célèbre sanctuaire de Ste-Anne-d'Auray *(p. 207)*. Elle offre l'attrait de son port, vu de la promenade du Loch, et de son vieux quartier St-Goustan.

C'est la patrie de Cadoudal.

La bataille d'Auray. (14e s.). — La ville est célèbre dans l'histoire bretonne par la bataille livrée en 1364, sous ses murs et qui mit fin à la guerre de Succession *(voir p. 22)*. Les troupes de Charles de Blois, que seconde Du Guesclin, occupent une mauvaise position dans une plaine marécageuse, au Nord d'Auray. Jean de Montfort, cousin de Charles, Olivier de Clisson et les Anglais commandés par Chandos sont dans une situation dominante.

Contre l'avis de Du Guesclin, Charles attaque, échoue, est tourné : c'est l'écrasement complet. Son corps est ramassé sur le champ de bataille. Devant le cadavre de son rival, dont les Bretons ont fait un saint, Montfort ne peut maîtriser son émotion et ses regrets. Mais Chandos, positif, l'arrache à ses réflexions mélancoliques : «Vous ne pouvez avoir votre cousin en vie et le Duché tout ensemble. Remerciez Dieu et vos amis.»

Du Guesclin s'est battu en désespéré : toutes ses armes rompues, il assomme ses adversaires à grands coups de gantelets de fer. Le chef anglais l'aperçoit, fend la mêlée et obtient qu'il se rende par cette invitation : «Cette journée n'est pas vôtre, Messire Bertrand, une autre fois, vous serez plus heureux». Quant à Olivier de Clisson, dont l'action a été décisive, il sort borgne de cette chaude affaire.

Cadoudal. — Fils d'un cultivateur des environs d'Auray, il a 22 ans quand, en 1793, éclate la Chouannerie. Il s'y jette à corps perdu. Les Vendéens vaincus, il continue la lutte dans le Morbihan. Pris, emprisonné à Brest, il s'évade, reprend sa guérilla et participe à l'affaire de Quiberon, il en sort indemne, fait sa soumission à Hoche en 1796 et repart en campagne en 1799. Les colonnes mobiles qui le pourchassent en viennent à exécuter de gigantesques travaux de terrassement : les talus et les haies de la région, qui sont pour les Chouans autant de remparts et de cachettes, sont supprimés. Bonaparte offre inutilement au rebelle la grâce et le grade de général. La lutte ne se termine qu'en 1804 : Cadoudal est allé à Paris pour essayer d'enlever le Premier Consul ; il est arrêté, condamné à mort et exécuté. Son corps sert aux dissections des étudiants. Le grand chirurgien Larrey garde le squelette, monté sur fil de fer. Les restes de Cadoudal sont déposés dans un mausolée élevé sur la colline de Kerléano, aux portes d'Auray *(p. 51)*.

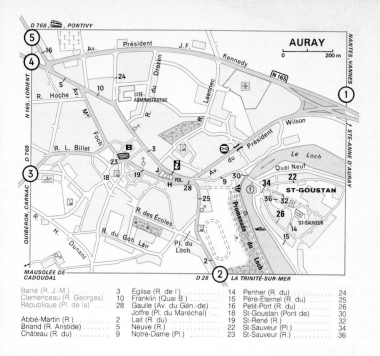

CURIOSITÉS

Promenade du Loch. — Jolie **vue★** sur le port, le quartier St-Goustan et la rivière d'Auray, franchie par le vieux pont de pierre à corbeaux.

Des sentiers en lacet permettent de descendre sur le quai d'où l'on peut aller visiter le quartier St-Goustan, situé sur la rive gauche de la rivière.

Près du vieux pont, remarquer le Pavillon d'En-bas, belle demeure du 16e s., restaurée.

★ **Quartier St-Goustan.** — De la place St-Sauveur (**34**), (maisons du 15e s.) partent, à gauche, la rue Neuve, étroite ruelle bordée de demeures anciennes et, en avant, la rue St-René, coupée de marches et en montée. *Suivre celle-ci, puis tourner à droite dans la rue St-Sauveur qui mène à l'église St-Sauveur. Devant l'église, tourner encore à droite dans la rue de l'Église, en descente.*
La rue du Petit-Port, bordée de logis pittoresques, ramène à la place St-Sauveur.
Le quai Benjamin-Franklin rappelle qu'en 1776, pendant la guerre de l'Indépendance, l'illustre Américain, chargé de négocier un traité avec la France, débarqua à Auray, des vents contraires ayant empêché son navire de remonter à Nantes. La maison où il est descendu, au n° 8, porte une plaque commémorative.

★ **Église St-Gildas** (**B**). — Du 17e s., avec porche Renaissance. Elle possède, au maître-autel, un très beau **retable★** en pierre et marbre de 1664 et des fonts baptismaux avec dais sculpté. Du 18e s., elle conserve des boiseries dans les chapelles latérales, et un élégant buffet d'orgue.

Mausolée de Cadoudal. — *Accès par la rue du Père-Éternel, la place du Loch, la rue du Verger et la direction du Reclus.* Il s'élève sur la colline de Kerléano, face à la maison familiale du héros. C'est un petit édifice rond coiffé d'un dôme.

EXCURSIONS

Circuit de 23 km. — *Environ 3 h. Quitter Auray par la route de Baud.*

cv **Chartreuse d'Auray.** — Sur le champ de bataille où il a triomphé de Charles de Blois *(voir p. 50)*, Jean de Montfort, devenu le duc Jean IV, fait élever une chapelle et une collégiale transformée en chartreuse de 1482 à 1790. L'église et la chapelle funéraire, dévastées par un incendie en 1968, ont été restaurées. La chapelle funéraire a été bâtie au début du 19e s. pour renfermer les restes d'émigrés et de Chouans fusillés en 1795, après le débarquement de Quiberon *(voir p. 169)* ; au centre, le mausolée, en marbre blanc, portant les noms de 953 émigrés, est orné de remarquables hauts-reliefs. L'église, très dépouillée mais fort belle, s'est enrichie de vitraux modernes en grisaille. Dans les galeries du cloître, dix-huit panneaux peints illustrent la vie de saint Bruno ; remarquer une belle Vierge en buis du 15e s. et un Christ du 18e s.

Faire demi-tour et prendre en face la route de Ste-Anne d'Auray.

cv **Champ des Martyrs.** — C'est dans cet enclos que furent fusillés les émigrés et les Chouans. Une chapelle, en forme de temple grec, s'élève à l'emplacement où ils furent exécutés et ensevelis avant d'être transférés à la chartreuse.

Suivre la route de Ste-Anne d'Auray. La route longe le marais de Kerzo, à droite, où se déroula la bataille d'Auray. A 500 m, prendre à gauche la direction de St-Degan. On s'élève sur le versant gauche de la vallée encaissée du Loch.

cv **St-Degan.** — Dans le hameau, tourner à gauche pour visiter l'**écomusée.** Autour de l'aire à battre s'ordonnent les bâtiments restaurés, en granit et toits de chaume ; on peut voir la maison d'habitation avec ses meubles du Bas-Vannetais, la longère, mi-habitation, mi-dépendance, avec des objets domestiques, instruments aratoires, outils artisanaux. Une exposition est consacrée aux noces bretonnes.

Gagner Brech et tourner à droite.

A l'entrée de Ste-Anne d'Auray, à droite, dans un virage, a été érigé, en 1891, un monument à la mémoire du comte de Chambord, le prétendant légitimiste au trône de France qui, au début de la IIIᵉ République, faillit renverser le régime. Chaque année pour la Saint-Michel, il venait avec des amis en pèlerinage à Ste-Anne.

★ **Ste-Anne-d'Auray.** – *Page 207.*

Pluneret. – 2 334 h. Dans le cimetière, en bordure de l'allée centrale, à droite, sépultures, surmontées de trois statues, de la comtesse de Ségur, l'auteur bien connu de livres pour la jeunesse, et de son fils, Mgr de Ségur.

Continuer en direction de Bono et à 2 km tourner à gauche vers Ste-Avoye.

cv **Ste-Avoye.** – Au centre de pittoresques chaumières, près d'une fontaine, se dresse une jolie chapelle Renaissance à la belle **charpente ★** en carène de bateau renversée. Le **jubé ★** en chêne sculpté et peint représente les apôtres du côté de la nef et les Vertus du côté du chœur, entourées de saint Fiacre et saint Laurent à gauche, de saint Yves entre le riche et le pauvre à droite.

Reprendre vers Ste-Anne-d'Auray et tourner à gauche dans la route nationale pour regagner Auray.

★★ **Le golfe du Morbihan en bateau.** – Cette agréable excursion permet de remonter la **rivière d'Auray ★** jusqu'au Bono et de faire le tour du golfe.

★ BARNENEZ (Cairn de)

Carte Michelin nº 58 pli 6 ou 230 pli 5 – Schéma p. 78.

cv Situé sur la presqu'île de Kernéléhen prolongée par l'îlot de Stérec, cet imposant tumulus à gradins de pierres sèches, appelé **cairn**, domine la baie de Térénez et l'estuaire de la rivière de Morlaix. Un exploitant de carrière mit au jour des tombes dont on peut voir la coupe. A la suite de fouilles entreprises de 1955 à 1968, onze chambres funéraires sous tables de pierres furent découvertes ; leurs entrées sont orientées au Sud, précédées chacune d'un couloir de 7 à 12 m. On distingue deux étapes de construction d'après la couleur des pierres : le 1ᵉʳ cairn, 4600 avant J.-C., en dolérite, roche verte du pays, le 2ᵉ, vers la pente, deux siècles plus jeune, où domine le granit clair de Stérec.

BATZ (Ile de) 744 h. (les Batziens)

Carte Michelin nº 58 pli 6 ou 230 pli 5.
Accès : voir le guide Michelin France.

cv L'île de Batz (prononcer Ba), longue de 4 km et large de 1 km, est séparée du continent par un étroit couloir où règnent de violents courants. Le bateau accoste dans la baie de Kernoc'h autour de laquelle se concentrent le bourg et la très moderne station de sauvetage. Cette île, aux arbres rares en dehors de l'agglomération, est entourée, au Nord, d'une ceinture de récifs, mais possède de nombreuses plages de sable fin ; elle jouit d'un climat très doux qui favorisent les cultures maraîchères ; en effet s'ils ne sont pas marins, les Batziens sont agriculteurs, les femmes aident à cultiver les primeurs et à récolter le goémon.

cv **Église.** – Au centre du bourg, elle a été construite en 1873. Elle abrite dans le chœur une statue de la Vierge (14ᵉ-15ᵉ s.) et un Saint Pol-Aurélien (en bois, 17ᵉ s.) mort dans l'île en 573 ; dans le bras gauche du transept, un tissu oriental du 8ᵉ s. appelé étole de saint Pol, qui aurait appartenu à ce saint *(voir ci-dessous le Trou du Serpent).*

cv **Phare.** – A l'Ouest de l'île. 210 marches. Haut de 44 m, il se dresse au point le plus élevé de l'île (23 m). De la plate-forme, on découvre l'île et la côte aux nombreux récifs.

Trou du Serpent. – *Au-delà du phare, gagner sur la dune la maison en ruines et prendre le sentier à droite.* Une roche allongée, à quelques mètres de la côte, marque le lieu où saint Pol-Aurélien, revêtu de ses habits sacerdotaux, aurait précipité dans les flots, à l'aide de son étole, le dragon qui ravageait l'île.

Chapelle Ste-Anne. – *A l'Est de l'île.* Cette chapelle romane ruinée se dresse à l'emplacement du monastère fondé par saint Pol-Aurélien. Un pardon y a lieu le dimanche le plus proche du 26 juillet.

Des dunes situées à proximité de la chapelle, belles vues sur la côte et les îlots.

★ BATZ-SUR-MER 2 591 h. (les Batziens)

Carte Michelin nº 63 plis 13, 14 ou 230 pli 51 – Schéma p. 109.

Entre les marais salants et l'océan, Batz se signale par sa haute tour-clocher. La côte rocheuse est coupée de plages de sable : Valentin, la Govelle, St-Michel qui est protégée par une digue près de laquelle se dresse le menhir de Pierre-Longue.

★ **Église St-Guénolé.** – Appartenant à un prieuré au 13ᵉ s., cette église fut reconstruite aux 15ᵉ et 16ᵉ s. Sa **tour** sévère, haute de 60 m, surmontée d'un clocheton cantonné de pinacles, date de 1677. L'**intérieur** surprend par la déviation du chœur, la masse des piliers soutenant des arcs gothiques largement ouverts, la voûte boisée en carène. Dans le bas-côté gauche, les **clefs de voûtes** sont remarquables. Un vitrail du bas-côté droit célèbre la consécration du monument en 1428.

cv **Montée à la tour.** – 182 marches. Un très vaste **panorama ★★** s'étend sur le littoral, de la pointe St-Gildas au Sud de la Loire, à St-Gildas sur la presqu'île de Rhuys et, au large, sur Belle-Ile et Noirmoutier ; on domine le damier étincelant des marais salants *(p. 108).*

★ **Chapelle N.-D.-du-Mûrier.** — Belles ruines gothiques aux arches pures. Le portail, ouvragé, est flanqué d'une tourelle d'escalier qui a conservé son toit en granit. Selon la légende, le seigneur Jean de Rieux de Ranrouët *(p. 105)* l'aurait élevée, au 15ᵉ s., à la suite d'un vœu fait en mer, lors d'une tempête : un mûrier enflammé l'aurait guidé vers la côte.

Sentier des Douaniers. — Devant la plage St-Michel, prendre à gauche le sentier qui longe la falaise et offre une perspective sur la Grande Côte. Le menhir de Pierre-Longue et de beaux **rochers★** apparaissent bientôt. *Revenir par la rue du Golf.*

BAUD
4962 h. (les Baudais ou Baldéviens)

Carte Michelin nº 🔢 pli 2 ou 🔢 pli 36.

Le bourg est bâti sur une butte au cœur d'une riante campagne arrosée par le Blavet, l'Evel et le Tarun.

Chapelle de la Clarté. — Du 16ᵉ s., elle s'ouvre dans la nef de l'église paroissiale (1927) et abrite la statue de N.-D.-de-la-Clarté, très vénérée. Pardon le 2 juillet.

Fontaine de N.-D.-de-la-Clarté. — Elle se trouve dans la ville basse, en contrebas de la route de Locminé, à l'extrémité du vaste parc de stationnement.

Vénus de Quinipily. — *2 km au Sud-Ouest. Quitter Baud par la route d'Hennebont. A Coët-Vin, tourner à gauche et, 500 m plus loin, laisser la voiture sur un petit parking à cv droite.* Une allée en montée mène à la Vénus, placée au-dessus d'une fontaine, dans un parc proche des vestiges, restaurés, du château de Quinipily. La statue a des origines mal définies : pour certains c'est une idole romaine, pour d'autres une Isis égyptienne. Entourée d'un culte presque païen, elle fut par deux fois jetée dans le Blavet sur ordre de l'autorité religieuse ; puis par le comte de Lannion en 1696. Au 18ᵉ s., l'idole fut retaillée. Elle n'évoque que de très loin la déesse de la beauté.

EXCURSIONS

Chapelle St-Adrien. — *7 km au Nord-Ouest. Quitter Baud en direction de Guéméné et, à 3,2 km, tourner à droite vers St-Barthélemy.* La route suit la vallée du Blavet dans un très joli site avant d'atteindre le hameau St-Adrien aux magnifiques maisons de granit du 18ᵉ s. La chapelle du 15ᵉ s. est située en contrebas de la route, entre deux fontaines, celle de droite surmontée d'un calvaire. A l'intérieur, un jubé très simple ferme la nef, sculpté côté nef, peint côté chœur, il présente le Christ entouré des apôtres.

Chapelle St-Michel. — *8 km au Nord-Est puis 1/4 h à pied AR. Quitter Baud par la route de Pontivy et à 3 km tourner vers Guénin puis suivre l'accès fléché.* On laisse la voiture près de la chapelle de Maneguen du 16ᵉ s., présentant sur la façade Ouest un bandeau sculpté ; remarquer le puits de 1878. *Prendre le chemin en montée à gauche de l'enclos.* Du sommet (165 m) où se dresse la chapelle St-Michel, vaste **panorama.**

Forêt de Camors. — *5 km au Sud.* Peuplée principalement de hêtres, elle couvre environ 650 ha.

Forêt de Floranges. — *10 km au Sud-Est.* Belle forêt domaniale de 780 ha, aménagée pour la promenade.

Étang de la Forêt. — *13 km au Sud-Est.* Plan d'eau de 12 ha sur le Loch. Location de pédalos, pêche.

★★ La BAULE
14 688 h. (les Baulois)

Carte Michelin nº 🔢 pli 14 ou 🔢 plis 51, 52 — Schéma p. 109 — Lieu de séjour p. 15.

La Baule est une des plus célèbres stations balnéaires de la côte atlantique. Créée en 1879, près de l'ancien bourg d'**Escoublac** *(voir p. 108)* enseveli sous les dunes qui furent fixées dès 1840 par 400 ha de pins maritimes, la ville est protégée des vents dominants par les pointes de Penchâteau à l'Ouest et de Chémoulin à l'Est et par les bois au Nord.

★★ **Front de mer.** — De luxueux hôtels, des immeubles modernes, le casino, bordent cette élégante promenade qui s'étire sur près de 5 km entre Pornichet et le Pouliguen, dominant la belle plage de sable fin et la vaste baie parsemée d'îlots. L'esplanade Benoît, piétonne, la termine à l'Ouest et mène au port de plaisance bien abrité dans l'étier qui alimente les marais salants.

★★ LA BAULE-LES-PINS

La Baule est prolongée, à l'Est, par cette station, née en 1930, au milieu des bois, et dont l'Allée cavalière mène à la forêt d'Escoublac. Des piscines permettant un bain d'eau de mer en toute saison font partie d'un centre de thalassothérapie.

★ **Parc des Dryades.** — Situé près de la place des Palmiers, ce parc tracé à l'anglaise est riche en arbres de toutes essences et présente de beaux parterres fleuris.

EXCURSIONS

★ **Presqu'île de Guérande.** — *Circuit de 62 km — environ 5 h 1/2. Description p. 107.*

★ **De la Baule à St-Nazaire par la côte.** — *Circuit de 38 km — environ 2 h.*
La route révèle de belles échappées sur la baie de La Baule et traverse les stations de Pornichet *(p. 168)* et, par la route côtière, Ste-Marguerite et St-Marc.

BÉCHEREL

528 h. (les Bécherellais)

Carte Michelin n° 59 pli 16 ou 230 pli 25.

Châtellenie de 1123 à 1790, Bécherel, bâtie sur une colline à 176 m d'altitude, est une ancienne place forte dont quelques vestiges subsistent. Des rues aux noms évocateurs : Chanvrerie, Filanderie, etc. rappellent le passé de la cité, on y cultivait le lin et y filait le plus beau fil de Bretagne. Vue étendue vers Dol, Dinan, Combourg.

cv **Château de Caradeuc.** — *1 km à l'Ouest.* Cette ancienne demeure du célèbre procureur général, Louis-René marquis de Caradeuc de La Chalotais, 1701-1785 *(détails p. 182),* est entourée d'un très beau **parc★** tracé à la française. De la terrasse Nord du château, un vaste horizon se découvre vers Dinan et la haute vallée de la Rance.

EXCURSION

Circuit de 34 km. — *Environ 1 h. Quitter Bécherel par la route qui passe devant le château de Caradeuc. A 4 km, tourner à droite.*

St-Pern. — 773 h. La maison-mère de la Congrégation des Petites Sœurs des Pauvres *(voir p. 200)* est installée dans l'ancien château de la Tour St-Joseph.

Après Plouasne, la route franchit l'étang de Néal dans un très joli site.

Guenroc. — Cette petite bourgade tire son nom des roches blanches qui la dominent.

Barrage de Rophémel. — Un sentier mène à un petit belvédère qui permet d'admirer le lac de retenue. Ce barrage fait partie de l'aménagement hydro-électrique de la Rance.

Revenir à Bécherel par le Val et Plouasne.

BEG-MEIL

Carte Michelin n° 58 pli 15 ou 230 pli 32.

A l'entrée de la baie de la Forêt, face à Concarneau, Beg-Meil (« Pointe du Moulin »), disséminée parmi les pins, adosse ses plages, côté baie, à de petites anses rocheuses et boisées : plage des Oiseaux, plage de la Cale où une jetée permet l'accostage des vedettes d'excursion et des bateaux de pêche qui y débarquent poissons ou crevettes ; côté océan, à des dunes : plage, bien équipée, du Sémaphore, vaste plage des Dunes (ou Grande Plage) d'où l'on a une vue lointaine sur l'archipel de Glénan.

De la pointe de Beg-Meil, promontoire ombragé de grands pins, belle vue sur Concarneau et la baie de la Forêt.

cv **Promenades en bateau.** — *En saison, des services réguliers de vedettes relient Beg-Meil à Concarneau (p. 74) par la baie, à l'île St-Nicolas (Glénan, p. 103), à Quimper (p. 171) par l'Odet (p. 175).*

★★ BELLE-ILE

4 500 h. (les Bellilois)

Carte Michelin n° 63 plis 11, 12 ou 230 plis 48, 49.
Accès : voir le guide Michelin France.

La plus importante des îles bretonnes est un plateau schisteux culminant à 63 m, long de 17 km, large de 5 à 10 km, d'une superficie de 84 km². Des vallons entaillent les hauts rochers, aboutissant à des plages ou des ports. La côte Est, bien protégée, est jalonnée de criques favorables à la baignade. Le contraste est frappant entre le centre exposé au vent, où les champs de céréales alternent avec les ajoncs, et les versants abrités des vallons aux grasses prairies, où se groupent les maisons blanchies à la chaux.

Fouquet, marquis de Belle-Ile. — Après avoir appartenu à l'abbaye Ste-Croix de Quimperlé, puis à la famille de Gondi, l'île est vendue vers 1650 au surintendant Fouquet. Celui-ci, qui veut en faire un abri sûr, complète les fortifications et fait placer 200 canons. Ses immenses richesses lui permettent même d'avoir une flotte person-nelle dont le navire-amiral est le « Grand Écureuil ». Ses armes comportent en effet un écureuil dont l'appellation ancienne était « fouquet », avec la devise « où ne montera-t-il pas ». Cette politique audacieuse, s'ajoutant à ses malversations et aux blessures d'orgueil infligées à Louis XIV, le conduit à sa perte. A Nantes, où la cour est en déplacement (1661), d'Artagnan et ses mousquetaires le saisissent, comme il sort du château, et le conduisent à Vincennes.

Un rocher fortifié. — Belle-Ile, citadelle avancée de la côte française, a été maintes fois attaquée par les flottes anglaise et hollandaise. Prise deux fois par les Anglais, en 1572 puis en 1761, elle reste occupée jusqu'au traité de Paris (1763) qui la rend à la France. Elle a gardé un système défensif fort développé : outre la citadelle du Palais, fortifiée par Vauban, plusieurs redoutes enterrées, des 18e et 19e s., jalonnent encore la côte.

Bretons et Canadiens. — 78 familles canadiennes, en 1766, viennent s'établir dans l'île. Ces descendants de colons français vivaient en Acadie depuis le début du 17e s., mais lorsque les Anglais, par le traité d'Utrecht (1713), prennent possession du Canada et font de cette province la Nouvelle-Écosse, les Acadiens préfèrent la déportation (c'est le Grand Dérangement de 1755). Installés par Louis XV à Belle-Ile, ils y introduisent notamment la pomme de terre, plusieurs années avant Parmentier.

Art et nature. — Depuis la fin du 19e s., nombreux sont les artistes qui, attirés par la beauté du site, viennent chercher à Belle-Ile l'inspiration ou le repos : Courbet en 1847, Claude Monet en 1886, peignent plusieurs toiles ; Sarah Bernhardt se délasse des fatigues de la vie parisienne ; Albert Roussel unit la composition musicale à son amour pour la mer. Arletty et d'autres comédiens ont fait de l'île un discret refuge.

LE PALAIS
visite : 2 h

En liaison directe avec Quiberon, la petite capitale (2 389 h.) groupe les principales ressources de l'île. Du bateau ou de la rue des Remparts, jolie vue sur les bassins du port, au pied de la citadelle : bateaux de pêche et de plaisance.

Au Palais est né, en 1815, celui qui fut le malheureux défenseur de Paris en 1870, le général Trochu.

★ **Citadelle.** – *Un circuit fléché permet de découvrir l'ensemble des ouvrages.*

La citadelle construite en 1549 sur l'ordre d'Henri II, agrandie par les ducs de Gondi de Retz, fut la place forte de Fouquet. Sa double enceinte et ses puissants bastions d'angles, qui portent la marque des plans de Vauban, ont parfaitement résisté aux sièges et au temps. Elle fut à la fois prison (la fille et les

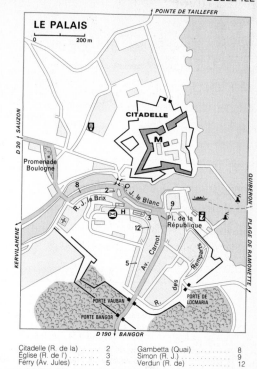

LE PALAIS

Citadelle (R. de la)	2	Gambetta (Quai)	8
Église (R. de l')	3	Simon (R. J.)	9
Ferry (Av. Jules)	5	Verdun (R. de)	12

complices de la sinistre empoisonneuse Voisin, le meneur chouan Cadoudal, le socialiste insurgé Blanqui y furent enfermés) et caserne jusqu'en 1961. On y remarque l'imposante épaisseur des murailles et, dans l'angle Sud-Ouest, une intéressante tour ronde à triple paroi, vestige du premier château fort, transformée en poudrière par Vauban. **Points de vue** sur le Palais et la côte en particulier du bastion du Gouverneur. Le **musée**, installé dans les salles voûtées de bâtiments militaires de style Louis XIII, expose d'intéressants documents sur le passé de l'île et ses hôtes illustres, de Fouquet à Albert Roussel.

VISITE

★★ ① **La Côte Sauvage** *Circuit de 49 km – environ 4 h – schéma p. 56*

Quitter le Palais par le quai Gambetta, la promenade Boulogne où l'on tourne à droite vers la citadelle. En bordure de la côte, prendre à gauche puis à droite.

Pointe de Taillefer. – Des abords du sémaphore, belle **vue** sur la rade du Palais, la pointe de Kerdonis, au large des îles de Hœdic et de Houat, la presqu'île de Quiberon.

Faire demi-tour et gagner Sauzon. On peut s'avancer jusqu'à **Port-Fouquet,** *jolie crique rocheuse.*

★ **Sauzon.** – 563 h. Ce petit port, animé par de nombreux bateaux de plaisance et surnommé le « Port fleuri », occupe un joli **site**★ sur le versant gauche de l'estuaire de la rivière de Sauzon. Une agréable promenade *(1 h 1/2 à pied AR)* partant du port, permet de faire le tour de la **pointe du Cardinal** et offre des vues tour à tour sur l'entrée du port, la pointe de Taillefer, la presqu'île de Quiberon et la pointe des Poulains.

★ **Pointe des Poulains.** – *1/2 h à pied AR.* Du parc de stationnement, on découvre à gauche, dominant une crique, le fort Sarah-Bernhardt près duquel la célèbre tragédienne avait sa propriété. Descendre par la cale sur l'isthme de sable qui rattache à l'île la pointe des Poulains, complètement isolée par la mer aux grandes marées, et surmontée d'un phare. De la pointe même, vaste **panorama**★, de gauche à droite, sur la pointe du Vieux-Château avec des vestiges romains, les rochers impressionnants de la Côte Sauvage, l'île de Groix, la presqu'île et la baie de Quiberon, la presqu'île de Rhuys, les îles de Houat et de Hœdic et la pointe de Taillefer, le rocher du Chien évoquant cet animal.

Revenir sur ses pas et à 2 km prendre à droite.

★★ **Grotte de l'Apothicairerie.** – *1/2 h à pied AR.* Son nom lui vient des nids de cormorans jadis disposés régulièrement dans les cavités rocheuses, comme des bocaux sur les rayons d'une pharmacie. S'avancer sur la pointe et emprunter à droite l'escalier taillé dans le roc (attention, marches glissantes). La grotte forme une immense cavité où gronde la mer. Par gros temps, le lieu est impressionnant et dangereux, par mer calme, belle coloration glauque des eaux.

Regagner le carrefour et tourner à droite. Dans la lande de Kerlédan, de part et d'autre de la route de Port-Donnant, se dressent les **menhirs Jean et Jeanne**, l'un de schiste, l'autre de granit ; ce seraient deux jeunes fiancés, punis d'avoir voulu se rencontrer avant le jour du mariage.

★★ **Port-Donnant.** – *1/2 h à pied AR, parc de stationnement.* Le site est superbe, la belle plage de sable, où déferlent plusieurs rouleaux de vagues, est encadrée de hautes falaises. La force de la mer et les courants y rendent les bains très risqués.

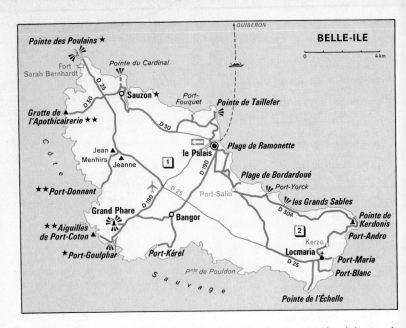

Pointe des Poulains ★
Fort Sarah Bernhardt
Pointe du Cardinal
Sauzon ★
Port-Fouquet
Pointe de Taillefer
QUIBERON
BELLE-ILE
0   4 km
Grotte de l'Apothicairerie ★★
Jean Menhirs
Jeanne
le Palais
Plage de Ramonette
Plage de Bordardoué
Port-Yorck
★★ Port-Donnant
Port-Salio
les Grands Sables
Grand Phare
Bangor
Pointe de Kerdonis
Port-Andro
★★ Aiguilles de Port-Coton ▲
Kerzo
Locmaria
Port-Maria
★ Port-Goulphar
Port-Kérel
Port-Blanc
Pnte de Pouldon
Pointe de l'Échelle
Côte
Sauvage

Grand Phare. — Inauguré près de Goulphar en 1835, ce phare mesure 46 m de hauteur, le foyer est à 84 m au-dessus du niveau de la mer. Sa portée maximum de 120 km en fait l'un des plus puissants d'Europe. Du balcon, magnifique **panorama**★★ sur l'île, les îlots voisins et toute la côte, de Lorient à la presqu'île de Rhuys.

★ **Port-Goulphar.** — C'est l'un des sites les plus charmants de Belle-Ile. Après le manoir de Goulphar, une route en forte descente *(1/4 h à pied AR)*, mène au port de Goulphar, échancrure longue et étroite, où l'eau transparente révèle des algues aux riches couleurs, au pied de falaises très pittoresques. Un ensemble d'îlots en marque l'entrée. C'est du rebord de la falaise, face à l'hôtel de Grand Large, que l'on a la meilleure **vue**★ sur ce chaos rocheux aux curieux plissements.

★★ **Aiguilles de Port-Coton.** — Port-Coton, ainsi appelé parce que la mer y bouillonne et se gonfle comme un gros paquet d'ouate. A l'extrémité de la route surgissent les Aiguilles *(illustration ci-dessous)* ; quelques-unes de ces pyramides rocheuses sont percées de grottes. On peut suivre, sur la droite, le bord de la falaise pour découvrir une jolie vue sur l'anse de Port-Coton.

Bangor. — 638 h. Ce village tire son nom de l'établissement religieux ou « bangor » fondé par les premiers moines celtiques installés sur l'île.

Port-Kérel. — *2,5 km au départ de Bangor.* Dans un site rocheux s'étend cette plage la plus chaude et la plus fréquentée de l'île.

Regagner le Palais par les portes Bangor et Vauban, placées en chicane.

★ **2** **Pointe de Kerdonis** *Circuit de 33 km — environ 2 h*

Quitter le Palais par l'avenue Carnot et la rue Villaumez à gauche.

Plage de Ramonette. — C'est la plage du Palais, adossée à la pointe de même nom.

A l'entrée de Port-Salio tourner à gauche.

Plage de Bordardoué. — Après avoir franchi la porte ménagée dans les anciennes fortifications, on découvre une belle plage de sable, bien abritée.

Les aiguilles de Port-Coton.

Faire demi-tour et prendre deux fois à gauche. La route descend vers **Port-Yorck** fermé par la pointe du Bugul à droite et la pointe du Gros Rocher à gauche, prolongée par un îlot supportant un ancien fort. De Port-Yorck à la pointe de Kerdonis, le parcours offre de remarquables **vues★** sur Houat, Hœdic et les îlots qui les entourent, la côte morbihanaise, la rade du Palais.

Les Grands Sables. — La plus vaste plage de Belle-Ile. Elle conserve d'importants vestiges des fortifications élevées en 1747 car elle fut témoin, aux 17e et 18e s., de nombreuses tentatives de débarquement de la part des Anglais et des Hollandais.

Pointe de Kerdonis. — Pointe extrême de l'île, au Sud, elle reçoit le phare de même nom qui signale aux navires le passage entre Hœdic et Belle-Ile. En 1910, le gardien meurt un soir de tempête, ses deux enfants tournent la lourde lentille à la main, toute la nuit.

Port-Andro. — Plage de sable au débouché d'un vallon. Les Anglais y prirent pied en 1761.

Par Kerzo, gagner Locmaria.

Locmaria. — 602 h. Ce village serait, au dire des Bellilois, un lieu de sorcellerie. Sur la placette ombragée se dresse l'église de 1714. Ce petit édifice s'est placé sous le vocable de N.-D.-de-Boistord en mémoire, selon la légende, d'un magnifique orme abattu par les Hollandais pour remplacer le mât brisé de leur bâtiment et dont le tronc se tordit, terrifiant les marins.

Port-Maria. — Une route en descente, à droite de l'église, mène à cette profonde échancrure rocheuse offrant à marée basse une belle plage de sable fin.

A la sortie de Locmaria tourner à gauche.

Port-Blanc. — Petite anse dominée par les falaises de la pointe d'Arzic.

Regagner la grande route et prendre deux fois à gauche.

Pointe de l'Échelle. — *Route non revêtue après le hameau du Skeul.* Site sauvage aux rochers déchiquetés dressés en hémicycle.

Faire demi-tour, tourner à gauche, puis à droite, à 2 km, pour regagner le Palais par les portes Bangor et Vauban.

BELLE-ISLE-EN-TERRE   1 216 h. (les Bellilois)

Carte Michelin n° 58 plis 7, 8 ou 230 Sud du pli 7.

Ce vieux bourg est situé dans une région pittoresque, au confluent du Léguer et du Guic. Tous les ans, le mardi qui suit le troisième dimanche de juillet, Belle-Isle-en-Terre organise un championnat de lutte bretonne, sport original et fort ancien.

cv **Chapelle de Locmaria.** — *1 km au Nord en direction de Trégrom et une route à droite en montée.* La chapelle se dresse au milieu du cimetière. Elle conserve à l'intérieur un beau **jubé** du 16e s. orné sur une face des statues des apôtres en bois polychrome.

EXCURSIONS

★ **Menez-Bré.** — *9 km au Nord-Est — environ 3/4 h. Emprunter la route de Guingamp. 2,5 km après Louargat, prendre à gauche le chemin en forte montée (maximum 18 %).* Ce sommet isolé (302 m) domine de 150 m le plateau du Trégorrois. De la chapelle St-Hervé qui le surmonte, vaste **panorama★**. Au Nord, le plateau s'abaisse lentement vers la mer, entaillé par les vallées très encaissées du Trieux, du Jaudy, du Guindy et du Léguer. Au Sud, on aperçoit les collines et les vallées de la Cornouaille ; au Sud-Ouest se détachent les monts d'Arrée.

Loc-Envel. — 105 h. *4 km au Sud — environ 3/4 h. Prendre la direction de Callac et peu après tourner à droite dans une route sinueuse mais pittoresque.*
L'**église** de Loc-Envel, de style gothique flamboyant, s'élève sur un tertre dominant le village. A droite du clocher-porche, remarquer les trois petites ouvertures en arc de cercle par lesquelles les lépreux pouvaient assister aux offices. En entrant, on est frappé par le magnifique **jubé★** flamboyant et la riche ornementation de la **voûte★** lambrissée : sablières et entraits sculptés, blochets d'angle polychromes figurant les évangélistes, deux clefs pendantes. Remarquer aussi un Christ bénissant au-dessus du maître-autel et une Sainte Trinité entourée d'anges à la croisée du transept. Le mobilier du 16e s. est digne de ce décor : clôture des fonts baptismaux, statues anciennes, maîtresse-vitre du chœur illustrant la vie de saint Gwenaël. Le retable du maître-autel est du 17e s.

Gurunhuel. — 440 h. *9 km au Sud-Est — environ 1/4 h.*
Dans le cimetière, à droite de l'église, du 16e s., se dresse le calvaire qui est de la même époque. Sur la « mace » (socle) s'élèvent trois colonnes : celle du milieu porte le Christ en Croix entre la Vierge et saint Jean, sur une face, une Vierge de Pitié, au revers ; les deux autres, les larrons, dont l'âme figurée par un petit personnage est recueillie par un ange (bon larron) et un démon (mauvais larron). Sur le socle se trouvent un cavalier romain, saint Pierre, saint Michel et saint Paul.

★ BÉNODET   2 286 h. (les Bénodetois)

Carte Michelin n° 58 pli 15 ou 230 pli 32 — Schéma p. 175 — Lieu de séjour p. 14.

Cette charmante station balnéaire occupe, sur la « Côte de Plaisance », un joli site verdoyant à l'entrée de l'estuaire de l'Odet avec son port très fréquenté par les yachts et sa plage de sable fin orientée au Sud. Elle est dotée d'un casino et de thermes marins (thalassothérapie).
Un bac pour les piétons et les deux-roues relie, de jour, Bénodet à Ste-Marine sur la rive opposée de l'Odet.

cv **Phare de la Pyramide**
(B). – *Accès par l'avenue de la Plage, la rue du Phare à droite.*
Du balcon qui entoure la lanterne (192 marches), le **panorama**★ s'étend, sur la côte, de la baie de Concarneau au phare d'Eckmühl et, au large, sur les îles de Glénan. Au Nord, on domine la campagne boisée coupée par l'Odet que franchit le pont de Cornouaille.

Point de vue sur l'Odet
(E). – *Par l'avenue de Kercréven.* Belle vue sur la rivière, le port de plaisance, dans un cadre boisé, le pont de Cornouaille.

Pointe Bénodet. – *Emprunter la Corniche de la Plage, puis suivre le littoral par la Corniche de la Mer pour atteindre la dune de Lichaven. Vue très étendue (table d'orientation et longue-vue).*

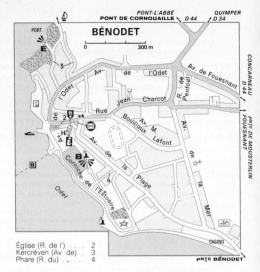

Église (R. de l') 2
Kercréven (Av. de) . 3
Phare (R. du) 4

cv **Pont de Cornouaille.** – *1 km au Nord-Ouest.* On franchit l'Odet par cet élégant ouvrage long de 610 m, qui surplombe de 30 m la rivière et offre une belle **vue**★ sur le port de Bénodet, Ste-Marine et l'estuaire, l'Odet en amont.

EXCURSION

De Bénodet à Concarneau par la côte. – *40 km – environ 3 h. Quitter Bénodet à l'Est vers Fouesnant et à 2 km tourner à droite.*

Le Letty. – Petit hameau en bordure de la Mer Blanche, vaste plan d'eau abrité par une dune et relié à l'océan par un étroit goulet. École de voile.

Revenir à la route de Fouesnant. Au Perguet, remarquer sur la droite la chapelle Ste-Brigitte (16ᵉ s.), un curieux escalier de pierre posé sur le toit permet d'accéder au petit clocher ajouré, érigé à la croisée du transept. *A 2,5 km, un embranchement, à droite, mène à la pointe de Mousterlin.*

Pointe de Mousterlin. – De l'extrémité de la pointe, vue étendue sur le littoral, de la pointe de Lesconil à la pointe de Trévignon, au large l'île aux Moutons et l'archipel des Glénan. De nuit, on aperçoit, à droite, le phare d'Eckmühl.

Faire demi-tour. A 2 km prendre à droite et à 4,5 km encore à droite.

Beg-Meil. – *Page 54.*

Revenir sur ses pas et à 3 km tourner à droite.

Cap-Coz. – Ce petit centre balnéaire est bâti sur une langue sablonneuse. La vue se dégage d'un côté sur la baie de la Forêt, Beg-Meil et Concarneau, de l'autre côté sur Port-la-Forêt et la Forêt-Fouesnant. On peut faire une agréable promenade en suivant le **sentier côtier** *(1 h AR – accès par une petite porte ménagée, après un bosquet de pins, en bout du grand mur qui borde la route avant la plage).* Ce sentier longe la baie de la Forêt jusqu'à la Roche-Percée, dominant ou traversant de petites criques aux eaux limpides ; belles vues sur la côte, de Kerleven à la pointe de Trévignon.

Fouesnant. – *Page 99.*

La Forêt-Fouesnant. – 2 149 h. Lieu de séjour p. 14. Les Forestois possèdent un petit enclos paroissial et un calvaire du 16ᵉ s. original avec ses quatre pilastres d'angle. Le porche de l'église (1538) est orné de deux très vieilles statues assez frustes : saint Roch et le roi saint Mélar. A l'intérieur, on remarque le retable du maître-autel et de chaque côté du maître-autel deux statues du 17ᵉ s. ; dans des chapelles situées au fond de l'église, à droite, une vieille statue de bois de saint Alain et, à gauche, un baptistère sculpté (1628) abritant une piscine et une cuve taillées dans le même bloc de pierre. Dans la chapelle à droite du chœur, Pietà ancienne et tableau du Rosaire de la fin du 17ᵉ s.

Prendre la direction de Concarneau par la côte et à mi-pente tourner à droite.

Port-la-Forêt. – Ce port, construit à proximité de la Forêt-Fouesnant, peut accueillir 440 bateaux. Des vedettes mènent aux îles de Glénan *(p. 103)* et remontent l'Odet *(p. 175).*

La route longe la plage de Kerleven au fond de la baie de la Forêt, puis après une forte descente (15 %) l'anse du Saint-Laurent et franchit celle de Saint-Jean avant d'atteindre Concarneau *(p. 74).* Très jolis **sites**★, en particulier à marée haute.

PROMENADES EN BATEAU

★★ **Remontée de l'Odet.** – *Durée : 1 h 1/2 au départ de Bénodet. Description du parcours en sens inverse p. 175.*

Loctudy ; îles de Glénan. – *Durée de la traversée : 1/2 h pour Loctudy et 1 h 3/4 pour les îles de Glénan. Descriptions de Loctudy p. 131 et des îles de Glénan p. 103.*

BERVEN

Carte Michelin n° 🎛 pli 5 ou 🎛 pli 4.

La porte triomphale donnant accès à l'enclos paroissial *(voir p. 37)* est un bel exemple de l'art Renaissance, avec ses trois arcs en plein cintre et ses pilastres à chapiteaux.

★ Église. – L'église, du 16e s., a une façade surmontée d'une tour carrée que couronne un
cv dôme à lanternons, orné de balustrades ; premier du genre en Bretagne (1573), il servit souvent de modèle. Un jubé de bois précède la très belle **clôture★** du chœur, décorée de colonnettes cannelées en granit sur le devant, en bois sur les côtés. Au chœur, belles stalles du 17e s. dont les accoudoirs ont la forme de cariatides ailées. Dans la chapelle, à gauche du chœur, niche à volets du 16e s. dont les panneaux représentent en bas-reliefs quelques scènes de la vie de la Vierge ; au centre, statue de la Vierge sur un croissant de lune. Une autre niche à volets se trouve au fond de la nef, à gauche, les panneaux évoquent six épisodes de la vie du Christ : Enfance à gauche, Passion à droite.

BINIC
2 626 h. (les Binicais)

Carte Michelin n° 🎛 pli 3 ou 🎛 pli 8.

Binic est un charmant centre balnéaire dont le port abritait autrefois, en hiver, des goélettes armées pour la pêche à la morue ; de nos jours, il est fréquenté par la plaisance et quelques bateaux de pêche côtière.

Jetée Penthièvre. – Elle ferme l'avant-port, on y accède par les quais Jean-Bart et Surcouf. Du belvédère, à l'entrée du môle, jolie vue d'un côté sur la plage aux cabines surélevées, dominée par une butte couronnée de pins, de l'autre côté sur le port.

cv **Musée.** – De nombreux souvenirs des Terre-Neuvas, des maquettes font revivre cette grande aventure, mais l'on découvre également avec plaisir les costumes régionaux, les petits métiers, d'anciennes cartes postales.

EXCURSION

Circuit de 18 km. – *Environ 2 h 1/2. Dans Binic prendre la direction de Paimpol et tout de suite à gauche la route de Lantic. A 3 km, tourner à gauche vers Trégomeur et, à 5 km, dans une route à droite, en montée.*

cv **Zoo du Moulin de Richard (à Trégomeur).** – Installé dans un parc de 10 ha, il se compose de quatre parcs à singes, d'un parc de vision où vivent en liberté lamas, daims, chèvres naines, émeus, maras, gnou, sangliers, etc., et d'un parc exotique où, sur une île, évoluent chimpanzés, gorilles, babouins, parmi de nombreux oiseaux.

Longer le zoo, au premier carrefour tourner à droite, suivre la route en forte descente qui franchit un frais vallon, obliquer une fois à gauche et ensuite toujours à droite pour atteindre la chapelle N.-D.-de-la-Cour.

cv **Chapelle N.-D.-de-la-Cour.** – C'est un bel édifice du 15e s., voûté de pierre. Derrière le maître-autel, une **verrière★** du 15e s. retrace la vie de la Vierge en 18 tableaux ; de la même époque, remarquer, dans le bras droit du transept, le vitrail de saint Nicolas. Dans le chœur, tombeau en kersanton de Guillaume de Rosmadec (17e s.) et des statues des 14e et 16e s. Sur le placître *(voir p. 37)* se dresse un calvaire du 17e s. Pardon le 15 août.

Regagner Binic par Prido et la vallée du Ic.

BLAIN
7 408 h. (les Blinois)

Carte Michelin n° 🎛 pli 16 ou 🎛 pli 54.

Le canal de Nantes à Brest sépare le bourg du château dont le corps de logis aux salles bétonnées est occupé par l'institution N.-D. de la Groulaie.

cv **Château de la Groulaie.** – Cette forteresse d'Olivier de Clisson passa aux Rohan de 1407 à 1802. Les remparts furent rasés sous Richelieu en 1628 ; il en reste des **ruines★** imposantes. La **tour du Pont-Levis**, du 16e s., au toit en poivrière, domine les douves sèches. Passé les communs, apparaît le **logis du Roi** (15e s.) ; la façade a gardé le charme de la Renaissance avec de hautes lucarnes à pinacles, de curieuses gargouilles et des cheminées à dessins de briques. A droite, se dresse l'austère **tour du Connétable** (1386).

EXCURSION

Circuit de 13 km. – *Au Nord-Ouest par la route de Guéméné-Penfao.*

★ Forêt du Gâvre. – La route traverse les futaies de chênes mêlés de hêtres et de pins qui s'étendent sur plus de 4 400 ha (chasse à courre), et rejoint le carrefour de la Belle Étoile aux dix allées rayonnantes.

Tourner à droite vers le Gâvre ; à la Maillardais prendre à gauche.

Chapelle de la Magdeleine. – Faisant partie d'une ancienne léproserie, cette modeste chapelle du 12e s., à voûte du chœur, boisée, possède une gracieuse **Vierge★** polychrome du 15e s., N.-D.-de-Grâce.

Revenir à la Maillardais et continuer tout droit vers le Gâvre.

Le Gâvre. – 892 h. L'église des 13e et 15e s., restaurée, possède un curieux clocher latéral du 17e s. et présente une voûte de bois, en berceau. Des vitraux (1930) évoquent la guerre 1914-1918.

Regagner Blain par la route directe.

★ BOURBANSAIS (Château de la)

Carte Michelin n° 59 pli 16 ou 230 pli 25 (14 km au Sud-Est de Dinan).

Dans un vaste domaine, cet imposant édifice fut élevé à la fin du 16e s. et agrandi au 18e s. Durant trois générations, les Huard, conseillers au Parlement de Bretagne, se plurent à l'embellir et à orner le grand jardin à la française que l'on voit.

cv **Parc zoologique** et **jardin.** — Aménagé sur 3 ha dans un joli cadre de verdure, ce parc renferme des animaux des cinq continents : cervidés, fauves, singes, oiseaux, etc.

Gagner le château, dont le corps de logis est flanqué de tourelles à clocheton et de pavillons aux toits à double pente caractéristiques du 18e s. Une des façades donne sur le jardin. Au centre des pelouses, vases du 18e s. placés sur des colonnettes.

cv **Intérieur du château.** — Le rez-de-chaussée présente une décoration et un mobilier du 18e s., des tapisseries d'Aubusson du 17e s., une belle collection de porcelaines de la Compagnie des Indes. Dans le péristyle ajouté au 19e s., de nombreux documents, des pièces d'archives, des objets ayant appartenu aux différents propriétaires évoquent le passé de cette demeure. Dans les communs, le chenil abrite une meute.

★★ BRÉHAT (Ile de)   511 h. (les Bréhatins)

Carte Michelin n° 59 pli 2 ou 230 pli 8.
Accès : voir le guide Michelin France.

Bréhat est une villégiature fréquentée. Ses rochers roses se détachent sur la mer. L'île
cv est agréable à parcourir à pied ou à bicyclette ; les voitures n'y sont pas admises : des tracteurs assurent les différents transports.

UN PEU DE GÉOGRAPHIE ET D'HISTOIRE *(1)*

Un climat privilégié. — Bréhat, longue de 3,5 km et large de 1,5 km, est constituée par deux îles réunies au 18e s., par un pont dû à Vauban. La côte très découpée est entourée de 86 îlots et récifs. Grâce à la douceur de son climat (moyenne 6° en hiver) on trouve des mimosas, des figuiers, des eucalyptus. Les géraniums grimpent le long des façades des maisons. Peu de pluie : les nuées passent le plus souvent au-dessus de Bréhat pour se condenser sur le continent. Un labyrinthe de chemins étroits bordés de chèvrefeuilles ou de murets fleuris, des maisons basses, des jardins aux énormes massifs d'agapanthes bleus ou d'hortensias, des propriétés aux grands parcs, des champs minuscules, quelques vaches dans les prés, des moutons dans la lande, telle apparaît Bréhat, plus souriante dans le Sud, plus sauvage dans le Nord.
Cette île fleurie a su plaire à bien des personnalités : Mérimée, Renan, d'Haraucourt, auteur de « Partir, c'est mourir un peu... », Le Goffic, Pasteur, Louis Guillaume (stèle au tertre Briand, à l'entrée du Bourg), Madeleine Renaud et J.-L. Barrault.

Une île convoitée. — Bréhat devrait son nom (Breiz Coat : Bretagne des Bois) à un moine irlandais, saint Budoc, débarqué à l'île Lavrec, en 470. Face à cette île, un château fort édifié au Moyen Age fut détruit par les Anglais en 1409 ; des Bréhatins furent alors pendus aux ailes du moulin de Crec'h ar Pot, dans l'île Nord. La baie de la Corderie, profondément enfoncée dans la côte Ouest, servait de port aux bateaux qui venaient s'y abriter. D'après la tradition, c'est un capitaine morlaisien, Coatanlem, qui, établi à Lisbonne, aurait révélé à Christophe Colomb, en 1484 (huit ans avant la découverte officielle), l'existence du Nouveau-Monde et lui aurait indiqué la route suivie par les pêcheurs de l'île, déjà familiers des parages de Terre-Neuve. Pendant les guerres de Religion, en 1591, le moulin de Crec'h Tarek, dans l'île Sud, servit de gibet. En 1598, Henri IV fit raser le château. Les corsaires furent nombreux au 19e s. Bréhat fut occupée par les Allemands pendant la dernière guerre jusqu'au 4 août 1944 (les phares furent dynamités).

VISITE *compter 1/2 journée*

Des allées cimentées et fléchées au sol permettent de sillonner l'île en tous sens.

Le Bourg. — C'est la capitale de l'île. Le village s'ordonne autour d'une agréable placette ronde bordée de platanes. L'église des 12e et 18e s. présente un curieux clocher-mur en granit. A l'intérieur, maître-autel et clôture des fonts baptismaux du 17e s., lutrin du 18e s.

Bois de la Citadelle. — Planté principalement de résineux, il domine la falaise. De l'abri du canot de sauvetage, en contrebas, belle **vue**★ sur le chenal du Kerpont, impressionnant à marée basse par son aspect chaotique, et l'île Béniguet.

La Corderie. — Fermée par le Pont ar Prat appelé aussi Pont Vauban, cette immense baie séparant les deux îles est, en réalité, le port principal. De belles villas la bordent.

Grève du Guerzido. — Elle abrite les plages du petit et du Grand Guerzido, les plus fréquentées de l'île.

Croix de Maudez. — Érigée en 1788, face à la mer, en pleine lande, elle évoque le souvenir du moine Maudez qui vint fonder un monastère sur une île voisine, en 570. La **vue**★ est belle sur l'île Béniguet à gauche, l'île Maudez à droite et les récifs.

★ **Phare du Paon.** — *A la pointe extrême de l'île Nord.* De la plate-forme dallée, au pied du phare, la **vue** est remarquable sur la côte déchiquetée, le gouffre, les superbes rochers roses et les galets. C'est la partie la plus sauvage de l'île.

---

(1) Pour plus de détails, lire : Ile de Bréhat, par R. Laouénan (éditions d'Art Jos Le Doaré, Châteaulin).

Port-Clos. – C'est dans cette anse qu'accostent les vedettes.

Phare du Rosédo. – Construit en pleine terre, il date de 1862.

Chapelle St-Michel. – 39 marches mènent à cette chapelle bâtie sur un tertre rocheux de 26 m. Elle sert d'amer aux bateaux. Vaste **panorama★** sur l'île Sud, le chenal du Kerpont et l'île Béniguet, l'étang de Birlot et les ruines de son moulin à marée *(p. 178)*, la baie de la Corderie et l'île Nord, au large du sillon de Talbert.

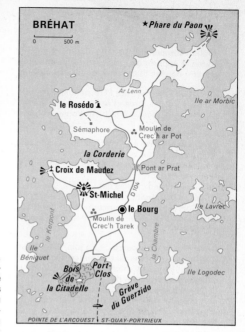

cv **PROMENADES EN BATEAU**

★★ **Tour de l'île.** – *1 h environ.* Intéressante promenade permettant d'apprécier la variété des côtes, la beauté des rochers et des falaises du Nord, le charme plus méditerranéen du rivage oriental, la couleur changeante des flots parfois très bleus.

★ **Estuaire du Trieux.** – Cette agréable promenade dans la rivière du Trieux aux rives
cv tantôt abruptes, rocheuses et boisées, tantôt basses et cultivées, permet d'admirer le joli site de Lézardrieux et de son pont suspendu, puis mène au pied du château de la Roche-Jagu *(p. 187)* que l'on atteint par un sentier assez escarpé en sous-bois.

Si vous cherchez un hôtel agréable, tranquille, bien situé,
*consultez le **guide Rouge Michelin France** de l'année.*

★ BREST
160 355 h. (les Brestois)

Carte Michelin n° 🔲🔲 pli 4 ou 🔲🔲🔲 pli 17 – Schéma p. 44.

Après la guerre, Brest a été reconstruite en béton selon un plan géométrique dont l'axe principal est la large rue de Siam qui relie l'arsenal à la très vaste place de la Liberté.
Les voies débouchent sur la Penfeld ou sur le cours Dajot d'où s'offrent des perspectives sur la magnifique rade où toutes les flottes de guerre d'Europe pourraient se concentrer.
Depuis quelques années, Brest est le deuxième centre universitaire de Bretagne. Le Palais des Arts et de la Culture est la marque de son rayonnement. Enfin l'installation d'un Centre Océanographique à Ste-Anne-du-Portzic *(p. 65)* lui donne une ouverture nouvelle sur les recherches scientifiques.

UN PEU D'HISTOIRE

Les Anglais s'accrochent (14ᵉ s.). – Pendant la guerre de Succession (1341), Montfort, allié des Anglais, leur confie la garde de la ville. Devenu duc de Bretagne, il essaie en vain de chasser les intrus. Le roi de France échoue également. En 1397, enfin, Charles VI obtient du roi d'Angleterre, qui vient d'épouser sa fille aînée, que Brest soit restituée au duc.

La « Belle Cordelière ». – Le 10 août 1513, fête de saint Laurent, la flotte bretonne sort précipitamment à la rencontre de la flotte anglaise venue attaquer Brest. Mal commandée, elle reflue vers le goulet. La « Belle Cordelière », cadeau d'Anne de Bretagne à son duché, sur laquelle 300 invités dansaient quand vint l'ordre de lever l'ancre, couvre la retraite et reçoit tout le choc ennemi. Le feu se déclare alors que la « Cordelière » lutte bord à bord avec un vaisseau anglais. Son commandant, Hervé de Portzmoguer, francisé en Primauguet, se sachant perdu, crie à son équipage et à ses invités, pour les exhorter à bien mourir : « Nous allons fêter saint Laurent qui périt par le feu ! ». Les deux nefs sautent de compagnie.

L'œuvre de Colbert (17ᵉ s.). – Colbert, le plus grand ministre que la marine française ait connu, achevant l'œuvre de Richelieu, fait de Brest la capitale maritime du royaume. Pour s'assurer de bons équipages, il crée l'Inscription Maritime qui subsiste encore. Après leur service militaire, les pêcheurs peuvent être appelés par la Marine Nationale de 18 à 48 ans, mais l'Inscription Maritime les prend en charge ainsi que leur famille pour toute leur vie.
Colbert installe aussi à Brest un collège de gardes-marines, des écoles de canonnage, d'hydrographie et de Génie Maritime. De ce prodigieux effort sort une flotte magnifique et puissante. Les vaisseaux atteignent 5 000 t, portent jusqu'à 120 gros canons. Ils ont des proues et des poupes sculptées auxquelles travaillent, à Brest, des artistes comme Coysevox.

Duquesne améliore l'arsenal, entoure la ville de remparts et organise la défense du goulet.
Vauban complètera ces travaux.
Tourville apporte un gros progrès au mouillage en rade : il fait disposer des « corps morts », bouées fixes sur lesquelles les navires s'amarrent.

La « Belle Poule ». — En 1778, pendant la guerre d'Indépendance américaine, la frégate « la Belle Poule » force « l'Aréthuse » anglaise à fuir. La cour lui fait un succès et toutes les dames coiffées « à la Belle Poule » arborent un petit navire sur l'édifice de leur chevelure.

La « Surveillante ». — En 1799, un capitaine anglais parie qu'aucune frégate française ne pourra résister à son « Québec ». Du Couëdic, qui commande la « Surveillante », relève le gant et rencontre l'Anglais à hauteur d'Ouessant. Le « Québec » brûle et saute avec son parieur.
Du Couëdic, deux balles dans la tête, une dans le ventre et le bras fracassé, refuse de quitter sa passerelle, répondant : « Laissez donc, il y a deux heures que je suis mort ! ». La « Surveillante », rasée comme un ponton, est remorquée à Brest, où elle reçoit un accueil triomphal. Son capitaine eut comme sépulture l'église St-Louis, détruite en 1944.

Brest durant la guerre. — En juin 1940, à l'annonce de l'arrivée des Allemands, les marines de guerre et de commerce françaises évacuent rapidement le port, détruisent les installations et mettent hors de service les ponts et des bâtiments dont trois sous-marins en cours de finition.
Le port est cependant utilisé immédiatement par l'ennemi qui construit à Lannion un abri bétonné pour sous-marins ; il constitue une position stratégique idéale pour les Allemands et une menace considérable pour les convois alliés naviguant entre l'Amérique et la Grande-Bretagne.
Cette situation a valu à la ville quatre années de bombardements. En septembre 1944, quand les Américains réussissent à pénétrer après 43 jours de siège, ils ne trouvent que des ruines.

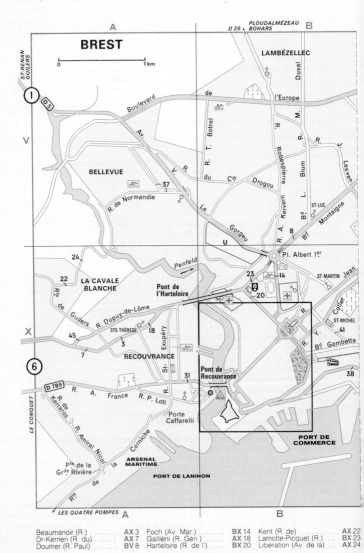

Beaumanoir (R.) ...... AX 3	Foch (Av. Mar.) ...... BX 14	Kent (R. de) ...... AX 22
Dr-Kerrien (R. du) ...... AX 7	Galliéni (R. Gén.) ...... AX 18	Lamotte-Picquet (R.) . BX 23
Doumer (R. Paul) ...... BV 8	Harteloire (R. de l') .... BX 20	Libération (Av. de la) .. AX 24

CURIOSITÉS

Cours Dajot (EZ). – Cette belle promenade, construite sur les remparts, en 1769, par les forçats du bagne maritime, porte le nom de l'ingénieur du Génie qui en établit les plans.

★★ **Vue sur la rade.** – Elle s'offre de la table d'orientation érigée à l'extrémité Est du cours, de l'embouchure de l'Élorn à la pointe de Portzic en passant par le Ménez-Hom et la pointe de Roscanvel. Vaste (150 km²), profonde (12 à 20 m sur grandes étendues), encadrée de hauteurs, découpée par de profonds estuaires, la rade s'ouvre sur l'océan par un goulet aux rives escarpées, long de 5 km, large en moyenne de 1 800 m. Cette configuration explique l'importance militaire que Brest conserve depuis plus de 2 000 ans.

Sur la gauche, l'estuaire de l'Elorn, que traverse le pont Albert-Louppe, constitue un mouillage sûr pour les yachts. Au premier plan s'étend le port de commerce.

Au-delà, la presqu'île de Plougastel cache le fond Sud-Est de la rade. Sur la rive Sud, l'École navale est installée à Lanvéoc.

A côté, l'Ile Longue abrite la base des sous-marins nucléaires lanceurs d'engins.

A l'horizon, à droite, on distingue la presqu'île de Crozon et la trouée du goulet, entre le fort du Portzic et la pointe des Espagnols.

En avant du château, la rade-abri, délimitée par ses digues, sert de mouillage à la flotte de guerre.

Entre Brest et Ste-Anne-du-Portzic, la base opérationnelle de la Force Océanique et le centre d'Instruction navale dominent la rade.

Port de commerce (EZ). – *A voir du cours Dajot.* Il fut créé en 1860, lorsque la Penfeld ne suffit plus pour recevoir les marines militaire et marchande.

Le trafic traditionnel, principalement agricole, ne cesse de croître et dépasse 2 millions de tonnes par an.

Importateur de céréales et autres produits destinés au bétail, d'hydrocarbures, de ciments, de bois exotiques, il exporte essentiellement des pommes de terre et des poulets congelés. Ce port est également un centre important de réparation navale. Ses trois formes de radoub dont une pour les navires de 500 000 t, ses cinq quais de réparation à flot, sa station de dégazage et soutage, en font «une station-service» de l'Atlantique.

Le port de guerre. – La vallée de la Penfeld est à l'origine de la base navale ; son estuaire, encaissé et sinueux, a 3 km de long, 80 à 100 m de large, 10 à 12 m de profondeur à basse mer. Pour les petits navires et la construction simple d'autrefois, cette situation, à l'abri des tempêtes, convenait à merveille. Pour l'immense usine qu'est un arsenal moderne, pour les grands bâtiments de plus de 35 000 t, dépassant parfois 250 m de long, il en va autrement.

On a entaillé le roc, rasé des collines pour loger des terre-pleins, des édifices ; on a étagé les constructions jusqu'au plateau supérieur. Pourtant l'arsenal de la Penfeld étouffait ; il fallut sortir du couloir. A la fin du 19e s., une digue est construite parallèlement à la plage de Laninon, délimitant une vaste rade-abri.

Le port de Laninon se développe : des terre-pleins sont construits pour recevoir des ateliers de l'arsenal ; deux cales sèches sont destinées, l'une à l'assemblage des éléments préfabriqués, l'autre à la réparation des grands bâtiments.

En 1970, deux épis ont été construits sur la grande jetée délimitant la rade-abri. Ils permettent l'accostage des porte-avions, croiseurs, frégates lance-engins.

★ **Arsenal et base navale :**

Secteur de Laninon (AX). – *La visite de ce secteur comprend celle d'un navire de guerre de surface.*

Laissant sur la gauche le bâtiment de la 1re école navale et sur la droite les vastes ateliers et magasins, on gagne les bassins où stationnent l'escadre et la flottille des bâtiments légers de l'Atlantique. Au fond se profile la base sous-marine désaffectée.

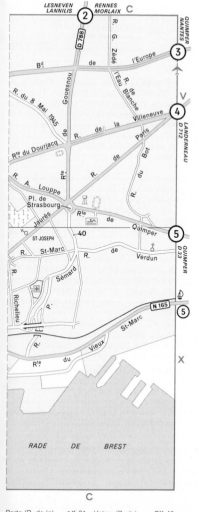

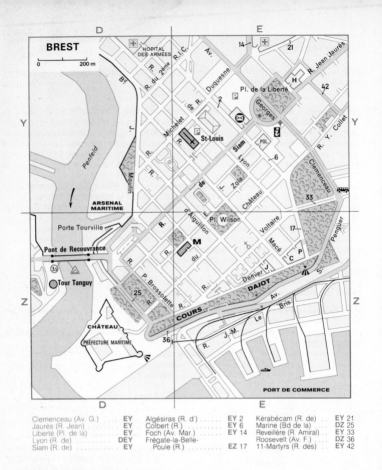

Secteur Penfeld (DYZ). – Sitôt passé l'élégante porte Tourville, apparaît un canon de 380, provenant du cuirassé de 35 000 tonnes « Richelieu ». Après le bassin Tourville, petite forme de radoub construite sur les plans de Vauban, on voit la « Consulaire », colonne formée par un tube de canon fondu par les Vénitiens en 1542. Cette pièce de 5 m de long appartenait au dey d'Alger. La légende prétend que lorsque Duquesne vint bombarder Alger en 1683, le consul de France, n'ayant pu arrêter le bombardement, fut lancé, comme un boulet, contre l'escadre française. En 1833, Alger prise, la pièce fut expédiée à Brest et le nom de « Consulaire » lui fut donné pour rappeler la fin tragique de notre représentant.

L'itinéraire suit le long de la rivière, que franchissent des ponts flottants et que domine le **pont de Recouvrance,** le plus important pont-levant d'Europe. Cette travée métallique de 87 m de portée (530 t environ) se déplace entre quatre pylônes en béton armé de 64 m de hauteur au-dessus des quais de l'arsenal. En amont, le **pont de l'Harteloire,** qui mesure 634 m de long, surplombe d'une hauteur de 40 m les installations de l'arsenal. Magasins, ateliers, appareils de levage, cales de construction et bassins de radoub se succèdent.

Château (DZ). – C'est le seul témoin de l'histoire du vieux Brest ; il permet aussi de prendre contact avec le site qui a fait la valeur du port. L'entrée de la Penfeld est fortifiée depuis les Romains et le château subit de nombreux sièges. Les tours et les fortifications ont été élevées entre le 12e et le 17e s. L'enceinte a été restaurée après la dernière guerre. Seuls le musée naval et les remparts se visitent, le château abritant la Préfecture Maritime.

On franchit le châtelet d'entrée ou tours Paradis, édifié en 1464. Ces tours hébergeaient les agents d'affaires des ducs de Bretagne, puis à partir du 17e s. elles abritèrent la garnison dans les étages, la prison au rez-de-chaussée. De nos jours, elles servent de cadre au musée naval.

cv **Musée naval.** – Installé dans cinq salles et dans une partie du chemin de ronde, il présente des tableaux, des maquettes et des éléments de navires évoquant l'histoire de la marine brestoise, ainsi qu'une importante collection de feux et fanaux du 17e au 19e s.

Par les courtines, on gagne la tour de la Madelaine du 15e s., remaniée aux 16e et 17e s., d'où l'on jouit d'une vue d'ensemble sur la rade et les ports. Le circuit mène ensuite à la base des remparts où se remarquent des vestiges romains (310 après J.-C.) : embase de tour et poterne.

cv **Tour Tanguy (DZ).** – Située face au château, sur l'autre rive de la Penfeld, elle domine l'arsenal. Cette tour du 14e s., ancienne bastide de Quilbignon, abrite le **musée du vieux Brest.** Des dioramas réalisés par le peintre brestois Pierre Perou représentent les grands épisodes de l'histoire de Brest : avant la Révolution (1er étage) ; de la Révolution à nos jours (2e étage).

★ **Musée (EZ M).** – Ce musée groupe essentiellement des peintures des 17e et 18e s.,
cv écoles italienne (Crespi : le Martyre de saint Sébastien, Giordano, Recco), française (Van Loo), hollandaise (Schalcken : Sainte Madeleine en prière). Le 19e s. mêle le

néo-classicisme de Delorme (Héro et Léandre), le romantisme de Cibot (Les amours des anges au moment du Déluge) aux recherches de l'école de Pont-Aven avec une éclatante Mer jaune de Lacombe, un bel auto-portrait d'Émile Bernard. A signaler les lumineux pastels de Levy-Dhurmer : N.-D.-de-Penmarch et une évocation de la ville d'Ys, et les toiles de Manet (Perroquets), Utrillo, Suzanne Valadon (Bouquet de roses).

Église St-Louis (EY). — Important édifice (1958) en harmonie avec la vaste place St-Louis qu'il domine. L'impression de hauteur qu'il produit est accentuée par son clocher accolé tout en lignes verticales. L'ensemble est en pierres brutes, le ciment n'a été employé que pour le clocher et les étroits pans de murs séparant les vitraux de son flanc droit.

L'intérieur, très sobre, est également sous le signe de la verticale. Des vitraux l'éclairent largement. Une baie percée dans la nef concentre sa lumière au-dessus du maître-autel de Kaeppelin sur le grand Christ du même artiste. Dans la chapelle du St-Sacrement, à droite, une tapisserie moderne de Olin, sur fond jaune, est tendue au-dessus d'un autel doré ; cette chapelle et le baptistère, à gauche du porche, sont ornés de vitraux de Zac.

EXCURSIONS

Circuit de 61 km. — *Environ 2 h 1/2. Quitter Brest à l'Ouest par la rue de la Porte (AX 31) et à gauche la rue St-Exupéry pour gagner la route de la Corniche. Aux 4-Pompes continuer tout droit.*

cv **Phare du Portzic.** — *Franchir le bastion d'entrée du Centre militaire d'Entraînement de Sécurité et prendre deux fois à gauche.* Des abords du phare, la **vue** s'étend sur le port de guerre de Laninon, la rade, la presqu'île de Plougastel, la pointe des Espagnols et le Goulet.

A l'entrée de Cosquer, tourner à gauche.

Ste-Anne-du-Portzic. — Au fond de l'Anse de Ste-Anne en bordure de la plage de même nom ; une courte promenade sur le sentier côtier offre de belles vues. Une route en montée conduit au **Centre Océanographique de Bretagne** installé à la pointe du Diable, sur le Goulet. Ce centre fait partie des grands équipements à terre du Centre National pour l'exploitation des océans (CNEXO). Depuis 1968 s'est édifiée une véritable petite ville consacrée à la recherche dans les mers, avec son port, son bassin d'aquaculture.

Gagner la Trinité où l'on tourne à gauche et à 2 km prendre encore à gauche.

cv **Phare du Petit Minou.** — Construit à l'extrémité de la pointe du Petit Minou près d'un fort en ruine. Un escalier de 116 marches donnant sur les anciennes chambres des gardiens mène à la plate-forme d'où la **vue★** est très belle sur le Goulet, la presqu'île de Crozon, la pointe du Raz.

Revenir au D 789, prendre à gauche et à 7 km encore à gauche. La route longe la plage de Trez-Hir offrant une belle vue sur l'anse de Bertheaume, traverse Plougonvelin. Avant d'atteindre la pointe de St-Mathieu remarquer sur la droite, près d'une maison, deux stèles gauloises surmontées d'une croix, appelées le Gibet des Moines.

★★ **Pointe de St-Mathieu.** — *Page 201.*

De la pointe de St-Mathieu à la pointe des Renards, le parcours en corniche longe la grève de Porsliogan et fait découvrir l'archipel ouessantin avec en premier plan le chenal du Four et l'île de Beniguet.

Pointe des Renards. — Situé à gauche de la plage du Conquet, ce promontoire offre de belles vues sur la pointe de St-Mathieu, Ouessant et Molène.

Par la Corniche du Port et la pointe Ste-Barbe (vue sur le port et la pointe Kermorvan) *gagner le Conquet.*

Le Conquet. — *Page 46.*

Regagner Brest par la route directe et ⑥ *du plan.*

Circuit de 56 km. — *Compter environ 1/2 journée. Quitter Brest par* ⑤ *du plan.* On laisse sur la gauche la route menant à **Kerhuon**. Cette station est joliment située sur la rive droite de l'Élorn.

Pont Albert-Louppe. — Du nom du président du Conseil général du Finistère qui en fut l'instigateur, il franchit l'estuaire de l'Élorn. Long de 880 m, cet ouvrage compte trois arches de 186 m. Aux extrémités du pont se trouvent quatre statues dues au sculpteur Quillivic : un Léonard (habitant du pays de Léon) et une Léonarde sur la rive brestoise, un homme et une femme de Plougastel sur l'autre rive. Le tablier de l'ouvrage domine de 42 m la rivière et offre une très belle **vue★** sur la vallée de l'Élorn et sur la rade de Brest.

1 km après le pont, prendre à droite vers Plougastel-Daoulas.

★ **Plougastel-Daoulas.** — *Page 161.*

★ **Presqu'île de Plougastel.** — *La suite de l'excursion est décrite p. 161.*

Circuit des Abers. — *197 km — compter une journée. Description p. 44.*

cv PROMENADES EN BATEAU

★ **Promenade en rade.** — Elle comporte la visite du port militaire et du Goulet fortifié.

★ **Traversée de la rade.** — Elle relie Brest au Fret dans la presqu'île de Crozon.

★★ **Ile d'Ouessant.** — *Page 152.*

BRIGNOGAN-PLAGE

881 h. (les Brignogannais)

Carte Michelin n° 58 plis 4, 5 ou 230 plis 3, 4 — Schéma p. 45.

Située au fond de l'anse de Pontusval. Des amoncellements de rochers, aux formes parfois curieuses, séparent de petites plages au sable blanc fin : du Garo et du Lividic à l'Est ; du Crapaud, du Petit Nice, des Chardons Bleus et du Phare à l'Ouest.

Pointe de Pontusval. — On traverse un paysage où d'énormes blocs granitiques se dressent au ras des maisons ou au milieu des champs. Le Men Marz que l'on rencontre à mi-parcours est un beau menhir de 8 m de haut, surmonté d'une croix.

EXCURSION

Goulven. — *470 h. 7,5 km au Sud-Est. Prendre vers la plage du Lividic ; on longe par la côte l'anse de Goulven. Dans Plounéour-Trez, tourner à gauche aussitôt après l'église.*
Goulven possède une **église** des 15e et 16e s., restaurée. Son **clocher★** Renaissance compte parmi les plus beaux de Bretagne. A droite du porche qui s'ouvre sous le clocher, beau portail gothique à portes géminées, le trumeau porte un bénitier sculpté. A l'intérieur, monumental bénitier Renaissance, maître-autel en granit de kersanton précédé d'un petit autel décoré de six panneaux sculptés et peints illustrant les miracles de saint Goulven. La tribune d'orgues, du 16e s., est un ancien jubé transformé. Deux belles bannières brodées du 17e s. sont exposées dans le chœur pendant l'été.

BULAT-PESTIVIEN

531 h. (les Bulatois)

Carte Michelin n° 59 plis 1, 11 ou 230 pli 21 (17 km au Sud-Ouest de Bourbriac).

Ancien lieu de pèlerinage. Un pardon s'y déroule le dimanche qui suit le 7 septembre.

★ **Église.** — Ce beau monument fut élevé aux 15e et 16e s. La tour Renaissance, la plus ancienne de cette période en Bretagne, a été, au 19e s., surmontée d'une flèche. Porches remarquables. A l'intérieur, la sacristie monumentale, ornée d'une frise macabre, fait saillie en loggia ; un curieux lutrin, à droite de l'entrée, représente un jeune paysan en costume vannetais. Face à l'entrée, belle table de 1583, à dessins géométriques ; longue de 5 m, elle servait à recevoir les offrandes lors des pardons.

Dans le cimetière, fontaine Notre-Dame (1718) ; à la sortie du bourg, de part et d'autre de la route de Callac, fontaine des Sept-Saints (1683) et fontaine du Coq (16e s.).

A **Pestivien** *(1 km au Nord de Bulat),* le beau calvaire de 1550, en partie mutilé, conserve cependant une impressionnante Mise au tombeau.

CAMARET-SUR-MER

3 064 h. (les Camarétois)

Carte Michelin n° 58 pli 3 ou 230 plis 16, 17 — Lieu de séjour p. 14.

Important port langoustier, Camaret est aussi un centre balnéaire tranquille. Sur la côte, à gauche du « Sillon », digue naturelle abritant le port, la plage du Corréjou.
Au cimetière, tombe du poète Saint-Pol-Roux *(p. 29 et 86)* qui s'installa, en 1907, au manoir des Boultous entre Lagatjar et l'océan. En évoquant la construction de la nouvelle église St-Rémy (1931), il écrivit la Mort du berger et le Psaume du Bercail.

Le débarquement de 1694. — La presqu'île de Crozon, formant défense avancée de Brest, a été maintes fois attaquée par les Anglais, Espagnols, Hollandais. Vauban la fortifie en 1689. Cinq ans plus tard, une flotte anglo-hollandaise tente de débarquer à Camaret. Mais le fort et les batteries cachées qui protègent le port font merveille : plusieurs vaisseaux sont mis à mal, les troupes de débarquement fauchées. Une charge de dragons éparpille les assaillants, et les miliciens garde-côtes avec leurs fourches et leurs faux achèvent la déroute. 1 200 tués et 450 prisonniers du côté ennemi, 45 blessés du côté français : la rencontre fit sensation à la cour du Roi-Soleil.

Expérience sous-marine. — Dans la baie de Camaret, en 1801, l'ingénieur américain **Fulton,** installé en France depuis 1797, fait un essai de torpillage. Il a construit un petit bateau, portant cinq hommes d'équipage, qui peut naviguer sous l'eau à l'aide de rames articulées, à une vitesse d'environ 2 nœuds. La durée de plongée est de six heures. Ce sous-marin rudimentaire fixe au flanc du navire ennemi un pétard ou « torpédo » qui contient 100 livres de poudre et qu'un mouvement d'horlogerie fait exploser.
Une frégate anglaise, mouillée dans l'anse, doit servir de but. Fulton attaque, mais par malchance, il arrive près du bâtiment comme celui-ci appareille. Cette démonstration manquée, l'inventeur retourne en Amérique. Il faudra attendre le dernier quart du 19e s. pour que cette audacieuse anticipation entre dans le domaine pratique.

cv **Chapelle N.-D.-de-Rocamadour.** — Construite de 1610 à 1653, incendiée en 1910, elle a été restaurée. Ce sanctuaire doit son origine aux pèlerinages de Rocamadour en Quercy, pratiqués dès le 11e s., dont les fidèles venus par mer des pays nordiques s'arrêtaient à Camaret. Pardon le 1er dimanche de septembre *(voir p. 16).*

cv **Château Vauban.** — Construit à la fin du 17e s. par Vauban, sur la pointe du Sillon, il se compose d'une puissante tour flanquée de murailles. Un petit musée naval évoque le passé historique et maritime de la cité. De belles vues se dégagent tour à tour sur le goulet de Brest, la pointe des Espagnols, le port de Camaret, la ville.

EXCURSIONS

★★★ **Pointe de Penhir.** — *3,5 km au Sud-Ouest — environ 1 h. Description p 157.*

★★ **Pointe des Espagnols.** — *Circuit de 36 km au Nord — environ 1/2 h. Quitter Camaret direction de Crozon ; peu après les dernières maisons, en haut d'une montée, tourner à gauche. La suite de l'excursion est décrite p 86.*

★ CANCALE

4 693 h. (les Cancalais)

Carte Michelin nº 59 pli 6 ou 230 pli 12 – Schéma p. 85.

Port de pêche et centre ostréicole réputé pour ses huîtres plates. Le **site**★ du port est pittoresque ; pour l'apprécier, il faut arriver à Cancale par la route touristique, en sens unique, qui s'embranche à droite sur le D 76, à 2,5 km après le carrefour des Portes Rouges. Au cours de la descente, belles **vues**★ sur la station et la baie du Mont-St-Michel.

De nos jours, on ne pratique plus à Cancale que l'« élevage » de jeunes huîtres venues d'Auray, une maladie mystérieuse ayant, vers 1920, décimé les bancs de la baie qui fournissaient à profusion le **naissain.** Ce naissain, que l'on s'efforce de recréer localement, se développe dans des parcs de pleine mer donnant une huître au goût très particulier dû à la richesse en plancton de la baie du Mont-St-Michel.

CANCALE

Leclerc (R. Gén.)	Y 20
Port (R. du)	Z
Bricourt (Pl.)	Y 3
Calvaire (Pl. du)	Z 4
Du-Guesclin (R.)	Y 8
Duquesne (R.)	Y 9
Épi (Quai de l')	Z 10
Fenêtre (Jetée de la)	Z 12
Gallais (Rue)	Y 13
Gambetta (Quai)	Z 14
Hock (R. du)	Z 16
Jacques-Cartier (Quai)	Z 17
Juin (R. du Mar.)	Z 18
Kennedy (Quai)	Z 19
Mennais (R. de la)	Y 22
République (Pl. de la)	Z 23
Roulette (R. de la)	Z 24
Rimains (R. des)	Y 25
Stade (R. du)	Y 27
Surcouf (R.)	Z 28
Thomas (Quai)	Z 30
Vaubaudet (Chemin)	Z 31

Vous cherchez un parking... les principaux sont indiqués sur les plans de ce guide.

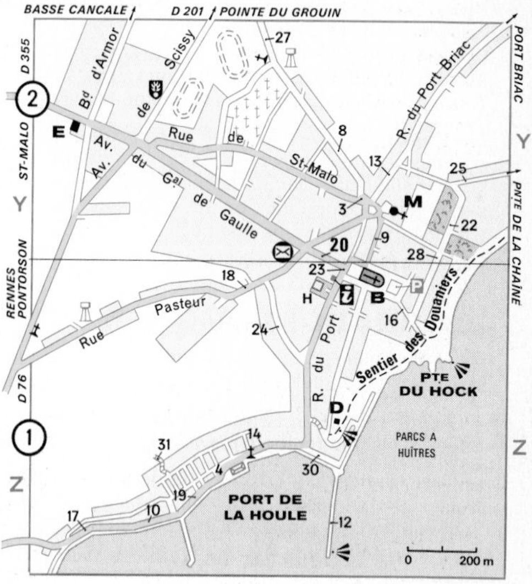

CURIOSITÉS

★ **Port** (Z). – Aller jusqu'à la jetée de la Fenêtre pour avoir la vue sur la baie et, à marée basse, sur les parcs à huîtres. Anciennement havre de la Houle, le port est bordé par un pittoresque quartier adossé à la falaise, aux ruelles étroites et où vivaient les marins-pêcheurs. Un chemin, le Vaubaudet ou Val du Baudet, le reliait au bourg de Cancale, le quartier haut où habitaient les « terriens » et les commerçants.

Église St-Méen (Z B). – De la plate-forme supérieure (189 marches – *table d'orientation*), **panorama**★ étendu sur la baie du Mont-St-Michel, Granville et une quarantaine de clochers à la ronde ; par temps clair, vues sur les îles Chausey.

Musée (Y M). – Installé dans l'ancienne église St-Méen (1714), il est consacré aux arts et traditions du pays cancalais. Il évoque aussi la vie de Jeanne Jugan et présente l'École de Navigation que la cité abrite depuis plus d'un siècle.

★ **Pointe du Hock** et **sentier des Douaniers** (Z). – Jolie **vue**★ sur le rocher de Cancale, la baie du Mont-St-Michel et le mont ; à droite et en contrebas, au pied de la falaise, s'étendent les parcs à huîtres. De part et d'autre de la pointe du Hock, le sentier des Douaniers surplombe les grèves. En suivant la côte jusqu'à Port-Mer, on a une vue splendide de la pointe de la Chaîne, face au rocher de Cancale.

Monument aux Morts (Z D). – Vue étendue sur la baie du Mont-St-Michel, le Mont Dol ; en contrebas, le port et les parcs à huîtres.

Maison de Jeanne Jugan (Y E). – Dans cette maison est née Jeanne Jugan (1792-1879), fondatrice de la Congrégation des Petites Sœurs des Pauvres *(voir p. 200).*

Pointe de la Chaîne. – *1,5 km au Nord-Est, en direction des Rimains (parc de stationnement), plus 1/4 h à pied AR. Quitter Cancale par la rue des Rimains (Y 25). Laisser la voiture à environ 1 500 m pour atteindre à pied une plate-forme élevée.*
La vue s'étend de l'île des Landes au Mont-St-Michel.

EXCURSION

★★ **Pointe du Grouin.** – *4,5 km au Nord par le D 201 – environ 1/2 h – schéma p. 85. Quitter Cancale par la rue du Stade (Y **27**), puis tourner à droite en direction de la pointe du Grouin. A l'extrémité de la route, après l'hôtel de la Pointe du Grouin, laisser la voiture sur un vaste terre-plein et suivre, à droite du sémaphore, un sentier qui conduit directement à la pointe.*
Dans un beau site, cette pointe rocheuse et sauvage domine la mer de 40 m. Le **panorama** s'étend du cap Fréhel à Granville en passant par la baie du Mont-St-Michel, au large les îles Chausey. Un sentier permet d'aller, à marée basse, explorer une grotte creusée dans la falaise (hauteur 10 m, profondeur 30 m).
L'île des Landes, qui est en face, constitue une réserve ornithologique et botanique où nichent des tadornes de Belon, des cormorans huppés, des grands cormorans, des goélands argentés, bruns et marins.

CARANTEC

Carte Michelin n° 🔲 pli 6 ou 🔲 pli 5.

Carantec, située sur une presqu'île, entre l'estuaire de la Penzé et la rivière de Morlaix, est un centre balnéaire familial. Les plages les plus importantes sont la grève Blanche et la grève du Kélenn, la plus étendue. Des pardons y ont lieu *(voir p. 16)*.

cv **Église.** – Construction moderne. L'abside contient une belle **croix de procession**★ (1652) en argent et une autre plus simple, à l'entrée du chœur, à droite.

La « Chaise du Curé ». – De cette plate-forme rocheuse, la **vue**★ se développe de gauche à droite sur les grèves de Porspol et Blanche avec en fond St-Pol-de-Léon et Roscoff, jusqu'à la pointe de Pen-al-Lann.

Pointe de Pen-al-Lann. – *1,5 km à l'Est, plus 1/4 h à pied AR. Prendre la rue de Pen-al-Lann et laisser la voiture à un rond-point. Emprunter le sentier en descente qui conduit à travers pins à une éminence rocheuse.*
La **vue**★ s'étend sur la côte depuis la pointe de Bloscon, dominée par la chapelle Ste-Barbe, toute proche de Roscoff, jusqu'à celle de Primel ; le château de l'île du Taureau, en face, défendait l'entrée de la rivière de Morlaix *(voir p. 143)*.

Ile Callot. – *Une chaussée submersible, praticable cependant par les autos à mi-marée, relie le port de la grève Blanche à l'île (parc de stationnement à l'entrée).*
cv La chapelle Notre-Dame, fondée au 16e s. et reconstruite aux 17e et 19e s., abrite une statue de N.-D.-de-Callot du 16e s. Pardon dimanche après le 15 août.
L'île est un excellent lieu de pêche.

CARHAIX-PLOUGUER

Carte Michelin n° 🔲 pli 17 ou 🔲 pli 20 – Schéma p. 136 – Lieu de séjour p. 14. Plan dans le guide Michelin France.

À l'époque romaine, Carhaix commandait sept voies ; c'est encore un nœud routier. Située dans une région d'élevage, elle est devenue un grand centre laitier.

La Tour d'Auvergne (1743-1800). – Le grand homme de Carhaix est Théophile-Malo Corret dit La Tour d'Auvergne. Passionné de langue bretonne, il a aussi le goût des armes. Sous la Révolution, les plus hauts grades sont proposés à ce capitaine en second de 46 ans, mais il les refuse pour rester au milieu de ses soldats.
En campagne, on le voit sortir d'entre chemise et peau sa fidèle grammaire celtique. L'âge de la retraite lui donne tout loisir de pousser plus avant ses études favorites. Mais son ancien maître en celtique voit son fils appelé par la conscription. C'est le seul qui lui reste de vingt-deux enfants. La Tour, ému par le désespoir du vieux père, prend la place du conscrit et, à 54 ans, part comme simple soldat à la 46e demi-brigade. Nouvelles actions d'éclat. Bonaparte lui offre un siège au Corps législatif, mais ne peut vaincre la modestie du Breton. Un sabre d'honneur et le titre de « 1er grenadier de la République » lui sont décernés. Il est tué en 1800 pendant la campagne du Rhin, à Oberhausen. Chaque année, le dernier dimanche de juin, Carhaix célèbre sa fête.

CURIOSITÉS

Église St-Trémeur. – Reconstruite au 19e s., elle a conservé une imposante tour-porche du 16e s. Le tympan du portail est orné de la statue de saint Trémeur dont la légende remonte au 6e s. *(voir p. 177)*.

Maison du Sénéchal. – *Au n° 6 de la rue Brizeux.* Elle abrite le syndicat d'initiative. Elle possède une belle façade du 16e s., le rez-de-chaussée est en granit sculpté, les étages en encorbellement sont habillés d'ardoises et décorés de statuettes.

Église de Plouguer. – *Accès par la rue de l'Église.* Reconstruite au 16e s. sur des fondations romanes, incendiée en 1923, elle a été restaurée en grès roux.

EXCURSION

Circuit de 80 km. – *Environ 4 h. Quitter Carhaix par les rues Oberhausen et des Abattoirs en direction de Plounevezel. A Croissant Marie-Joffré, tourner à droite. A 4 km après avoir laissé sur la gauche le hameau de Lesquern, prendre à droite, dans un virage, un chemin non revêtu.*

Chapelle St-Gildas. – 16e s. Un parcours en sous-bois y conduit. Clocher carré à flèche de pierre et grotesques au chevet. A sa droite, signal St-Gildas (238 m).

Revenir à la route initiale et tourner à droite. Après un carrefour vers Carnoët, la vue se dégage sur les monts d'Arrée. Prendre à gauche vers Plourac'h.

Plourac'h. – 513 h. L'église Renaissance en forme de T a été élevée en grande partie aux 15e et 16e s. La façade Sud est la plus décorée. Le porche, de facture gothique, abrite les statues des apôtres surmontés de dais très ouvragés. Trois gâbles portant des armoiries surmontent une belle porte Renaissance et les deux fenêtres qui l'encadrent. Dans la chapelle des fonts baptismaux, retable du 18e s., comprenant les mystères du Rosaire, et statues de saint Adrien et sainte Marguerite en costume Henri II. Parmi les nombreuses statues, remarquer aussi celles de saint Guénolé, saint Maudez, et une Descente de croix dont la Vierge est vêtue de la cape de deuil du pays.

Continuer en direction de Callac. Belles vues sur cette campagne vallonnée.

Callac. – 2 957 h. Cette ville, que dominent les ruines de l'église de Botmel, possède un haras devant lequel s'érige la statue de bronze de l'étalon Naous par Guyot. C'est aussi la « capitale » de l'épagneul breton, chien d'arrêt réputé.

Emprunter la route de Guingamp et à 4 km tourner à droite.

Bulat-Pestivien. — *Page 66.*

Redescendre vers Burthulet par la route de Rostrenen.

Burthulet. — La modeste chapelle du 16e s. à clocher-mur, se dresse à gauche de la route dans un site mélancolique parmi les sapins : nul doute que « le Diable y soit mort de froid » ainsi que l'assure la légende.

Gagner Ty-Bourg où l'on tourne à droite.

St-Servais. — 481 h. Anatole Le Braz *(p. 31)* y naquit. Imposante église du 16e s.

Prendre en face de l'église vers St-Nicodème. A 2 km, tourner à droite.

★ **Gorges du Corong.** — *1 h à pied AR. Du rond-point aménagé en fin de route part le sentier menant aux gorges.* Il longe la rivière et s'enfonce dans la forêt de Duault. Bientôt la rivière disparaît sous un amas de rochers pour rejaillir en cascades.

Revenir sur ses pas et prendre deux fois à droite en direction de Locarn.

Locarn. — 575 h. Son **église** possède, en plus d'un mobilier du 17e s. (retable, chaire, statues), une remarquable verrière du 16e s. et, dans le bras gauche du transept, une roue-carillon et cinq panneaux d'un retable flamand de la même époque représentant des épisodes de la vie du Christ. Au presbytère, on peut voir un **trésor**★ comprenant un buste et un bras reliquaires de saint Hernin exécutés au 15e s., une croix de procession et un calice du 17e s., le tout en vermeil.

Par Trebrivan, regagner Carhaix-Plouguer.

★ CARNAC

3 964 h. (les Carnacois)

Carte Michelin n° 58 pli 12 ou 230 plis 35, 49 — Lieu de séjour p. 14. Plan dans le guide Michelin France.

Carnac était déjà connu comme capitale préhistorique. Son nom est souvent associé au terme de mégalithes *(p. 34).*

★★ **Musée préhistorique J.-Miln-Z.-Le-Rouzic (M)** — Créé par l'Écossais J. Miln et *cv* enrichi par Zacharie Le Rouzic, ce musée réunit notamment des haches polies en pierres rares, des colliers et pendentifs en callaïs (sorte de turquoise), des vases ornés, des armes et bijoux en bronze et en feuilles d'or et les moulages des gravures des monuments mégalithiques de la région.

★ **Église.** — Dédiée à **saint Cornély**, protecteur des bêtes à cornes, qui figure sur la façade entre deux bœufs, elle date du 17e s. ; un imposant clocher carré à flèche octogonale domine l'édifice. Pardon : p. 16. Le porche du flanc gauche est surmonté d'un baldaquin en forme de couronne dont on ne trouve pas d'autres exemples en Bretagne.
A l'intérieur de curieuses peintures du 18e s. recouvrent les voûtes en bois ; on reconnaît, dans la nef, la vie de saint Cornély, dans les bas-côtés, la vie du Christ, de saint Jean-Baptiste et certains épisodes de celle de la Vierge. La table de communion, la chaire, la grille du chœur sont de remarquables œuvres du 18e s., en fer forgé. L'orgue, construit en 1775, possède une belle sonorité.

★ CARNAC-PLAGE

Plus récente que le bourg, la station de Carnac-Plage s'est développée à l'abri de la presqu'île de Quiberon, sur une grève en pente douce. De là, jolie vue sur la côte, Houat, Belle-Ile et la presqu'île de Quiberon.

★★ LES MÉGALITHES *visite 2 h 1/2*

Au Nord de Carnac, une agréable promenade fait découvrir l'essentiel des monuments mégalithiques de la région : alignements, dolmens, tumulus.

★★ **Alignements du Ménec.** — Ces alignements s'étendent sur une longueur de 1 167 m et une largeur de 100 m. Ils comptent 1 099 menhirs disposés sur 11 lignes ; le plus élevé mesure 4 m de haut. Ils débutent par un hémicycle (ou cromlech) de 70 menhirs qui entoure, en partie, le hameau du Ménec.

★ **Alignements de Kerlescan.** — *Illustration p. 34.* Dans ce champ de 880 m sur 139 m, 540 menhirs sont rangés sur 13 lignes, un cromlech de 39 menhirs le précède.

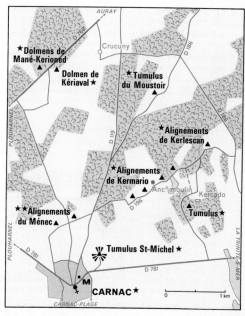

(Photo S. Chirol)

Alignements de Kermario.

★ **Alignements de Kermario.** — De même superficie que les alignements du Ménec, ils offrent 982 menhirs disposés en 10 lignes.

★ **Dolmen de Kériaval.** — Des chambres latérales se sont greffées sur la chambre dolménique principale.

★ **Dolmens de Mané-Kerioned.** — Ensemble de trois dolmens dont le premier présente huit supports gravés de divers symboles stylisés : haches, spirales, écussons...

★ **Tumulus de Kercado.** — *Laisser la voiture à l'entrée du château de Kercado.* Ce
cv tumulus de 30 m de diamètre et 3,50 m de hauteur recouvre un beau dolmen ; à son sommet se dresse un menhir. Remarquer les sculptures sur la table et quatre supports.

★ **Tumulus du Moustoir.** — Un amoncellement de pierres ou galgal recouvre une chambre centrale sans galerie et plusieurs petites chambres annexes.

★ **Tumulus St-Michel.** — Long de 120 m et haut de 12, le tumulus est un entassement de
cv terre et de pierres sous lequel se trouvent deux chambres funéraires dolméniques et une vingtaine de coffres de pierre. Les objets trouvés dans les sépultures sont exposés au musée de Carnac et au musée d'archéologie de Vannes.
La galerie que l'on parcourt a été ouverte au moment de l'exploration.
Sur le sommet, se trouvent la chapelle St-Michel, un petit calvaire et la table d'orientation du T.C.F. **Vue**★ sur la région des mégalithes, la côte et les îles.

EXCURSIONS

★ **Autres mégalithes.** — *8 km au Nord-Ouest. Quitter Carnac par la route de Lorient.*

★ **Dolmens de Rondossec.** — *A gauche, à la sortie de Plouharnel.* Ce sont trois chambres enfouies dans le sol.

   Menhirs du Vieux-Moulin. — *Après le passage à niveau.* Ils sont plantés dans un champ à droite de la route.

   Alignements de Ste-Barbe. — *A proximité de la route à gauche vers Ste-Barbe.*

★ **Dolmen de Crucuno.** — *Route à droite.* Il se dresse au cœur du hameau de Crucuno, adossé à une ferme. Seule la chambre subsiste, la lourde table repose sur onze supports.

   Dolmen de Mané-Croch. — *A 500 m au-delà de Crucuno, sur la gauche.* C'est le type même du dolmen à chambres latérales.

★ **Alignements de Kerzerho.** — *A droite de la route, à l'entrée d'Erdeven.* 1 129 menhirs les composent et sont disposés en 10 lignes.

cv **Abbayes St-Michel** et **Ste-Anne-de-Kergonan.** — Chant grégorien. *Prendre la route de Lorient. On gagne St-Michel (bénédictines) par un chemin à droite, à 2 km, et Ste-Anne (bénédictins) par un chemin à droite, après le cimetière de Plouharnel.*

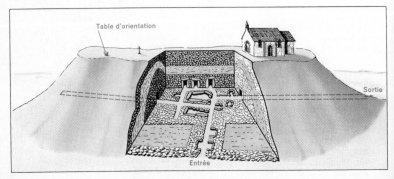

Tumulus Saint-Michel. — Coupe des chambres et galeries intérieures.

★ CHAMPEAUX

329 h. (les Champéens)

Carte Michelin n° 🖼️ pli 18 ou 🖼️ plis 27, 28 (9 km au Nord-Ouest de Vitré).

La place★ du village compose un harmonieux tableau avec son église, sa mairie coiffée d'un grand toit à quatre pans, ses quelques maisons, anciennes demeures des chanoines, groupées autour du puits du chapitre.

Église. — Cet édifice des 14e et 15e s. à nef unique, présente de belles **stalles★** à baldaquin de la Renaissance et une élégante porte de même époque qui donne accès à la sacristie, ancienne salle capitulaire. A gauche du maître-autel et dans la chapelle du chœur, remarquer les deux mausolées (1551-1554) en pierre et marbre de la famille d'Espinay, fondateurs de l'église. Deux beaux **vitraux★** Renaissance de fabrication rennaise retiennent également l'attention, l'un dans l'abside représente la Passion du Christ, l'autre dans la sacristie figure le sacrifice d'Abraham.

Dans la nef, la chapelle de droite abrite un retable du 17e s. illustrant des scènes de la Passion, et celle de gauche une Vierge du 14e s., tous les deux en bois polychrome.

Au Sud de Champeaux, le **château d'Espinay**, élégante demeure des 15e et 16e s., se dresse dans un beau cadre de verdure.

L'EUROPE en une seule feuille : carte Michelin n° 🖼️.

CHÂTEAUBRIANT

14 415 h. (les Castelbriantais)

Carte Michelin n° 🖼️ plis 7, 8 ou 🖼️ pli 41.

Aux confins de la Bretagne et de l'Anjou, au centre d'une région boisée et parsemée d'étangs, cette ancienne ville fortifiée a conservé un château imposant.

Aux portes de la ville, sur la route de Pouancé, à la carrière des Fusillés, le « monument du Souvenir » rappelle que 27 otages ont été tués par les Nazis le 22 octobre 1941. Dans les alvéoles du socle est conservée la terre prélevée sur les lieux d'exécution.

Françoise de Foix et François Ier (16e s.). — Parmi les châtelaines de Châteaubriant, il en est deux dont le souvenir a traversé les siècles. L'une, Sibylle, donne un rare exemple d'amour conjugal : quand son mari revient de croisade en 1250, elle meurt de joie en le serrant dans ses bras.

La seconde, Françoise de Foix, n'offre point un exemple aussi édifiant. Elle est mariée à 11 ans à Jean de Laval, comte de Châteaubriant. Celui-ci, terriblement jaloux, veut soustraire sa femme-enfant aux dangers du monde et vit en son château comme un hibou. Françoise n'en grandit pas moins en beauté, en esprit, en culture. Elle pique fort la curiosité. François Ier mande au comte le plaisir qu'il aurait à la connaître. Laval fait la sourde oreille. Le roi insistant, il se rend à la cour, mais seul : sa femme, dit-il, n'aime que la solitude et, au surplus, est niaise. Le comte a convenu avec sa femme qu'elle ne le rejoindrait que sur un certain signal. Le secret est surpris par un valet et vendu au roi. Un beau jour, Laval voit Françoise descendre de carrosse au milieu des hommages. Fou de rage, il quitte la cour, laissant la comtesse sans défense. Éblouie et grisée par cette vie nouvelle, elle succombe et devient la favorite de François Ier.

Mais la duchesse d'Étampes succède à Françoise. Laval reparaît, emmène sa femme à Châteaubriant et l'enferme, avec sa fille, âgée de 7 ans, dans une chambre tendue de noir. L'enfant meurt d'étiolement. La mère résiste dix ans. Encore a-t-on prétendu que son mari, d'un coup d'épée, aurait hâté son trépas en 1537.

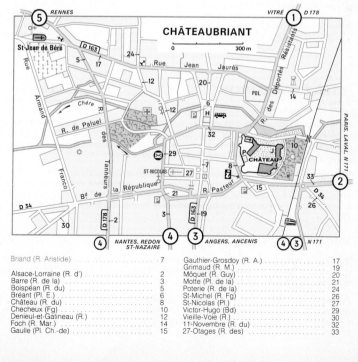

71

CURIOSITÉS

★ **Château.** – Le château comprend une partie féodale, remaniée plusieurs fois, et une
cv partie Renaissance, due à Jean de Laval. On pourra en faire le tour en flânant sur
l'esplanade et dans les jardins qui descendent jusqu'à la Chère.

Entrer par la place Charles-de-Gaulle. Du château féodal, il subsiste un important donjon, bâti sur une éminence, rattaché au châtelet d'entrée et à la chapelle par des murailles auxquelles s'adossent les deux ailes du Grand Logis.

En face s'élève le Palais Seigneurial dont les trois ailes sont reliées par d'élégants pavillons Renaissance. La toiture est ornée de lucarnes portant les blasons de Châteaubriant, Laval et Montmorency.

Au cours de la visite, on emprunte l'escalier central (1) menant à un balcon d'où l'on jouit d'une belle vue sur la cour d'honneur agrémentée de jardins et d'un énorme marronnier, le donjon, les toits de la ville. On accède ensuite à la chambre de Françoise de Foix (2) au plafond à caissons et à la monumenta-

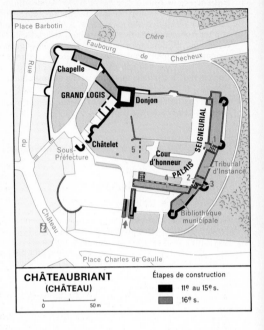

CHÂTEAUBRIANT
(CHÂTEAU)

Étapes de construction

■ 11e au 15e s.
▨ 16e s.

0   50 m

le cheminée en bois sculpté du début du 17e s. L'oratoire contigu (3) renferme la pierre
tombale de Françoise de Foix gravée avec une épitaphe de Clément Marot.

Le Tribunal d'Instance occupe une partie du Palais Seigneurial et la bibliothèque
municipale l'aile méridionale.

De la colonnade qui encadrait la cour d'honneur, il ne reste que la galerie couverte (4)
aboutissant à un charmant pavillon d'escalier et un tronçon (5) fermant la cour
d'honneur.

Église de St-Jean-de-Béré. – Dans ses parties les plus anciennes – le chœur et la
croisée du transept, qui sont d'un beau grès rouge – elle remonte à la fin du 11e s., la nef
étant du 12e s.

A l'extérieur, à droite du pittoresque porche Sud (16e s.) se trouvent un autel rustique où
était célébrée la messe au temps de la peste noire et, au-dessus, deux bas-reliefs
représentant l'Annonciation (13e s.) et la Visitation (15e s.).

A l'intérieur, on verra le très riche retable du maître-autel (1665), le retable de l'autel de la
Vierge (1658) dans le transept gauche et celui de saint Blaise (1693) dans la nef à gauche.
Un panneau du 17e s. représentant le Père Éternel a été placé dans la nef, face à l'entrée ;
remarquer aussi une Vierge et un Saint Julien du 15e s., et deux autres statues du 17e s.,
une Sainte Élisabeth sous les traits de la reine Marie-Thérèse, épouse de Louis XIV, et un
Saint Augustin.

CHÂTEAUGIRON   3 265 h. (les Castelgironnais)

Carte Michelin n° 63 pli 7 ou 230 pli 41.

Cette ancienne bourgade déjà réputée au 17e s. pour ses toiles à voiles en chanvre
utilisées par les vaisseaux de haut bord, a conservé un imposant château et de
pittoresques maisons anciennes à pans de bois, principalement rue de la Madeleine.
Dans l'église, au-dessus de l'autel, beau Christ en croix du 16e s.

Château. – De cette forteresse plusieurs fois assiégée, il subsiste les douves, le donjon
du 13e s. coiffé en poivrière au siècle suivant, et, lui faisant face, la tour de l'horloge du
15e s. contiguë à la chapelle. Le corps de logis reconstruit au 18e s. abrite des services
administratifs. Pour découvrir pleinement le site du château, emprunter le boulevard du
Château.

EXCURSIONS

Manoir de Bois-Orcan. – *2,5 km au Nord et une route à gauche.* Ce manoir du 16e s.
compose un charmant tableau avec ses douves en eau, le corps de logis flanqué de deux
tourelles, la chapelle et un saule pleureur.

Nouvoitou. – 1 615 h. *3,5 km à l'Ouest.* L'église du 15e s. renferme, dans la nef, à droite,
des panneaux d'un intéressant retable en albâtre du 15e s., polychromé et doré. A
l'extérieur remarquer une croix de cimetière du 17e s. et une pierre tombale du
16e s.

CHÂTEAULIN

6 102 h. (les Châteaulinois)

Carte Michelin n° 58 pli 15 ou 230 pli 18 — Schéma p. 48.

Cette petite ville est située sur une boucle de l'Aulne, dans la vallée verdoyante et encaissée où coule la rivière canalisée. Deux lignes de quais ombragés en forment le décor principal. La marée n'atteint pas Châteaulin ; elle vient mourir, un peu en aval, à Port-Launay où peuvent aborder les petits navires de mer.

La pêche au saumon. — Châteaulin est, avec Châteauneuf-du-Faou, le grand centre de la pêche au saumon ; le saumon a toujours figuré dans les armes de la ville. Moins nombreux de nos jours que naguère, ces poissons, remontant la rivière pour frayer, tentent l'escalade de petites chutes d'eau formées par le déversoir des écluses. C'est à 10 ou 15 m au-dessous de l'écluse que se pratique leur pêche à la mouche ou au devon (poisson artificiel muni d'hameçons), surtout les premiers mois de l'année.

cv **Chapelle Notre-Dame.** — *Accès par la rue Graveran et une rue à gauche, face au cimetière.* C'est l'ancienne chapelle du château ; elle apparaît dans un enclos près de maisons du 17e s. Franchi l'arc triomphal, on découvre une croix-calvaire du 15e s. présentant une curieuse scène du Jugement dernier. La chapelle, remaniée aux 17e et 18e s., conserve dans la nef des vestiges du 13e s. (colonnes, chapiteaux) ; sous la tribune, groupe en pierre de sainte Anne, la Vierge et l'Enfant, du 15e s.

EXCURSIONS

Circuit de 54 km. — *Environ 3 h 1/2. Quitter Châteaulin en direction de Crozon, à 3,5 km tourner à droite. La route traverse Dinéault, laisse sur la gauche le massif du Menez-Hom et arrive en vue de l'Aulne avant d'atteindre la route de Trégarvan.*

cv **Musée de l'École.** — A gauche du carrefour, ce musée a été créé par le Parc Naturel Régional d'Armorique *(p. 47)*. Une cour d'école traditionnelle, ombragée de tilleuls, précède le bâtiment où l'on découvre au rez-de-chaussée une grande salle de classe du début de ce siècle. Au 1er étage, appartement de l'instituteur et salle consacrée à la Bretagne, son évolution, son histoire.

Trégarvan. — 192 h. Joli **site**★ en bordure de l'Aulne. Belles vues sur la rivière.

Revenir à la route de Châteaulin où l'on tourne à droite ; se faufilant entre des massifs souvent boisés, elle atteint Argol.

Argol. — 707 h. On pénètre dans l'enclos paroissial par une porte monumentale de style classique élevée en 1659. La statue équestre est celle du roi Gradlon ; elle provient d'un ancien calvaire et s'apparente aux cavaliers de Ste-Marie du Ménez-Hom et de St-Sébastien ainsi qu'à celui de l'arc d'entrée à Guimiliau.

Gagner la route de Crozon où l'on tourne à gauche. A 1,5 km prendre à droite vers St-Nic. De belles échappées sont offertes sur la baie de Douarnenez.

cv **St-Nic.** — 737 h. Église du 16e s. au fin clocher ajouré : dans la chapelle à gauche du chœur Descente de croix, et dans celle de droite retable du Rosaire.

Continuer vers Plomodiern et à 1 km tourner à droite.

cv **Chapelle St-Côme.** — De construction homogène et typiquement bretonne, cette petite chapelle présente un ensemble d'une rare harmonie : une façade élégamment décorée que surmonte un clocher aux heureuses proportions.
A l'intérieur, la **charpente**★ de la nef exécutée au milieu du 17e s. témoigne de la maîtrise artisanale bretonne. Elle repose sur des sablières sculptées de motifs pris dans la flore et la faune et de nombreuses inscriptions. On remarquera les corbeaux des bas-côtés représentant de curieuses figures, un beau Christ en bois et l'élégant ensemble formé par le retable et le devant du maître-autel.

Revenir à la route de Plomodiern et prendre en face la petite route à charge limitée, tourner ensuite à droite. On découvre toute la baie de Douarnenez ; au cours de la montée, remarquer sur la gauche un dolmen, à 30 m dans un champ. *Tourner à droite vers Châteaulin et tout de suite après à gauche vers le Menez-Hom.*

★★★ **Menez-Hom** — *Page 134.*

Revenir à la route de Châteaulin et prendre à gauche.

Chapelle Ste-Marie-du-Ménez-Hom. — *Page 208.*

Regagner Châteaulin.

Cast. — 1578 h. *7 km au Sud-Ouest par la route de Douarnenez.* Devant l'église, joli groupe connu sous le nom de « Chasse saint Hubert ». Le saint, qu'accompagnent son écuyer et ses deux bassets, est agenouillé près d'un minuscule cheval devant le cerf portant la croix. Dans la cour du presbytère, derrière la mairie, statue de saint Tugen.

CHÂTELAUDREN

973 h. (les Châtelaudrinais)

Carte Michelin n° 59 pli 2 ou 230 pli 8.

Châtelaudren, centre commercial important, est situé au fond de la vallée du Leff aux truites renommées. Un plan d'eau a été aménagé au Sud de la localité.

Chapelle N.-D.-du-Tertre. — Perchée sur une butte, on l'atteint à pied, par la venelle Notre-Dame, ou en auto, par la rue Aribart-Notre-Dame.
Entrer par la petite porte du croisillon droit. La chapelle a été bâtie en 1400 par saint Vincent Ferrier *(p. 215)* et agrandie aux 16e et 17e s. Les 96 **panneaux**★ du 15e s. décorant la voûte du chœur, qui constituent un ensemble rare en France, évoquent l'Ancien et le Nouveau Testament, ceux de la chapelle, à droite du chœur, les vies de sainte Marguerite et de saint Fiacre. A noter aussi le très beau **retable**★ en bois doré, de 1673, au maître-autel ; dans la chapelle, à gauche du chœur, statue de N.-D.-du-Tertre, en marbre blanc, du 15e s. Messe le 15 août.

Carte Michelin n° 59 plis 16, 17 ou 230 pli 26.

Ce vieux bourg, situé au bord d'un vaste étang et dominé par un imposant château féodal, est pittoresque. Sur la place Albert-Parent, la Maison de la Lanterne, du 16e s., restaurée, abrite le syndicat d'initiative. Pour avoir un simple aperçu du château, s'engager à pied, dans le chemin qui s'embranche sur la route de Rennes et longe l'étang, face à la forteresse et au village.

Chateaubriand à Combourg. — Le château, construit au 11e s., agrandi aux 14e et 15e s., restauré au 19e s., appartient à la famille Du Guesclin, puis, au 18e s., au comte de Chateaubriand, père de François-René.

Dans ses Mémoires d'outre-tombe, le grand écrivain *(détails sur la vie de Chateaubriand p. 197)* a évoqué, en accentuant encore leur caractère romantique, les souvenirs des deux années passées à Combourg, dans sa jeunesse. D'humeur sombre et taciturne, le comte de Chateaubriand vit très retiré. Des mois se passent sans qu'un visiteur se présente. Il se promène pendant des heures dans le salon, silencieux, sans que personne ose ouvrir la bouche. La comtesse, malade, ne s'occupe que de très loin de ses enfants. François-René et sa sœur Lucile, livrés à eux-mêmes, vivent étroitement unis, mettent en commun leur ennui, leurs rêves, leurs frayeurs.

Le vieux château, presque désert, est lugubre ; l'étang, les bois, la lande qui l'environnent portent à la tristesse. La tour du Chat, où François-René a sa chambre solitaire, est hantée : un ancien seigneur de Combourg y revient la nuit sous la forme d'un chat noir que l'enfant guette anxieusement. Les chouettes qui cognent à la fenêtre en voletant, le vent qui ébranle la porte et s'engouffre dans les couloirs avec des mugissements, le font frissonner. Là s'est nourrie l'âme de celui qui allait ouvrir la voie au Romantisme français.

★ **Château.** — De l'extérieur, le château apparaît comme une puissante forteresse avec ses quatre tours massives coiffées en poivrière, son chemin de ronde crénelé et ses épaisses murailles percées d'étroites ouvertures. L'intérieur a été réaménagé en 1876 ; on visite successivement la chapelle, le grand salon maintenant séparé en deux pièces, la salle des Archives où sont exposés des souvenirs de l'illustre écrivain (autographes, meubles, décorations...) et, dans la tour du Chat, l'austère chambre de son enfance. Du chemin de ronde, belles vues sur la localité, le lac, le parc aux belles essences.

EXCURSION

Château de Lanrigan. — *5 km à l'Est.* Quitter Combourg par la route de Rennes et, après le lac, prendre à gauche la route qui longe la rive Sud.
Ce petit château de proportions bien équilibrées évoquerait par son décor, s'il n'était construit en granit, les manoirs du val de Loire. Il présente une charmante façade Renaissance. Dans l'angle formé par le corps de logis et une tour à pans coupés qui le flanque, une gracieuse galerie met une note originale.

★★ CONCARNEAU　　　　　　　18 225 h. (les Concarnois)

Carte Michelin n° 58 pli 15 ou 230 plis 32, 33 — Lieu de séjour p. 14.

Troisième port de pêche de France pour le poisson frais débarqué, en deuxième position si l'on ajoute le grand marché du thon congelé réparti dans des ports africains avant de parvenir en France. Concarneau possède en outre deux usines de conserves de poissons, une criée (ventes aux enchères très pittoresques) et deux fabriques de boîtes métalliques. Il offre, avec le spectacle de la vie maritime, l'attrait original de sa Ville Close, enserrée dans des remparts de granit. Du pont du Moros, ② du plan, on a une très jolie **vue d'ensemble★** de Concarneau, de son arrière-port et de la baie *(p. 76)*.
La **Fête des Filets Bleus★** *(voir p. 16)*, instaurée en 1905 pour venir en aide aux pêcheurs de sardines et à leurs familles, a pris un caractère folklorique avec de joyeux groupes costumés, des danses et des défilés.

(Photo Roux/Explorer)

Concarneau. — La criée.

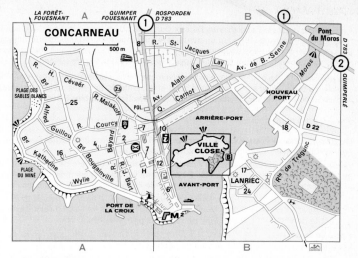

CONCARNEAU

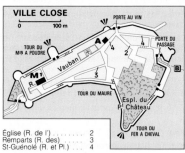

VILLE CLOSE

Église (R. de l')	2
Remparts (R. des)	3
St-Guénolé (R. et Pl.)	4

Gare (Av. de la)	A 8
Guéguin (Av. Pierre)	B 10
Le-Lay (Av. Alain)	B
Berthou (R. Joseph)	A 2
Courbet (R. Amiral)	A 4
Croix (Quai de la)	A 5
Dr.-P.-Nicolas	
(Av. du)	B 6
Écoles (R. des)	A 7
Jaurès (Pl. Jean)	B 12
Libération (R. de la)	A 16
Maudit-	
Duplessis (R.)	B 17
Moros (R. du)	B 18
Pasteur (R.)	B 24
Renan (R. Ernest)	A 25

Ville close :
circulation réglementée l'été

★★ VILLE CLOSE *visite : 2 h*

Ses ruelles étroites occupent un îlot de forme irrégulière, long de 350 m et large de 100, relié à la terre par deux petits ponts que sépare un ouvrage fortifié. D'épais remparts, élevés au 14ᵉ s. et complétés au 17ᵉ s., en font le tour. *Passer sur les deux petits ponts, puis sous une porte donnant accès à une cour intérieure fortifiée.* Beau puits.

ℴ **Le tour des remparts.** – *Suivre les plaques indicatrices. Pour la 1ʳᵉ partie de la visite, monter les marches à gauche et prendre le chemin de ronde.* Par les meurtrières, on a un aperçu de l'arrière-port et de sa flotte de pêche et une vue d'ensemble de la tour, dite du Moulin à poudre.

Pour la 2ᵉ partie de la visite, revenir au point de départ et redescendre les marches. Après avoir contourné l'esplanade du Petit-Château donnant sur le port de plaisance, on domine la passe qui relie les deux ports. *Près d'une grosse tour, tourner à gauche, descendre une rampe et passer sous les remparts. Rentrer dans la ville par la porte du Passage.* A l'angle de l'Hospice, la rue St-Guénolé mène à la place du même nom.

ℴ **Exposition d'œuvres en coquillages (A).** – Tableaux, bouquets, personnages, vitraux sont composés à partir de coquillages et de crustacés. L'ingéniosité du créateur s'exprime aussi bien dans un paysage de la Ville Close battue par les vagues noir-bleu des « moules » que dans un chat blanc hérissé ou un majestueux vaisseau Louis XV aux voiles en « nacres » de la région.

De la place St-Guénolé, une courte ruelle à droite conduit à la **porte au Vin,** ouverte dans les remparts ; en la franchissant, on aura une vue caractéristique sur les chalutiers amarrés dans le port et sur la criée. La rue Vauban qui passe devant le musée de la pêche ramène à la sortie de la Ville Close.

ℴ ★ **Musée de la Pêche (M¹).** – Il occupe les bâtiments de l'ancien arsenal qui servit ensuite de caserne puis d'école de pêche. Des panneaux explicatifs, maquettes, photos, dioramas, y évoquent l'histoire de Concarneau, l'évolution de son port, les pêches traditionnelles (baleine, morue, sardine, thon, hareng), les chalutiers, la conserverie, la construction navale, les appareils de navigation. Dans un immense hall consacré aux pêches lointaines, on peut voir une baleinière des Açores et d'autres embarcations : cotre, misainier, doris, etc., un canon lance-harpons, un crabe géant japonais, un cœlacanthe... Des poissons vivants, des tortues évoluent dans 40 aquariums.

AUTRES CURIOSITÉS

Les ports. – Par l'avenue Pierre-Guéguin et le quai Carnot, aller jeter un coup d'œil sur l'arrière-port et surtout le nouveau port où se tient la grosse flotte : on y verra les chalutiers et cargos à quai, avec une chance d'assister au déchargement de crustacés ou de poissons (thons congelés, notamment).

L'avenue du Docteur-P.-Nicolas longe l'avant-port animé par les bateaux de plaisance. L'embarcadère pour les excursions est en bout de ce quai, sur la digue, à gauche.

A gauche du quai de la Croix s'élève le laboratoire maritime du Collège de France dont *ℴ* on peut visiter le **Marinarium (B M²),** exposition consacrée au milieu marin ; aquariums, dioramas, présentations audiovisuelles se succèdent.

CONCARNEAU ★★

Après avoir dépassé l'ancien marché aux poissons où se faisait la criée, la chapelle N.-D.-de-Bon-Secours (15e s.) et un petit phare, on longe le port de la Croix (boulevard Bougainville) que protège une jetée. Jolie vue en arrière sur la pointe du Cabellou et, en avant, sur la pointe de Beg-Meil. On aperçoit, au large, les îles de Glénan.

Les plages (A). — Le boulevard Katherine-Wylie, tracé en corniche, longe la plage du Miné et offre de belles vues sur la baie de la Forêt et la pointe de Beg-Meil, puis le boulevard Alfred-Guillou donne sur les plages des Petits et des Grands Sables Blancs.

EXCURSIONS

De Concarneau à Pont-Aven par la côte. — *45 km — environ 2 h. Quitter Concarneau par ② du plan vers Quimperlé, à 2,5 km prendre à droite.*

★ **Pointe du Cabellou.** — *Contourner la pointe par la droite.* D'un parc de stationnement, belle **vue**★ sur Concarneau et la Ville Close. Parmi les villas et les pins, la route longe la côte rocheuse et offre des vues sur la baie de la Forêt et les îles de Glénan.

> *Revenir à la route nationale et prendre vers Quimperlé. A Pont-Minaouët, tourner à droite et à Kermao encore à droite.* On traverse **Pouldohan** (belle plage et importante école de voile) et, par Pendruc, on gagne la pointe de la Jument.

Pointe de la Jument. — *1/4 h à pied AR.* On appréciera le site rocheux et la vue sur le Cabellou, la baie et Beg-Meil, la côte de Loctudy à l'horizon.

> *Gagner la pointe de Trévignon par Lambell où l'on tourne à droite, Lanénos et Ruat.*

Au passage, remarquer, dans les fermes, les murs des dépendances constitués de panneaux de granit, dressés verticalement.

Pointe de Trévignon. — Elle porte à son extrémité un ancien fort. Un minuscule port de pêche et le bateau de sauvetage s'abritent sur la face Ouest. Belle **vue**★ à droite sur la baie de la Forêt et Beg-Meil, l'anse de Bénodet, à gauche sur les îles de Glénan et près de la côte les îles Verte et Raguenès.

> *Suivre la route en bordure de la plage de Kersidan. Prendre à droite la Corniche des Glénan, bon belvédère, que prolonge la rue de Beg-Foz, et tourner à droite.*

Raguenès-Plage. — Abritée par l'île de même nom que l'on peut atteindre à demi-marée, la plage s'inscrit dans une côte rocheuse.

> *Prendre vers Port-Manech. A Trémorvézen, tourner à droite après la chapelle.*

Kerascoët. — Calme hameau aux typiques fermettes couvertes de chaume.

> La route descend ensuite dans l'**anse de Rospico**, petite crique au fond de laquelle se niche une plage. *Dans Kerangall, tourner à droite vers Port-Manech. La suite de l'excursion est décrite en sens inverse au départ de Pont-Aven (p. 164).*

De Concarneau à Bénodet par la côte. — *40 km — environ 3 h. L'excursion est décrite en sens inverse p. 58.*

★★ CORNICHE BRETONNE

Carte Michelin n° 59 pli 1 ou 230 plis 6, 7.

On appelle ainsi la route qui relie Perros-Guirec à Trébeurden en suivant la « côte de granit rose », cette dernière portant ce nom depuis la pointe de l'Arcouest. C'est assurément un des parcours les plus intéressants qu'on puisse faire dans la Bretagne du Nord. Les formes curieuses des énormes rochers de granit rose qui font l'attrait de la Corniche bretonne sont dues à l'érosion. Le granit est composé de quartz, de mica et de feldspath. Ce dernier se transforme en kaolin qui est lessivé par l'eau et le résidu des grains de

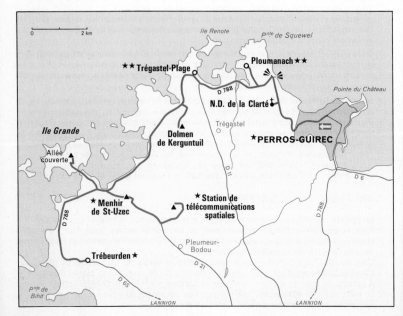

quartz donne le sable que les pluies ou les vagues emportent. Peu à peu, la pierre se façonne et présente des aspects surprenants : boules presque parfaites, masses burinées et dentelées, empilements à l'équilibre hardi, pierres branlantes. L'érosion a été ici très vigoureuse parce qu'il s'agit de roches à gros grain, plus facilement dissociables.

Les imaginations locales ont doté de noms les plus typiques ces rochers : chapeau de Napoléon, saint Yves, gnome, sorcière, tête de mort, éléphant, baleine, bélier, lapin, tortue, cheval, dé, torpille, fauteuil, parapluie, sentinelle, tire-bouchons, etc.

De Perros-Guirec à Trébeurden
27 km − environ 5 h − schéma p. 76

Au départ de Perros-Guirec *(p. 158),* la route contourne la petite colline du sémaphore et la **vue★** se développe en avant sur les rochers de Ploumanach, au large sur les Sept-Iles, en arrière sur les plages de Perros-Guirec et, au loin, sur la côte de Port-Blanc.

Chapelle N.-D.-de-la-Clarté. − *Page 158.*

★★ **Ploumanach.** − *Page 162.*

★★ **Trégastel-Plage.** − *Page 209.*

A la sortie de la station, sur la droite, en haut d'une courte montée, la vue s'étend en arrière sur les Sept-Iles.

A 1,2 km, tourner à gauche et ensuite à droite.

Dolmen et **allée couverte de Kerguntuil.** − Le dolmen est situé en bordure de route, à gauche. Du dolmen on aperçoit, au fond d'un champ, l'allée couverte que l'on peut atteindre en empruntant le chemin, au ras des bâtiments de la ferme.

La route passe ensuite en bordure de la mer ; à marée haute, cette grève sauvage ne manque pas de pittoresque. Le regard se porte sur une côte étrange, parsemée de nombreux îlots et récifs. Peu après l'établissement Paccata, au sommet d'une légère montée *(environ 1 km avant d'arriver au carrefour de Penvern),* un dolmen surplombe la grève à Kerivon.

Tourner à gauche en direction de Pleumeur-Bodou. Au hameau de Penvern, après le café du Menhir, prendre à gauche.

★ **Menhir de St-Uzec.** − Il se dresse gigantesque, surmonté d'une croix portant le Christ ; des instruments de la Passion, grossièrement sculptés, entourent l'effigie d'une femme en prière.

Par la chaussée en contrebas du menhir, gagner la route de Pleumeur-Bodou, tourner à gauche et, 400 m plus loin, prendre encore à gauche.

★ **Station de télécommunications spatiales de Pleumeur-Bodou.** − *Page 159.*

Ile Grande. − *Un pont permet d'y accéder.* Cette île offre un paysage de landes bordées de nombreuses grèves dont on remarquera le beau ton bleuté du granit. Elle possède des vestiges mégalithiques, en particulier une allée couverte au Nord-Est du village.

Revenir à la route de corniche qui, à gauche, mène à Trébeurden (p. 209).

★ CORNICHE DE L'ARMORIQUE

Carte Michelin n° 🔲🔲 plis 6, 7 ou 🔲🔲🔲 pli 6.

Cette section du littoral de la Manche faisant partie de la « Ceinture dorée » *(p. 20)* porte aussi le nom de « côte des bruyères » ; elle mérite d'être parcourue par tous les touristes qui visitent la Bretagne septentrionale. A la Lieue de Grève, longue et majestueuse étendue de sable, succèdent les pointes escarpées de la corniche de l'Armorique proprement dite.

De St-Michel-en-Grève à Morlaix
59 km − environ 5 h − schéma p. 78

St-Michel-en-Grève. − 398 h. (les Michèlois). Lieu de séjour p. 14. Ce modeste centre balnéaire possède une église joliment située au bord de la mer.

★ **Lieue de Grève.** − Cette magnifique plage, longue de 4 km, occupe le fond d'une baie qui découvre sur près de 2 km, à marée basse. Des ruisseaux, où l'on pêche la truite, rejoignent la mer par des vallons verdoyants. La route, très pittoresque, suit la côte boisée et contourne la masse du Grand Rocher.

★ **Montée au Grand Rocher.** − *3/4 h à pied AR.* Un sentier escarpé, qui s'amorce sur le flanc Ouest *(côté St-Efflam, à hauteur du panneau Plestin-les-Grèves),* permet de gagner ce belvédère haut de 80 m. Très belle **vue★** sur la Lieue de Grève ; à marée haute, et surtout en hiver par vent de Nord-Ouest, le spectacle de nombreux rouleaux d'écume, qui se succèdent sur la plage et déferlent contre le brise-lames protégeant la chaussée, est particulièrement démonstratif du fonctionnement du ressac *(détails sur les vagues p. 18).*

St-Efflam. − A côté de la chapelle St-Efflam, nichée dans la verdure, coule une fontaine, surmontée d'un dôme massif. L'ermite Efflam, venu d'Irlande, débarqua en 470 avec ses sept compagnons dans l'anse voisine de Porzmellec et s'installa au lieu-dit « Coz-Iliz », à 2 km derrière le Grand Rocher. Il y mourut en 512.

Prendre à gauche vers Plestin.

⊄⊄ **Plestin-les-Grèves.** − 3 447 h. L'église du 16ᵉ s., incendiée en 1944, a dû être reconstruite. L'édifice contient le tombeau de saint Efflam avec gisant (1576). Dans le bas-côté droit, à gauche de l'autel, une statue le montre terrassant un dragon, symbole du paganisme. Vitraux modernes d'un atelier de Quintin.

Revenir à la route côtière.

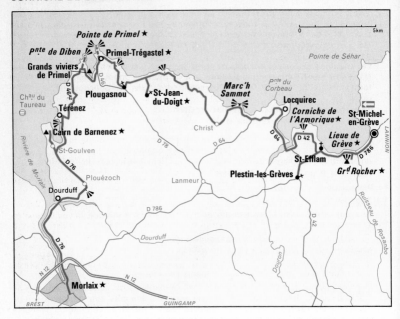

★ **Corniche de l'Armorique.** — Entre St-Efflam et Locquirec, la route, très pittoresque, suit une côte accidentée. Après la pointe de Plestin, belle vue à marée haute sur l'anse de Locquirec et sa pointe. Ensuite on découvre, à droite et à l'arrière-plan, la Corniche bretonne *(p. 76)* jusqu'à Trébeurden et, au passage d'un pont, un joli manoir, à gauche.

Locquirec. — *Page 130.*

Après Moulin de la Rive, prendre, à droite vers Poul Rodou, la corniche dégagée qui surplombe la mer.

Table d'orientation de Marc'h Sammet. — Érigée sur une avancée rocheuse, elle offre de remarquables **vues**★, à l'Est, sur les plages du Moulin de la Rive et des Sables Blancs, la pointe du Corbeau et ses rochers ; au Nord, l'île de Losquet se signale par le pylône du CNET *(p. 126, à Lannion)* ; à l'Ouest, plage de Poul Rodou (accès 800 m plus bas).

On gagne Christ où l'on tourne à droite. La route serpente sur le plateau. Après un groupe de maisons, à droite, un chemin revêtu mène à la route touristique. Son tracé en corniche permet d'apprécier la côte de la pointe de Trégastel à la pointe de Primel. *A la plage de St-Jean-du-Doigt, prendre à gauche.*

★ **St-Jean-du-Doigt.** — *Page 195.*

Plougasnou. — 3 434 h. Au centre de cette modeste bourgade, l'**église,** en majeure partie du 16e s., s'ouvre sur la place par un porche Renaissance. Le chœur présente de beaux retables du 17e s. Dans le bas-côté droit, la chapelle de Kéricuff, fermée par une élégante arcade gothique en chêne, abrite une Trinité en bois du 16e s. A 300 m du bourg, par la rue au chevet de l'église, gagner l'**oratoire N.-D.-de-Lorette.** Ce monument de granit (1611) présente un toit de pierre ; deux atlantes en gardent l'entrée.

Prendre la rue qui passe devant le syndicat d'initiative et au 3e carrefour tourner à droite. On traverse Ste-Barbe ; au cours de la descente, une **vue** se développe sur Primel, la plage, la pointe et les rochers.

★ **Primel-Trégastel.** — Cette plage de sable fin se présente dans un beau site, près de rochers comparables à ceux de Ploumanach et de Trégastel. Nombreux hôtels.

★ **Pointe de Primel.** — *1/2 h à pied AR.* La pointe est un véritable chaos de **rochers** roses. Du mamelon central, **panorama** s'étendant de la baie de St-Pol-de-Léon à la côte de Trébeurden. Au large, on distingue le phare de l'île de Batz et l'île aux Moines (Sept-Îles). L'extrême pointe est séparée du reste de la presqu'île par une crevasse qui ne peut être franchie qu'à marée basse, et dans le creux de laquelle se trouve une grotte.

A 1 km, tourner à droite ; la route passe à proximité des viviers.

ℭℰ **Grands viviers de Primel.** — Une vingtaine de bassins hébergent les crustacés.

Pointe de Diben. — *1/4 h à pied AR.* Dans le Diben, pittoresque village de pêcheurs, tourner à droite vers Port-Blanc *(parc de stationnement).* De cette belle crique rocheuse, des sentiers conduisent à la pointe. Jolie vue sur la côte et le port de plaisance.

La route laisse sur la droite la charmante grève du Guersit et la plage de St-Samson.

Térénez. — Très agréable petit port typiquement breton. Centre de voile.

*Ensuite le parcours en bord de mer procure des **échappées**★ sur la baie de Morlaix, le château du Taureau, la presqu'île abritant le cairn de Barnenez. A l'entrée de St-Goulven, tourner à droite.*

★ **Cairn de Barnenez.** — *Page 52.*

*Poursuivre en direction de Morlaix (p. 143). A la sortie de Plouézoch, belle vue sur les monts d'Arrée et la tour-relais de Roc-Trédudon ; la route plonge ensuite dans la pittoresque vallée du Dourduff où s'abritent les pimpants bateaux des mareyeurs du petit port ostréicole de **Dourduff.** Passé le pont, la route longe en corniche la rivière de Morlaix, fait découvrir le port sablier, le port de plaisance derrière son écluse et le charmant tableau que composent la ville, la rivière et le viaduc.*

★★ La CORNOUAILLE

Carte Michelin n° 58 plis 13, 14, 15 ou 230 plis 16, 17, 18, 31, 32.

La Cornouaille historique, royaume puis duché de la Bretagne du Moyen Age, s'étendait loin au Nord et à l'Est de Quimper, sa capitale, atteignant Landerneau, les abords de Morlaix et Quimperlé.

La région décrite ici se limite à la Cornouaille littorale, à l'Ouest de Quimper. Cette côte très étendue est caractérisée par deux presqu'îles rocheuses, le cap Sizun — « le Cap » — et la presqu'île de Penmarch, qui en sont le principal attrait touristique.

Pays maritime, la pêche y joue un rôle important : les ports de Guilvinec, d'Audierne et de Douarnenez se livrent à la pêche à la sardine et à la langouste. L'intérieur du pays est très cultivé (pommes de terre et primeurs) et cette campagne aux horizons tranquilles est couverte de petits hameaux aux maisons blanches.

★★ CAP SIZUN

De Quimper à Plozévet *156 km — compter une journée — schéma p. 80-81*

Quitter Quimper (p. 171) au Nord-Ouest par les rues de Locronan et de la Providence. On remonte l'agreste vallée du Steïr aux pentes boisées et on traverse une région vallonnée.

cv **Plogonnec.** — 2888 h. L'église du 16e s., remaniée au 18e s., possède un beau clocher Renaissance. Elle conserve un ensemble de vitraux du 16e s. ; dans le bas-côté gauche, ils sont consacrés à saint Edern et saint Théleau chevauchant chacun un cerf ; dans le chœur, on reconnaît, à gauche du maître-autel la Transfiguration, au-dessus du maître-autel la Passion, à droite le Jugement dernier. Dans le bras droit du transept, à gauche de la porte d'entrée, remarquer neuf petits panneaux en bois peint illustrant la vie de saint Maudez, invoqué pour les maux de genoux. A l'entrée du placître *(p. 37)*, au chevet de l'église, porte triomphale gothique.

★★ **Locronan.** — *Page 130.*

La route de Douarnenez, laissant à gauche la forêt de Nevet, se dirige vers la mer.

Kerlaz. — Un clocher ajouré coiffe l'église des 16e et 17e s.

Après Kerlaz, jolie vue sur Douarnenez dont on longe la belle plage du Ris.

★ **Douarnenez.** — *Page 94.*

Quitter Douarnenez en passant par Tréboul et gagner Poullan-sur-Mer où l'on tourne à gauche, puis deux fois à droite.

cv **Chapelle N.-D.-de-Kérinec.** — Dans un beau site boisé, cette chapelle des 13e et 15e s. présente un élégant chevet plat. Son fin clocher à flèche est la réplique fidèle de celui du 17e s., abattu par la foudre en 1958. A l'intérieur, l'importance des piliers massifs de la croisée du transept laisse supposer un projet de clocher central qui fut abandonné au profit du clocher-porche. Sous les frondaisons, à gauche de la chapelle, remarquer la chaire ronde dont le pupitre de pierre est soutenu par un personnage ; une croix-calvaire se dresse au centre de la chaire.

Poursuivre vers Confort.

Église N.-D.-de-Confort. — Du 16e s. avec un clocher à galeries de 1736. Elle possède dans le chœur de beaux **vitraux** du 16e s. réalisés par un artiste quimpérois ; remarquer en particulier l'Arbre de Jessé. Au-dessus de la dernière arcade de la nef, à gauche, est suspendue une roue-carillon garnie de douze clochettes, que l'on faisait tourner tout en implorant la Sainte Vierge pour donner le don de la parole aux enfants lents à parler. En avant de l'église, un calvaire dont la base triangulaire est du 16e s. présente treize statues d'apôtres refaites en 1870.

A la sortie de Confort vers Pont-Croix, tourner à droite, puis à gauche en direction de Beuzec-Cap-Sizun et, à 2 km, une nouvelle fois à droite.

★ **Pointe du Millier.** — Ce site aride porte un petit phare. De la pointe *(1/4 h à pied AR)*, une **vue**★ magnifique s'offre sur la baie de Douarnenez et le cap de la Chèvre.

A la sortie de Beuzec-Cap-Sizun, prendre à droite.

★ **Pointe de Beuzec.** — Du rond-point aménagé en parking, **vue**★ sur l'entrée de la baie de Douarnenez, la presqu'île de Crozon et, par temps clair, la pointe de St-Mathieu.

★ **Réserve du Cap Sizun.** — L'intérêt de la visite atteint son maximum pendant la période de *cv* reproduction au printemps. Commencée en mars, la nidification s'achève à la mi-juillet pour la plupart des oiseaux. Les adultes et les jeunes de l'année quittent alors la réserve, progressivement, jusqu'à la fin du mois d'août.

On pourra voir dans le site magnifique et sauvage de Castel-ar-Roc'h, qui domine la mer de 70 m, des milliers d'oiseaux de mer *(illustration p. 81)* se rassemblant en colonies : pingouins tordas, guillemots de Troïl, cormorans huppés, goélands argentés, bruns et marins, les plus rares, mouettes tridactyles, pétrels fulmars, grands corbeaux et craves à bec rouge.

★ **Pointe de Brézellec.** — *Laisser la voiture près de l'enclos des phares et balises.* De la plate-forme rocheuse toute proche, **vue**★ magnifique *(illustration p. 43)* sur la côte découpée en dents de scie dont les falaises escarpées se développent sur une longueur exceptionnelle en Bretagne : presqu'île de Crozon, pointe de St-Mathieu, pointe du Van et phare de Tévennec.

Faire demi-tour et prendre à droite vers la pointe du Van.

★★ **Pointe du Van.** — *1 h à pied AR.* A gauche du chemin s'élève la chapelle St-They (15e s.). A la *cv* pointe, suivre, en appuyant toujours à gauche, la piste mal tracée qui contourne le cap ; la pointe du Van, que l'on ne peut embrasser d'un seul coup d'œil, est moins grandiose que la pointe du Raz, mais elle est restée à l'écart des grands aménagements touristiques. Belle **vue**★★ sur la pointe de Castelmeur, la pointe de Brézellec, le cap de la Chèvre, la pointe de Penhir et les « Tas de Pois », la pointe de St-Mathieu, à droite ; l'île de Sein, le phare de la Vieille, la pointe du Raz, à gauche. Les touristes que la descente tenterait devront se montrer très prudents.

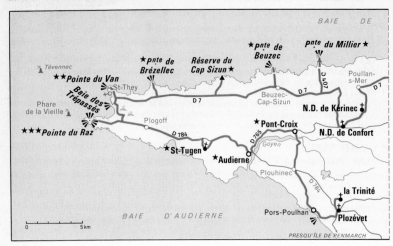

Le paysage devient plus sévère : aucun arbre ne l'égaie ; murs de pierres sèches, lande rase, il en est ainsi sur toute l'extrémité du cap.

Faire demi-tour et prendre immédiatement à droite la petite route qui épouse les contours de la côte et mène à la baie des Trépassés en offrant de belles vues sur le relief tourmenté de la pointe du Raz et l'île de Sein.

Baie des Trépassés. — Au lieu de faire allusion aux corps des naufragés amenés par les courants, le nom de la baie proviendrait d'une déformation de « boe an aon » (baie du ruisseau) en « boe an anaon » (baie des âmes en peine). La baie servit en effet d'estuaire au ruisseau qui débouche maintenant dans les marais voisins. Actuellement, on pense que la baie était le lieu d'embarquement des dépouilles des druides morts vers l'île de Sein, où elles étaient inhumées. La ville d'Is *(détails p. 25),* suivant la légende locale, se serait élevée dans la petite vallée occupée aujourd'hui par des marais.

La houle pénètre librement dans la baie et se gonfle avec une puissance magnifique.

★★★ **Pointe du Raz.** — *Page 180.*

      Prendre la direction d'Audierne et, à 10 km, tourner à droite vers St-Tugen.

★ **St-Tugen.** — La nef et l'imposante tour carrée de la chapelle de St-Tugen sont de style *cv* gothique flamboyant (16e s.), le transept et le chevet de style Renaissance (17e s.). Au flanc droit, le beau porche, surmonté d'un élégant tympan ajouré, abrite six statues d'apôtres en kersanton et trois statues du 16e s., le Christ, la Vierge et sainte Anne. A l'intérieur, intéressant mobilier du 17e s. : plusieurs retables et un curieux catafalque-cercueil flanqué aux extrémités de deux statues en croix, Adam et Ève. Dans le chœur, statue de saint Tugen (17e s.). La chapelle des fonts baptismaux, entourée d'une clôture à balustres et décorée de panneaux peints, abrite une cheminée avec des chenêts en granit. Fontaine du 16e s. en contrebas de la chapelle. Un pardon y a lieu *(voir p. 16).*

★ **Audierne.** — *Page 50.*

      La route remonte l'agreste vallée du Goyen ou rivière d'Audierne.

★ **Pont-Croix.** — *Page 165.*

      Gagner Plouhinec, où naquit, en 1879, le sculpteur Quillivic, et, après l'église, tourner à droite vers **Pors-Poulhan,** minuscule port abrité par une jetée. Avant Plozévet, de belles vues se dégagent sur la baie d'Audierne et le phare d'Eckmühl.

      Plozévet. — 3 181 h. L'église gothique possède un porche du 15e s. et comporte, dans la nef à voûte lambrissée, cinq arcades romanes du 13e s. Sur le flanc droit de l'édifice se trouve une fontaine sacrée *(voir p. 36).* Près de l'église, un menhir agrémenté d'une sculpture de Quillivic a été érigé en souvenir des morts de la guerre de 1914-1918.

cv **Chapelle de la Trinité.** — *1 km au départ de Plozévet.* Elle a un plan en T. A la nef élevée au 14e s. fut adjoint au 16e s. le reste de l'édifice. A l'extérieur, voir la charmante décoration Louis XII de deux murs du croisillon Sud ; à l'intérieur, les arcades de la nef retombent sur des piles coiffées de chapiteaux présentant un décor floral.

★ PRESQU'ÎLE DE PENMARCH

De Plozévet à Quimper   *84 km – compter 1/2 journée – schéma p. 82*

L'itinéraire se déroule en « pays bigouden » que le costume de ses femmes et surtout leur coiffe originale, petit menhir de dentelle, ont popularisé.

De Plozévet *(ci-dessus)* à la pointe de Penmarch, la mer vient battre un immense cordon de galets, allongé en croissant sur une vingtaine de kilomètres. Le tracé régulier de cette côte est totalement inhospitalier. Les petits villages aux maisons blanches, qui s'échelonnent en arrière, ont leur activité entièrement tournée vers la terre.

Jusqu'à la fin du 16e s., la **presqu'île de Penmarch** fut une des plus riches régions de Bretagne. La pêche à la « viande de carême » (la morue) faisait la fortune de ses 15 000 habitants. Mais la morue déserta la côte, puis un raz-de-marée causa de grands dégâts. Le dernier coup fut porté par le brigand **La Fontenelle** *(p. 94)* qui s'empara par surprise des maisons malgré leur fortification. Il tua 5 000 paysans, brûla leurs demeures, ramena le butin sur 300 barques dans son repaire de l'île Tristan.

    Quitter Plozévet, au Sud, vers Penhors, et en bordure du littoral tourner à gauche ; la route longe la côte.

(D'après photo J.-L. Lemoigne/Azimut)
La réserve du Cap Sizun. — Un cormoran.

Penhors. — *Pour gagner la chapelle, prendre la direction de la plage.* En septembre a lieu le grand Pardon de N.-D.-de-Penhors, l'un des plus importants de Cornouaille *(p. 16).* Le samedi soir, procession aux flambeaux, le dimanche après-midi, procession *(illustration p. 27)* dans la campagne jusqu'au rivage, puis retour près de la chapelle où a lieu la bénédiction de la mer.

Revenir à la route côtière et tourner à droite vers Plovan.

Plovan. — 720 h. La petite église du 16ᵉ s. présente un beau clocher ajouré flanqué d'une tourelle. Ses vitraux modernes (1944) en dalles de verre ont de beaux coloris. Près de l'église, calvaire du 16ᵉ s.

Chapelle de Languidou. — Dénommée aussi St-Guy, cette chapelle des 13ᵉ et 15ᵉ s., ruinée, présente encore quelques éléments intéressants dont une magnifique rosace.

Par Tréogat, rejoindre Plonéour-Lanvern.

(Photo Christiane Olivier, Nice)
La chapelle de Languidou.

𝒸𝓋 **Chapelle de Languivoa.** — *A 1,5 km à l'Est de Plonéour-Lanvern.* Les ruines de cette chapelle des 14ᵉ et 17ᵉ s. forment un ensemble imposant aux élégantes rosaces et arcatures gothiques ; le clocher-porche découronné sous Louis XIV domine la nef dévastée et l'entrée classique à colonnes doriques encastrées. Le presbytère contigu, reconstruit en 1971, abrite la belle Vierge allaitant de N.-D.-de-Languivoa.

Dans Plonéour-Lanvern, prendre la route de Plomeur et à 2 km tourner à droite.

★★ **Calvaire** et **chapelle N.-D.-de-Tronoën.** — *Page 151.*

Poursuivre la route en appuyant deux fois à droite.

Pointe de la Torche. — Son nom est une corruption du breton « Beg an Dorchenn » : « pointe de la Pierre plate ». Belle **vue★** sur les rochers de St-Guénolé et la baie d'Audierne. Au sommet, tumulus avec important dolmen.

Plage de Pors-Carn. — Cette vaste plage de sable fin, où aboutit le câble assurant la liaison téléphonique France-États-Unis, s'étend au fond de l'anse de la Torche.

★ **Musée préhistorique finistérien.** — *A l'entrée de St-Guénolé.* Une série de mégalithes et de 𝒸𝓋 stèles gauloises (dites lec'hs) entoure le bâtiment. Commencer la visite par la gauche, pour suivre dans les vitrines une progression chronologique, depuis l'âge de la pierre jusqu'à l'époque gallo-romaine. A signaler : dans la première salle, une reconstitution de nécropole de l'âge du fer, des poteries gauloises à décors celtiques ainsi qu'une stèle gauloise gravée de spirales ; dans la salle méridionale, des haches polies en pierres rares, des pointes de flèches en silex, des armes en bronze, des coffres à rainures.
Le musée contient les antiquités préhistoriques découvertes dans le Finistère, à l'exception de la riche série exposée au Musée des Antiquités Nationales à St-Germain-en-Laye.

St-Guénolé. — Lieu de séjour p. 14. L'église moderne, charmante quoiqu'un peu sombre, s'élève près de la tour carrée, reste de l'ancienne église du 15ᵉ s. Derrière le port (pêche côtière) on pourra aller voir les fameux **rochers** sur lesquels déferle la mer.

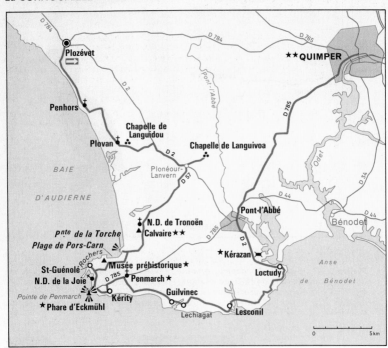

Chapelle N.-D.-de-la-Joie. — Cette chapelle du 15e s. dresse, face à la mer, son clocher à jour flanqué de deux tourelles. Calvaire du 16e s. avec Pietà. Un pardon s'y déroule le 15 août.

★ **Phare d'Eckmühl.** — Il se dresse à l'extrémité de la pointe de Penmarch. Le phare
cv d'Eckmühl, haut de 65 m, a une puissance de 2 millions de candelas et une portée moyenne de 54 km. Il fut construit grâce à un don de la marquise de Blocqueville, fille du maréchal Davout, prince d'Eckmühl, et inauguré en 1897. Du balcon situé au haut de la tour (307 marches) **vue★★** sur la baie d'Audierne, la pointe du Raz, le phare de l'île de Sein, la côte de Concarneau et de Beg-Meil et l'archipel de Glénan.

Passant à gauche du phare, on atteint l'extrême pointe où se trouvent l'ancien phare — qui sert maintenant d'amer —, une petite chapelle fortifiée et le sémaphore. La mer est semée d'écueils couverts de goémon.

Plus à l'Est, la côte présente, comme à Penmarch, une succession de pointes rocheuses, basses, entre lesquelles se développent des cordons de dunes.

Kérity. — Ce petit port de pêche animé se livre surtout à la pêche côtière. L'église Ste-Thumette (1675) possède une élégante façade ornée de gâbles et flanquée d'une tourelle.

★ **Penmarch.** — 6 466 h. La commune de Penmarch englobe plusieurs villages : St-Guénolé, Kérity, Tréoultré, St-Pierre. L'**église St-Nonna★** (16e s.) est de style gothique flamboyant. Au chevet et sur les contreforts, de chaque côté du portail, sont sculptées en bas ou hauts-reliefs des barques et des caravelles rappelant que la construction de l'édifice est due aux dons des armateurs. Un clocher-pignon est placé sur le toit. A l'intérieur, nombreuses statues anciennes : dans la chapelle à droite du chœur, Saint Michel, Sainte Anne portant la Vierge et l'Enfant Jésus ; dans le collatéral Sud, tableau du Vœu de Louis XIII.

Par la route côtière, gagner Guilvinec.

Guilvinec. — 4 108 h. Ce port de pêche chalutier et thonier très actif possède trois usines de conserves traitant le poisson débarqué sur place. Il forme avec **Lechiagat,** où les bateaux de plaisance sont nombreux, un ensemble portuaire bien abrité par ses jetées. Des grèves se succèdent derrière les dunes jusqu'à Lesconil.

Lesconil. — Lieu de séjour p. 14. Ce petit port dépendant du quartier maritime de Guilvinec connaît une intense activité. La flottille pratique la pêche au chalut. Elle rentre chaque soir vers 17 h 30, un pittoresque retour à ne pas manquer.

Par Palud-du-Cosquer et Ezer, gagner Loctudy.

Loctudy. — *Page 131.*

★ **Manoir de Kérazan-en-Loctudy.** — Situé dans un grand parc planté de hautes futaies, le
cv château, légué en 1929 à l'Institut de France par Joseph Astor, se compose de deux ailes en équerre, l'une du 16e s., l'autre du 18e s. agrandie en 1913. Les salles, meublées et ornées de boiseries Louis XV, abritent une collection de tableaux et dessins du 17e s. à nos jours des écoles flamande (Frans Francken), hollandaise (Abraham Mignon) et française, notamment de Baranton, Jules Noël, Maurice Denis, Joseph Vernet et d'un élève d'Ingres, Auguste Goy, dont l'œuvre évoque la vie bretonne d'autrefois.

Pont-l'Abbé. — *Page 167.*

Quitter Pont-l'Abbé par ① du plan et regagner Quimper (p. 171).

★★★ CÔTE D'ÉMERAUDE

Carte Michelin n° 59 plis 4, 5, 6 ou 230 plis 9, 10, 11.

On donne ce nom à la partie de la côte qui s'étend de la pointe du Grouin au Val-André. Elle possède des plages célèbres : Dinard, St-Lunaire, Paramé, etc., et aussi St-Malo. Rocheuse, très découpée, pittoresque, la Côte d'Émeraude projette vers la mer une série de pointes qui fournissent d'admirables panoramas. Elle est échancrée par l'estuaire de la Rance dont le parcours en bateau, entre Dinan et St-Malo, constitue une plaisante excursion.

La route qui permet de visiter la Côte d'Émeraude est une des plus touristiques de la côte septentrionale de la Bretagne. Si elle ne borde pas la mer sur tout son parcours, elle offre un choix remarquable d'excursions en pointe. Ces excursions permettent la visite de sites côtiers grandioses, dont les vues et les panoramas révèlent le caractère de cette côte très découpée.

① De Cancale à St-Malo
23 km – environ 5 h – schéma p. 85

Quitter Cancale (p. 67) par ② du plan, à 300 m tourner à droite vers la pointe du Grouin.

★★ **Pointe du Grouin**. – *Page 67.*

La route, en corniche jusqu'au Verger, suit la côte, en offrant de belles vues.

Chapelle N.-D.-du-Verger. – *Prendre à droite vers la plage.* Vénérée par les marins de Cancale (pèlerinage le 15 août), cette petite chapelle, reconstruite au 19e s., abrite de nombreuses maquettes de navires : bisquines, sloops, goélettes, trois-mâts.

Après le Verger, belle vue sur l'anse du Guesclin et l'île de même nom portant un ancien fortin.

La Guimorais. – Petit séjour simple et tranquille. La plage des Chevrets s'allonge entre la pointe du Meinga et la presqu'île Bénard qui ferme à l'Est le havre de Rothéneuf.

La route contourne le havre de Rothéneuf, fermé par une passe étroite. Cette étendue d'eau se vide presque complètement à marée basse ; le courant déterminé par le flux et le reflux dans la passe était autrefois utilisé par un moulin de marée *(p. 178)*. Remarquer sur la droite le **château du Lupin**, élégante malouinière construite au 17e s. par un riche armateur de St-Malo.

Rothéneuf et **le Minihic**. – *Page 201.*

La route offre de belles échappées sur la baie de St-Malo.

★★ **Paramé**. – *Page 201.*

★★★ **St-Malo**. – *Page 196.*

St-Servan *(p. 200)* prolonge la cité de St-Malo, au Sud.

② De St-Malo à Dinard

Deux possibilités s'offrent :

la **traversée de l'estuaire de la Rance**, par la route empruntant le couronnement de l'usine marémotrice de la Rance, qui réserve de beaux coups d'œil sur l'estuaire ;

le **circuit★** de la vallée de la Rance *(87 km – compter une journée)*, excursion pittoresque dont la visite de Dinan justifie le détour. *Description p. 178.*

③ De Dinard au Cap Fréhel
67 km – environ 4 h – schéma p. 84-85

Entre Dinard *(p. 90)* et le cap Fréhel, la route ne suit pas toutes les découpures de la côte. Elle possède cependant d'intéressantes sections en corniche et dessert de beaux panoramas et des sites remarquables. Les stations se succèdent nombreuses au long des plages.

★★ **St-Lunaire**. – *Page 196.*

★ **Pointe de la Garde Guérin**. – *1/4 h à pied AR.* En franchissant la pointe à sa racine, prendre à droite, au cours de la descente, un chemin qui conduit à la base de la colline, truffée de casemates *(parc de stationnement)*. Atteindre le haut du promontoire : beau **panorama★★** du cap Fréhel à la pointe de la Varde.

La route traverse le Dinard-golf, magnifique terrain de 60 ha.

St-Briac-sur-Mer. – 1 748 h. Cet aimable séjour balnéaire, aux sites pittoresques et variés, possède un port de pêche et de plaisance, plusieurs belles plages. Du «balcon d'Émeraude», route tracée en corniche, et de la Croix des Marins *(accès : du Balcon d'Émeraude par un sentier à gauche avant un pont)*, on découvre de jolies vues sur la côte.

En sortant de St-Briac-sur-Mer, on traverse le Frémur sur le nouveau pont de 300 m avant d'atteindre Lancieux ; belle vue.

Lancieux. – 1 156 h. Ce village possède une plage très étendue de sable fin, d'où l'on a une belle vue sur l'île Ebihens et les pointes avancées de la côte, St-Jacut-de-la-Mer, St-Cast et le cap Fréhel. Au centre du bourg se dresse l'ancien clocher de l'église, tour carrée coiffée d'un dôme surmonté d'un lanternon.

Gagner Ploubalay, prendre la direction de Dinard et à 800 m tourner à gauche.

cv **Château d'eau de Ploubalay**. – Il offre une terrasse circulaire à 104 m de hauteur, permettant un **tour d'horizon★★** complet sur Ploubalay et le pays de Dinan, la rivière Frémur, St-Jacut, la pointe de St-Cast, le cap Fréhel, St-Malo et, par temps clair, les îles Chausey et le Mont St-Michel.

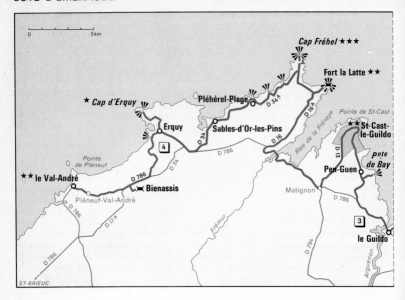

St-Jacut-de-la-Mer et **pointe du Chevet**. — La route suit une longue presqu'île, passe à St-Jacut, petit port de pêche et séjour balnéaire. Après avoir longé la plage du Rougeret on atteint la pittoresque falaise de la **pointe du Chevet** appelée Chef de l'île ; belle **vue★** en face sur l'île Ebihens et sa tour, à gauche sur la baie de l'Arguenon (bouchots à moules) et St-Cast, à droite sur la baie de Lancieux.

Le Guildo. — *Page 112.*

Pointe de Bay. — *Prendre la direction de St-Cast par la côte.* Une belle route, à droite, mène à une vaste aire de stationnement. La **vue★** s'étend sur l'estuaire de l'Arguenon planté de rangées de bouchots à moules, la presqu'île de St-Jacut et l'île Ebihens.

Pen-Guen. — La route longe l'élégante plage de sable fin.

★★ **St-Cast-le-Guildo**. — *Page 194.*

Au départ de St-Cast, la route décrit un long crochet, pour contourner la baie de la Frênaye, dont elle longe le fond. *Après Trécelin tourner à droite dans la route menant à l'entrée du fort (parc de stationnement).*

★★ **Fort la Latte**. — *Page 129.*

Regagner la route du cap Fréhel.

④ Du Cap Fréhel au Val-André
34 km — environ 2 h 1/2 — schéma p. 84

La route touristique qui serpente dans la lande offre des **vues★★** remarquables sur la mer, les falaises et les grèves blondes. Elle traverse un paysage de pinède.

Pléhérel-Plage. — La plage se trouve sur la droite après des bois de conifères. Belle vue sur le cap Fréhel au-delà d'une succession d'anses creusées dans les dunes.

Sables-d'Or-les-Pins. — Au nom évocateur. La Manche apparaît à travers les fûts sombres des pins. La plage de sable fin regarde un ensemble d'îlots, en particulier celui de St-Michel coiffé d'une chapelle.

Après l'embranchement de Plurien, on découvre la côte de St-Quay de l'autre côté de la baie de St-Brieuc. *A l'entrée d'Erquy, prendre la direction du cap.*

★ **Cap d'Erquy**. — *1/2 h à pied AR.* Au terminus de la route, la vue s'étend, à gauche sur des galets gris-rose bordés d'une mer transparente, en face sur la plage de Caroual, la grève des Vallées, la pointe de Pléneuf et l'îlot Verdelet, au loin la baie de St-Brieuc, la pointe de l'Arcouest et l'île de Bréhat. Une agréable promenade par les sentiers bordés de fougères, à travers les landes rousses aux fleurs dorées ou mauves, permet d'apercevoir les récifs.

Erquy. — 3 426 h. (les Réginéens). Lieu de séjour p. 15. Dans un joli site de falaises, cet actif port de pêche (coquilles St-Jacques), ancienne Reginea gallo-romaine, prend de l'extension. Parmi ses nombreuses plages, la plus belle, celle de Caroual, se distingue par sa vue sur la baie et le cap.

Château de Bienassis. — *Page 213.*

Par Pléneuf-Val-André, regagner le Val-André (p. 213).

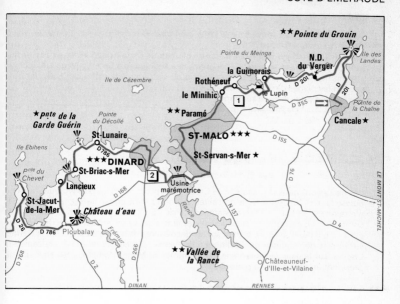

Aimer la nature,

c'est respecter la pureté des sources,

  la propreté des rivières, des forêts, des montagnes...

c'est laisser les emplacements nets de toute trace de passage.

★ Le CROISIC

4 365 h. (les Croisicais)

Carte Michelin n° 63 pli 14 ou 230 pli 51 — Schéma p. 109 — Lieu de séjour p. 15.

Actif port de pêche et de plaisance, important centre producteur d'huîtres et de coquillages, le Croisic, situé sur le golfe intérieur du Grand Traict (de trez : golfe), reçoit de nombreux estivants. Sa plage de **Port-Lin**, face au large, est à 800 m du centre de l'agglomération ; celle de **St-Goustan**, sur la rade, à 1 km.

Port. — Bien abrité par la jetée du Tréhic, le port est divisé en plusieurs bassins par trois îlots. Il est très animé l'hiver par l'arrivée des pêcheurs de crevette et de bouquet. Les quais sont bordés de maisons du 17e s. pour la plupart ornées de balcons en fer forgé.

La **Nouvelle Criée**, bâtie sur un des îlots protégeant le port, présente des lignes modernes agréables. Un balcon accessible aux visiteurs surplombe le plan de travail où
cv se déroule la vente aux enchères.

★ Aquarium de la Côte d'Amour. — En dehors de l'importante faune marine locale
cv (pieuvres, congres, bars, crustacés, etc.), on peut voir des manchots, des tortues des tropiques, des murènes, des piranhas. A l'étage vit l'extraordinaire faune des récifs coralliens. Intéressante collection de coraux et de coquillages. Remarquer aussi, naturalisé, un beau cœlacanthe de 38 kg.

Hôtel d'Aiguillon. — 17e s. Il abrite l'hôtel de ville et un musée naval.

cv **Musée naval.** — Présenté dans trois salles du rez-de-chaussée, il rassemble des manuscrits (15e au 19e s.), gravures, maquettes de navires, instruments de navigation, des bustes de Richelieu par Le Brun et de Colbert par Coysevox, un diorama des marais salants. Une carte illustre la bataille des Cardinaux qui s'est déroulée au large du Croisic, en novembre 1759, entre les flottes anglaise et française. Seul vestige de ce combat naval, on peut admirer dans le jardin contigu un **canon** de 1670, provenant du vaisseau français « Soleil Royal », décoré d'après des cartons de Puget.

Église N.-D.-de-Pitié. — Cette curieuse église des 15e et 16e s. domine le port de sa **tour-lanterne** du 17e s., haute de 56 m. L'intérieur présente une nef courte, à chevet plat éclairé d'une baie flamboyante, et trois bas-côtés. Une Vierge, N.-D.-des-Vents, orne le trumeau intérieur du portail Renaissance ouvrant sur la rue de l'Église.

Maisons anciennes. — Pour découvrir ces belles demeures en encorbellement et à pans de bois, il faut parcourir les petites rues proches de l'église. Remarquer rue de l'Église les nos 25, 20 et 28, place du Pilori le no 4, rue St-Christophe les nos 33 et 35.

Mont-Esprit. — Cette butte artificielle, de 30 m de haut, a été formée, de 1814 à 1816, par le lest des navires venant charger le sel ; elle doit son nom à une déformation de « lest pris ». Du sommet de la tour, belle **vue★** à l'Est sur les marais salants et Batz, à l'Ouest sur la ville et au loin l'Océan.

Mont-Lénigo. — A l'origine dépôt de lest, planté d'arbres en 1761, il offre une **vue★** sur la rade et la jetée du Trehic, longue de 850 m, et son pont phare (1872) à l'entrée du port, la digue de Pen Bron (1724), en face, et son Centre marin. Une belle promenade ombragée, avec un tapis vert, descend vers l'esplanade où un monument, sculpté par René Paris (1919), rappelle l'exploit du barreur Hervé Rielle qui sauva 22 vaisseaux de notre flotte lors du désastre de la Hougue, en 1692, en les dirigeant sur St-Malo.

EXCURSION

★ **La Côte Sauvage.** – *Circuit de 26 km – environ 2 h – schéma p. 109. Quitter le Croisic par la route de corniche (D 45).*
Après le Centre hélio-marin des frères de St-Jean-de-Dieu, l'itinéraire longe des plages, telle St-Goustan et sa saline où l'on élève des anguilles. La Côte Sauvage aux rochers aux noms évocateurs (l'ours, le grand autel) s'amorce à la **pointe du Croisic**, la route dessert les plages de Port-Lin, de Valentin et son école de voile, et de Batz-sur-Mer. La vue se développe ensuite sur Pornichet, l'estuaire de la Loire et la côte jusqu'à la pointe St-Gildas. Après **le Pouliguen**★ *(p. 169),* revenir au Croisic en passant par **Kervalet** *(p. 109)* et **Batz-sur-Mer**★ *(p. 52).*

★★★ CROZON (Presqu'île de)

Carte Michelin n° 🔢 plis 3, 4, 13, 14 ou 🔢 plis 16, 17.

Les excursions dans la presqu'île de Crozon comptent parmi les plus typiques que l'on puisse faire en Bretagne. Nulle part ailleurs, si ce n'est à la pointe du Raz, la côte et la mer n'atteignent à plus de sévère beauté, faite de l'à-pic vertigineux des falaises, de la coloration des rochers et de la violence des lames qui se brisent sur les récifs. Un autre attrait vient des vues qui s'offrent sur les découpures de la rade de Brest, sur le Goulet, sur la côte déchiquetée du Toulinguet, de Penhir, du château de Dinan, du cap de la Chèvre, sur la baie de Douarnenez. Du sommet du Ménez Hom, tous ces éléments se groupent en un immense panorama.

★★★ De la Pointe de Penhir à la Pointe des Espagnols
Circuit au départ de Crozon – 45 km – environ 2 h 1/2

Crozon. – 7 904 h. Ce bourg a donné son nom à la presqu'île dont il occupe le centre. L'**église** est moderne. A droite du chœur, un grand **retable**★ polychrome du 17ᵉ s. représente, en 29 tableaux, le martyre des 10 000 soldats, nouvellement convertis, crucifiés au Mont Ararat, en Arménie, sous le règne de l'empereur Hadrien (117-138). Au-dessous on voit deux panneaux également du 17ᵉ s. : la Flagellation, à gauche, et le Portement de croix, à droite.
Le grand acteur Louis Jouvet était un Crozonnais.

> *Quitter Crozon à l'Ouest en direction de Camaret.* A hauteur de Kerloc'h, belle vue à gauche sur l'anse et la pointe de Dinan, les immenses plages de Kerloc'h et de Goulien, et par temps clair la pointe du Raz.

Camaret-sur-Mer. – *Page 66.*

Pointe du Toulinguet. – Un isthme bordé par la plage de Pen-Hat mène à cette pointe coiffée d'un sémaphore de la Marine Nationale. Vue sur les rochers du Toulinguet et la pointe de Penhir.

> *Revenir à l'entrée de Camaret et prendre à droite.*

Alignements de Lagatjar. – Ils comptent 143 menhirs qui ont été relevés au début de ce siècle *(détails sur les monuments préhistoriques p. 34).*

★★★ **Pointe de Penhir.** – *Page 157.*

> *Reprendre la route de Camaret ; à 1 500 m une rue à droite en direction de Crozon permet d'éviter le bourg. Prendre ensuite la direction de Roscanvel. On suit une ancienne route stratégique.*

La vue se développe à gauche sur l'anse de Camaret et à droite sur la rade de Brest. La route franchit l'enceinte qui fermait la presqu'île de Roscanvel, en avant de Quélern ; ces fortifications datent de Vauban et du Second Empire.
La route au bord de la rade est très pittoresque. On remarquera le curieux contraste qui oppose les deux versants de la presqu'île : à l'Ouest, face au large, ce ne sont que landes et végétation rase, tandis qu'à l'Est apparaissent les arbres et les prairies. Elle offre des vues sur l'océan, les pointes du Toulinguet et du Grand Gouin, l'anse de Camaret, le goulet de Brest et, au loin, la pointe de St-Mathieu.

★★ **Pointe des Espagnols.** – De là se développe un **panorama** remarquable sur le goulet dominé par le CNEXO *(p. 65, à Ste-Anne-du-Portzic),* le port et la ville de Brest, l'estuaire de l'Elorn, le pont Albert-Louppe, la presqu'île de Plougastel, qui termine la pointe de l'Armorique, et sur le fond de la rade.

La route longe ensuite la côte Est de la presqu'île, offrant une jolie vue, à gauche, sur la rade de Brest, la presqu'île de Plougastel, l'Ile Longue et les îles des Morts et Trébéron.

Roscanvel. – 803 h. L'église, reconstruite après l'incendie de 1956, possède de beaux vitraux sombres d'Auguste Labouret et un Chemin de croix polychrome en terre cuite, de Claude Gruher.
Le poète **Saint-Pol-Roux** vint en 1898 dans ce village et y vécut sept ans, sa fille Divine y naquit. Remarquez les curieuses clôtures de jardins faites de haies de fuchsias.

> La route, qui, au Sud de Roscanvel, borde le fond de la rade, offre de jolies vues sur l'Ile Longue, base de sous-marins nucléaires *(accès interdit)* et, avant, sur les deux îles, plus petites, Tréberon et des Morts. On sort de l'enceinte de la presqu'île de Roscanvel, en traversant à nouveau les fortifications ruinées. *500 m au-delà de St-Fiacre, prendre à gauche.*

Le Fret. – Ce petit port est relié à Brest par des services de bateaux *(voir p. 65).* De la jetée, vue sur la presqu'île de Plougastel.

> Le circuit emprunte ensuite la digue qui borde l'anse du Fret. *A une bifurcation, laisser à gauche la route de Lanvéoc où siège l'École navale et tourner à droite pour regagner Crozon.* On profite d'une dernière vue sur la rade de Brest.

★★ Pointe de Dinan
6 km – environ 2 h

> *Quitter Crozon (p. 86) à l'Ouest en direction de Morgat, puis tourner à droite.* Des landes arasées par le vent succèdent à des pinèdes.

★★ **Pointe de Dinan.** – *Visite : 1 h. Laisser la voiture au parc de stationnement et emprunter le chemin à gauche pendant environ 500 m.* Du bord de la falaise, beau **panorama** : à gauche, le cap de la Chèvre, la côte de la Cornouaille et la pointe du Raz ; à droite, la pointe de Penhir et les Tas de Pois. En longeant la falaise par la droite, on découvre le **« château » de Dinan**, énorme masse rocheuse reliée à la pointe par une arche naturelle, et qui a l'aspect d'un château fort en ruine. En empruntant le sentier qui passe sur l'arche naturelle *(1/2 h à pied AR en terrain rocailleux, se munir de chaussures non glissantes),* on peut parcourir ce rocher ruiniforme.

★ Cap de la Chèvre
11 km – environ 2 h

> *Quitter Crozon (p. 86) au Sud-Ouest en direction de Morgat.*

★ **Morgat.** – *Page 143.*

La route traverse un paysage de landes rabougries soumises aux vents du large, avec de petits hameaux qui semblent s'abriter dans les replis de terrain. A gauche, la vue se développe progressivement sur la baie de Douarnenez, avec, au loin, la silhouette massive du Menez-Hom.

> *A 2 km de Morgat, tourner à droite.* 500 m après Brégoulou, laisser la voiture sur le parc de stationnement d'où l'on jouit d'une jolie vue sur les Tas de Pois, la pointe du Raz.

Plage de la Palud. – *Bains dangereux : fortes lames.* Elle offre de belles vues sur cette côte rocheuse.

> *Revenir à Brégoulou où l'on tourne à droite. Gagner St-Hernot et tourner à droite.*

★ **Cap de la Chèvre.** – *Visite : 1/2 h.* Un sémaphore de la Marine Nationale y est installé. *Contourner le sémaphore par la droite pour gagner la pointe. Longue-vue.* De l'ancien poste d'observation allemand, on a une jolie **vue** sur le large et les pointes avancées du Finistère : de droite à gauche, on voit la pointe de Penhir et les Tas de Pois, l'île de Sein, le cap Sizun et ses « finistères », la pointe du Van et la pointe du Raz qui limitent au Sud la baie de Douarnenez.

★ DAOULAS
1410 h. (les Daoulasiens)

Carte Michelin n° 58 plis 4, 5 ou 230 pli 18.

Ce petit bourg est situé sur les deux rives de la rivière de Daoulas dont l'estuaire forme une des nombreuses découpures de la rade de Brest.

Abbaye. – Fondée au 12e s. par des chanoines de l'ordre de saint Augustin, elle a connu une grande prospérité jusqu'au 17e s. ; elle abrite maintenant une communauté de franciscaines. *Un fléchage à l'entrée du bourg permet d'aborder l'abbaye par l'Ouest.*

★ **Enclos paroissial.** – Sur la gauche se trouvent les bâtiments abbatiaux ; en face, légèrement à droite, un **porche**★ du 16e s. est orné de nombreuses statues et d'une remarquable vigne sculptée où personnages et petits animaux foisonnent. Passer sous ce porche qui sert de clocher. L'église, ancienne abbatiale, a été restaurée ; elle conserve du 12e s. le portail Ouest, la nef et le bas-côté gauche. Au chevet, l'ossuaire, du 17e s., a été transformé en sacristie. En suivant l'allée principale du cimetière, on trouve en face un calvaire ancien et à l'extérieur de l'enclos, en contrebas, la chapelle Ste-Anne avec son portail du 17e s. abritant les statues de sainte Anne et de la Vierge.

★ **Cloître.** – Le jardin précédant le cloître possède quelques statues de saints (Augustin, Sébastien, André). Le cloître bâti de 1167 à 1173 ne présente plus que trois côtés. Il demeure cependant un élégant spécimen de l'architecture romane où, dans la décoration, alternent feuillages et dessins géométriques. Au centre du préau, une grande vasque est décorée de dix masques et d'ornements romans.

Fontaine et **oratoire N.-D.-des-Fontaines.** – Un sentier mène à un frais vallon où l'on peut voir une fontaine de 1550 dont un bas-relief représente sainte Catherine de Sienne. En retrait, se dresse un petit oratoire qui s'est enrichi au 19e s. de quelques vestiges de l'abbatiale : porte et galerie entourant le chœur des moines, stalles, sablières. Deux statues du 13e s. sont à remarquer, une Vierge à l'Enfant et un Saint Thélo chevauchant un cerf.

EXCURSION

Dirinon. – 1838 h. *5,5 km au Nord – environ 1/2 h. Quitter Daoulas en direction de Brest et à 2,5 km tourner à droite vers Dirinon.*
Sa charmante église est dominée par un remarquable clocher Renaissance. Au-dessus de la tour carrée, deux étages de cloches et de balcons à balustrades sont surmontés d'une svelte flèche de pierre. Au-dessus de la porte à accolade gothique, une niche à pilastres abrite la statue de sainte Nonne, patronne de la paroisse.
A l'intérieur, poutre, sablières, blochets retiennent l'attention. Des peintures du 18e s. décorent la voûte.
A droite de l'église, une petite chapelle du 16e s. abrite le tombeau de sainte Nonne, en kersanton.

★★ **DINAN** 14 157 h. (les Dinannais)

Carte Michelin n° 59 plis 15, 16 ou 230 pli 25 — Schéma p. 179 — Lieu de séjour p. 15.

Dinan occupe un site original. La vieille ville, avec ses ruelles et ses maisons anciennes, est égayée d'arbres et de jardins ; ceinturée de remparts et défendue par un imposant château, elle se dresse sur le bord escarpé d'un plateau qui domine la Rance de 75 m. Au pied du viaduc qui enjambe la vallée commence le port ; on n'y rencontre plus guère que les vedettes qui font le service de Dinard et St-Malo et des bateaux de plaisance.

UN PEU D'HISTOIRE

Du Guesclin contre Cantorbéry. — En 1359, le duc de Lancastre vient mettre le siège devant Dinan que défendent Bertrand Du Guesclin *(p. 181)* et son frère Olivier. Après divers combats, Bertrand, devant la supériorité des forces anglaises, demande une trêve de quarante jours, au bout de laquelle la ville se rendra si elle n'est pas secourue. Olivier, sorti sans armes dans la campagne, est fait prisonnier, en violation de la trêve, par le chevalier anglais Cantorbéry qui exige une rançon de 1 000 florins. Bertrand lance un défi en champ clos à l'Anglais félon. La rencontre a lieu à Dinan à l'endroit dénommé aujourd'hui place du Champ ; une stèle rappelle ce combat. Lancastre préside. Cantorbéry, vaincu, doit verser à Olivier les 1 000 florins réclamés et donner ses armes à Bertrand. Il est, en outre, banni de l'armée anglaise.

Ce triomphe vaut à Du Guesclin l'admiration d'une jolie Dinandaise, Tiphaine Raguenel. L'union de cette jeune fille cultivée, savante même, avec le fruste guerrier qu'est le futur connétable sera fort heureuse.

Les tombeaux de Du Guesclin. — Après avoir guerroyé durant plus de vingt ans pour le roi de France *(voir p. 24)*, Bertrand Du Guesclin vient mourir, en Auvergne, le 14 juillet 1380, devant Châteauneuf-de-Randon dont il fait le siège.

Il avait demandé à être inhumé à Dinan. Le cortège funèbre s'achemine donc vers cette ville. Au Puy, le corps est embaumé, les entrailles enterrées dans l'église des Jacobins (actuellement église St-Laurent). L'embaumement étant insuffisant, à Montferrand on fait bouillir les chairs pour les détacher du squelette et les ensevelir dans l'église des Cordeliers (détruite en 1793). Au Mans, un officier du roi apporte l'ordre de conduire le corps à St-Denis : le squelette lui est alors remis. Le cœur seul arrive à Dinan où il est déposé dans l'église des Jacobins ; il est aujourd'hui dans l'église St-Sauveur.

Alors que les rois de France n'avaient que trois tombeaux (cœur, entrailles, corps), Du Guesclin eut donc quatre monuments funéraires.

★ VIEILLE VILLE visite : 1 h 1/2

Partir de la place Du-Guesclin. Sur cette place bordée d'hôtels des 17e et 18e s. se dresse la statue du connétable par Frémiet. *Prendre à droite la rue Ste-Claire, puis à gauche la rue de l'Horloge.*

Hôtel Kératry (BZ **B**). — Cette charmante construction du 16e s., aux trois piliers de granit, abrite l'office de tourisme.

Maison du Gisant (BZ **D**). — Dans cette maison œuvrait un sculpteur de gisants.

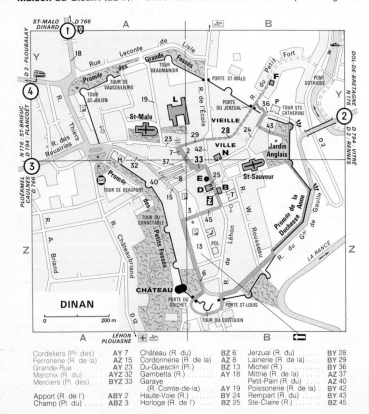

DINAN

Cordeliers (Pl. des)	AY 7	Château (R. du)	BZ 6	Jerzual (R. du)	BY 28
Ferronerie (R. de la)	AZ 15	Cordonnerie (R. de la)	AZ 8	Lainerie (R. de la)	BY 29
Grande-Rue	AY 23	Du-Guesclin (Pl.)	BZ 13	Michel (R.)	BY 36
Marchix (R. du)	AYZ 32	Gambetta (R.)	AY 18	Mittrie (R. de la)	AZ 37
Merciers (Pl. des)	BYZ 33	Garaye		Petit-Pain (R. du)	AZ 40
		(R. Comte-de-la)	AY 19	Poissonnerie (R. de la)	BY 42
Apport (R. de l')	ABY 2	Haute-Voie (R.)	BY 24	Rempart (R. du)	BY 43
Champ (Pl. du)	ABZ 3	Horloge (R. de l')	BZ 25	Ste-Claire (R.)	BZ 45

_cv_ **Tour de l'Horloge** (BZ E). – Dans ce beffroi se trouve l'horloge offerte par la duchesse Anne. Une vitrine illustre l'histoire de l'ancienne mairie dans la ville de Dinan, une autre est consacrée à la duchesse Anne. Du sommet (158 marches) se révèle un immense **panorama**★★ sur la ville et ses principaux monuments, la campagne environnante, du pays de Bécherel à la Manche.

> _Tourner à gauche dans la pittoresque rue de l'Apport._ Sous les arcades, les marchands installaient leurs étals.

★ **Place des Merciers** (BZ 33). – De belles maisons à pignons triangulaires et à porches de bois, un vieux puits composent un charmant tableau. Jeter un coup d'œil dans les rues de la Cordonnerie et du Petit-Pain aux maisons en encorbellement ; rue de la Mittrie voisine naquit au n° 10 le chansonnier Théodore Botrel (1868-1925).

> _Traverser la place des Cordeliers et prendre à droite la rue de la Lainerie agrémentée d'un puits._

★ **Rue du Jerzual** (BY 28). – Pavée et en pente raide. Elle est bordée de boutiques des 15e et 16e s. qui abritent de nos jours tisserands, souffleur de verre, sculpteurs.

> _Franchir la porte du Jerzual du 14e s. et s'avancer dans la rue du Petit-Fort qui présente à peu près le même aspect que la rue du Jerzual._

Maison du Gouverneur (BY F). – _Au n° 24._ C'est une belle demeure du 15e s. dans laquelle est installé un atelier de tissage et de tapisserie de haute lice.

> _Revenir à la porte du Jerzual, emprunter l'escalier à gauche, suivre la venelle Michel, la rue Michel à droite et la rue du Rempart à gauche._

Jardin anglais (BYZ). – Aménagé sur l'emplacement de l'ancien cimetière St-Sauveur, il offre, de la tour Ste-Catherine en particulier, une belle **vue**★★ d'ensemble sur la Rance qu'enjambe un pont gothique, reconstruit depuis la dernière guerre, sur le port et le viaduc monumental, long de 250 m et haut de 40 m, sur les remparts.
Dans le fond se profile la basilique St-Sauveur.

Promenade de la Duchesse-Anne (BZ). – Tracée sur les remparts, elle offre une belle **vue**★ sur la Rance, le viaduc, le port.

> _Remonter vers la ville, franchir la porte St-Louis du 17e s., contourner la tour du Coëtquen pour découvrir le château et la promenade des Petits-Fossés. Par la porte du Guichet flanquée de deux tours semi-cylindriques on regagne la place Du-Guesclin._

AUTRES CURIOSITÉS

★ **Château** (AZ). – On visite la tour du Coëtquen (14e s.) avec ses deux étages de salles qui
_cv_ servirent de prisons et le donjon _(en cours de restauration)._ L'énorme tour du 14e s., dite donjon de la duchesse Anne, haute de 34 m, présente de beaux mâchicoulis. Dans l'escalier, statues anciennes. Un musée y est installé : il abrite une salle de gisants, sculptures funéraires du Moyen Âge (gens de la région) et deux salles d'exposition. Dans la chapelle sont exposés des vêtements sacerdotaux et des pierres tumulaires, dans la salle des gardes, des meubles bretons du 19e s., des mesures anciennes dont une du 14e s. pour percevoir la dîme. La salle du connétable est consacrée à l'histoire de la ville et à l'artisanat local en tant que d'armes aux coiffes du pays dinannais. De la terrasse qui domine le chemin de ronde, on jouit d'un beau **panorama**★.

Basilique St-Sauveur (BZ). – La façade s'ouvre par un porche roman, surmonté d'un pignon gothique flamboyant ; le mur de droite est du 12e s., sauf la chapelle extérieure ajoutée au 15e s. ; il est orné d'une double arcature en partie aveugle et couronnée de modillons, beaux chapiteaux sculptés. Tout le reste de l'église est des 15e et 16e s.
Le dôme de la tour, détruit par la foudre, a été remplacé au 18e s. par une flèche en charpente couverte d'ardoise.
A l'intérieur, la dissymétrie de la construction est frappante ; la partie droite est romane, tandis que la partie gauche, le chœur et le transept sont flamboyants. Dans le croisillon gauche un cénotaphe du 15e s., restauré au 18e s., contient le cœur de Du Guesclin. Remarquer le maître-autel du 18e s., les fonts baptismaux en granit du 12e s. dans la 1re chapelle du bas-côté, et un vitrail du 15e s. représentant les évangélistes, dans la 4e chapelle du bas-côté. Dans la 1re chapelle du déambulatoire, à droite, image polychrome de N.-D.-des-Vertus (13e s.). Les vitraux modernes ont été créés par l'atelier Barillet.

En sortant de la basilique, sur la place St-Sauveur, on peut voir à gauche une maison à piliers où naquit, en 1847, Auguste Pavie qui explora l'Indochine.

Ancien hôtel Beaumanoir (BY N). – Un beau portail Renaissance dit du Pélican en commande l'entrée. Dans la cour, voir la décoration des fenêtres et une tourelle du 16e s. abritant un bel escalier.

_cv_ **Ancien couvent des Cordeliers** (AY L). – Actuellement collège. Un beau portail ouvre sur l'allée d'accès au collège ; il est décoré d'une arcature de huit petites niches qui abritaient anciennement des statues. De l'ancien couvent, on verra un cloître gothique du 15e s. et la cour d'honneur avec tourelles en poivrière de la même époque. L'ensemble est très restauré.
Il offre une bonne vue sur le chevet de l'église St-Malo.

Église St-Malo (AY). – Commencée au 15e s. et terminée au siècle dernier, cette église est de style gothique flamboyant. Le chœur et le chevet, seules parties de l'époque, retiendront l'attention.

Promenade des Grands-Fossés (ABY). – Ce magnifique mail est bordé d'un côté par la rue Leconte-de-Lisle et de l'autre par les remparts Nord. On admirera au passage les tours St-Julien, de Vaucouleurs, Beaumanoir et la porte St-Malo.

Promenade des Petits-Fossés (AZ). – Elle longe extérieurement les remparts (13e-15e s.) et est dominée, à droite, par la masse du château et les tours du Connétable et de Beaufort.

EXCURSIONS

Bords de la Rance. – *1 h à pied. Descendre vers la Rance et traverser le pont gothique.* Prendre tout de suite à droite l'ancien chemin de halage *(interdit aux autos)* qui passe sous le viaduc et longe la rivière dans un **site** verdoyant et encaissé, où il est agréable de flâner.

Léhon. – *2 km au Sud plus 1/2 h de visite.* 3 149 h. A l'emplacement d'une abbaye du 9ᵉ s. pillée par les Normands en 975, fut fondé, au 12ᵉ s., le prieuré de St-Magloire. L'église, reconstruite au 13ᵉ s., a été restaurée à la fin du 19ᵉ s. On pénètre par un portail en plein cintre orné de colonnettes et surmonté d'un bandeau droit décoré de têtes. La nef dont les voûtes bombées et nervurées font penser au style angevin, abrite les pierres tombales des Beaumanoir et un bénitier du 13ᵉ s. sur le rebord duquel les moissonneurs, soucieux d'une bonne récolte, venaient aiguiser les faucilles. Sur le flanc gauche de l'église ouvre le cloître ruiné (17ᵉ s.) bordé par deux bâtiments du même siècle encadrant le réfectoire des moines du 14ᵉ s.

Des ruines du château, à l'entrée du village, belle vue sur la vallée de la Rance.

★ **Circuit de la Rance.** – *87 km – compter une journée. Description p. 179.*

cv La descente de la Rance peut, en saison, se faire en bateau, mais le retour, dans la même journée, devra être effectué en car ou en train.

Corseul. – 2 022 h. *11 km. Quitter Dinan par ③ du plan et prendre à droite la route de Plancoët.* Déjà connue des Celtes et des Gaulois, Corseul est ensuite romanisée comme l'ensemble de l'Armorique. De nombreux vestiges subsistent de ces périodes, ils ont été
cv rassemblés à la mairie : dans le jardin des Antiques (colonnes, chapiteaux), à droite du bâtiment, et dans un petit **musée**, au 2ᵉ étage. Pierres taillées, urnes funéraires, monnaies, poteries rouges, noires, tuiles, vitrines retraçant la vie publique et familiale sont présentées.

De même dans l'église, on voit sur le pilier, à droite de la chapelle des fonts baptismaux, la stèle funéraire de Silicia, mère d'un officier romain morte à Corseul. Mais le vestige le plus remarquable demeure le **temple du Haut-Bécherel** dit temple de Mars *(1,5 km en direction de Dinan et une route à droite en montée).* C'est une tour polygonale en ruine ; construite en petit appareil, elle daterait de l'époque de l'empereur Auguste.

Château de la Bourbansais. – *14 km au Sud-Est. Description p. 60.*

★★★ **DINARD** 10 016 h. (les Dinardais)

Carte Michelin n° 𝟝𝟡 pli 5 ou 𝟚𝟛𝟘 pli 11 – Schémas p. 85 et 179.

Établie dans un site magnifique, à l'embouchure de la Rance, face à St-Malo, cette station balnéaire, mondaine, est très fréquentée par une clientèle internationale à prédominance anglaise et américaine.

C'est d'ailleurs un riche Américain, nommé Coppinger, puis des Anglais qui, vers 1850, ont «lancé» Dinard, autrefois petit village de pêcheurs dépendant de St-Énogat.

Dinard offre un contraste extraordinaire avec St-Malo : là, une vieille cité, resserrée dans ses remparts, une plage familiale, un port de commerce ; ici, une station aux installations raffinées, aux villas luxueuses, aux jardins et aux parcs splendides.

CURIOSITÉS

★★ **Pointe du Moulinet** (BY). – *Partir de la Grande Plage.* Cette promenade qui contourne la pointe offre une suite de **vues**★★ magnifiques sur la côte, du cap Fréhel, à gauche, à St-Malo, à droite, puis sur l'estuaire de la Rance.

★ **Grande Plage** ou **plage de l'Écluse** (BY). – Cette belle plage de sable fin s'étend au fond de l'anse fermée par les pointes du Moulinet et de la Malouine. Le palais des congrès, le casino et de luxueux hôtels la bordent.

En suivant la promenade qui longe la plage à gauche, on arrive à une terrasse d'où l'on découvre St-Malo.

★ **Promenade du Clair de Lune** et **plage du Prieuré** (BYZ). – Réservée aux piétons,
cv cette digue-promenade suit le bord de l'eau et offre de jolies vues sur l'estuaire de la Rance. De beaux parterres fleuris et une remarquable végétation méditerranéenne l'agrémentent.

La **plage du Prieuré** est située à l'extrémité de la promenade ; elle doit son nom à un prieuré fondé en 1324 à cet emplacement.

cv **Aquarium** et **musée de la Mer** (BY M). – Le **muséum d'Histoire naturelle** possède un bel aquarium. Dans 24 bassins sont présentés les poissons et crustacés des côtes bretonnes ; une deuxième salle montre les oiseaux du bord de mer et des réserves marines, les coquillages de la Manche.

Faisant suite, le **musée de la Mer** est consacré au commandant Charcot : souvenirs de ses expéditions polaires, du naufrage de son navire le «Pourquoi-pas ?» en 1936.

Pointe des Étêtés (AY). – Vue sur les îles et la côte au-delà de St-Malo.

Jardin du Port-Riou (AY B). – En contrebas de la pointe des Étêtés, ce jardin en terrasse offre une belle **vue** s'étendant jusqu'au cap Fréhel.

Plage de St-Énogat (AY). – Dans un site pittoresque, au bas de rochers escarpés.

★★ **Pointe de la Vicomté** (BZ). – *2 km, plus 1 h à pied AR.* La Vicomté, beau domaine loti, devient un des quartiers les plus agréables de Dinard. Le chemin de ronde *(à faire à pied),* au départ de l'avenue Bruzzo, offre de splendides **échappées**★★ sur la rade, l'estuaire de la Rance et l'usine marémotrice de la Rance.

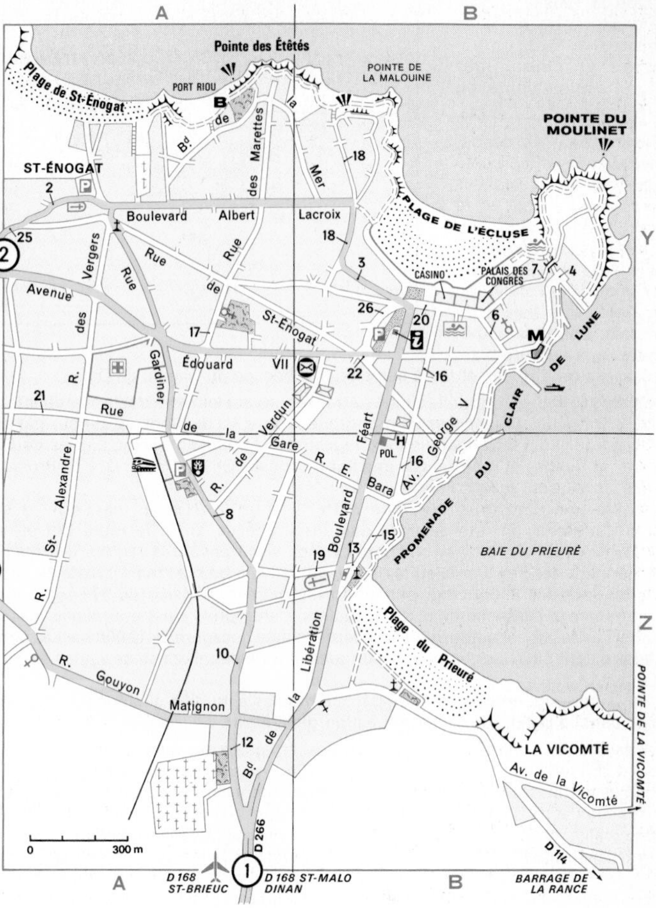

PROMENADES EN BATEAU

★★ **St-Malo.** – *Traversée : 10 mn. Description de St-Malo p. 196.*

★★ **Croisière au cap Fréhel.** – *Au départ de St-Malo avec escale à Dinard. Description du cv cap Fréhel p. 103.* A l'aller, le bateau longe la côte jusqu'au cap Fréhel et au retour contourne l'île de Cézembre.

★★ **Dinan, par la Rance.** – *Description p. 179.*

cv **Ile de Cézembre.** – Belle excursion en mer. L'île possède une vaste plage de sable fin.

Iles Chausey. – *Voir le guide Vert Michelin Normandie.* Archipel granitique sauvage.

PROMENADES AÉRIENNES

cv *Services réguliers pour les îles anglo-normandes de Jersey et Guernesey.*

★ **DOL (Mont)**

Carte Michelin n° 59 pli 6 ou 230 pli 12.

Cette éminence granitique, haute seulement de 65 m, domine une vaste plaine et fait figure de petite montagne. Des fouilles ont livré les débris de quantité d'animaux préhistoriques : mammouths, éléphants, rhinocéros, rennes, ainsi que des outils de silex.

Le chemin de ronde permet d'effectuer en voiture le tour du mont.

La route d'accès au sommet, partant de l'église de Mont-Dol (voir p. 92), comporte un virage en épingle à cheveux et une déclivité moyenne de 16 %.

Avec un peu d'imagination, et en s'aidant du plan ci-contre, on reconstituera le combat légendaire livré ici par **saint Michel** à Satan. Celui-ci, jeté à terre si rudement marque son siège dans le roc et y incruste sa griffe. De son glaive, l'archange perce un trou dans le mont et y précipite son ennemi. Mais le diable reparaît sur le mont St-Michel et nargue son vainqueur. Le bond que fait le saint pour franchir la distance de Dol au mont nécessite une vigoureuse détente : la trace de son pied s'imprime dans le rocher.

DOL (Mont)★

cv Près de la minuscule **chapelle N.-D.-de-l'Espérance** se dresse une tour, ancien télégraphe aérien édifié en 1802.

A droite de la route en montant, on remarquera un châtaignier gigantesque planté au 17e s.

★ Panorama. – On découvre : *cv* du chevet de la chapelle, au Nord, les îles Chausey, Cancale et la pointe du Grouin ; au Nord-Est, le Mont-St-Michel, Avranches, Granville ; du calvaire, au Sud, à la lisière du Marais, Dol et sa cathédrale et, à l'arrière-plan,

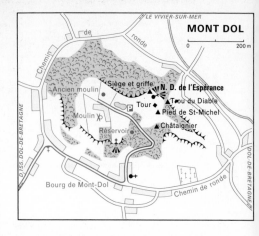

les hauteurs d'Hédé ; enfin, à ses pieds, le bocage du Marais de Dol.

Le Marais de Dol. – On appelle ainsi le terrain gagné sur les marais et la mer dans la baie du Mont-St-Michel. D'aspect assez monotone, il offre, vu du Mont, un curieux paysage qui s'étend sur 15 000 ha, depuis l'embouchure du Couesnon jusqu'auprès de Cancale. L'ancien rivage est marqué par une ligne Cancale, Châteauneuf, Dol, St-Broladre et le tracé de la route reliant Pontorson à St-Malo.

Jusqu'à une date que l'on situe entre le 4e et le 8e s., le marais et la baie du Mont-St-Michel ont été occupés par une immense forêt : le mont Dol et le mont St-Michel sont alors deux collines. La mer ayant envahi la région, les deux monts deviennent des îles. Par la suite, le niveau de l'eau baisse ; mais il reste de nombreux marais inondés à nouveau par les fortes marées. A partir du 12e s., les riverains commencent l'assèchement de la région. L'entreprise s'est poursuivie jusqu'à nos jours. Le Marais est aujourd'hui une fertile plaine bocagère de 12 000 ha. Les pommiers s'éparpillent dans les champs, de longues files de peupliers ou de saules dessinent un damier.

Une importante implantation de parcs à moules a modifié quelque peu l'aspect de la côte dans la région du Vivier qui est en plein essor.

Les polders. – Le marais reconquis, on s'est attaqué à des terrains maritimes, situés en avant du marais et à l'Ouest du canal du Couesnon. Transformés en polders, par les mêmes méthodes qu'en Hollande, ils se présentent comme une plaine blanche coupée de canaux et de digues, peuplée de constructions neuves et de fermes modernes. Les principales voies de pénétration, qui partent en pointe de la route Pontorson-St-Malo, sont construites sur digues. Elles s'allongent à mesure que les polders s'étendent, traversant le rideau de peupliers qui souligne chaque étape du gain sur la mer. Le haut des grèves de la baie est atteint seulement par les très fortes marées. L'herbe y pousse et forme les fameux prés-salés : les moutons qui la broutent ont une chair succulente.

Église de Mont-Dol. – *Au bourg.* Dans cette église restaurée a été découvert dans la nef un bel ensemble de fresques des 12e et 14e s. retraçant la vie du Christ. Sur le côté gauche on reconnaîtra l'Entrée à Jérusalem, le Baiser de Judas, sur le côté droit l'Enfer, la Descente aux limbes, la Mise au tombeau.

Pour trouver la description d'une ville ou d'une curiosité isolée, consultez l'index alphabétique.

★ DOL-DE-BRETAGNE
4974 h. (les Dolois)

Carte Michelin n° 59 pli 6 ou 230 pli 12.

Cette ancienne cité épiscopale, fière de sa cathédrale, est la petite capitale du « Marais » *(voir ci-dessus)*. Dol est situé sur le bord de la falaise, haute d'une vingtaine de mètres, que le flot venait encore battre au 12e s.

CURIOSITÉS

★★ Cathédrale St-Samson. – *Visite : 1/2 h.* Très vaste édifice, bâti en granit aux 12e et 13e s. puis complété aux trois siècles suivants. Il donne une idée de l'importance qu'avait alors l'évêché de Dol.

A l'extérieur, la partie la plus intéressante, au Sud, comporte le **grand porche★** (14e s.) qui est fort beau et le petit porche (13e s.) aux fines arcades ogivales. Au Nord, la cathédrale offre l'aspect d'une forteresse ; son parapet crénelé était relié aux anciennes fortifications de la ville.

A l'intérieur, le vaisseau, long de 100 m, fait impression. A signaler dans le chœur : la **verrière★★** à médaillons datant du 13e s. (restaurée), les quatre-vingts stalles (14e s.) et le trône épiscopal (16e s.) en bois sculpté ; au-dessus du maître-autel, la statue en bois de la Vierge royale du 14e s., polychromée en 1859 ; dans le croisillon gauche, le tombeau de l'évêque Thomas James (16e s.) exécuté par les sculpteurs florentins Antoine et Jean Juste.

Dans le bas-côté Sud remarquer le Christ aux outrages, dans la chapelle axiale les deux reliquaires du 18e s. de saint Samson et saint Magloire.

DOL-DE-BRETAGNE

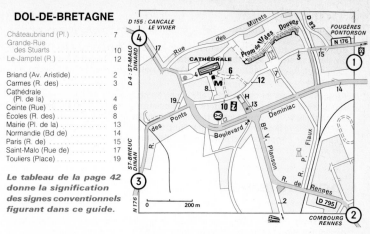

Le tableau de la page 42 donne la signification des signes conventionnels figurant dans ce guide.

★ **Promenade des Douves.** — Ce jardin public, appelé aussi promenade Jules Revert, a été tracé sur la partie Nord des anciens remparts. Il offre une belle **vue**★ sur le mont Dol et le « Marais ».

cv **Musée de la Trésorerie (M).** — Installé dans la maison de la Trésorerie (16ᵉ s.), il est en partie consacré à l'histoire de Dol : dioramas, maquettes, personnages de cire, pistolets anciens. Dans la salle du trésor : riche collection de statues de saints en bois polychromes, du 13ᵉ au 19ᵉ s., faïences des 17ᵉ s. et 18ᵉ s. des diverses écoles de Bretagne (surtout des Vierges rares).

Maisons anciennes. — La ville possède un ensemble de demeures anciennes fort intéressant dans les rues avoisinant la cathédrale.

Grande-Rue des Stuarts (10). — Au nᵒ 17, « les Petits Palets » des 11ᵉ et 12ᵉ s. présentent une belle arcature romane (fleuriste) ; au nᵒ 27, « maison de la Guillotière » du 13ᵉ s. (antiquaire) ; au nᵒ 33, demeure de 1617 à belles lucarnes où naquit le jurisconsulte Touiller (1752-1835) ; au nᵒ 18, le logis de la Croix Verte et du donjon (bar-crêperie) est une ancienne auberge des Templiers avec cave voûtée du 12ᵉ s. ; au nᵒ 32, charmante cour « es Chartier et Hostel es Pledran » du 16ᵉ s.

Rue Le-Jamptel (12). — Au nᵒ 31 « la Grisardière » du 12ᵉ ou 13ᵉ s. (droguerie) ; au nᵒ 27, maison à piliers du 15ᵉ s.

Rue Ceinte (6). — Au nᵒ 1 « maison Porche-au-Pain » du 15ᵉ s. de même qu'au nᵒ 4 « la Grabottais » qui abrite une crêperie ; au nᵒ 16, manoir du Chantre de 1668 ; dans cette rue anciennement logeait le chapitre.

EXCURSIONS

Circuit de 29 km. — *Environ 1 h 3/4. Quitter Dol par ② du plan. Laisser la route d'Épiniac à gauche ; 600 m après, tourner à gauche, puis prendre un chemin goudronné, à droite.*

Menhir de Champ-Dolent. — C'est l'un des plus beaux menhirs de Bretagne (9 m de haut). L'appellation Champ-Dolent, champ de douleur, évoque un combat légendaire qui se serait livré ici.

Faire demi-tour et prendre à droite vers Épiniac.

Épiniac. — 1 104 h. A l'intérieur de l'église, dans le bas-côté gauche, l'autel présente une Dormition de la Vierge, sculpture polychromée en haut-relief du 16ᵉ s. ; dans le chœur, baldaquin en bois du 17ᵉ s. finement ciselé.

A l'entrée de la Boussac tourner à droite, puis à Lépinay encore à droite. A hauteur d'un grand étang, laisser la voiture près d'une allée marquée par deux poteaux blancs.

cv **Château de Landal.** — L'accès à pied *(1/2 h AR)* sur la rive du lac, puis, en passant devant une maison de garde, par une allée encaissée bordée de grands arbres, constitue une très agréable promenade. L'apparition soudaine du château, bel ensemble féodal qui se dresse dans un site boisé, est saisissante.
Les remparts du 15ᵉ s., flanqués de tours rondes, ceignent une partie de la cour dont un des angles est occupé par le château. Les communs, à l'opposé, et un étang, en contrebas de la façade principale, achèvent la clôture de la cour.
Une petite chapelle et un colombier ont été construits hors des murailles.

Suivre la route, puis tourner à gauche.

Broualan. — 268 h. Au centre du village près d'un remarquable petit calvaire, se dresse l'église du 15ᵉ s. agrandie au 16ᵉ s. dont le chevet est orné de contreforts à pinacles et de belles fenêtres flamboyantes. Le clocher à colonnettes repose sur le grand arc qui sépare la nef du chœur.
A l'intérieur, on peut voir de nombreux petits autels de granit et des crédences ouvragées, le tabernacle du maître-autel soutenu par des anges et une Pietà du 16ᵉ s., statuette en pierre polychromée.

Par la Boussac regagner Dol.

Abbaye N.-D.-du-Tronchet. — *10 km. Quitter Dol par ③ du plan et prendre à gauche vers le Tronchet.* Cette ancienne abbaye bénédictine a été construite au 17ᵉ s. En partie ruinée, elle conserve encore un vaste cloître et l'hôtellerie qui abrite maintenant le presbytère. L'église renferme de belles boiseries du 17ᵉ s.

DONGES

6988 h. (les Dongeois)

Carte Michelin n⁰ 🔢 pli 15 ou 🔢 plis 52, 53 (17 km à l'Est de St-Nazaire).

Port pétrolier annexe du port autonome de Nantes-St-Nazaire *(p. 146),* Donges est doté de deux postes d'accostage pour grands pétroliers. C'est un centre de raffinage important. A l'écart des installations, le bourg a été reconstruit après la Seconde Guerre mondiale.

★ **Église.** — Élevée de 1952 à 1957, elle est en béton et granit. Sur la façade, un immense
cv calvaire sculpté par Bizette-Lindet s'inscrit dans un arc parabolique sur un fond de vitrail dû à Max Ingrand comme les verrières éclairant les chapelles latérales. A droite, et en arrière, s'élève le clocher carré coiffé d'une fine flèche recouverte de plaques de cuivre. A l'intérieur, l'impression d'élégance et d'élévation est accentuée par la ligne très pure des arcs aigus de la nef.

★ DOUARNENEZ

17813 h. (les Douarnenistes)

Carte Michelin n⁰ 🔢 pli 14 ou 🔢 pli 17 – Schéma p. 81 – Lieu de séjour p. 14.

Douarnenez, Ploaré, Pouldavid et Tréboul ont fusionné pour former la commune de Douarnenez, grand centre de la pêche et de l'industrie des conserves.
Tréboul, relié au reste de l'agglomération par un grand pont métallique qui franchit l'estuaire du Port-Rhu, est un séjour balnéaire très fréquenté.
Le site de la ville, au fond d'une immense baie harmonieusement incurvée, les spectacles animés qu'offrent les quais du port, les rues du vieux quartier qui descendent vers la mer en « tirant des bords » (zigzaguant) font son principal intérêt touristique.
Le port est l'un des plus actifs du littoral breton (maquereaux, sardines, thons, crustacés) et le premier port langoustier de France. L'importante flottille opère au large de l'Irlande, sur les côtes de Mauritanie et parfois d'Afrique du Sud.

La Fontenelle (16e s.). — Suivant la tradition locale, c'est à Douarnenez que se serait élevé le palais du roi Mark ; l'île qui se trouve à l'entrée de l'estuaire de Pouldavid porte le nom de son neveu Tristan *(détails p. 25).* Le port avant de devenir Douarnenez (douar an enez : la terre de l'île), en 1541, s'était appelé hameau de St-Michel puis bourg de l'île Tristan, en 1520.
Au 16e s., l'île Tristan fut le repaire du sire de La Fontenelle, le plus dangereux des chefs de bande qui, durant les troubles de la Ligue, dont dévasté le pays. La Fontenelle s'empare de l'île Tristan. Pour se procurer les matériaux nécessaires aux fortifications, il démolit celles de Douarnenez. Ses cruautés sont restées légendaires *(voir p. 80).* En 1598, il ne met bas les armes qu'à la condition de garder le gouvernement de l'île Tristan, ce qu'Henri IV lui accorde. Mais, en 1602, La Fontenelle est impliqué dans une conspiration. Arrêté, traduit devant le Parlement, il est condamné au supplice de la roue.

CURIOSITÉS

Partir du boulevard Camille-Réaud. On passe à proximité du « Guet », au débouché de la rivière de Port-Rhu.

Rivière de Port-Rhu et plage des Dames (Y). — Un boulevard en corniche longe la rive offrant des vues pittoresques sur l'île Tristan, propriété de la famille J. Richepin, sur Tréboul, aux venelles ramassées autour du port, et sur l'estuaire, que franchit un viaduc haut de 24 m. Là se trouve Port-Rhu, le port de commerce de Douarnenez. La promenade côtoie ensuite la plage des Dames et aboutit à une esplanade en bordure de la mer.

★ **Boulevard Jean-Richepin** et **Nouveau Port** (Y). — Suivre ce boulevard qui offre des **vues**★ superbes sur la baie de Douarnenez. Le nouveau port de pêche se développe à l'abri d'un môle de 741 m. Ne pas manquer de s'engager sur cette nouvelle jetée, d'où l'on jouira d'une vue encore plus dégagée sur la baie, que domine le Menez-Hom.

★ **Port du Rosmeur** (Y). — On assiste ici aux scènes de la vie maritime, particulièrement à celle de la criée. Du môle, joli coup d'œil sur le quartier du port.

Prendre à gauche la rue A.-France, en montée.

Chapelle Ste-Hélène (Y A). — *Entrer par la petite porte du flanc droit.* De style gothique flamboyant, cette chapelle a été remaniée aux 17e et 18e s. Elle possède, au-dessus des autels latéraux, des tableaux du 18e s. ; au bas de la nef, deux vitraux du 16e s.

Gagner la petite place triangulaire Gabriel-Péri, cœur de la cité, en passant par les halles. Le matin, le marché en plein air offre un pittoresque spectacle.

Emprunter la rue Jean-Bart et à gauche la rue de Port-Rhu.

cv **Chapelle St-Michel** (Y E). — Construite en 1663, avec chœur et bras du transept en hémicycle, et petit clocher à bulbes. Des peintures du 17e s. décorent la voûte.

Par la place de l'Enfer, revenir au point de départ.

cv **Promenades en bateau.** — Il est possible de faire soit de simples promenades en mer, soit des parties de pêche.

PLOARÉ

cv **Église** (X B). — L'église remonte aux 16e et 17e s. Elle est dominée par une belle **tour**★ flamboyante et Renaissance, haute de 55 m, dont la flèche à crochets est cantonnée de quatre clochetons. La façade est flanquée de contreforts gothiques surmontés de pinacles, tandis que les contreforts du transept et de l'abside sont couronnés de lanternons Renaissance. A l'intérieur, remarquer le retable sculpté du maître-autel et le groupe de bois peint du 17e s. représentant la Sainte Trinité.
Dans le cimetière (X D) est enterré **Laënnec** (1781-1826), auteur de la méthode de l'auscultation en médecine. Kerlouarnec, la maison de campagne où il mourut, est cachée dans la verdure près de la chapelle de Ste-Croix (1701) qu'il aimait.

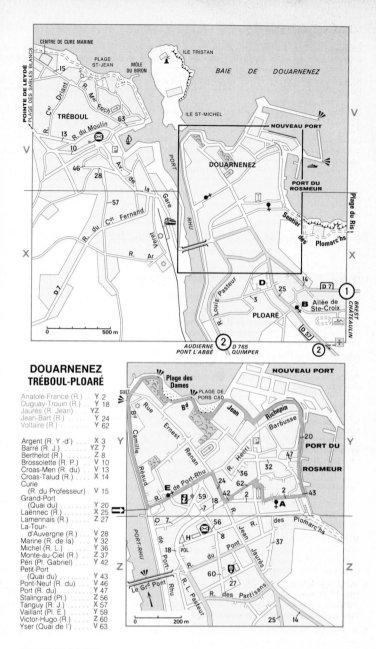

**DOUARNENEZ
TRÉBOUL-PLOARÉ**

Anatole-France (R.) .... Y 2
Duguay-Trouin (R.) . . . Y 18
Jaurès (R. Jean) .... YZ
Jean-Bart (R.) .... Y 24
Voltaire (R.) .... Y 62

Argent (R. Y.-d') .... X 3
Barré (R. J.) ...... YZ 7
Berthelot (R.) ...... Z 8
Brossolette (R. P.) . . V 10
Croas-Men (R. du) ... V 13
Croas-Talud (R.) .... X 14
Curie
   (R. du Professeur) . V 15
Grand-Port
   (Quai du) .... Y 20
Laënnec (R.) .... X 25
Lamennais (R.) ..... Z 27
La-Tour-
   d'Auvergne (R.) . . . V 28
Marine (R. de la) ... Y 32
Michel (R. L.) ..... Y 36
Monte-au-Ciel (R.) . . Z 37
Péri (Pl. Gabriel) .... Y 42
Petit-Port
   (Quai du) .... Y 43
Pont-Neuf (R. du) ... V 46
Port (R. du) .... Y 47
Stalingrad (Pl.) ..... Z 56
Tanguy (R. J.) ..... X 57
Vaillant (Pl. E.) ..... Y 59
Victor-Hugo (R.) .... Z 60
Yser (Quai de l') .... V 63

POULDAVID

Par ② du plan, route d'Audierne, et la première rue à gauche, gagner l'église.

Église. – 32 marches. Construite à flanc de coteau, elle présente un porche du 15e s., une nef avec des arcades du 14e s. et un chœur du 16e s. La voûte du chœur est ornée de seize panneaux peints du 16e s. retraçant des scènes de la Passion.

TRÉBOUL

Sur la rive gauche de la rivière de Port-Rhu, Tréboul se développe au pied d'une colline boisée *(voir plan ci-dessus)*. Elle possède un Centre de cure marine et est équipée pour le nautisme : port de plaisance, école de voile.
Un joli sentier, tracé sur la pointe rocheuse séparant le môle du Biron de la plage des Sables-Blancs, offre de belles **vues** sur la baie de Douarnenez et le Ménez-Hom.

EXCURSIONS

★ **Sentier des Plomarc'hs** et **plage du Ris** (X). – *2 h 1/2 à pied AR.* Ce sentier commence au port du Rosmeur et se développe à flanc œ pente en offrant sur Douarnenez des **vues★** pittoresques, pour atteindre la plage du Ris. On peut revenir par la route de Locronan.

★ **Pointe de Leydé.** – *Circuit de 6 km au Nord-Ouest. De la plage des Sables-Blancs, suivre le chemin de Pors-ar-Soner, à droite, qui, à travers bois et landes, domine la côte. Vues sur la baie de Douarnenez. Avant le village de Leydé, laisser la voiture et prendre à droite le sentier côtier des Roches Blanches. De la pointe, belle **vue★** sur la baie.*

   Descendre jusqu'à une route qui, à gauche, ramène à Tréboul.

Le Juch. – 751 h. *8 km. Quitter Douarnenez par ② du plan. A 6 km tourner à gauche vers le Juch (prononcer le Juc).* Très jolie **vue** sur la baie de Douarnenez, la presqu'île de Crozon et le Menez-Hom.

A l'intérieur de l'église (16e-17e s.), le vitrail (16e s.) du chevet représente des scènes de la Passion. De part et d'autre du chœur, remarquer les statues de l'Annonciation placées dans les niches à volets peints (16e s.) ; dans le bas-côté gauche, à droite de la porte de la sacristie, la statue de saint Michel terrassant le démon à forme humaine, appelé « Diable du Juch ». Un pardon a lieu le 15 août.

cv **Guengat.** – 1 677 h. *14 km par ② du plan et la route à gauche, à 11 km.* L'**église**, gothique, conserve au chœur des **vitraux★** du 16e s. ; on reconnaît au centre la Passion, à gauche un Jugement dernier et à droite la Vierge entre saint Jean-Baptiste et saint Michel. A l'entrée du chœur, sur le pilier de gauche, statue flamande de sainte Barbe ; sur le pilier de droite, Vierge à l'Enfant (16e s.). Remarquer la frise sculptée à la voûte du chœur : animaux (lièvres, renards, sangliers), petits personnages, décor floral. Joli calvaire dans le cimetière.

*Avec votre **guide Michelin** il vous faut des **cartes Michelin**. Ça va de soi !*

★★ Les ENCLOS PAROISSIAUX

Carte Michelin nº 58 plis 5, 6 ou 230 plis 4, 5, 18, 19.

Les enclos paroissiaux *(voir p. 37)* sont une réalisation originale de l'art breton rencontrée principalement en Basse-Bretagne. Notre circuit, empruntant seulement la vallée de l'Elorn et les contreforts des monts d'Arrée, se limite à la description d'un petit nombre de ces enclos, parmi les plus représentatifs. D'autres, plus au Sud, resteront à découvrir, en particulier celui de Pleyben *(p. 159)*.

Circuit au départ de Morlaix

130 km – compter une journée

Quitter Morlaix (p. 143) par ④ du plan.

★★ **St-Thégonnec.** – *Page 206.*

Contourner le chevet de l'église et prendre à gauche.

★★ **Guimiliau.** – *Page 112.*

Au sortir de Guimiliau, avant le pont sous la voie ferrée, remarquer à gauche, en contrebas, une jolie fontaine à trois personnages.

★ **Lampaul-Guimiliau.** – *Page 124.*

Landivisiau. – *Page 125.*

Prendre la direction de Landerneau, puis tourner à droite, pour passer par l'échangeur de la Croix-des-Maltoutiers.

Bodilis. – 1 504 h. *Visite : 1/4 h.* L'**église★** (16e s.) est précédée d'un clocher flamboyant percé à la base de trois ouvertures. L'importante sacristie, en saillie sur le bas-côté Nord, est une adjonction du 17e s. Sa toiture en forme de carène renversée, sa corniche richement décorée, ses contreforts ornés de niches lui confèrent une grande élégance. Un beau porche s'ouvre sur le côté droit. L'intérieur frappe par sa remarquable **décoration★** sculptée : sablières, entraits et têtes de blochets, retables dorés, statues anciennes. Le baldaquin des fonts baptismaux est en granit de kersanton ; au revers du porche, Mise au tombeau polychrome en haut-relief.

Revenir à la route de Landerneau et prendre à droite.

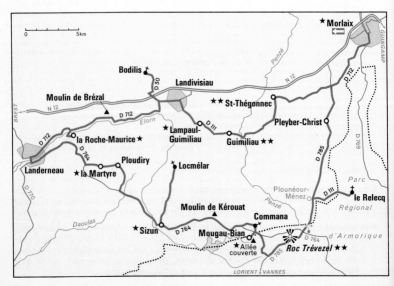

Moulin de Brézal. – Dans un site agréable, en contrebas d'un étang, le moulin possède une intéressante façade percée d'une porte flamboyante. De l'autre côté de la route se dressent les ruines de la chapelle de Pont-Christ (1533).

A 3,5 km, tourner à gauche vers la Roche-Maurice.

★ **La Roche-Maurice.** – *Page 188.*

Landerneau. – *Page 124.*

Quitter Landerneau par ② du plan, vers Sizun. La route remonte un riant vallon aux pentes boisées parfois hérissées de beaux rochers. A 7 km, tourner à gauche.

★ **La Martyre.** – 575 h. Visite : 1/4 h. Cet **enclos paroissial** ★, le plus ancien du Léon, s'ouvre par une porte triomphale surmontée d'une balustrade flamboyante et d'un petit calvaire. L'ossuaire (1619), adossé au porche et au clocher, est orné d'une curieuse cariatide et de motifs macabres. L'église (14e-16e s.) a un beau **porche** ★ historié (vers 1450), sur le flanc Sud. L'intérieur s'enrichit d'intéressants entraits, de sablières sculptées et polychromées, d'imposants retables, d'une clôture de chœur en kersanton (15e s.). Le chœur est éclairé par un ensemble de **vitraux** ★ du 16e s. représentant la Passion, la Crucifixion, la Résurrection. Pardon le 2e dimanche de mai et le 2e dimanche de juillet.

Ploudiry. – 736 h. Ce village, qui était anciennement la plus vaste paroisse du Léon, possède un enclos intéressant. L'ossuaire (1635) présente une façade où la Mort frappe des hommes de toutes catégories sociales. L'église, reconstruite au 19e s., a conservé, au flanc Sud, un beau **porche** de 1665. Le maître-autel orné de sculptures en hauts-reliefs, polychromées, et les autels latéraux sont de beaux spécimens de l'art breton du 17e s. Dans le chœur, vitrail de la Passion (17e s.).

Par le Traon rejoindre la route de Sizun où l'on tourne à gauche.

★ **Sizun.** – 1811 h. Les parties les plus intéressantes de l'**enclos** ★ sont la **porte triomphale** ★ à décor corinthien et la **chapelle-ossuaire** ★ à double arcature, ces deux monuments datent de 1585-1588. L'église du 16e s., remaniée aux 17e et 18e s., est reliée par un passage à la sacristie, petit édifice isolé de la fin du 17e s. A l'intérieur, la voûte lambrissée offre une remarquable ornementation : sablière sculptée agrémentée dans le transept et le chœur d'anges présentant les instruments de la Passion, entraits en forme de caïmans, clefs pendantes, nervures. Le buffet d'orgue, le maître-autel et les retables sont du 17e s. de même que le baldaquin des fonts baptismaux.

cv **Locmélar.** – *5 km au Nord de Sizun.* L'**église** des 16e et 17e s. abrite d'imposants retables consacrés à saint Mélar et saint Hervé et deux belles **bannières** ★ des 16e et 17e s. brodées d'or et d'argent. Sablière et poutres sculptées ornent la voûte. Dans le cimetière, intéressant calvaire de 1560 à double traverse supportant les personnages, et sacristie à toit en forme de carène renversée.

Prendre la direction d'Huelgoat.

cv **Moulin de Kerouat.** – *En contrebas de la route, à gauche.* Dans le cadre du Parc Naturel Régional d'Armorique *(p. 47),* un moulin du 19e s. avec maison d'habitation et dépendances a été restauré. On découvre ainsi ce qu'était le travail du meunier dans les deux moulins à eau, son mode de vie, ses objets familiers, son mobilier.

Continuer vers Huelgoat et à Ty Douar tourner à gauche.

Commana. – 1174 h. Visite : 1/4 h. Le village est bâti sur un mamelon isolé, au pied de la montagne d'Arrée. Dans l'enclos, l'**église** ★ (16e-17e s.) possède un beau porche méridional. A l'intérieur, parmi trois retables intéressants, celui de l'**autel sainte Anne** ★ (bas-côté gauche), daté de 1682, est le plus remarquable. On peut voir sur un pilier du transept, à droite, un Ecce Homo en bois. Les fonts baptismaux sont ornés de cinq statues représentant la Foi, l'Espérance, la Charité, la Justice et la Tempérance.

Mougau-Bian. – A la sortie de ce hameau, à droite, belle **allée couverte** ★, longue de 14 m, dont certains supports sont gravés, à l'intérieur, de lances et de poignards.

Revenir à la route d'Huelgoat, prendre à droite. A 1 km, tourner encore à droite, dans une route en montée ; on arrive à la route de Morlaix où l'on tourne à gauche.

★★ **Roc Trévezel.** – Cet escarpement rocheux (365 m) fait saillie sur la crête et occupe une situation remarquable, pittoresque, dans un décor de véritables montagnes. *Prendre le sentier (1/2 h à pied AR) qui s'amorce à côté du panneau indicateur. Se diriger vers la gauche ; traverser ensuite une petite lande en appuyant à droite et gagner la pointe rocheuse la plus éloignée.* De là, le **panorama** ★★ est immense. Vers le Nord, le plateau du Léon apparaît, piqueté de clochers ; par temps clair, on distingue la flèche du Kreisker de St-Pol-de-Léon et à l'Est la baie de Lannion ; à l'Ouest, le fond de la rade de Brest ; vers le Sud, la vue porte sur la montagne St-Michel et, au-delà, sur la ligne de forêts des Montagnes Noires.

*Poursuivre en direction de Morlaix. La route passe à proximité de la tour-relais de Roc Trédudon et offre au cours de la descente de belles **vues** sur le pays de Léon. A hauteur de Plounéour-Ménez, tourner à droite.*

Le Relecq. – Au creux d'un vallon se dresse cette ancienne abbaye cistercienne dont il reste des ruines de bâtiments conventuels et l'église des 12e et 13e s. Malgré une restauration de la façade au 18e s., l'édifice est très simple et sévère ; remarquer l'escalier qui permettait d'accéder au dortoir des moines. A droite du chœur, statues de saint Benoît, saint Bernard et de N.-D.-du-Relecq (15e s.). Deux pardons ont lieu, celui de cv Ste-Anne avec concert de musique celtique et celui de N.-D.-du-Relecq.

Faire demi-tour, puis prendre à droite vers Morlaix.

cv **Pleyber-Christ.** – 2851 h. Petit enclos paroissial. L'église, gothique et Renaissance, est précédée d'une porte triomphale élevée en 1921 et consacrée aux Morts de la guerre de 1914-1918. A l'intérieur de l'édifice qui possède de belles sablières et de remarquables poutres engoulées, on verra les stalles anciennes et, au maître-autel, un grand bas-relief représentant la Cène. A gauche de l'église, petit ossuaire.

Continuer vers Ste-Sève ; à 3,5 km, une route à droite ramène à Morlaix.

Le FAOU

Carte Michelin n° 58 pli 5 ou 230 pli 18 — Schéma p. 48.

Le bourg occupe, à l'origine de l'estuaire du Faou, un **site★** qui prend beaucoup de caractère à marée haute.

Rue principale. — Elle est bordée, sur un côté, de belles maisons anciennes en granit dont les étages sont en encorbellement et les façades recouvertes d'ardoises.

Église. — Cet édifice du 16e s. se dresse en bordure de la rivière, il présente un élégant clocher à dôme du 17e s., un double transept et un chevet à pans coupés. Le porche Sud est riche en sculpture.

EXCURSION

Circuit de 25 km. — *Environ 1 h. Quitter le Faou en direction de Crozon.*

★ **Corniche de Térénez.** — La route offre d'abord des vues sur l'estuaire de la rivière du Faou et, au loin, sur la presqu'île de Plougastel *(p. 161)*. Plus loin, en longeant l'estuaire de l'Aulne, on découvre, en avant et à droite, Landévennec *(p. 125)* puis, peu après, l'ensemble de la presqu'île de Landévennec et le méandre de l'Aulne. En haut d'une courte montée, on domine le rétrécissement de la vallée de l'Aulne que franchit le pont de Térénez.

Pont de Térénez. — Lancé sur l'Aulne, cet élégant ouvrage a une travée centrale de 272 m. La vue est fort belle sur la vallée, en amont et en aval.

Faire demi-tour et, à mi-côte, tourner à droite dans une route qui s'éloigne un peu de la rivière et court sur le plateau.

Belvédère. — Aménagé à droite de la route, il offre une belle **vue** sur un méandre de l'Aulne, le hameau de Trégarvan et la face Nord du Menez-Hom.

Par Rosnoën, rejoindre Ty-Jopic en passant près de l'émetteur radio de Quimerch et tourner à gauche.

Quimerch. — *Page 49.*

La route en descente ramène au Faou.

*Pour voyager, utilisez les **cartes Michelin** à 1/200 000. Elles sont constamment tenues à jour.*

Le FAOUET

Carte Michelin n° 58 pli 17 ou 230 pli 20.

Ce bourg est au centre d'une région très pittoresque s'étendant entre le Stêr Laër et l'Ellé, rivières venues des Montagnes Noires.

Halles. — Construites au 16e s., leur grand toit d'ardoises repose, sur les côtés, sur de courtes colonnes de granit, et, aux extrémités, sur de puissants porches. Sous la charpente, magnifiquement ordonnée, trois travées trouvent place. Un clocheton à dôme les couronne.

Grand Place. — Sur cette place ombragée, située en avant des halles, est érigé le monument à **Corentin Carré**, le plus jeune « poilu » de France. Engagé à 15 ans, en 1915, il meurt adjudant en 1918, dans un combat aérien.

EXCURSIONS

★ **Chapelle St-Fiacre.** — *Page 194.*

Circuit de 30 km. — *Environ 3 h. Prendre la direction de Gourin, à la sortie du Faouët tourner à droite et gagner la chapelle en appuyant toujours à droite.*

Chapelle Ste-Barbe. — *Page 208.*

*Revenir à la route de Gourin, tourner à droite et 500 m plus loin encore à droite vers Rostrenen. La route remonte alors la **vallée de l'Ellé**. A gauche, dans un virage, deux colonnes marquent l'entrée de l'abbaye de Langonnet.*

cv **Abbaye de Langonnet.** — Reconstruite aux 17e et 18e s., cette abbaye, maintenant maison de retraite des pères du St-Esprit, a conservé sa salle capitulaire du 13e s. Dans cette salle transformée en chapelle, remarquer l'élégance des voûtes dont les nervures se déploient en palmier. Un bâtiment conventuel, à gauche de l'allée, abrite un petit **musée** des Missions d'Afrique où sont réunis ivoire, coquillages, armes blanches, poteries, etc.

*Prendre la route de Priziac, face à l'entrée de l'abbaye, et à 3 km tourner à droite. On longe le **lac du Bel-Air**, vaste plan d'eau aménagé (pêche, pédalos à Priziac). Tourner à droite vers le Faouët et, à 1 km, prendre à gauche.*

cv **Chapelle St-Nicolas.** — Solitaire dans un cadre ravissant de sapins et de beaux arbres, la petite chapelle est de style gothique, fortement influencé par la Renaissance. Son **jubé★** Renaissance, qu'il est intéressant de comparer au jubé gothique de St-Fiacre, est un remarquable morceau de sculpture sur bois. Au-dessus d'une belle clôture, la légende de saint Nicolas est représentée en neuf panneaux, tandis que, sur l'autre face, des niches abritant les apôtres sont séparées par des cariatides.
Statues du 16e s. en pierre polychrome. Pardon le 2e dimanche de juillet.

Reprendre la direction du Faouët. A hauteur du pont sur l'Ellé, il est possible de faire une agréable promenade à pied le long de la rivière et d'accéder à la chapelle Ste-Barbe.

★★ Le FOLGOËT

2 826 h. (les Folgoëtiens)

Carte Michelin n° 58 pli 4 ou 230 plis 3, 4 – Schéma p. 45.

C'est au Grand Pardon *(p. 16)* qu'il faut voir ce petit village et sa magnifique église Notre-Dame. Le plus célèbre du Léon et l'un des plus importants de Bretagne. La veille, à partir de 16 h, et le jour même se déroulent les cérémonies religieuses. Le 4ᵉ dimanche de juillet, pardon de la Saint-Christophe avec bénédiction des voitures.

La légende. — Le nom de Folgoët (bois du fol) rappelle la légende qui s'attache à la fondation de l'édifice.

Au milieu du 14ᵉ s., un pauvre innocent nommé Salaün vit dans un bois, au creux d'un chêne, près d'une source située aux environs de Lesneven. Il ne connaît que quelques mots et les murmure en oraison continuelle : « Itron Gwerc'hez Vari » (Dame Vierge Marie). Après sa mort, un lys pousse sur sa tombe ; le pistil dessine en lettres d'or : « Ave Maria ». En creusant la terre, on s'aperçoit que la plante sort de la bouche de Salaün. La nouvelle du miracle fait le tour de la Bretagne. On se trouve alors en pleine guerre de Succession. Le prétendant Montfort fait vœu, s'il triomphe, d'élever à la Vierge une somptueuse chapelle. Après sa victoire d'Auray *(p. 50)*, il fait commencer l'édifice : l'autel sera placé au-dessus de la source où buvait le fol. Les travaux sont terminés en 1423 par le fils de Montfort.

L'église est saccagée à la Révolution. Pour la sauver de la pioche des démolisseurs, douze paysans se cotisent et l'achètent. Rendue au culte à la Restauration, elle a été peu à peu remise en état.

★★ **Église.** — *Visite : 1/2 h.* Une vaste esplanade, bordée d'auberges, la précède, trop petite encore pour contenir la foule les jours de pardon. La **tour Nord★** de la façade est l'un des beaux clochers de Bretagne. L'église a une forme en équerre inhabituelle : du chœur se détache, comme une branche de transept, la chapelle de la Croix dont le mur oriental prolonge le chevet plat. Cette chapelle a un beau **porche★**. La fontaine de Salaün, où viennent boire les pèlerins, est placée contre le mur du chevet, à l'extérieur de l'église. Elle est alimentée par la source située sous l'autel.

A l'intérieur, on verra un chef-d'œuvre de l'art breton du 15ᵉ s. : le **jubé★★** admirablement sculpté dans le granit. Au chevet sont adossés cinq autels (15ᵉ s.) en granit de Kersanton. De belles roses du 19ᵉ s. ornent la chapelle de la Croix et l'abside. Statue de N.-D.-du-Folgoët (15ᵉ s.).

cv A gauche de l'église, le Doyenné, petit manoir du 15ᵉ s. très restauré, forme un bel ensemble avec l'église et l'auberge des pèlerins. Cette dernière abrite un **musée** groupant des statues des 15ᵉ, 16ᵉ et 17ᵉ s., des archives et un mobilier du 15ᵉ s. qui a servi à la Reine Anne lors de ses deux pèlerinages au Folgoët.

FOUESNANT

5 430 h. (les Fouesnantais)

Carte Michelin n° 58 pli 15 ou 230 pli 32 – Lieu de séjour p. 14.

Ce bourg est au cœur d'une des régions les plus verdoyantes de Bretagne, aux villages perdus au milieu de vergers de cerisiers et de pommiers. C'est ici qu'est produit le meilleur des cidres bretons.

Les costumes et les coiffes de Fouesnant offrent un très joli coup d'œil le jour de la fête des Pommiers et le jour du pardon de la Sainte-Anne *(p. 16)*.

cv **Église.** — Construite au 12ᵉ s., remaniée au 18ᵉ s., elle a été restaurée. Sur le parvis, petit calvaire du 17ᵉ s. ; à gauche du porche, monument aux Morts dû au ciseau du Breton Quillivic, remarquable par l'expression digne et grave de sa paysanne en coiffe du pays. A l'intérieur, les hauts piliers de granit sont ornés de beaux chapiteaux romans. Curieux bénitier encastré dans une colonne engagée. Un arc triomphal, en ogive à quatre voussures, sépare la nef du court transept où se dresse l'autel. Des statues naïves se trouvent dans le chœur et à l'entrée.

EXCURSION

De Bénodet à Concarneau par la côte. — *40 km. Description p. 58.*

★★ FOUGÈRES

25 131 h. (les Fougerais)

Carte Michelin n° 59 pli 18 ou 230 pli 28.

Cette ancienne ville forte est bâtie dans un site pittoresque, sur un promontoire qui domine la vallée sinueuse du Nançon. En contrebas, sur une éminence rocheuse entourée presque complètement par la rivière, se dresse un magnifique château féodal dont l'enceinte, aux treize grosses tours, compte parmi les plus considérables d'Europe.

UN PEU D'HISTOIRE

Une place frontière. — Fougères, située à la frontière de la Bretagne et de la France, a, dès le haut Moyen Age, une grande importance militaire et ses barons sont très puissants. Le plus célèbre, Raoul II, vit au milieu du 12ᵉ s., sous la suzeraineté du duc de Bretagne Conan IV dit le Petit, qui s'est soumis à Henri II Plantagenêt, roi d'Angleterre et duc de Normandie. Le fier Raoul, révolté, forme une ligue avec une partie de la noblesse bretonne et entre en lutte contre Plantagenêt. En 1166, Henri II investit Fougères qui, après trois mois de siège, capitule et démolit complètement le château. Raoul entreprend aussitôt sa reconstruction et une partie de son œuvre reste encore debout.

Au 13e s., le fief passe par mariage à des seigneurs poitevins, les Lusignan. Ils prétendent descendre de la fée Mélusine (mère Lusigne) et donnent son nom à la plus belle des tours qu'ils ajoutent à l'enceinte.

Fougères offre l'exemple, assez rare, d'une forteresse formidable très souvent prise. Y sont entrés notamment : Saint Louis, Du Guesclin, Surienne, capitaine aragonais au service des Anglais (la nuit sans coup férir), La Trémoille, le duc de Mercœur, les Vendéens.

Après la réunion de la Bretagne à la France, des gouverneurs se succèdent à Fougères : dix des tours portent leurs noms. Le château sert le plus souvent de prison. Au 18e s., il devient propriété privée. La ville l'achète en 1892.

Au pays des Chouans. – Fougères est la patrie du **marquis de la Rouërie** (1756-1793), instigateur de la Chouannerie *(p. 23)*, dont la vie est un film d'aventures. Une jeunesse turbulente lui vaut une lettre de cachet ; pour éviter la Bastille, il passe en Suisse. Croyant venue la vocation religieuse, La Rouërie s'enferme dans une Trappe. Mais c'est le goût des armes qu'il sent percer. Laissant là le froc, il gagne l'Amérique où se déroule la guerre d'Indépendance et devient général dans l'armée américaine. A son retour en France, on est à la veille de la Révolution. Quand elle éclate, le marquis refuse d'émigrer et prépare la résistance qui prendra la forme d'une guerre de surprises et d'embuscades : celle qui convient au pays breton. Il organise des dépôts cachés d'armes et d'approvisionnements, recrute une armée secrète qui se lèvera au premier signal. Mais le conspirateur est trahi et doit prendre le large. Il erre de cachette en cachette et meurt, épuisé de fatigue, en janvier 1793.

Victor Hugo (dans « Quatre-vingt-treize ») et Balzac (dans « Les Chouans ») ont introduit Fougères et sa région au cœur de leurs récits de chouannerie. Ils se sont documentés sur place. En 1836, Victor Hugo, accompagné de Juliette Drouet, née à Fougères, a emporté de la ville et du château un souvenir enthousiaste. « Je demanderais volontiers à chacun, écrit-il : Avez-vous vu Fougères ? ». Balzac a séjourné chez des amis fougerais, parcouru les environs avec des survivants de l'aventure et écrit là son roman en 1828.

La ville de la chaussure. – Dès le 13e s. et pendant 300 ans, Fougères gagne beaucoup d'argent à fabriquer du drap. Puis le chanvre succède à la laine : la toile à voile fougeraise claque aux vergues de la flotte française jusqu'au triomphe de la navigation à vapeur.

En 1832 commence la fabrication des chaussons de laine.

En 1852, on y ajoute la chaussure : les ouvriers la cousent à la main, à domicile.

1870 voit arriver la machine qui coud mécaniquement et, en 1890, il existe une trentaine d'usines qui produisent en série des chaussures à bon marché, principalement des chaussures de femme. Après la guerre de 1918, les quatre-vingts fabriques de la ville subissent les effets de la concurrence étrangère et de la crise mondiale.

De nos jours, quelques entreprises sont encore en activité et fabriquent principalement des articles pour dames.

★★ LE CHÂTEAU *visite : 1 h 1/2*

Le château, dont on a une bonne vue d'ensemble du jardin public *(p. 102)*, est un bel exemple de l'architecture militaire du Moyen Age.

Son site est curieux. Un méandre de la rivière, qui baignait une éminence rocheuse en forme de presqu'île très étroite, fournissait un excellent site défensif. L'architecture militaire a tiré parti de cet emplacement en y élevant des remparts et des tours et en transformant la presqu'île en île, par une courte dérivation du Nançon à la racine du méandre. Reliée à la ville haute par les remparts de cette dernière, la garnison du château pouvait participer à sa défense ; elle avait, en outre, l'avantage de pouvoir se replier dans sa forteresse et s'y enfermer, après la chute de la ville, pour jouer son rôle de garde-frontière du duché de Bretagne.

La forteresse, telle qu'elle subsiste, a beaucoup souffert au cours des siècles. L'enceinte est complète avec ses courtines, qui suivent étroitement les formes du terrain, et ses treize tours. On ne voit malheureusement plus l'imposant donjon qui, du point le plus élevé du rocher, commandait toutes les défenses et fut rasé en 1166 par le roi d'Angleterre. On en remarquera les vestiges au cours de la visite de l'intérieur. Le grand

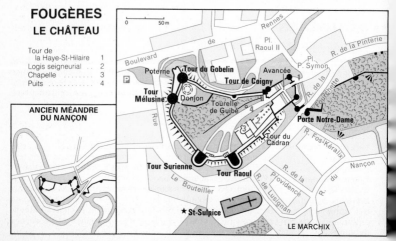

FOUGÈRES
LE CHÂTEAU

Tour de
la Haye-St-Hilaire   1
Logis seigneurial ..   2
Chapelle   3
Puits   4

ANCIEN MÉANDRE
DU NANÇON

logis, qui occupait une partie de la cour intérieure, a été également réduit à ses substructions, au début du 19e s. L'histoire nous apprend que les défenseurs ont souvent succombé et que les assaillants ont pu se rendre maîtres de ces hautes murailles, soit par surprise, soit par de longs sièges.

Le tour extérieur du château permettra de comprendre le point de vue de l'assaillant ; la visite intérieure celui du défenseur.

★ **Tour extérieur.** — *Partir de la place Raoul-II, longer les fortifications puis suivre, à gauche, la rue Le-Bouteiller.*

Admirer les magnifiques tours de l'enceinte, la variété de leur aspect et de leur structure.

Au début de la promenade, on voit, au centre du rempart Nord, la tourelle de Guibé (14e s.), poste de guet élevé en encorbellement sur la courtine.

En contournant l'éperon que forment à l'Ouest les remparts, on remarque la puissance des défenses réunies en ce point. L'ensemble forme un triangle : deux tours à la base et la poterne qui occupe la pointe avancée.

La poterne du 15e s. s'ouvre aujourd'hui sur le vide, mais se prolongeait autrefois par une double arcade qui franchissait le fossé, pour communiquer avec un ouvrage avancé.

La tour du Gobelin des 13e et 14e s., à sa gauche, et la tour Mélusine du 14e s., à droite, sont rondes et dominent de haut les murailles. Dépourvues aujourd'hui de mâchicoulis et probablement remaniées dans leurs parties hautes, elles ont perdu de leur fière allure.

La tour Mélusine est considérée comme un chef-d'œuvre de l'architecture militaire de l'époque : 13 m de diamètre extérieur, 3,50 m d'épaisseur de mur et 31 m de hauteur au-dessus du rocher.

Plus loin, deux tours en fer à cheval et trapues, les tours Surienne et Raoul (15e s.), marquent la dernière étape de la reconstruction du château. Construites pour servir de plate-forme d'artillerie, elles contiennent plusieurs étages de canonnières très puissantes et fort bien conservées. Pour résister aux tirs d'artillerie ennemis, leurs murs ont 7 m d'épaisseur. En effet, à la fin du 15e s., l'artillerie est en usage depuis près d'un siècle et demi et la guerre de siège prend souvent la forme d'un duel d'artillerie à courte portée. Le dessin des mâchicoulis montre qu'à cette époque l'art militaire n'excluait pas la décoration.

> *Face aux deux tours s'élèvent l'église St-Sulpice et le quartier du Marchix (p. 102).*

En suivant toujours l'enceinte, on voit la tour du Cadran (13e s.), plus vieille de deux siècles que les précédentes. Carrée et de dimension réduite, elle est très endommagée ; elle est loin d'avoir la puissance de ses voisines et rappelle le temps où les armes à feu ne prévalaient pas encore sur l'arc et la flèche.

Plus loin, la Porte Notre-Dame est la seule qui subsiste des quatre portes des boulevards précédant les quatre portes de l'enceinte fortifiée qui entourait la ville elle-même. La tour de gauche, plus élevée et percée d'étroites archères, date du 14e s. ; la tour de droite, pourvue de mâchicoulis très décorés, date du 15e s., comme les tours Surienne et Raoul. Au milieu, au-dessus de la porte charretière, on remarquera des fentes verticales, logement des bras de l'ancien pont-levis.

> *Passer sous la porte et suivre la rue de la Fourchette ; monter à droite dans la rue de la Pinterie.*

A 50 m, traverser à droite les jardins aménagés en bordure du chemin de ronde reconstitué, d'où l'on découvre une belle vue sur la vallée du Nançon et l'ensemble du château.

> *Passer sous les ruines d'un joli portail de chapelle pour sortir du jardin et reprendre à gauche la rue de la Pinterie, qui conduit à l'entrée du château.*

★★ **Intérieur.** — L'entrée *(voir plan p. 100)*, précédée d'un fossé alimenté par une dérivation *cv* du Nançon, se fait par la tour carrée de la Haye-St-Hilaire. Pour y parvenir, il fallait d'abord franchir une porte de ville et l'ouvrage qui la précédait.

Le château comprend trois enceintes successives. L'Avancée, dont le front était défendu par trois tours (13e s.) percées d'archères, constituait le premier obstacle. Cette ligne de résistance franchie, les assaillants pénétraient dans une petite cour, occupant l'îlot formé par une seconde dérivation de la rivière et y étaient soumis aux tirs convergents des défenseurs postés sur les quatre côtés. Ainsi exposés, les assaillants devaient donc franchir un second avant d'atteindre l'enceinte principale défendue par quatre tours (12e et 15e s.). Ces deux lignes de défenses enlevées, c'était la ruée dans la grande cour intérieure, où s'élevaient le logis seigneurial, la chapelle et le puits ; mais la défense pouvait se ressaisir.

Une troisième enceinte, le Réduit, situé au point le plus élevé, ceint d'une courtine et de deux tours, et le donjon, existant encore au 12e s. permettaient une longue résistance ; délogée de ces positions, la garnison pouvait encore trouver le salut dans la fuite, en passant par la poterne. Maître des enceintes successives du château, l'assaillant n'avait plus alors qu'à réduire les derniers nids de résistance établis dans les tours.

Pénétrant dans la vaste cour du château, on fait le tour de l'enceinte en suivant le chemin de ronde. Cette visite permet de se rendre compte de ce que fut la puissance d'une telle forteresse et offre, en outre, de jolies vues sur Fougères. La tour Raoul abrite un petit musée de la chaussure, du 17e s. au début du 20e s., et un musée du costume (coiffes, châles, etc.).

Par la courtine la plus élevée du château, on atteint la tour Mélusine ; du sommet (75 marches), belle vue d'ensemble sur le château et la ville.

On gagne les vestiges du donjon, puis la courtine Nord ; au-delà de la tourelle de Guibé, on se rend à la tour de Coigny (13e et 14e s.), dont les deuxième et troisième étages ont été transformés en chapelle, au 17e s. ; le sommet a été défiguré par l'adjonction d'une loggia, au 19e s., lors de la première restauration.

Dans la cour, un Théâtre de Verdure a été installé dans un joli décor.

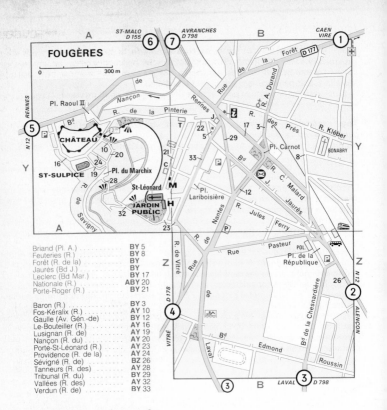

AUTRES CURIOSITÉS

★ **Église St-Sulpice** (AY). — Cet édifice gothique flamboyant a été construit du 15e au 18e s. mais présente cependant une grande homogénéité. On remarquera une flèche d'ardoise du 15e s., très élancée et d'une facture originale. L'intérieur s'enrichit de boiseries du 18e s. mais on notera surtout les **retables**★ de granit du 15e s. des chapelles. Celle de gauche ou chapelle Notre-Dame abrite le retable dédié à Anne de Bretagne, sa donatrice. Dans la niche sous l'écusson de Bretagne a été placée la statue miraculeuse de N.-D.-des-Marais, Vierge allaitant (12e s.). Dans le bas-côté droit, la chapelle des Tanneurs possède aussi un imposant retable orné de feuilles de vigne, de crochets, de petits animaux, au sommet figurent les instruments de la Passion.

Quartier du Marchix. — Le quartier entourant la place du Marchix (AY), avec ses maisons anciennes et pittoresques, a su plaire aux peintres.
Emprunter la rue Fos-Kéralix. Elle longe le Nançon et offre une belle vue sur les anciens remparts aménagés en jardin public. On se promènera ensuite dans la rue du Nançon, bordée de maisons du 16e s. ; remarquer au passage d'autres maisons intéressantes à l'angle de la rue de la Providence et de la rue de Lusignan ; jeter aussi un coup d'œil dans la rue de Lusignan.
Aux no 13 et 15 de la place du Marchix s'élèvent deux belles maisons du 16e s. Prenant la rue des Tanneurs, passer le pont sur le Nançon : en arrière, pittoresque ensemble constitué par la face postérieure des maisons de la place du Marchix.

★ **Jardin public** (AY). — Au pied de l'église St-Léonard et de l'hôtel de ville se trouve le jardin très bien entretenu. Il est établi en partie en terrasse, sur l'emplacement des anciens remparts de la ville, en partie sur les pentes qui descendent dans la vallée du Nançon. En suivant le mur bas qui prolonge la balustrade jusque vers l'entrée, on a une vue étendue sur la campagne bocagère caractéristique de la région de Fougères. De la partie de la terrasse clôturée par la balustrade, on découvre une **vue**★ d'ensemble intéressante sur le château.

Église St-Léonard (AY). — Construite aux 15e et 16e s. avec une façade richement ornée sur le bas-côté Nord, elle est dominée par une tour du 17e s. Des vitraux modernes de Lorin l'éclairent ; par contre, dans la chapelle de la Croix, à gauche en entrant, remarquer deux fragments représentant la vie de saint Benoît, du 12e s. ; et, dans la chapelle des fonts baptismaux, incorporées dans un vitrail, deux parcelles arrondies de **vitraux**★ du 16e s.

cv **Musée de la Villéon** (ABY M). — Installé dans une maison à porche du 16e s., restaurée, ce musée présente une quarantaine de toiles d'Emmanuel de la Villéon (1858-1944), peintre impressionniste natif de Fougères.

Hôtel de ville (AY H). — C'est un édifice du 16e s. Remarquer une ancienne porte Renaissance en partie murée.

Forêt domaniale de Fougères. — *3 km au Nord-Est. Quitter Fougères par ① du plan, route de Caen.* Cette promenade en forêt permet de parcourir de belles futaies de hêtres, au hasard des routes forestières. On pourra voir deux dolmens ruinés et un alignement mégalithique appelé Cordon des Druides, ce dernier près du carrefour de Chiennedent. En poursuivant en direction de Landéan, à l'orée de la forêt, près du carrefour de la Recouvrance, se trouvent des celliers du 12e s., ancienne cachette des seigneurs de Fougères.

★★★ FRÉHEL (Cap)

Carte Michelin n° 59 pli 5 ou 230 pli 10 — Schéma p. 84.

Le **site**★★★ du cap est l'un des plus grandioses de la côte bretonne. Ses falaises, rouges, grises, noires, dominant à pic la mer de 70 m, sont bordées de récifs sur lesquels la houle déferle avec violence. Le **panorama**★★★ sur la côte (particulièrement beau en fin d'après-midi) est immense par temps clair : il s'étend de la pointe du Grouin, à droite, avec le Cotentin à l'arrière-plan, jusqu'à l'île de Bréhat, à gauche ; les îles anglo-normandes sont parfois visibles.

Le **phare** (145 marches), construit de 1946 à 1950, comporte une lampe de 3 kW ; la portée de son feu varie de 200 m (brouillard très dense) à 110 km (beau temps). De la galerie de la tour, par temps très clair, on aperçoit l'île de Bréhat à l'Ouest, l'île de Jersey au Nord, Granville, une partie du Cotentin et l'île Chausey au Nord-Est. A 400 m du phare, une sirène émet par temps de brume un groupe de deux sons toutes les minutes.

Faire le tour du cap *(circuit de 1/2 h à partir du phare)* parmi les ajoncs et les bruyères, en partant par la gauche. Après avoir dépassé la pointe extrême, où se trouve la corne de brume, on domine les curieux rochers de la Fauconnière, peuplés de goélands et de cormorans ; le contraste entre le rouge violacé de la roche et le bleu ou le vert de la mer est étonnant. Près du restaurant de la Fauconnière, on peut aussi prendre sur la droite un sentier en forte pente ; il aboutit, à mi-hauteur, à une plate-forme d'où la vue est saisissante sur les rochers ruiniformes : la couleur des fonds allant de l'aigue-marine au bleu outremer s'harmonise au rose pâle d'un granit plus clair.

Des vedettes partant de St-Malo avec escale à Dinard permettent d'arriver devant le cap Fréhel par mer (p. 91). C'est sous cet aspect qu'il est le plus impressionnant.

★★ GAVRINIS (Cairn de)

Carte Michelin n° 63 pli 12 ou 230 pli 50 — Schéma p. 141.

Le Cairn de Gavrinis, le plus intéressant monument mégalithique de Bretagne *(détails sur les monuments préhistoriques p. 34)*, est situé dans l'île de Gavrinis, à l'entrée du golfe du Morbihan, au Sud de Larmor-Baden d'où l'on s'y rend.

Passage et visite. — Haut de 6 m, ayant un diamètre de 50 m, il est fait de pierres amoncelées *(voir p. 34)* sur une petite butte. Une galerie couverte de 14 m de longueur formée de vingt-trois supports sur lesquels reposent neuf tables — les supports sont couverts de sculptures réalisées par piquetage — mène à la chambre funéraire : pièce de 2,50 m de côté environ, peut-être sépulture royale, dont le plafond consiste en une seule pierre de granit reposant sur des supports eux aussi ornés de dessins.

De la plate-forme en avant du cairn, belle vue sur l'entrée du golfe.

Un peu au Sud de Gavrinis, le petit îlot **Er Lanic** porte deux cromlechs (crum : courbe, lech : pierre), cercles tangents de menhirs en forme de 8 dont la moitié est immergée, ce qui met en évidence l'affaissement du sol, d'où est né le golfe, à l'époque préhistorique. A marée basse, une partie de ces menhirs réapparaît.

GLÉNAN (Iles de)

Carte Michelin n° 58 pli 15 ou 230 pli 32.
Accès : Services de bateaux.

Ce petit archipel dissémine ses neuf îles, entourées d'écueils, à environ 20 km au large de Concarneau.

VISITE

Le bateau accoste à l'**île St-Nicolas** qui abrite quelques maisons, le Centre International de Plongée (école de plongée sous-marine) et un vivier (crustacés). Un sentier permet de faire le tour de l'île ménageant de belles vues sur la côte, de Penmarch au Pouldu.

Au Nord, la petite **île Brunec** et, au Sud, l'**île du Loch** avec sa cheminée, vestige d'une ancienne usine de traitement du goëmon, sont des propriétés privées.

Penfret du même nom, **Cigogne**, reconnaissable aux vestiges du fort du 18e s. et à l'annexe du laboratoire maritime de Concarneau *(p. 74)*, et **Drénec** sont les trois îles occupées par le Centre Nautique des Glénan, école de navigation à voile de grande renommée. L'île **Giautec** et les îlots inhabités sont autant de réserves protégées où se reproduisent des goélands, sternes, pies huîtrières, cormorans.

★★ La GRANDE BRIÈRE

Carte Michelin n° 63 plis 14, 15 ou 230 pli 52.

Cette région appelée aussi **Grande Brière Mottière** (motte : briquette de tourbe) occupe 6 700 ha sur les 40 000 ha du **Parc Naturel Régional de Brière,** fondée en 1970, dont 15 000 ha sont couverts par des marais. Située au Nord de St-Nazaire, appréciée des chasseurs et des pêcheurs, elle a connu une grande notoriété en 1923, lors de la parution de La Brière, livre d'Alphonse de Chateaubriant, d'une poésie âpre et ardente. La vie du Briéron actuel, que partage entre l'usine et son chaland, reste originale.

Brière d'autrefois. — La Grande Brière occupe une ancienne cuvette vallonnée et boisée qui s'étendait au pied du Sillon de Bretagne (coteau). Les populations néolithiques (7500 avant J.-C.) installées là en furent chassées par une invasion momentanée de la mer. Le marais s'est formé derrière une digue constituée par les alluvions de la Loire. Dans les plantes aquatiques, transformées en **tourbe,** se trouvent des arbres fossiles, les **mortas,** vieux de 5 000 ans, durs une fois secs et imputrescibles.

(Photo Jacques Guillard/Scope)

Brière du 15e au 20e s. – Par le travail de l'homme, cette lagune se compartimente, s'assèche, se draine. En 1461, le duc de Bretagne reconnaît aux Briérons un droit de propriété indivis, confirmé par les édits royaux de François Ier à Louis XVI. Dans 17 paroisses découpées en 21 communes, le Briéron exploite la tourbe, le **« noir »** (terreau servant d'engrais), cueille les roseaux et les joncs dont il recouvre les chaumières, la bourdaine qu'il tresse en paniers, cultive son jardin, soigne ses volailles. Il récolte aussi les sangsues, harponne les **pimpeneaux**, anguilles au ventre argenté, pose dans les **piardes** (plans d'eau) des **bosselles**, nasses en osier pour capturer brochets, tanches et gardons, chasse à l'affût avec ses chiens, dans son **chaland** caché derrière une **bosse** plantée de saules. Il pousse de sa longue perche son **blin**, grande barque plate chargée de vaches ou de moutons qui vont paître sur la **plattière**. Malgré ses nombreuses activités, son gain reste incertain et les femmes n'hésitent pas, pour assurer un salaire d'appoint, à travailler « aux fleurs ». En effet au 19e s. et au début du 20e s., deux ateliers de St-Joachim *(p. 105)* employant près de 140 ouvrières, confectionnent des fleurs d'oranger en cire *(voir Maison de la Mariée p. 105)*. Ces fleurs servent à composer de remarquables parures de mariage que l'on exporte dans toute l'Europe.

Au 20e s., le Briéron reste attaché à sa terre, mais il se tourne vers les industries métallurgiques de Trignac, les chantiers navals et aéronautiques de St-Nazaire. Les mottes de tourbe servent encore parfois en août pour griller les délicieuses anguilles. Chaque usager du marais acquitte une taxe annuelle pour la chasse, la pêche, le pacage ou la coupe du roseau. Des routes relient les anciennes îles, des écluses sont construites, le marécage devient pâturage, mais la Grande Brière a gardé son attrait et le Briéron revenu chez lui pêche et chasse pour son plaisir. Il n'hésite pas à conduire le touriste sur son chaland à travers les canaux et les piardes miroitantes où poussent les iris jaunes *(mi-mai à mi-juin)* et les nénuphars nacrés *(mi-juin à fin juillet)*.

★★ **Promenade en chaland.** – La barque glisse vers les grands canaux, les piardes bordées de joncs, les étangs ouverts sur de vastes horizons d'où jaillissent les clochers des villages riverains. A la fin de l'hiver les terres sont inondées, les roseaux ont la blondeur des blés coupés et le marais s'irise sous les ciels changeants. En toute saison la Brière garde son charme : couverte de fleurs au printemps, verte en été avec ses berges noires et ses racines de saules apparentes, rousse en automne, avec ses vols de canards.

Circuit au départ de St-Nazaire 83 km – compter 1/2 journée

Quitter St-Nazaire (p. 201) par la route de Nantes.

Trignac. – 7 195 h. Cette commune rurale connaît une expansion industrielle. Une route, à gauche, mène au **Pont de Paille** d'où la **vue** s'étend sur le canal rectiligne de Trignac.

A **Montoir-de-Bretagne**, cité ouvrière, tourner à gauche.

St-Malo-de-Guersac. – 3 291 h. Ile la plus vaste de la Brière, elle offre du haut de ses 13 m une **vue** allant de Guérande à l'Ouest au Sillon de Bretagne à l'Est.

La route longe des maisons neuves à toit d'ardoise, le petit port de **Rosé** d'où partaient les chalands vers Nantes ou Vannes.

cv **Maison de garde.** – Située à gauche de la route menant aux écluses, elle présente la faune naturalisée du marais (oiseaux résidents, nicheurs ou de passage, insectes aquatiques) et la flore. Dans un aquarium évoluent les principaux poissons de Brière.

cv **Maison de l'Éclusier.** – Placée sur le canal de Rosé, c'était la demeure de l'éclusier qui manœuvrait les deux écluses commandant l'entrée et la sortie du marais. Un ensemble de diapositives et documents illustrent la formation du marais et son évolution. Sur le canal, est amarrée la Théotiste, chaloupe qui servait au transport de la tourbe.

cv **Parc animalier.** – *Se munir de jumelles. Après avoir franchi le pont sur le canal, emprunter le chemin à droite pendant 800 m pour atteindre le pavillon d'accueil. On peut s'y rendre également en chaland (embarquement à droite du pont).* D'une superficie de 26 ha, ce parc est sillonné par un sentier *(environ 1 km)* émaillé de postes d'observation où seuls la patience et le silence peuvent être récompensés. Des panneaux permettent d'identifier la faune et la flore rencontrées.

Avant St-Joachim, prendre à gauche.

★ **Ile de Fédrun.** — Reliée à la route de St-Joachim par deux ponts, c'est la plus attachante de ces îles entourées de prairies marécageuses. Traversée par une voie médiane, elle est *cv* cernée par une rue dessinant ses contours : au n° 130, la **Maison de la Mariée** présente, dans un intérieur typiquement briéron, une étonnante collection de parures de mariage aux fleurs d'oranger en cire et permet d'en découvrir la fabrication ; au n° 180 se tient le centre administratif du Parc Naturel Régional (Maison du Parc) ; au n° 308, la **Chaumière** *cv* **briéronne** offre un intérieur typique. Des maisons basses, fleuries, ont gardé leur toit de chaume. Celles de la périphérie possèdent à l'arrière une **levée**, plantée de légumes et d'arbres fruitiers, donnant sur la **curée** (canal souvent nettoyé) où sont amarrés les chalands et les larges blins de transport.

St-Joachim. — 4 260 h. Ancien berceau de la fleur d'oranger en cire *(voir p. 104)*, le bourg s'allonge sur les îles de **Brécun** (8 m d'altitude) et de **Pendille**, dominé par la haute flèche blanche de son église du 19e s. à bas-côtés très bas. Dans le chœur à déambulatoire aux belles arcades de style roman, un grand calvaire de pierre orne l'autel.

La route traverse les îles de **Camerun** et de **Camer**, peu habitées.

cv **La Chapelle-des-Marais.** — 3 037 h. A l'entrée du bourg, à droite, la **Maison du Sabotier** est la demeure du dernier artisan briéron. Outils, machines, collection de sabots et présentation audiovisuelle permettent de découvrir ce métier. Dans l'**église** aux piliers de granit tranchant sur la blancheur de la pierre, se trouve, dans la chapelle à droite du chœur et au-dessus de l'autel, une statue polychrome de saint Corneille, protecteur des *cv* troupeaux. A la mairie, on peut voir, dressé le long de l'escalier, un **« morta »** *(p. 103)* de 7 m de longueur exhumé en 1969.

Prendre la route d'Herbignac et, à 4 km, tourner à gauche.

Château de Ranrouët. — *Laisser la voiture au parking et prendre derrière la ferme.* Cette forteresse des 12e et 13e s., démantelée en 1616 par Richelieu puis brûlée sous la Révolution, offre des ruines imposantes *(en restauration)* avec six tours rondes entourées de larges douves sèches. Dix boulets encastrés dans la tour de droite marquent l'appartenance du fief aux Rieux dont le blason était d'azur à boulets d'or.

Faire demi-tour et prendre à droite vers Pontchâteau. A Mayun où les vanniers tressent encore la bourdaine, tourner à droite.

Les Fossés-Blancs. — De l'embarcadère sur le canal du Nord, on a une belle vue de la Brière. La visite du marais permet de découvrir la flore et parfois la faune.

St-Lyphard. — 2 364 h. Un belvédère a été aménagé dans le clocher de l'église *cv* (135 marches). Un vaste **panorama** ★★ s'étend sur la Brière et de l'estuaire de la Loire à l'embouchure de la Vilaine en passant par Guérande et ses marais salants.

Prendre la route de Guérande et, à 12 km de St-Lyphard, tourner à gauche.

★ **Dolmen de Kerbourg.** — Près d'un moulin. Allée couverte à quatre plates-formes inclinées.

Continuer en direction du Brunet.

cv **Kerhinet.** — Un ensemble de 18 chaumières en partie restaurées compose ce hameau. L'une d'elle présente un modeste intérieur briéron et ses dépendances.

Gagner le Brunet, la route se prolonge jusqu'à Bréca.

Bréca. — Belle vue sur la Brière et le canal de Bréca.

Revenir au Brunet et, par St-André-des-Eaux, gagner la Chaussée-Neuve.

La Chaussée-Neuve. — De cet ancien port, d'où les blins partaient chargés de tourbe, **vue** ★ étendue sur la Brière. Nombreux roseaux coupés disposés en meules pointues.

Revenir à St-André-des-Eaux et tourner à gauche pour rentrer à St-Nazaire.

GRAND-FOUGERAY
2 032 h. (les Fulkériens)

Carte Michelin n° 63 pli 6 ou 230 pli 40.

Ce bourg possède une église en partie romane et sur le flanc droit de l'église une croix de cimetière (13e s.). Sur la place de l'Église se dresse une maison du 15e s., ancien palais de justice des seigneurs de Fougeray.

Donjon. — *Emprunter la direction de Sion et, 50 m après le carrefour, tourner à droite dans une allée de sapins.* De l'ancien château fort, il ne reste que ce donjon.
Le château fut enlevé en 1354, durant la guerre de Succession, par Du Guesclin, grâce à une ruse de guerre : ayant appris que des fagots devaient être livrés pour le chauffage, ses compagnons et lui se déguisèrent en bûcherons porteurs de ramée ; introduits dans la place, ils sortirent leurs armes et massacrèrent la garnison. *Détails sur Du Guesclin p. 24, 50, 88, 114 et 181.*

EXCURSION

Langon. — 1 214 h. *12 km à l'Ouest.* Du pont de Port-de-Roche qui enjambe la Vilaine, belles vues. *A la sortie du pont tourner à gauche.* Sur la place du village se dressent l'église paroissiale et la chapelle Ste-Agathe. Cette dernière est un petit édifice gallo-romain à nef unique et bel appareil de pierres et de briques. Vraisemblablement vouée au culte de Vénus comme le laissent supposer les vestiges de fresque découverts dans l'abside, la chapelle fut placée, au Moyen Age, sous le vocable de sainte Agathe.
Dans l'église paroissiale remaniée du 13e au 17e s., retables en bois du 17e s. et fonts baptismaux en pierre du 15e s. surmontés d'un baldaquin. L'absidiole de gauche abrite une fresque du 12e s. représentant Dieu le Père dans une mandorle.
Sur la lande du Moulin surplombant la localité, les « Demoiselles de Langon » veillent ; une trentaine de menhirs symbolisent ces jeunes filles qui ont préféré un jour danser sur la lande plutôt que d'assister aux vêpres.

★ GROIX (Ile de)

Carte Michelin n° 🔲🔲 pli 12 ou 🔲🔲🔲 pli 34.
cv Accès : voir le guide Michelin France.

De dimensions plus modestes que sa voisine Belle-Ile (15 km² pour une longueur de 8 km et une largeur de 2 à 3 km), l'île de Groix présente le même aspect géologique, un plateau schisteux culminant à 49 m. Au Nord et à l'Ouest, la côte est sauvage et découpée : falaises, rochers géants, vallons, criques alternent. A l'Est et au Sud, le relief s'abaisse, la côte offre de nombreuses criques sableuses, bien abritées. De minuscules hameaux se tiennent de-ci, de-là, parmi les quelques champs encore cultivés et les vastes étendues d'ajoncs ou de bruyères.

Groix est le pays natal de J.-P. Calloc'h, poète de langue celtique, connu sous le nom de Bleimor et tué à la guerre, en 1917.

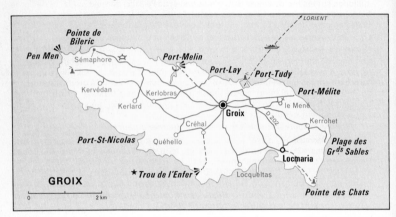

VISITE

Groix. – 2 605 h. Capitale de l'île, elle groupe ses maisons basses aux toits d'ardoise autour de l'église dont le clocher est surmonté d'un thon en place de girouette.

Locmaria. – Face au grand large, ce village aux rues tortueuses possède un petit port où s'abritent, derrière une jetée, quelques embarcations de pêcheurs et de plaisanciers.

Pen-Men. – Pointe extrême Ouest de l'île, à droite du phare de même nom. Cette avancée rocheuse offre de belles vues sur la côte morbihannaise, de la pointe du Talud à Port-Manech.

Grands Sables (Plage des). – C'est la plus vaste de l'île ; dans ses sables se cachent parfois des grenats.

Bileric (Pointe de). – Proche du sémaphore de Beg-Melen *(accès interdit)*. Elle constitue une réserve naturelle pour les nombreuses mouettes tridactyles qui y nichent.

Chats (Pointe des). – Elle représente la partie la plus basse de l'île et porte un petit phare. Belle vue sur la côte Sud.

Port-Lay. – Dans un très beau **site★**, ce havre sûr accueillait les premiers thoniers de l'île.

Port-Melin. – On accède à pied et par une descente rapide à cette petite crique. Du terre-plein, jolie **vue** sur l'entrée de Port-Tudy et la côte lorientaise.

Port-Mélite. – Au fond de cette crique rocheuse se trouve une plage. La vue se développe de la barre d'Etel à la pointe du Talud.

Port-St-Nicolas. – Vaste ria aux eaux profondes et claires dans un beau site de falaises.

Port-Tudy. – Abrité par deux jetées, il assure la liaison directe avec Lorient. Cet ancien port thonier reçoit maintenant chalutiers et bateaux de plaisance.

★ **Trou de l'Enfer.** – Profonde échancrure taillée dans la falaise où la mer s'engouffre avec violence. Le site est sauvage, aride, mais la **vue** est fort belle sur la pointe St-Nicolas.

★ GUÉHENNO   844 h. (les Guéhennotais)

Carte Michelin n° 🔲🔲 pli 3 ou 🔲🔲🔲 pli 37 (11 km au Sud-Ouest de Josselin).

Le **calvaire★** se dresse dans le cimetière près de l'église *(détails sur les calvaires p. 38)*. Il date de 1550 ; détruit en 1794, il a été restauré au siècle dernier. Toute sa valeur réside dans la parfaite ordonnance de sa composition. A noter, taillé dans le fût de la croix centrale : Jessé, père de David ancêtre du Christ. Une colonne, sculptée des instruments de la Passion, précède le calvaire ; elle est surmontée d'un coq (allusion au reniement de saint Pierre).

L'entrée du petit ossuaire est protégée par deux statues de gardes en faction. Un bas-relief, encastré dans le pignon gauche, représente la Passion.

Si vous cherchez un hôtel agréable, tranquille, bien situé,
*consultez le **guide Rouge Michelin France** de l'année.*

★ GUÉRANDE
9475 h. (les Guérandais)

Carte Michelin n° **63** pli 3 ou **230** pli 51 — Schéma p. 109.

La ville, qui domine la région des marais salants, a gardé son aspect du Moyen Age avec ses remparts.

Au pied des fortifications, a lieu, les premiers samedis de juillet et août, une soirée de danses folkloriques où les costumes chatoyants des paludiers et ceux plus sombres des métayers se mêlent aux autres costumes bretons.

GUÉRANDE

Les églises ne se visitent pas pendant les offices.

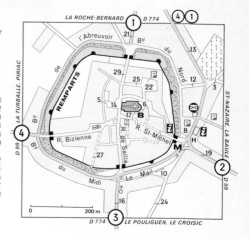

★ **Promenade autour des remparts.** — Construits au 15ᵉ s., les remparts, qui ne comportent aucune brèche, sont flanqués de six tours et s'ouvrent par quatre portes fortifiées.

Au 18ᵉ s., le duc d'Aiguillon, gouverneur de Bretagne, fit combler les fossés, dont les sections Nord et Ouest sont encore en eau, et aménager la promenade circulaire que l'on peut suivre en auto.

cv **Porte St-Michel** ou **« Château »** (M). — Dans cette ancienne demeure des gouverneurs (15ᵉ s.), un musée est installé.

Au 1ᵉʳ étage, anciennement occupé par le corps de garde, sont reconstitués deux intérieurs aux meubles cirés pour le briéron, aux meubles peints au sang de bœuf pour le paludier. Le 2ᵉ étage où logeait le gouverneur s'enrichit de tableaux, faïences du Croisic, poteries et de nombreux objets usuels régionaux. Au 3ᵉ étage, sous de belles charpentes, sont exposés un métier à tisser de 1832 et une importante collection d'anciens costumes de bourgeois, de paludiers et de métayers présentés sur mannequins grandeur nature.

Le plan en relief d'un marais salant en fait comprendre l'installation et l'exploitation.

★ **Collégiale St-Aubin** (B). — Élevée du 12ᵉ au 16ᵉ s., elle présente une belle façade de *cv* granit agrémentée de fins clochetons et pinacles à crochets. A droite, une chaire s'encastre dans le contrefort.

L'**intérieur** est imposant avec les énormes piliers du transept. Les colonnes romanes de la nef supportant des arcs gothiques ont des **chapiteaux** à sujets grotesques ou à décor floral. Le chœur profond, du 15ᵉ s., à collatéraux s'ouvrant sur quatre chapelles du 16ᵉ s., est éclairé par une superbe **verrière** du 18ᵉ s., le Couronnement de la Vierge. Sur la gauche, un petit vitrail en fer de lance, le Martyre de saint Pierre, est du 14ᵉ s. Sur la droite, la chapelle curieusement dénommée **crypte** recèle un sarcophage du 6ᵉ s. découvert sous le chœur, un gisant du 16ᵉ s. et une pierre tombale du même siècle. Dans la nef, face à la chaire, Christ en bois, du 16ᵉ s.

*Dans la collection des **guides Verts**,
celui-ci présente les conditions de visite d'une manière particulière :
voir nos explications p. 4 et p. 225.*

★ GUÉRANDE (Presqu'île de)

Carte Michelin n° **63** plis 13,14 ou **230** plis 51, 52.

C'est une région fort intéressante qui permet de voir, outre les curieux paysages de marais salants, des plages dont la Baule est la reine ; la Côte Sauvage pittoresque ; des ports de pêche animés ; Guérande et ses remparts ; Batz et son église.

L'ancien golfe. — Entre l'île rocheuse de Batz et le coteau de Guérande se serait étendu, à l'époque romaine, un vaste golfe marin. Pour certains auteurs, c'est là qu'aurait eu lieu la bataille navale où fut détruite la flotte vénète *(voir p. 140 : Un peu d'histoire)*.

Les apports des courants ont relié l'île de Batz au continent par la langue de sable qui porte la Baule et le Pouliguen. A l'Ouest, la flèche sableuse de Pen Bron n'a pu rejoindre tout à fait l'île : un passage reste ouvert devant le Croisic par lequel la mer pénètre, à marée haute, dans le Grand et le Petit Trait, débris de l'ancien golfe. Cette vaste étendue est propre à l'élevage des huîtres et des moules et l'on peut y pêcher des palourdes et des bigorneaux. Elle constitue également un réservoir naturel pour l'alimentation en eau de mer des marais salants.

GUÉRANDE (Presqu'île de) ★

Les marais salants. — Ils s'étendent sur près de 2 000 ha et forment un immense quadrillage délimité par de petits talus de terre argileuse curieusement dénommés fossés. L'eau de mer, amenée lors des marées de vives eaux par un canal ou étier, se décante de 15 à 30 jours dans un réservoir appelé vasière puis se concentre dans un second, le cobier. Elle pénètre dans des réservoirs, d'abord les fares, ensuite les adernes, de moins en moins profonds ; dans les œillets où elle parvient finalement la couche n'a plus que 5 cm d'épaisseur. C'est là que, l'eau de mer étant arrivée à saturation, le sel se cristallise.

(Photo Hug/Explorer)

Un paludier.

De fin juin à mi-septembre, le paludier cueille, à l'aide d'un grand rateau plat, appelé las, le sel gris déposé au fond ; exceptionnellement la paludière, avec une pelle plate ou lousse, écume le sel blanc ou fleur de sel, à la surface. La récolte est mise au sec sur de petites plates-formes aménagées sur les talus, puis rassemblée en tas importants ou mulons sur le bord de la saline, avant d'être stockée dans des magasins spéciaux ou salorges, souvent construits en bois, ou simplement bâchée sur place.

Un certain nombre d'œillets sont abandonnés. Mais on en compte environ 10 000 en comprenant les bassins de Guérande et de Mesquer. Un œillet mesure de 70 à 80 m² et produit annuellement 1 300 à 1 500 kg de sel gris et 80 kg de blanc. Par étés très secs, on peut obtenir 3 000 kg par œillet. Ce sel riche en magnésium est très parfumé.

Une lutte difficile. — Ces salines furent très prospères jusqu'à la Révolution : le sel pouvait, en effet, — reste des anciennes franchises — circuler dans toute la Bretagne sans être soumis à la gabelle ; les marchands ou sauniers pouvaient l'échanger dans les provinces voisines contre des céréales. La contrebande des « faux sauniers » s'exerçait souvent malgré la menace des galères.

Aujourd'hui, la production est supplantée par celle des salins du Midi, favorisés par un soleil plus constant et plus chaud, et celle des salines de l'Est ou du Sud-Ouest, dont le rendement ne dépend pas du temps.

Le séchage, le raffinage et le conditionnement des sels récoltés dans la presqu'île de Guérande ont lieu à Batz.

Falaises et dunes. — Les falaises et les rochers de la Côte Sauvage, entre la pointe de Penchâteau et le Croisic, offrent un contraste saisissant avec l'immense plage de sable de la Baule.

En 1527, un vent violent répandit sur le village d'**Escoublac** le sable accumulé à l'estuaire de la Loire. Après cette tempête de plusieurs jours, l'apport des sables continua et au 18ᵉ s. les derniers habitants quittèrent les lieux définitivement. Le village dut être reconstruit à plusieurs kilomètres en arrière. Les pins qui furent plantés pour fixer les dunes ont formé le Bois d'Amour de la Baule. Au milieu du 19ᵉ s., le littoral devenu accueillant prenait le nom de **« Côte d'Amour »**.

(Photo Jacques Guillard/Scope)

La presqu'île de Guérande. — Les marais salants.

VISITE

Circuit de 62 km au départ de la Baule — compter 1/2 journée

Quitter la Baule (p. 53) par ④ du plan. Immédiatement après le pont, à l'entrée du Pouliguen, tourner à gauche.

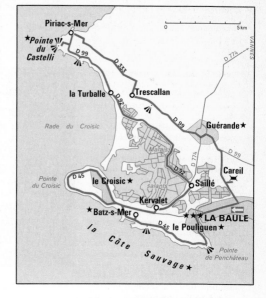

★ **Le Pouliguen.** — *Page 169.*

De la route qui longe la côte, une belle vue se dégage sur le rivage, au Sud de la Loire, jusqu'à la pointe de St-Gildas et au phare de la Banche.

★ **La Côte Sauvage.** — *Le parcours routier est décrit en sens inverse p. 85.*

★ **Le Croisic.** — *Page 85.*

★ **Batz-sur-mer.** — *Page 52.*

Kervalet. — Petit village paludier avec sa chapelle dédiée à saint Marc, bâtie sur le roc.

Saillé. — Construite sur une île au milieu des marais salants, c'est la capitale du sel. Une ancienne chapelle abrite la **maison des Paludiers**. Gravures, outils, meubles, costumes, illustrent la vie des paludiers et font découvrir leur travail (projection de diapositives).

Tourner à gauche dans la route de la Turballe qui traverse les marais salants.

La Turballe. — 3 276 h. La ville s'allonge sur une grève plate. La Criée, construction hardie en arc de cercle, se tient sur un terre-plein au centre du port. Très animé, ce port artificiel abrite des bateaux de plaisance et de nombreux sardiniers. Son église Ste-Anne, en granit, de facture moderne, possède un clocher bas accolé à l'abside ; de petits vitraux de 1907 éclairent le chœur.

Belle **vue** sur la côte à partir de Lerat. *Après Penhareng, tourner deux fois à gauche.*

★ **Pointe du Castelli.** — *Du parc de stationnement, un sentier mène à la pointe en empruntant la crête de la falaise.* Jolies vues sur les criques rocheuses. De la pointe, à droite, on distingue l'île Dumet et la côte basse de la presqu'île de Rhuys ; à gauche, la rade et la presqu'île du Croisic, avec les clochers du Croisic et de Batz.

Piriac-sur-Mer. — 1 263 h. Petit port de pêche et centre balnéaire. Sur la place de l'église, bel ensemble de maisons du 17e s.

Pour sortir de Piriac, longer le port en direction de Mesquer, prendre à droite, en direction de Guérande. Traverser St-Sébastien.

Trescallan. — Un petit calvaire coiffé d'un fronton se dresse sur la place. L'église épaulée de contreforts présente de belles colonnes à chapiteaux et abrite dans le bas-côté droit une statue de sainte Brigitte, parée d'un tissu argenté.

Du coteau de Guérande, que suit la route, belle vue sur les marais salants, la rade du Croisic. En fin de journée, les effets de lumière sur les marais sont étonnants.

★ **Guérande.** — *Page 107.*

Château de Careil. — Ancienne place forte au 14e s., remanié aux 15e et 16e s. et toujours habité, il présente encore deux ailes ; une façade Renaissance aux gracieuses lucarnes à coquille ; un bâtiment plus rustique dont les mansardes sont ornées de frontons armoriés. La salle des gardes pavée et le grand salon qui lui fait suite possèdent de belles poutres. Par un escalier à vis on accède à la salle qu'occupaient les soldats ; belle charpente. Dans la chambre du capitaine, la cheminée porte la croix de Malte.

Regagner la Baule par ① du plan.

La GUERCHE-DE-BRETAGNE

4075 h. (les Guerchais)

Carte Michelin n° 🔢 pli 8 ou 🔢 plis 41, 42.

Cette ancienne châtellenie qui eut Du Guesclin pour seigneur a conservé quelques logis, témoignages de son passé, et une église intéressante. Son cidre est réputé.

Église. — De l'époque de sa fondation (1206), il ne subsiste que le chœur. La nef et le collatéral Sud ont été reconstruits au 16e s., le bas-côté Nord et le clocher à la fin du 19e s. Sa richesse est constituée par ses stalles du 16e s., aux amusantes miséricordes gothiques dont les boiseries accusent par leur décoration nettement Henri II une période plus avancée, et par ce qui reste dans le bas-côté gauche de ses vitraux des 15e et 16e s. On remarquera spécialement une belle Annonciation et les sablières ornant la voûte en bois de la nef.

Maisons anciennes. — Une quinzaine de maisons à piliers se voient sur la place de la Mairie, près de l'église, et dans les rues voisines.

EXCURSIONS

Circuit de 43 km. − *Environ 2 h 1/2. Quitter la Guerche par la route de Rennes. A Visseiche, prendre à gauche.* On atteint bientôt une branche de l'étang de Marcillé formé au confluent des vallées de la Seiche et de l'Ardenne, ce qui explique sa forme en accolade. *A la sortie de Marcillé-Robert, après avoir franchi la Seiche, prendre à gauche vers Retiers ;* on longe la seconde branche du lac. *Tourner à droite 800 m plus loin en direction du Theil, puis encore à droite, à 3 km. A 800 m à droite de la route se trouve la Roche-aux-Fées.*

★ **La Roche-aux-Fées.** − C'est un des
cv beaux monuments mégalithiques de Bretagne. Bâti en schiste pourpré, il est composé de 42 pierres, dont une demi-douzaine de 40 à 45 t chacune, et comprend une entrée monumentale en portique suivie d'un couloir bas conduisant à une vaste chambre compartimentée. Comme il fut construit par les fées − c'est du moins ce que prétend la tradition − les jeunes gens désirant s'unir venaient, un jour de nouvelle lune, les consulter. Le jeune homme faisait le tour de la roche par la droite, la jeune fille par la gauche ; s'ils avaient compté, quand ils revenaient à leur point de départ, le même nombre de pierres, tout était pour le mieux ; si la différence n'était que de deux, ils pouvaient encore

(Photo J. Bars/Azimut)
La Roche-aux-Fées.

donner suite à leur projet, mais si elle était plus grande, mieux valait renoncer.

Faire demi-tour, gagner le Theil et prendre à gauche vers Ste-Colombe.

cv **Lac des Mottes.** − Charmant plan d'eau artificiel entouré d'arbres superbes.

En vue de Ste-Colombe, tourner à gauche.

Retiers. − 3 444 h. Coquette petite localité dont l'église abrite cinq tableaux et trois retables des 17e et 18e s. en bois sculpté.

On traverse Arbrissel, pays natal de Robert d'Arbrissel, fondateur de la célèbre abbaye de Fontevraud (près de Saumur).

De Rannée, gagner la Guerche.

Circuit de 36 km. − *Environ 2 h 1/2. Quitter la Guerche par la route de Châteaugiron et, à 1 km, prendre à droite.* Après Carcraon, situé à l'extrémité d'un bel étang dont les rives ombragées sont aménagées pour la pêche (pontons, abris), on atteint Bais.

Bais. − 1913 h. Construit à flanc de coteau, Bais domine la petite vallée de la Quincampoix. Le porche de son église gothique, qui était appelé « porche des malades », abrite un beau portail Renaissance formé de deux portes géminées sous un fronton triangulaire ; les portes sont elles-mêmes surmontées de frontons. La grande fantaisie de sa riche ornementation fait voisiner têtes de mort, salamandre, buste de François Ier, Triomphe d'Aphrodite.

Louvigné-de-Bais. − 1 124 h. De l'**église** primitive du 11e s. il ne reste que la chapelle voûtée en berceau, située à droite du chœur. L'édifice du 16e s. repose sur des piliers courts aux arcades gothiques. Le retable du maître-autel date du 17e s.. Ses superbes **vitraux**★ appartiennent à la grande période de l'art breton. Dans le bas-côté droit, on notera la Résurrection et la Transfiguration exécutées en 1542 et 1544 par un peintre de Vitré ; dans le bas-côté gauche, ils retracent la Descente de Jésus aux Enfers, de 1567, très bien réparée en 1607, la vie de saint Jean, de 1578, et la vie de la Vierge (1543 ou 1548), situé le plus près du chœur.

Quitter Louvigné en direction de Janzé ; à la Gaudinais tourner à gauche vers Moulins.

cv **Château de Monbouan.** − Dans un beau site verdoyant se dresse ce château de 1771 précédé de douves en eau et de vastes communs tracés en équerre. On visite plusieurs pièces, en particulier l'ancienne cuisine, le salon, le hall d'entrée orné de peintures d'après des cartons de Boucher et dont l'imposant escalier possède une gracieuse rampe en fer forgé.

Gagner Moulins et tourner à gauche pour rentrer à la Guerche-de-Bretagne.

★★ GUERLÉDAN (Lac de)

Carte Michelin n° 59 pli 12 ou 230 plis 21, 22.

Au cœur de l'Argoat, région très pittoresque, le lac de Guerlédan étend ses rives sinueuses et boisées. Ce magnifique plan d'eau, formé par la retenue des eaux du Blavet, constitue un des plus beaux sites de la Bretagne intérieure et un cadre agréable pour la pratique de la voile et du motonautisme.

★★ **Promenades en bateau.** — Depuis Beau-Rivage ou l'anse de Sordan, des vedettes assurent des promenades sur le lac et permettent d'apprécier la beauté de ce site.

TOUR DU LAC

Circuit de 44 km au départ de Mur-de-Bretagne — environ 3 h 1/2

Mur-de-Bretagne. — 2 165 h. Ce bourg compte parmi les plus animés de la Bretagne intérieure. La chapelle Ste-Suzanne (17e s.) s'élève au Nord du bourg, dans un pittoresque cadre de verdure, dont les chênes remarquables ont plusieurs fois inspiré Corot. Un très élégant clocher-porche de 1670 la précède.

Rond-Point du lac. — Dans Mur-de-Bretagne, une rue à droite *(accès signalé)* mène à ce rond-point aménagé d'où l'on jouit d'une jolie **vue**★ sur le lac artificiel et le barrage.

Revenir à Mur-de-Bretagne et prendre la direction de Guémené-sur-Scorff. Après avoir franchi les deux ponts enjambant le canal et le Blavet, tourner à droite.

St-Aignan. — 651 h. Dans sa charmante église du 12e s., remarquer, à gauche du chœur, une très belle représentation en bois sculpté de l'Arbre de Jessé, et à droite, de même facture, une Trinité entourée des évangélistes. Statue de saint Marc et Pietà.

Gagner le barrage.

Barrage de Guerlédan. — Un rond-point belvédère domine ce barrage du type « barrage-poids » haut de 45 m, long de 206 m à la crête et épais de 33,50 m à la base. Sa retenue de 55 millions de m³ se développe sur 12 km dans les gorges du Blavet ; la centrale, installée au pied du barrage, produit en moyenne 23 millions de kWh par an. En aval se trouve l'ancien port du canal de Nantes à Brest, voie d'eau actuellement désaffectée entre Guerlédan et Pontivy.

Faire demi-tour, puis tourner à droite. On traverse un paysage découvert à travers champs et herbages. *A l'entrée de la forêt de Quénécan, prendre à droite.*

Anse de Sordan. — Agréable crique dans un joli site où s'abritent de nombreux bateaux de plaisance.

Forêt de Quénécan. — Située sur un plateau très accidenté qui domine la vallée du Blavet, elle s'étend sur 2 500 ha. De belles futaies de hêtres et d'épicéas entourent l'étang du Fourneau et les Forges des Salles. Le reste du peuplement, très giboyeux (chevreuil, sanglier), se compose de pins et de taillis entrecoupés de landes.

Les Forges des Salles. — L'endroit est charmant. A droite dans le creux du vallon, le hameau des Forges et son château, nichés dans la verdure, sont dominés par un beau massif d'arbres. Jusqu'au début du 19e s., les forges, installées dans ce site, traitaient au bois de la forêt environnante le minerai de fer breton.

Poursuivre en direction de Ste-Brigitte. De belles échappées s'offrent à droite sur l'étang du Fourneau. *A 1,7 km, dans un virage, prendre à droite un chemin non revêtu qui s'enfonce dans la forêt. 800 m plus loin, laisser la voiture sur un terre-plein et emprunter le sentier à gauche.*

Étang et château des Salles. — *1/2 h à pied AR.* Du château des Salles, il ne reste que quelques vestiges et le corps principal transformé en ferme. Des abords du château, jolie vue sur l'étang.

Par les Forges des Salles, regagner le grand carrefour et prendre à gauche. La route descend le vallon du ruisseau des Forges, puis débouche dans la vallée du Blavet. *Laisser la voiture au parc de stationnement avant le pont, à gauche.*

Écluse de Bon-Repos. — Située sur le Blavet, elle forme, avec le vieux pont à corbeaux, l'ancienne maison de l'éclusier et le déversoir, un charmant tableau.

Franchir le pont et sur la droite emprunter l'ancien chemin de halage.

Abbaye de Bon-Repos. — Fondée au 12e s., cette abbaye cistercienne filiale de Boquen *(p. 121)* est reconstruite au 14e s., puis embellie au début du 18e s. A la Révolution, elle est totalement pillée et ruinée. Au cours de la visite, on découvrira, en partie masquées par la végétation, la très belle façade du logis abbatial, la sobre architecture des bâtiments conventuels et les vastes dimensions de l'église.

Gagner la route nationale, tourner à gauche vers Gouarec, sitôt franchi le pont, prendre à droite vers les gorges du Daoulas.

Moulin de Bothoa. — *Entrée à droite sous le pont enjambant la route.* Dans le cadre de cet ancien moulin est présentée une importante **collection de minéraux**★ (blocs géants d'améthyste, agate, cristal de roche, quartz rose, stibine, etc.). Ils proviennent en majeure partie d'Europe.

★ **Gorges du Daoulas.** — Remonter les gorges. Les eaux rapides du Daoulas coulent dans une vallée sinueuse, étroite, aux versants raides tapissés d'ajoncs, de genêts et de bruyères. C'est une véritable cluse sciée par la rivière dans une bande de schiste et de quartzite pour rejoindre le Blavet devenu le canal de Nantes à Brest. Les bancs de roches sont redressés presque verticalement ; quelques-uns se terminent en de curieuses aiguilles, en lames tranchantes.

A 2 km, faire demi-tour dans un chemin précédant deux maisons au lieu-dit Toulrodez. La route de Loudéac, que l'on prend à gauche, traverse une région mamelonnée et procure des échappées sur le lac. A 5 km, prendre à droite la petite route vers le lac qui, après une descente dans un boqueteau de pins, offre une **vue**★ *remarquable sur le lac de Guerlédan.*

GUERLÉDAN (Lac de)★★

Beau-Rivage. — Centre de loisirs et petit havre pour la plaisance.

Gagner Caurel, tourner à droite vers Loudéac. A 3,5 km, prendre à droite pour rejoindre Mur-de-Bretagne.

Vallée du Poulancre. — *6,5 km au Nord de Mur-de-Bretagne par la route de St-Gilles-Vieux-Marché.* Encaissée entre des rives rocheuses ou boisées, la vallée forme des gorges étroites et pittoresques. Elle mène à St-Gilles-Vieux-Marché, coquet village où les fleurs abondent.

Le GUILDO

Carte Michelin nº 59 pli 5 ou 230 plis 10, 11 (10 km au Sud de St-Cast) — Schéma p. 84.

Ce village occupe un site pittoresque sur le bord de l'estuaire de l'Arguenon.
Du pont qui franchit l'estuaire, on aperçoit, sur la rive droite, les ruines du château du Guildo. Ce fut, au 15e s., la résidence de Gilles de Bretagne. Insouciant, galant et poète, il menait joyeuse vie au Guildo et chez ses amis des environs — c'est de là que viendrait l'expression « courir le guilledou ». Gilles, soupçonné de machinations par son frère, le duc régnant, fut emprisonné. Comme il ne mourait pas assez vite, on l'étouffa. Avant d'expirer, il soumit son frère au jugement de Dieu, et le duc, bourrelé de remords, passa de vie à trépas.

Les Pierres Sonnantes. — *3 km à l'Ouest par la route d'Erquy. Après le pont, prendre à droite la route du port, parc de stationnement sur le quai, puis suivre à pied un chemin qui longe l'Arguenon (1/4 h AR).*
A hauteur des ruines du château (à droite, sur l'autre rive), on rencontre un amoncellement de rocs donnant une résonance métallique quand on les frappe avec des cailloux de même nature. Cette sonorité est due au grain parfaitement homogène des pierres.

★★ GUIMILIAU   760 h. (les Guimiliens)

Carte Michelin nº 58 plis 5, 6 ou 230 plis 4, 5 — Schéma p. 96.

La célébrité du petit village de Guimiliau est due à son remarquable enclos paroissial *(voir p. 37)* et au mobilier magnifiquement décoré de son église.

★★ ENCLOS PAROISSIAL   *visite : 3/4 h*

★★ **Calvaire.** — Il date de 1581-1588 et comprend plus de 200 personnages. A la partie supérieure se dresse une grande croix au fût épineux qui porte quatre statues groupées deux à deux : la Vierge, saint Jean, saint Pierre et saint Yves. Sur la plate-forme, on remarque 17 scènes de la Passion, très expressives, et un motif représentant l'histoire de Catell-Gollet *(détails p. 38),* au-dessus de la Cène. Sur la frise, les personnages, d'une facture plus naïve, sont particulièrement nombreux et composent, sans ordre chronologique, 15 épisodes de la vie de Jésus. Aux extrémités des contreforts sont représentés les évangélistes.

★ **Église.** — Cet édifice du 16e s. a été reconstruit dans les styles flamboyant et Renaissance au début du 17e s.
Longer le flanc droit pour voir l'abside à trois pans qui est charmante et faire le tour complet en passant au pied du clocher (1530) posé sur le pignon occidental, seul reste de l'ancienne église.
Le **porche méridional**★★ est remarquable. Les voussures, décorées de statuettes, constituent une intéressante imagerie de la Bible et de l'Évangile. Au-dessus du fronton surmontant le porche, statue de saint Miliau, roi de Cornouaille, patron du lieu. A gauche du porche, petit ossuaire avec bas-reliefs figurant des scènes de la vie du Christ. L'intérieur du porche offre un bel exemple de décoration fréquente en Bretagne *(détails sur les porches p. 35) :* au-dessous des classiques statues des apôtres, frise décorée de rosaces, de tresses et de scènes de l'Ancien Testament. On peut voir du côté gauche, près de la date 1606, la Création de la Femme. Dans le mur du fond, deux portes en plein cintre, surmontées d'une statue du Christ, encadrent un gracieux bénitier en granit de Kersanton.
A l'intérieur, l'église à deux nefs et cinq chapelles latérales est couverte d'une voûte lambrissée. Au fond, à gauche de l'entrée, se trouve un magnifique **baptistère**★★ en chêne sculpté (1675). Des colonnes torses supportent un baldaquin très ouvragé, surmonté d'un dôme abritant un groupe représentant le Baptême du Christ.
A la **tribune d'orgues,** trois **bas-reliefs**★ du 17e s. : face au baptistère, le Triomphe d'Alexandre ; du côté de la nef, David jouant de la harpe et sainte Cécile à l'orgue.
La **chaire**★, de 1677, est ornée, aux angles, des statues de quatre sibylles ; les panneaux représentent dans des médaillons les vertus cardinales.
Le chœur, au vitrail central datant de 1599, est fermé d'une balustrade du 17e s., ornée de belles bannières brodées (1658) et d'une croix processionnelle d'or. On trouve de droite à gauche : le **retable de saint Joseph,** riche en couleurs, avec deux petits groupes de saint Yves, patron des avocats, entre le riche et le pauvre, et saint Hervé accompagné de son loup, le **retable de saint Miliau** avec des scènes de la vie du saint, le **retable du Rosaire** aux quinze mystères en médaillon, surmonté d'une Trinité.

Chapelle funéraire. — De style Renaissance, elle date de 1648. Remarquer la chaire extérieure pratiquée dans l'une des fenêtres.

Sacristie. — Construite en 1683, près de la chapelle funéraire, elle porte sur sa toiture conique une statuette de saint Miliau.

GUINGAMP

9519 h. (les Guingampois)

Carte Michelin n° 59 pli 2 ou 230 plis 7, 8.

Important marché agricole, Guingamp connaît une large expansion industrielle. La ville s'est développée autour de la cité féodale dont il reste quelques lambeaux de remparts et un château en ruine.

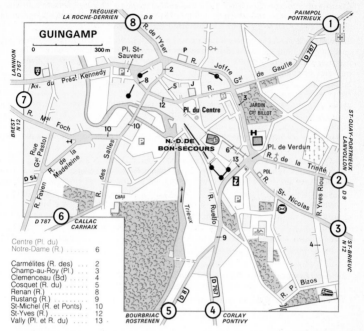

CURIOSITÉS

★ **Basilique N.-D.-de-Bon-Secours.** – Cet édifice fut construit au 14ᵉ s. dans le style gothique (une partie romane subsiste à la croisée) ; mais deux siècles plus tard, la tour Sud s'effondre, démolissant le côté droit de la nef. Pour la reconstruction, la ville demande des plans à plusieurs architectes. Un vieux maître présente un projet de tradition gothique ; un jeune homme, Le Moal, soumet des plans où s'accuse le style Renaissance, encore peu connu en Bretagne à cette époque. Contre toute attente, les Guingampois donnent la palme au novateur. Et depuis, l'église a cette originalité d'être gothique du côté gauche, Renaissance du côté droit.

Sur la façade Ouest, deux hautes tours, la tour de l'Horloge du 13ᵉ s. à gauche et la tour Renaissance à droite, encadrent le très beau portail en plein cintre à la fine décoration mi-sacrée, mi-profane.

Pénétrer dans l'église par le porche N.-D.-de-Bon-Secours qui s'ouvre dans la rue Notre-Dame. Transformé en oratoire, il abrite la Vierge Noire, patronne de cette basilique. Un grand pardon *(p. 16)* rassemble des milliers de pèlerins. La procession se déroule la nuit aux flambeaux. Après la procession, trois feux de joie sont allumés sur la place du Centre en présence de l'évêque qui préside la cérémonie.

L'intérieur de l'église surprend par l'abondance de piliers et les élégants arcs-boutants épaulant le chœur. Dans la partie haute de la nef, le triforium présente une arcature trilobée avec balustrade à quadrilobes, dans la partie basse, une décoration Renaissance du plus bel effet.

Place du Centre. – On y verra la populaire fontaine Renaissance dite la « **Plomée** », à trois vasques, en pierre et plomb, et des maisons anciennes à pans de bois aux nᵒˢ 31, 33, 35, 39, 48 et à l'angle des rues St-Yves et du Cosquer.

cv **Hôtel de ville** (1699). – Il occupe l'ancien Hôtel-Dieu, autrefois couvent des Hospitalières. On voit le cloître, l'escalier monumental et la belle chapelle de style italien (1709).

Remparts. – Seuls vestiges des fortifications qui enserraient la ville et qui ont été démantelées sur ordre de Richelieu, ils se dressent sur la place du Vally.

EXCURSIONS

★ **Menez-Bré.** – *13 km à l'Ouest – environ 1 h 1/4. Quitter Guingamp par ⑦, route de Brest. A 11,5 km de Guingamp, après une maison sur la droite, prendre à droite (panneau) une petite route en forte montée (maximum 18 %) qui conduit au sommet du Menez-Bré. Description p. 57.*

Grâces. – *2 308 h. 3,5 km. Quitter Guingamp par le D 54, à l'Ouest du plan. A 2 km, tourner à droite. Au centre du village, s'élève l'importante église de Grâces.*

cv A l'origine l'**église Notre-Dame** fut une chapelle de pèlerinage dont la fondation semble être due à la reine Anne. Élevée au 16ᵉ s., elle fut légèrement modifiée au 17ᵉ s. et restaurée au 19ᵉ s. Au Sud, les quatre pignons de son unique bas-côté lui donnent un profil en dents de scie.

A l'intérieur, remarquer les entraits de la nef et les magnifiques sablières sculptées. La satire de l'ivrognerie en est le thème principal, à côté de scènes de chasse, de monstres et d'une émouvante Sainte Face encadrée d'angelots. Une châsse en bois contient les reliques de Charles de Blois, tué à la bataille d'Auray *(p. 50).*

Circuit de 39 km. — *Environ 2 h. Quitter Guingamp par* ⑤ *du plan.* La route suit la vallée du Trieux puis pénètre, un court instant, dans le bois de Kerauffret qui s'étend sur la gauche. Le paysage au relief peu accentué est agréable.

cv **Bourbriac.** — 2 567 h. Au centre du bourg s'élève l'église entourée d'un jardin que domine son clocher haut de 64 m. Successivement furent construits plusieurs édifices. Du premier subsiste une crypte qui semble remonter au 10e ou 11e s. ; de l'église romane qui vint ensuite, il reste le carré du transept très élevé, dont la tour, remplacée aujourd'hui par un clocheton, disparut lors d'un incendie en 1765. En 1535, on commence la tour Ouest, remarquable exemple de passage d'un style au style suivant : alors que le grand porche voûté d'ogives et tout l'étage inférieur sont de tradition flamboyante, le reste de la tour est nettement Renaissance. La flèche a été refaite en 1869.

A l'intérieur, sarcophage de saint Briac, invoqué pour la guérison des épileptiques, de l'époque mérovingienne.

Prendre la direction de Plésidy puis celle de St-Péver. A 2 km, sur la gauche, en contrebas de la route, remarquer le petit **manoir de Toul-an-Gollet,** *charmante demeure du 15e s. en granit ; une tourelle coiffée en poivrière et des fenêtres à meneaux agrémentent la façade. Il abrite un centre d'animation. Au carrefour, tourner à gauche et, avant le pont sur le Trieux, prendre une petite route à droite.*

cv **Chapelle N.-D.-de-Restudo.** — Cet édifice des 14e et 15e s. a conservé dans la nef et le chœur, séparés par un imposant arc ogival, des traces de fresques du 14e s. On reconnaît la Cène et des scènes de chevalerie. Pardon le dernier jour de juin en l'honneur de saint Éloi.

Faire demi-tour et reprendre la route vers Guingamp. On retrouve la vallée du Trieux aux multiples horizons. A 2 km, tourner à droite vers Avaugour.

cv **Chapelle d'Avaugour.** — Elle s'élève dans un joli site et abrite un beau sacraire (meuble) en bois sculpté du 16e s. ainsi qu'une intéressante collection de statues d'apôtres.

Revenir à la vallée du Trieux et rentrer à Guingamp par ④ *du plan.*

HÉDÉ

470 h. (les Hédéens)

Carte Michelin n° 59 pli 16 ou 230 pli 26.

Le bourg est situé sur une colline, entre le canal d'Ille et Rance et un étang. Des maisons entremêlées de jardins suspendus lui donnent un aspect pittoresque. Les ruines d'un château féodal couronnent un promontoire rocheux.

Dans l'église romane, on pourra voir une Vierge en albâtre du 17e s. et le retable du maître-autel en bois (17e s.).

Les Onze écluses. — *1,5 km au Nord-Est, par la route de Combourg, au lieu-dit la Madeleine. Passé le pont sur le canal, tourner immédiatement à gauche, parc de stationnement à proximité de la maison de l'éclusier.*

Un jeu de onze écluses, trois en amont du pont, huit en aval, a été installé sur le canal d'Ille-et-Rance, appelé aussi Manche-Océan ; il permet de franchir une dénivellation de 27 m. L'ancien chemin de halage est une promenade très agréable dans ce joli site.

EXCURSION

Circuit de 17 km. — *A l'Ouest — environ 1 h 1/2.*

★ **Église des Iffs.** — *Visite : 1/4 h.* Joli édifice gothique dont on peut admirer le porche et le clocher, ainsi que les belles fenêtres de style flamboyant de la façade Sud.

A l'intérieur, neuf belles **verrières★** inspirées des écoles hollandaise et italienne (16e s.) éclairent l'église : dans le chœur, on reconnaît les scènes de la Passion, dans la chapelle à gauche, l'enfance du Christ, dans celle de droite, l'histoire de Suzanne. Dans la nef, retiennent aussi l'attention deux bas-reliefs représentant les apôtres, un bénitier avec lièvre musicien (1458), les fonts baptismaux doubles (15e s.) et le chemin de croix, en bois sculpté, de Colette Rodenfuser (1965). Un curieux maître-autel de forme triangulaire a été découvert sous le retable de bois.

★ **Château de Montmuran.** — *A 800 m, au Nord des Iffs, à l'extrémité d'une belle allée bordée* *cv* *de chênes et de hêtres.*

Un corps de logis du 17e s. dont la façade a été remaniée au 18e s. s'inscrit entre les tours du 12e s. et le châtelet (14e s.) qui commande l'entrée du château. Un pont-levis enjambant les douves précède l'étroite porte d'entrée défendue par une herse, qu'encadrent deux grosses tours rondes à mâchicoulis. L'une de ces tours abrite la salle des gardes et un petit musée consacré au passé historique de la demeure. Au revers du châtelet, un escalier extérieur mène à la chapelle où Du Guesclin *(détails p. 181)* fut armé chevalier en 1354, après un combat livré aux Anglais, dans les environs. Il y épousa plus tard, en seconde noces, Jeanne de Laval.

Du sommet des tours (84 marches), vaste panorama sur Hédé et Dinan.

Faire demi-tour et prendre la route à droite.

cv **Tinténiac.** — 2 598 h. Sur les bords du canal d'Ille-et-Rance, dans un joli site agrémenté d'une écluse. L'église, reconstruite en 1908, présente des vestiges de l'ancien édifice : sur le flanc Nord, une petite porte Renaissance, don de l'amiral Coligny, ornée de colonnes ioniques et d'une frise à têtes d'anges ; à droite du chœur, un curieux bénitier polygonal du 14e s. appelé « le diable de Tinténiac », sculpté de figures grimaçantes.

Rentrer à Hédé par la route de Rennes.

Ancienne ville fortifiée, Hennebont est située sur les rives escarpées du Blavet, rivière que les pêcheurs apprécieront pour ses variétés de poissons. On pourra assister à un pardon *(p. 16)*.

Le siège de 1342. — Pendant la guerre de Succession *(p. 22)*, l'un des prétendants, Jean de Montfort, est tenu prisonnier au Louvre. Sa femme, Jeanne de Flandre, est assiégée, en 1342, dans Hennebont, par Charles de Blois et des forces françaises. La comtesse se bat comme un vrai chevalier, mais les assaillants font une brèche dans la muraille. La garnison, démoralisée, l'oblige à négocier. Elle obtient de sortir avec les honneurs de la guerre si ses renforts n'arrivent pas dans les trois jours. Avant la date fixée, la flotte anglaise remonte le Blavet et sauve la ville.

CURIOSITÉS

Basilique N.-D.-de-Paradis. — Sur la place Maréchal-Foch se dresse la basilique, édifice du 16e s. A la base de son énorme **tour-clocher★**, surmontée d'une flèche de 65 m, un beau porche flamboyant très élancé, orné de niches, donne accès à la nef éclairée par des vitraux de Max Ingrand. Une tribune Renaissance abrite un buffet d'orgue de 1652.

Puits ferré. — De 1623, il est surmonté d'une belle armature en fer forgé.

Porte Broërec et remparts. — Vestige des fortifications du 13e s., la porte Broërec, restaurée, servait autrefois de prison. *Franchir cette porte et prendre, à gauche, l'escalier qui donne accès au chemin de ronde.* Ces remparts du 15e s. enserraient la ville close. Ils offrent une jolie vue sur la vallée du Blavet qu'enjambe le viaduc ferroviaire. Des jardins sont aménagés le long de ces murailles.

cv **Haras.** — Le dépôt d'Hennebont fournit des reproducteurs, environ 140 (chevaux de trait, postiers bretons et étalons de sang), aux stations du Sud-Finistère, du Morbihan et de l'Ille-et-Vilaine. Une société hippique nationale est installée dans les locaux du haras.

On parcourt les écuries, la sellerie, le manège, la salle des voitures.

Dans le parc, on pourra visiter les restes de l'abbaye de la Joie, la porterie du 17e s. est intéressante.

Parc de Kerbihan. — *Accès par les rues Nationale et Léo-Lagrange, cette dernière réservée aux piétons.*

Ce parc botanique s'articule le long du ruisseau de St-Gilles et présente des essences des cinq continents, répertoriées.

EXCURSION

Circuit de 70 km. — *Environ 3 h 1/2. Quitter Hennebont en direction de Carnac.*

Kervignac. — A gauche de la route sont groupées les maisons neuves de Kervignac, qui fut incendiée en 1944. La cité reconstruite entoure une église moderne charmante.

cv L'église N.-D.-de-Pitié est en forme de croix grecque. Ses quatre faces sont formées d'un soubassement en granit supportant une claire-voie, dans laquelle sont encastrés les vitraux, et au-dessus un pignon triangulaire. L'un des angles rentrants est occupé par une tour carrée surmontée d'un petit clocher coiffé d'une flèche ajourée.

A l'intérieur, le beau plafond en sapin verni s'harmonise avec ses vitraux lumineux en dalle de verre, dont le thème est la vie de la Vierge, et avec le sobre chemin de croix en bois, dessiné au fusain et à la craie.

Suivre la route de Carnac, puis prendre à droite vers Merlevenez.

★ Merlevenez. — 1 773 h. Ce petit bourg a lui aussi payé son tribut à la guerre, mais son **église★** a échappé à la destruction totale. C'est une des rares églises romanes bretonnes qui ait conservé intacts ses élégants portails aux archivoltes à chevrons et en dents de scie, ses arcades en tiers-point de la nef, ses chapiteaux historiés et sa coupole sur trompes à la croisée du transept.

Des vitraux modernes de Grüber retracent des épisodes de la vie de la Vierge.

Par la route de Carnac et une petite route à gauche, gagner Ste-Hélène.

Ste-Hélène. — Ce village possède une fontaine où les marins d'Etel venaient en pèlerinage avant d'embarquer sur les thoniers. Si la mie de pain jetée dans la fontaine surnageait, le marin reviendrait de la campagne de pêche.

Emprunter la rue à droite de la mairie et continuer vers la pointe de Mané Hellec. La suite de ce circuit fait découvrir la charmante **rivière d'Etel★**, petit golfe aux multiples îlots, où abondent les parcs à huîtres.

Pointe de Mané Hellec. — *A hauteur d'un petit transformateur, tourner à gauche dans un chemin revêtu.* Une belle vue se développe sur St-Cado et sa chapelle, Pont-Lorois, la rivière d'Etel.

Regagner Ste-Hélène où l'on prend la direction de Plouhinec et à 2 km tourner à gauche. A l'entrée de Pont-Lorois, tourner à droite vers la barre d'Étel.

Barre d'Étel. — L'océan déferle en puissantes lames dans le goulet desservant la rivière d'Étel. Ce spectaculaire remous rend la navigation difficile et parfois impossible dans cette étroite passe envahie par des bancs de sable. La vue se porte au large sur l'île de Groix, Belle-Ile, la presqu'île de Quiberon ; Étel occupe la rive gauche. Ce petit port de pêche arme encore une dizaine de thoniers œuvrant au large des Açores et une petite flottille de chalutiers consacrés à la pêche côtière.

Faire demi-tour.

Pont-Lorois. – Ce court et très joli passage permet de jeter un coup d'œil sur le vaste estuaire qui, à gauche, se dessine en golfe et, à droite, s'étrangle en un goulet découpé et sinueux.

A la sortie du pont, prendre à gauche vers Belz et encore à gauche vers St-Cado.

Chapelle St-Cado. – *1/4 h à pied AR*. Cette ancienne chapelle des Templiers est avec l'église de Merlevenez un des rares édifices romans du Morbihan. La sobriété de l'ensemble (arcs en plein cintre non ornés, chapiteaux à la décoration très simple, éclairage réduit, la plupart des fenêtres ayant été bouchées) fait contraste avec la belle tribune de style flamboyant qui orne le revers de la façade élevée au 16e s. C'est dans cette chapelle que les sourds venaient demander la guérison de leur infirmité à saint Cado dont on voit le lit et l'oreiller de pierre. La chapelle, le calvaire, les petites maisons de pêcheurs constituent un site★ charmant, surtout à marée haute. Au chevet de la chapelle, en contrebas, fontaine de St-Cado.

Dans St-Cado, prendre à gauche après le transformateur. La route longe la rivière d'Étel et passe au pied du dolmen de Kerhuen. *Pour gagner Belz, appuyer toujours à droite ; dans Belz, tourner à gauche et prendre ensuite la direction de Pluvigner. A la sortie de Locoal-Mendon, tourner à gauche vers la pointe du Verdon.*

Pointe du Verdon. – Comme toutes les pointes de ce golfe, la pointe extrême du Verdon est occupée par les ostréiculteurs, aussi dès le franchissement du petit isthme, avant la montée dans les pins, prendre à droite pour gagner un terre-plein. Jolie vue sur la zone ostréicole à marée basse. Il est possible de faire le tour de la pointe à pied.

Repartir en direction de Langombrac'h que l'on laisse sur la gauche pour gagner Landévant. A l'entrée de la localité, tourner à gauche vers Merlevenez. On atteint la pointe extrême de la rivière d'Étel qui prend toute sa valeur à marée haute. *Dans Nostang, une route à droite ramène directement à Hennebont.*

HOËDIC (Ile de)

126 h. (les Hoëdicais)

Carte Michelin n° ⬚⬚ pli 12 ou ⬚⬚⬚ pli 50.
Accès : au départ de Quiberon et de Vannes.

Séparée de l'île de Houat par le passage des Sœurs, l'île de Hoëdic, de dimensions plus modestes (2,5 km sur 1 km), présente le même sol granitique bordé de nombreuses plages entrecoupées de pointes rocheuses. Deux lagunes s'étendent à l'Est du bourg tandis qu'une lande rase où croissent les œillets sauvages, quelques cyprès, de beaux figuiers, des tamaris, représentent la végétation de l'île. Hoëdic est alimentée en eau douce par une nappe phréatique.

Le bateau accoste au port d'Argol, l'un des trois ports de l'île avec le port de la Croix et le port Neuf. S'orientant de plus en plus vers la navigation de plaisance, l'île vit principalement du tourisme. Une route en pente douce mène au bourg, sur la droite petit oratoire, sur la gauche un menhir.

Le bourg. – Toutes tournées au Sud, les maisons s'alignent par trois ou quatre formant des amorces de rues. Près de l'ancien sémaphore, se dresse l'église placée sous le vocable de saint Goustan venu de Cornouaille anglaise pour passer quelques années de sa vie, retiré dans cette île. A l'intérieur du petit édifice, beau mobilier du 19e s., remarquer les deux anges en marbre blanc qui entourent le maître-autel.

Ancien fort. – Construit en 1859, en partie enfoui dans les dunes, on le découvre en empruntant la route qui conduit au port de la Croix. Les vestiges d'un fort anglais (17e s.) sont également visibles à Beg-Lagatte.

Des sentiers tracés en bordure de mer permettent de faire le tour de l'île et de découvrir les différentes plages et les belles **vues** qui s'offrent sur le continent, l'île de Houat, Belle-Ile et les nombreux récifs précédant le grand large.

HOUAT (Ile de)

390 h. (les Houatais)

Carte Michelin n° ⬚⬚ pli 12 ou ⬚⬚⬚ plis 49, 50.
Accès : voir le Guide Michelin France.

Cette île de l'archipel du Ponant, longue de 5 km et large de 1,3 km, se situe à environ 15 km des côtes du Morbihan ; elle se présente comme une table granitique frangée de falaises. Très convoitée de par sa position à l'entrée de la baie de Quiberon, elle a été occupée trois fois par les Anglais aux 17e et 18e s.

Le bateau accoste sur la côte Nord, au nouveau port où s'abrite la flottille de pêche consacrée principalement aux crustacés comme en atteste la multitude de casiers sur les quais. Une courte montée mène au bourg.

Le bourg. – De coquettes maisons blanchies à la chaux et largement fleuries bordent les rues et ruelles sinueuses conduisant à deux placettes, l'une au centre du bourg abrite le puits communal, l'autre est contiguë à l'église.

L'église bâtie au 19e s. a été placée sous le vocable de saint Gildas, moine anglais patron de l'île, venu se retirer en ce lieu avant de fonder le monastère de St-Gildas-de-Rhuys *(p. 195)*.

Contourner l'église et suivre le sentier qui longe le cimetière. On débouche sur un petit belvédère offrant une très belle **vue**★ sur le port et la presqu'île de Rhuys.

Les plages. – De nombreuses plages se nichent au fond de petites criques, mais la plus belle s'étend à l'Ouest, face à l'île de Hoëdic et proche de l'ancien port, détruit par une violente tempête en 1951.

cv **L'écloserie de homards.** – *800 m. Par la route passant devant la coopérative de St-Gildas gagner le stade, longer les courts de tennis, contourner le fort, puis suivre un chemin à droite en descente.*

Aménagée au creux d'un vallon, cette écloserie a été créée en 1972 pour repeupler les côtes de l'île. Au cours de la visite, on voit, dans des bassins, des homards porteurs d'œufs, dits grainés, recueillis au hasard des pêches par les marins houatais. Dès leur naissance, les larves sont entraînées par l'eau courante dans des tamis, puis placées dans des bacs où l'eau subit un mouvement tournant afin d'éviter qu'elles ne se dévorent entre elles. Au bout de trois semaines, les larves sont placées individuellement dans de petits récipients où, après un an et plusieurs mues, ces bébés homards atteignent 7 cm en moyenne et peuvent subir efficacement un marquage dans la chair. D'avril à septembre, période de reproduction des homards, près de 100 000 larves sont ainsi traitées et de 10 000 à 15 000 petits homards mis à la mer, chacun dans son propre habitacle afin de le préserver au maximum, mais il faudra attendre de 4 à 5 ans pour que le homard soit apte à être commercialisé (23 cm de longueur).

A gauche de l'écloserie, dans un autre vallon, proche de la plage de Salus, on apercevra l'usine de dessalement des eaux, qui alimente l'île en eau potable.

★★ HUELGOAT   2 090 h. (les Huelgoatains)

Carte Michelin n° 58 pli 6 ou 230 pli 19 – Schéma p. 48.

Forêt, lac, eaux vives, chaos de rochers se combinent à Huelgoat pour former un des plus beaux **sites★★** de la Bretagne intérieure, protégé par la création du Parc Naturel Régional d'Armorique *(p. 47)*. Bon centre d'excursions, Huelgoat est aussi un lieu d'élection pour les pêcheurs (carpes et perches du lac, truites des rivières, etc.).

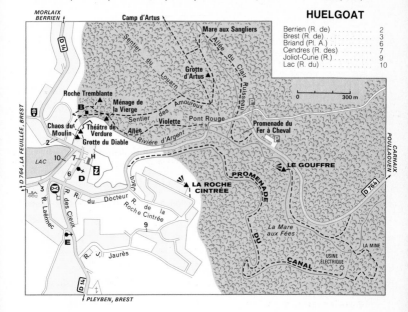

HUELGOAT

Berrien (R. de)	2
Brest (R. de)	3
Briand (Pl. A.)	6
Cendres (R. des)	7
Joliot-Curie (R.)	9
Lac (R. du)	10

★★ LES ROCHERS *visite : 1 h 1/2 à pied*

Accès. – *Dans la rue de Berrien, à la sortie du lac, petit passage à gauche d'une maison. Suivre le sentier fléché.*

Chaos du Moulin. – Le sentier s'enfonce immédiatement parmi les rochers dominant le lit de la rivière d'Argent. Cet amoncellement de blocs granitiques, au milieu de la verdure, est fort pittoresque.

Grotte du Diable. – *On y accède par une échelle de fer. Sous les rochers bruit la rivière.*

Théâtre de verdure. – *Bien dessiné dans un joli cadre.*

Roche Tremblante. – *Sur la rive gauche de la rivière.* En s'adossant en un point très précis de cet énorme bloc de 100 t, on le fait osciller sur son arête de base.

Toute proche sur la hauteur, on pourra voir la **hutte du sabotier (B)**, fidèle reconstitution de celles que l'on rencontrait couramment en forêt pour héberger les sabotiers et leurs familles durant l'abattage des bois nécessaires à leur travail.

«Ménage de la Vierge». – Cet éboulis de rochers affecte vaguement la forme d'ustensiles de ménage.

Par un sentier en montée, appelé « Sentier des Amoureux », il est possible de gagner directement, à travers bois, la grotte d'Artus et la mare aux Sangliers (p. 118).

Allée Violette. – Longeant la rive gauche de la rivière d'Argent qui serpente sous bois, cette allée termine agréablement la promenade dans les rochers.

Pour regagner le centre de Huelgoat, au Pont-Rouge, tourner à droite dans la route venant de Carhaix, puis suivre la rue du Docteur-Jacq.

(Photo R.J. Pratz/Azimut)

Huelgoat. — La forêt.

★ LA FORÊT

La parure de Huelgoat est la forêt au relief tourmenté (de 180 à 210 m d'altitude), traversée par des ruisseaux aux cours sinueux, semée de gros blocs de granit. D'une superficie de près de 600 ha, elle présente de beaux peuplements de hêtres, chênes, épicéas, pins sylvestres. Des allées la parcourent en tous sens menant à de très beaux sites *(un fléchage est mis en place). Des parcs de stationnement ont été aménagés le long de la route de Carhaix.*

★ **Promenade du Fer-à-Cheval et le Gouffre.** — *1/2 h à pied. Après le Pont-Rouge, à droite, suivre la promenade du Fer-à-Cheval.* Agréable flânerie sous bois dominant la rivière d'Argent. *Puis reprendre à droite la route de Carhaix pendant 300 m.* Un escalier de 39 marches mène au gouffre. La rivière d'Argent, venue du lac d'Huelgoat, se perd dans une excavation profonde pour ne reparaître que 150 m plus loin. On peut gagner un belvédère *(1/4 h AR – accès difficile et manque de protection)* dominant le chaos du gouffre. Cette promenade peut se poursuivre sous bois le long de la rivière, on passe près de la mare aux Fées, et se combiner avec la promenade du Canal. *Suivre le fléchage « La mine », tourner à droite, au pont, sur la route non revêtue, et, à l'ancienne mine, monter par un sentier s'embranchant sur la droite jusqu'au collecteur de l'usine électrique. Une petite passerelle franchit le canal et conduit à la berge aménagée.*

★ **Promenade du Canal.** — *2 h à pied AR, au départ de la rue du Docteur-Jacq.* Elle emprunte la berge du canal supérieur. C'est pour l'exploitation des mines de plomb argentifère, déjà connues des Romains, qu'un lac de barrage et deux canaux ont été aménagés au 19e s. ; les eaux étaient employées au lavage du minerai et comme force motrice d'un concasseur. Le canal supérieur alimente actuellement une petite usine hydro-électrique, télécommandée, d'une puissance de 400 kWh. En fin du canal, il est possible de gagner le gouffre ; la description de cette fin de parcours est donnée en sens inverse ci-dessus.

Promenade à pied. — *1 h 1/2 AR. Au parc de stationnement situé après le Pont-Rouge, prendre l'allée du Clair-Ruisseau.* Elle s'enfonce sous les frondaisons, à mi-pente, et offre de belles vues sur le lit du ruisseau encombré de rochers. Un escalier (25 marches), à gauche, descend à la **mare aux Sangliers**, petit bassin limpide dans un joli site de rochers parmi lesquels l'imagination croit reconnaître des têtes de sangliers, d'où le nom. Un ponceau rustique permet de franchir le ruisseau et de gagner l'allée de la Mare que l'on prend à gauche. Après l'impressionnant escalier (218 marches) qui peut conduire plus rapidement au **camp d'Artus**, on découvre, sur la droite, en contre-haut, l'entrée de la **grotte d'Artus.** *Poursuivre par le chemin en montée qui, en 800 m, mène au camp.* Des rochers en marquent l'entrée qui était commandée par une motte artificielle. C'est un important camp gallo-romain limité par deux enceintes. Malgré l'envahissement de la végétation, il est possible de faire le tour du camp par un sentier *(1 km environ)* qui suit la deuxième enceinte elliptique, la seule qui soit assez bien conservée.

AUTRES CURIOSITÉS

★ **La Roche Cintrée.** — Du haut de la roche *(1/4 h à pied AR)* **vue** ★ sur Huelgoat ; au Nord apparaissent les monts d'Arrée et au Sud les Montagnes Noires.

Église (D). — Cet édifice du 16e s., avec clocher moderne, se dresse en bordure de la grande place, au cœur de la cité. A l'intérieur, sablières sculptées et, à gauche du chœur, groupe de saint Yves, patron de la paroisse, entre le pauvre et le riche.

Chapelle N.-D.-des-Cieux (E). — Dominant Huelgoat, cette chapelle Renaissance, dont le clocher a été élevé au 18e s., conserve, autour du chœur et aux autels latéraux, de curieux bas-reliefs peints, figurant des scènes de la vie de la Vierge et de la Passion. Un pardon a lieu le 1er dimanche d'août.

★ HUNAUDAIE (Château de la)

Carte Michelin n° 59 Nord des plis 14, 15 ou 230 Nord du pli 24.

Les ruines du château de la Hunaudaie s'élèvent dans un cadre boisé. Imposantes et sévères, elles reflètent encore la puissance des grands seigneurs, égaux des Rohan, qui l'édifièrent. Un château, construit en 1220 par Olivier de Tournemine, est en partie ruiné durant la guerre de Succession *(p. 22)*. Relevé et agrandi au 14e s. par Pierre de Tournemine, embelli au début du 17e s. par Sébastien de Rosmadec, époux d'une héritière des Tournemine, il est, à la Révolution, démantelé puis incendié par les Républicains. Le pillage de ses pierres prend fin avec l'achat du château par l'État en 1930.

cv C'est un pentagone irrégulier dont chaque angle est occupé par une tour. Deux d'entre elles, les plus petites, appartiennent à la première construction ; les trois autres furent édifiées aux 14e et 15e s. Elles se mirent dans les fossés recreusés et remis en eau, alimentés autrefois par deux étangs. Un pont remplaçant l'ancien pont-levis donne accès à une grande porte en plein cintre surmontée d'un blason, et permet de pénétrer dans la cour.

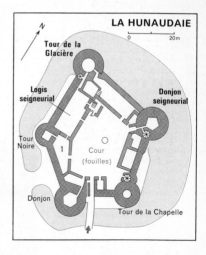

On laisse sur la gauche le donjon des 14e et 15e s., la tour Noire des 13e et 15e s. au pied de laquelle se voient quelques vestiges des cuisines (1), pour atteindre la tour de la Glacière.

Tour de la Glacière. – 15e s. Elle doit son nom à son exposition au Nord. Un escalier à vis (40 marches) permet d'admirer l'élégante construction, les cheminées. Vue sur les douves.

Logis seigneurial. – 15e-16e s. C'était un imposant manoir comme l'attestent les pans de mur et le magnifique escalier Renaissance (2).

Donjon seigneurial. – 15e s. C'est la tour la mieux conservée. Un escalier à vis (73 marches) la dessert ; remarquer les cheminées monumentales et les canonnières percées dans les murs pour assurer la défense. Vue sur la cour et les douves.
Une cinquième tour dite tour de la Chapelle (13e-14e s.) ferme le pentagone.

★★ JOSSELIN

2 740 h. (les Josselinais)

Carte Michelin n° 63 pli 4 ou 230 pli 37 – Lieu de séjour p. 15.

Cette petite ville est bâtie dans un site pittoresque. Sa rivière, l'Oust, reflète le château des Rohan ; sur le flanc et au sommet d'un coteau abrupt, s'étagent de vieilles maisons aux toits d'ardoise qui encadrent la vénérable basilique N.-D.-du-Roncier. Quelques activités industrielles (conserves de viande, cartonnerie), ajoutées au tourisme, maintiennent la prospérité économique de l'agglomération.

UN PEU D'HISTOIRE

Le combat des Trente (14e s.). – Au milieu du 14e s., le château de Josselin a déjà été rasé une fois et reconstruit. Il appartient alors à la maison de France et Jean de Beaumanoir en est le capitaine.
On est en pleine guerre de Succession *(p. 22)*. Josselin soutient la cause de Charles de Blois ; le parti de Jean de Montfort tient Ploërmel où commande l'Anglais Bemborough, dit Bembro. Les garnisons s'affrontent fréquemment, ravageant le pays. Les deux chefs arrangent un combat qui mettra en présence trente chevaliers de chaque camp : on se battra à pied, en usant de l'épée, de la dague, de la hache et de l'épieu. Après avoir communié et prié toute la nuit à N.-D.-du-Roncier, la troupe de Beaumanoir se rend, le 27 mars 1351, au lieu de la rencontre, dans la lande de Mi-Voie, entre Josselin et Ploërmel (à 5 km de Josselin, au lieu-dit la Pyramide, une colonne en indique aujourd'hui l'emplacement). Le camp adverse compte vingt Anglais, six Allemands et quatre Bretons ; la journée se déroule en corps à corps acharnés jusqu'à complet épuisement des combattants. Josselin est vainqueur : le capitaine anglais est tué avec huit de ses hommes, les autres sont faits prisonniers. Au cours de la lutte, restée fameuse sous le nom de combat des Trente, le chef breton, blessé, demande à boire : « Bois ton sang, Beaumanoir, la soif te passera ! » réplique un de ses rudes compagnons.

Le connétable de Clisson (14e s.). – Parmi les possesseurs de Josselin, la plus grande figure est celle du connétable Olivier de Clisson, qui épouse Marguerite de Rohan, veuve de Beaumanoir. Il acquiert le château en 1370. Son enfance a été tragique : il a 7 ans quand son père, accusé de trahir le parti français dans la guerre de Succession, est décapité. Sa mère, Jeanne de Belleville, jusqu'alors terne et effacée, se transforme en furie. Elle court à Nantes avec ses enfants et, devant la tête sanglante de leur père, ramenée de Paris puis clouée au rempart, leur fait jurer de le venger. Elle se met ensuite en campagne avec 400 hommes, passe au fil de l'épée les garnisons de six châteaux favorables à la cause française. Les troupes royales l'obligent à fuir ; elle arme un vaisseau et coule tous les navires du parti adverse qu'elle rencontre. A cette école, Olivier devient un rude homme de guerre et sa carrière, d'abord chez les Anglais puis à l'armée de Charles V, est particulièrement brillante. Compagnon d'armes de Du Guesclin, il lui succède comme connétable. Tout puissant sous Charles VI, il est banni quand le roi devient fou et il meurt, en 1407, à Josselin dont le château, entièrement reconstruit et protégé par neuf tours, est une place forte très importante. Le château passe alors dans la famille de Rohan (aujourd'hui, de Rohan-Chabot), qui le possède encore.

Les Rohan à Josselin (15ᵉ et 17ᵉ s.). — En 1488, pour punir Jean II de Rohan d'avoir pris le parti du roi de France, le duc de Bretagne François II s'empare de Josselin et le fait démanteler. Quand sa fille Anne devient reine de France *(p. 22)*, elle accorde réparation à Jean II qui, autorisé à reconstruire, réalise un chef-d'œuvre digne de l'orgueilleuse devise de sa famille : « Roi ne puis, prince ne daigne, Rohan suis ». La reconnaissance du châtelain de Josselin se manifeste dans l'ornementation du palais et de nombreux A couronnés, surmontés de la cordelière, emblème de la duchesse, et accompagnés des fleurs de lys royales, sont sculptés dans la pierre.

En 1629, le général-duc Henri de Rohan le chef des Huguenots, ennemis jurés de Richelieu qui fait démolir à Josselin le donjon et cinq des neuf tours. Croisant le duc dans l'antichambre du roi, il lui annonce avec ironie : « Je viens, Monsieur, de jeter une bonne boule dans votre jeu de quilles ».

★★ LE CHÂTEAU
visite : 3/4 h

Pour avoir une bonne **vue**★ du château, se placer sur le pont Ste-Croix qui enjambe l'Oust, l'à-pic des murailles est saisissant. L'édifice se présente ici sous son aspect de forteresse, avec de hautes tours, des courtines et des mâchicoulis. Les fenêtres et les lucarnes qui dominent les murailles appartiennent au palais élevé par Jean II au 16ᵉ s.

Le château est bâti sur une terrasse de plan irrégulier, entourée de murailles dont il ne subsiste plus que les bases, sauf sur la face qu'on voit du pont Ste-Croix. La « tour-prison », isolée, marquait l'angle Nord-Est de l'enceinte.

Donnant sur le parc qui occupe l'ancienne cour, la ravissante **façade**★★ du corps de logis (restauré au 19ᵉ s.) forme un contraste extraordinaire avec l'appareil fortifié de la face exté-

(Photo S. Chirol)

Josselin. — Le château.

rieure. Nulle part, en Bretagne, on n'a poussé plus loin l'art de sculpter ce dur matériau qu'est le granit : accolades, fleurons, pinacles, gâbles, couronnes, feuilles frisées décorent à profusion hautes lucarnes et balustrades.

cv Seul le rez-de-chaussée se visite. La salle à manger ornée de boiseries conserve une statue équestre d'Olivier de Clisson, œuvre de Frémiet. Après l'antichambre, véritable galerie de portraits de la famille de Rohan, le grand salon au riche mobilier possède une belle cheminée finement sculptée où se lit la devise des Rohan ; la bliblothèque renferme plus de 3 000 volumes et quelques portraits.

AUTRES CURIOSITÉS

★ **Basilique N.-D.-du-Roncier** (B B) — Fondée au 11ᵉ s., plusieurs fois remaniée (flèche du chevet dressée en 1949), elle apparaît, dans son ensemble, de style gothique flamboyant. Remarquer les pittoresques gargouilles qui ornent trois faces de l'édifice. Son grand pardon *(p. 16)*, naguère appelé « pardon des aboyeuses » parce qu'en 1728 trois enfants furent guéris de cette forme d'épilepsie, est célèbre dans toute la région.

Le vocable N.-D.-du-Roncier, qui date du 15ᵉ s., repose sur une tradition : vers l'an 800, un paysan, coupant les ronces de son champ, découvre une statue de la Vierge. Il la recueille et l'emporte chez lui, mais la statue retourne à sa place : l'homme comprend le désir de la Vierge de voir élever, en cet endroit, un sanctuaire. La statue miraculeuse a été brûlée en 1793 ; il n'en subsiste qu'un fragment conservé dans un reliquaire et exposé contre le pilier à gauche du chœur.

A l'intérieur, dans la chapelle de droite, on verra le **mausolée**★ de marbre d'Olivier de Clisson et de sa femme (15ᵉ s.). La chapelle de la Vierge du Roncier est à gauche du chœur (statue moderne). Dans la nef, belle chaire en fer forgé du 18ᵉ s. Le buffet d'orgue est du 16ᵉ s. Le vitrail moderne du transept Nord a été exécuté par Grüber.

cv **Montée au clocher.** — *Accès place A.-de-Rohan.* La vue plonge sur la façade Nord-Est et la cour intérieure du château et s'étend sur la campagne environnante.

Chapelle Ste-Croix (A D). — Elle est bâtie à flanc de colline ; elle conserve une nef du 11ᵉ s. Du cimetière qui l'entoure, orné d'un petit calvaire du 16ᵉ s., jolie vue sur l'Oust et le château. Le quartier voisin Ste-Croix est pittoresque avec ses rues étroites et ses vieilles maisons dont certaines à encorbellement.

Fontaine N.-D.-du-Roncier (B E). — 1675. C'est toujours un but de pèlerinage.

Maisons anciennes. — On peut en voir autour de la basilique, principalement rue des Vierges et place Notre-Dame, mais les plus belles se trouvent rue des Trente : au n° 7 demeure fort pittoresque datée de 1624 et, contiguë, une deuxième de 1663.

JUGON-LES-LACS
1 351 h. (les Jugonnais)

Carte Michelin n° 59 plis 14, 15 ou 230 pli 24.

Le bourg de Jugon s'adosse à la digue qui retient les eaux de la Rosette et de la Rieule formant ainsi le grand lac de Jugon, plan d'eau de 67 ha (pêche, voile).
L'église en partie reconstruite au 19e s. conserve un porche du 13e s., un clocher coiffé en bâtière, du 15e s., ainsi que la porte du bras droit du transept à sculptures stylisées.
On peut voir, dans la rue du Château, l'ancien hôtel Sevoy, de 1634, posé sur le roc.

EXCURSIONS

Château de la Hunaudaie★. — 9 km au Nord. Quitter Jugon à l'Ouest par la route de St-Brieuc et à 2 km prendre à droite. Dans St-Igneuc, tourner à droite après l'église en direction de Pléven ; à hauteur du café le Clos du Puits, tourner à gauche.

cv **Ferme d'antan de St-Esprit-des-Lois.** — Pénétrer dans la cour fermée par les bâtiments rituels d'une petite exploitation et leurs accessoires : appentis, hangars à charrettes et à bois, écurie, cellier, four à pain. La pièce commune d'habitation a conservé le mobilier traditionnel breton et la grande cheminée.

> Contourner la ferme et prendre à droite. On rejoint la route de Pléven où l'on tourne à gauche et à 600 m encore à gauche vers le château de la Hunaudaie.

★ **Château de la Hunaudaie.** — Page 119.

Abbaye de Boquen. — 15 km au Sud-Ouest en direction de Collinée. Dans Plénée-Jugon prendre la route signalée qui suit la vallée de l'Arguenon.
Fondée en 1137 par les cisterciens, l'abbaye prend un essor considérable. Mais viennent la commende, la Révolution, finalement le pillage, et c'est dans une ruine que s'installe Dom Alexis Presse, premier moine revenu à Boquen en 1936. L'abbaye est maintenant occupée par des religieuses de l'ordre de Bethléem.

> Laisser la voiture au parc de stationnement, face au bâtiment d'accueil.

Sur la gauche, préservés par une zone de silence, se dressent les bâtiments conventuels. L'église à la stricte ordonnance cistercienne conserve une nef et un transept du 12e s., un chœur du 15e s. à chevet plat éclairé par une belle verrière en grisaille. Dans le chœur, remarquer la statue de N.-D.-de-Boquen, du 15e s., et un Christ ancien, à la facture naïve. Un escalier, dans le bras gauche du transept, conduisait aux dortoirs des moines.

★ KERJEAN (Château de)

Carte Michelin n° 58 pli 5 ou 230 pli 4 (5 km au Sud-Ouest de Plouzévédé).

Le château de Kerjean, mi-forteresse, mi-palais Renaissance, s'élève au centre d'un vaste parc. Vers le milieu du 16e s., Louis Barbier, héritant de son oncle, le richissime abbé de St-Mathieu, fait construire ce château qui sera la plus belle demeure du Léon. En partie incendié en 1710, puis pillé, il a été restauré après son rachat par l'État en 1911 ; seule l'aile droite du corps de logis n'a pas été relevée.

cv Les bâtiments sont protégés par un fossé et une enceinte fortifiée dont les murs atteignent 12 m d'épaisseur ; l'ancien pont levant permet d'accéder à la basse cour. Un grand portique et le corps de logis flanqué de deux ailes en retour encadrent la cour d'honneur qu'orne un beau **puits** Renaissance. La chapelle se compose d'une crypte et de la chapelle proprement dite coiffée d'une belle voûte en bois avec poutre et sablière sculptées. Les cuisines ont conservé leurs cheminées monumentales.
Le logis constitue un musée d'art breton au beau **mobilier** des 17e et 18e s. : lits clos, lits à baldaquin, bahuts, coffres de mariage, coffres à grains. On verra le réduit où se cacha, en 1794 avant son arrestation, Suzanne de Coatanscour, dernière châtelaine de Kerjean, et la petite chambre dans laquelle, selon la tradition, la vertueuse Françoise de Quélen enferma les quatre séducteurs venus pour la perdre en l'absence de son époux.

★ KERMARIA

Carte Michelin n° 59 plis 2, 3 ou 230 pli 8 (3,5 km au Nord-Ouest de Plouha).

cv La **chapelle** de **Kermaria-an-Iskuit**★ (maison de Marie qui conserve et rend la santé) est un but de pèlerinage fréquenté : grand pardon le 3e dimanche de septembre. C'est une ancienne chapelle seigneuriale, dont les premières travées sont du 13e s. et qui fut agrandie aux 15e et 18e s. Au-dessus du porche Sud se trouve une salle des archives qui servait de salle de Justice au 16e s. ; un petit balcon ajouré la clôture. L'intérieur du porche est orné des statues des apôtres *(détails sur les porches, p. 35)*.

Kermaria possède des **fresques**★ (15e s.) qui décorent les murs, au-dessus des arcades. Les mieux conservées, dans la nef, représentent une impressionnante danse macabre. La Mort, sous les apparences de squelettes ou de cadavres sautant et dansant, entraîne dans une ronde les vivants : pape, empereur, cardinal, roi, connétable, bourgeois, usurier, amoureux, châtelain, laboureur, moine, etc. A droite du maître-autel, grand Christ (14e s.). Dans le croisillon droit, cinq **bas-reliefs**★ en albâtre représentent des scènes de la vie de la Vierge. Nombreuses statues de bois ; dans le transept, remarquer N.-D.-de-Kermaria-an-Iskuit (16e s.), curieuse Vierge allaitant : l'Enfant Jésus esquisse un geste de refus, et une Vierge en majesté (13e s.).

EXCURSION

★ **Lanleff.** – 87 h. *5,5 km. Quitter Kermaria à l'Ouest et, à la sortie de Pléhédel, prendre à gauche.* Dans le bourg, en retrait de la route, se dresse le **temple**★. Ce curieux édifice circulaire, aujourd'hui ruiné, est une ancienne chapelle ou un baptistère bâti au 12e s. par les Templiers sur le modèle du Saint sépulcre de Jérusalem. Douze arcades en plein cintre font communiquer la rotonde avec un bas-côté tournant ; à l'Est s'ouvrent trois absidioles voûtées en cul-de-four. Il faut détailler les chapiteaux à la facture naïve où alternent petits personnages, animaux, dessins géométriques, feuillage.

★★ KERNASCLEDEN   434 h. (les Kernascléens)

Carte Michelin n° 58 pli 18 ou 230 plis 21, 35.

Ce petit village, au cœur du pays Pourlet, possède une remarquable église, fondation de la famille de Rohan.

★★ **Église.** – *Visite : 1/2 h.* Bien que l'église de Kernascléden ait été consacrée en 1453, au moins trente ans avant la chapelle de St-Fiacre *(p. 194)*, la légende rapporte qu'elles ont été bâties en même temps, par les mêmes ouvriers : chaque jour, les anges transportaient les compagnons et leurs outils d'un chantier à l'autre.

Cette église vaut par le rare souci de perfection qui s'étend jusqu'aux détails. Le clocher, très fin, les pinacles à fleurons, les roses, au délicat réseau, contribuent à décorer l'édifice sans surcharge inutile. Sur le flanc droit s'ouvrent deux porches. Le **porche**★ de gauche, le plus vaste, est orné des statues (restaurées) des douze apôtres *(détails sur les porches p. 35)*.

A l'intérieur, elle possède une voûte ogivale en pierre. Ces voûtes et les murailles surmontant les grandes arcades sont décorées de **fresques**★★ du 15e s., représentant des épisodes de la vie de la Vierge et du Christ. Les plus belles sont : le Mariage et l'Annonciation (côté gauche du chœur), les Funérailles de la Vierge (côté droit). Au-dessus de l'arc triomphal (côté chœur) : la Résurrection du Christ. Dans le bras gauche du transept : huit anges musiciens. Sur les murailles du croisillon droit, fragments d'une danse macabre et d'une représentation de l'Enfer (face à l'autel), œuvre originale par la variété des supplices imaginés.

Il faut remarquer aussi quelques statues du 15e s. en pierre ou en bois : N.-D.-de-Kernascléden à gauche du maître-autel, un Saint Sébastien et une Pietà dans la nef.

EXCURSION

Château et **forêt de Pont-Calleck.** – *4 km au Sud. Prendre la direction du Faouët et, à Kerchopine, tourner à gauche.* La route longe l'Institution de N.-D.-de-Joie, installée dans le **château de Pont-Calleck**, reconstruit en 1880 et transformé en foyer d'enfants. La *cv* minuscule chapelle N.-D.-des-Bois est érigée à l'entrée du parc.

Poursuivre vers Plouay. On entre dans la belle **forêt de Pont-Calleck**. Une petite route à gauche en forte descente vers Manepile mène à un barrage d'où l'on jouit d'une vue très agréable sur le joli site du château en bordure de l'étang. Revenir à la route de Plouay pour prolonger la promenade en forêt ; un pittoresque parcours s'offre alors dans l'étroite vallée du Scorff.

LAMBADER

Carte Michelin n° 58 pli 5 ou 230 pli 4 (8 km au Nord-Est de Landivisiau).

La **chapelle Notre-Dame** de ce hameau du Léon a été édifiée au 15e s. ; ruinée après la Révolution, elle a été reconstruite suivant les mêmes plans à la fin du 19e s. Un élégant clocher-porche haut de 58 m la coiffe.

Entrer par le flanc gauche. A l'intérieur, le très beau **jubé**★ en bois est de style gothique flamboyant (1481) portant les statues de la Vierge et des apôtres, un escalier très ouvragé permet d'accéder à la tribune. Sur de petits autels, de part et d'autre du jubé et au fond de la nef, ont été placées des statues de granit provenant d'un ancien calvaire du 16e s..

Une fontaine sacrée avec Pietà se trouve sur le flanc droit de la chapelle, en contrebas.

LAMBALLE

4 867 h. (les Lamballais)

Carte Michelin n° 59 plis 4, 14 ou 230 plis 23, 24.

Bâtie au penchant d'une colline que couronne la collégiale N.-D.-de-Grande-Puissance, Lamballe, ville commerçante et pittoresque, est un important centre de foires (bovins et porcs).

Bras-de-Fer devant Lamballe (1591). — La ville, capitale du comté de Penthièvre de 1134 à 1420, souffre beaucoup durant la guerre de Succession *(p. 22)*. Pendant la Ligue, c'est une des places fortes de Mercœur, duc de Penthièvre (Charles IX a fait du comté un duché). En 1591, le célèbre capitaine calviniste La Nouë, surnommé Bras-de-Fer parce qu'un crochet de métal remplace le bras qu'il a perdu, est tué devant Lamballe qu'il assiège. Henri IV ressent cruellement sa perte : « Quel dommage, s'écrie-t-il, qu'une si petite forteresse ait fait périr un si grand homme : il valait à lui seul toute une armée ! ». En 1626, César de Vendôme, seigneur de Penthièvre, fils d'Henri IV et de Gabrielle d'Estrées, ayant conspiré contre Richelieu, le château est rasé sur l'ordre du cardinal. Seule la chapelle reste debout.

La princesse de Lamballe (Révolution). — En 1767, le prince de Lamballe (c'est le titre qui a été donné à l'héritier du duché de Penthièvre) mène, à vingt ans, une vie si dissolue que le duc, son père, dans l'espoir de l'amender, le marie à une gentille princesse piémontaise de 17 ans ; mais l'héritier ne se range pas et meurt, épuisé par la débauche, trois mois après.

En 1770, Marie-Antoinette épouse le futur Louis XVI ; elle prend en amitié la jeune veuve qui, pendant vingt ans, lui sera fidèlement attachée. Quand la tragédie révolutionnaire se déroule, la princesse de Lamballe reste courageusement auprès de la Reine. Elle la précède d'un an dans la mort : lors des massacres de septembre 1792, les émeutiers lui coupent la tête et la promènent au bout d'une pique.

LAMBALLE

CURIOSITÉS

★ **Haras national.** — Ce haras, fondé en 1825, contient 125 étalons (principalement de *cv* trait et postiers bretons). Chaque jour, les chevaux sortent. De début mars à la mi-juillet, ces étalons sont répartis dans les stations de monte des Côtes-du-Nord et du Nord-Finistère. En outre, sont installés dans le haras un centre de dressage (effectif 40 chevaux) et une société hippique (20 chevaux). Un concours hippique a lieu (le week-end suivant le 15 août) où, à l'issue des épreuves du dimanche, est présentée une reprise comptant dix attelages.

Au cours de la visite, on découvre les écuries et leurs hôtes, la forge, la salle des voitures, la sellerie d'honneur, le manège, la cour d'honneur.

cv **Collégiale Notre-Dame.** — De style gothique, elle présente des parties romanes, en particulier le magnifique portail du flanc gauche aux fines colonnettes à chapiteaux sculptés supportant les voussures, une travée de la nef et le bras gauche du transept. A l'entrée du collatéral droit du chœur, on verra un intéressant jubé en bois sculpté, de style gothique flamboyant.

Sur le flanc droit de la collégiale présentant une série de pignons étayés de contreforts, une terrasse a été construite au 19e s. Elle offre une jolie vue sur la ville et la vallée du Gouessant.

A gauche de la collégiale, une très belle promenade ombragée a été aménagée à l'emplacement du château.

Place du Martray (32). – Cette petite place triangulaire est bordée de maisons anciennes, parmi celles-ci, la **maison du Bourreau** (M), du 15ᵉ s., est la plus remarquable ; elle abrite le syndicat d'initiative et deux musées.

cv **Musée du Vieux Lamballe et du Penthièvre.** – *Au rez-de-chaussée.* Il rassemble des objets fabriqués par la poterie de Lamballe qui a cessé son activité au début de ce siècle, des gravures du Vieux Lamballe, des coiffes et pièces de costumes de la région.

cv **Musée Mathurin-Méheut.** – *Au 1ᵉʳ étage.* Dans deux salles sont exposées des œuvres de Mathurin Méheut (1882-1958), natif de Lamballe, peintre de la Bretagne mais aussi de l'Argonne et de la Camargue.

Église St-Martin. – Cet ancien prieuré dépendant de l'abbaye de Marmoutier a été maintes fois remanié du 15ᵉ au 18ᵉ s. Cet édifice comporte sur le flanc droit un petit porche original des 11ᵉ et 12ᵉ s., surmonté d'un auvent de bois, en 1519.

★ LAMPAUL-GUIMILIAU   1973 h. (les Lampaulais)

Carte Michelin nᵒ 🔢 pli 15 ou 🔢 pli 4 (4 km au Sud-Est de Landivisiau) – Schéma p. 96.

Cette localité possède un enclos paroissial complet *(détails sur les enclos, p. 37)*. L'église surtout retiendra l'attention par sa riche décoration et son mobilier qui forment un ensemble très harmonieux.

★ ENCLOS PAROISSIAL *visite : 1/2 h*

Porte triomphale. – En plein cintre, elle est surmontée de trois croix (1669).

Chapelle funéraire. – Ancien ossuaire de 1667, elle est accolée à l'arc et possède des contreforts cannelés, couronnés de lanternons. A l'intérieur, on peut voir l'autel de la Trinité, les statues de saint Roch, de saint Sébastien, de saint Paul et de son dragon.

Calvaire. – Très simple, du début du 16ᵉ s., a été mutilé.

★ **Église.** – L'église est dominée par une tour-clocher du 16ᵉ s. dont la flèche a été abattue par la foudre en 1809. L'abside avec la sacristie ajoutée en 1679 forment un bel ensemble où se mêlent les styles gothique et classique. Sur le flanc droit, le porche méridional construit en 1533 *(détails sur les porches, p. 35)* abrite les douze apôtres et, entre les deux portes, une statue de la Vierge à l'Enfant et un élégant bénitier en kersanton. A l'**intérieur★★**, une **poutre de gloire** *(illustration p. 36)* du 16ᵉ s. traverse la nef et porte un crucifix entre les statues de la Vierge et de saint Jean. Les deux faces sont ornées de sculptures représentant, du côté de la nef, des épisodes de la Passion et, du côté du chœur, douze sibylles séparées par le groupe de l'Annonciation. La chaire date de 1759.
Au bas du bas-côté droit, **cuve baptismale** surmontée d'un très beau baldaquin (1651). Plus haut, à droite du retable de Saint-Laurent, curieux bénitier du 17ᵉ s. représentant deux diables se débattant dans l'eau bénite ; au-dessus, Baptême du Christ.
Dans le chœur, stalles du 17ᵉ s. ; de chaque côté du maître-autel, boiseries sculptées : à gauche, saint Paul, le Chemin de Damas et l'Évasion du saint ; à droite, saint Pierre, son martyre et les Vertus théologales. Retables du 17ᵉ s. aux autels latéraux.
A droite du chœur, autel de Saint-Jean-Baptiste orné de bas-reliefs dont le plus intéressant, à gauche, représente la Chute des anges. A gauche du chœur, l'autel de la Passion est orné d'un retable de nombreux compartiments figurant, en hauts-reliefs, des personnages d'un réalisme saisissant de vie ; au sommet, la Résurrection. Deux panneaux, évoquant à gauche la Nativité de la Vierge, à droite le Martyre de saint Miliau, roi de Cornouaille qui eut la tête tranchée par son frère jaloux du trône, encadrent l'autel. Dans le bas-côté gauche, remarquable Pietà du 16ᵉ s. dont les six personnages sont taillés dans un seul bloc de bois. Une armoire ouverte contient deux bannières du 17ᵉ s., brodées au fil d'argent sur fond de velours. Impressionnante **Mise au tombeau** due à un sculpteur de la marine, Anthoine. Remarquer l'expression du Christ, en pierre blanche, alors que tous les autres personnages sont polychromes (1676). Le buffet d'orgue est du 17ᵉ s. La sacristie contient un buffet également du 17ᵉ s.

LANDERNEAU   15531 h. (les Landernéens)

Carte Michelin nᵒ 🔢 pli 5 ou 🔢 pli 4 – Schéma p. 96.

Port de l'estuaire de l'Élorn, Landerneau, ancienne capitale du Léon, est bâtie dans un joli site.
C'est le centre de marchés animés de primeurs, fruits et légumes. On y pêche le saumon et la truite.
L'expression « il y aura du bruit dans Landerneau » a pour origine le charivari que les habitants de la ville faisaient aux veuves lorsqu'elles se remariaient.

Vieux pont sur l'Élorn (Z 24). – Pittoresque avec ses maisons en encorbellement et son déversoir. S'avancer devant l'hôtel de ville, pour en avoir une bonne vue.

Église St-Houardon (Y). – Cet édifice conserve de l'époque Renaissance sa tour à coupole et le porche (1604) situé sur le flanc droit.

cv **Église St-Thomas-de-Cantorbéry** (Z). – *Restauration en cours.* Cet édifice du 16ᵉ s. possède un clocher-porche de 1607, à trois balcons superposés. A l'intérieur, remarquer les amusantes sablières sculptées du bas-côté gauche. Au maître-autel, grand retable du 18ᵉ s.

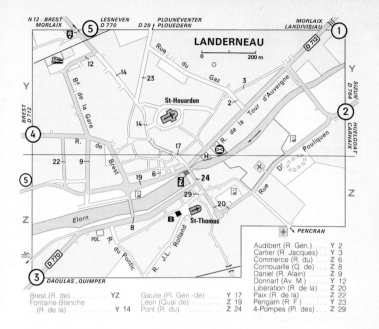

LANDERNEAU

Ancien ossuaire (Z B). – Faisant face à l'église St-Thomas dont elle dépendait, cette chapelle-ossuaire a été construite en 1635.

Maisons anciennes. – Elles se situent principalement sur la rive droite de l'Élorn : au nº 9 place du Général-de-Gaulle (Y **17**), maison dite de la Duchesse Anne, de 1664, avec tourelle ; au nº 4 rue Fontaine-Blanche, façade ; au nº 5 rue du Commerce, maison de 1667 avec tourelle et lucarnes ouvragées, et, en angle, maison de 1648.

EXCURSIONS

★★ **Les Enclos paroissiaux.** – *Circuit de 130 km. Cette excursion décrite en page 96 peut fort bien être entreprise au départ de Landerneau.*

★ **Pencran.** – *Page 157.*

★ LANDÉVENNEC   377 h. (les Landévenneciens)

Carte Michelin nº 🔢 plis 4, 5 ou 🔢 pli 18.

Campé sur la presqu'île de Landévennec incluse dans le Parc Naturel Régional d'Armorique *(p. 47)*, le village de Landévennec occupe un joli **site**★ à l'embouchure de l'Aulne. Pour l'apprécier, il faut, à Gorréquer, prendre la route à droite en descente. Un belvédère aménagé sur la droite offre une belle **vue**★ sur Landévennec : en contrebas, le méandre de l'Aulne avec l'île de Térénez et le cimetière des bateaux de guerre ; plus loin, la presqu'île de Landévennec et la rivière du Faou.
Une forte descente mène à la localité, petite station estivale entourée d'eau et de bois ; la douceur du climat y permet la croissance d'une végétation méditerranéenne.

Abbaye. – L'abbaye bénédictine, reconstruite en 1958, et les ruines de l'ancienne abbaye se dressent à droite de la route ; elles ont des accès différents.

Abbaye bénédictine. – *Prendre à droite, à mi-pente, une allée bordée d'arbres et suivre la signalisation.* Seule l'église est ouverte et l'on peut assister aux offices.

cv **Ruines de l'ancienne abbaye.** – *Entrée 200 m plus bas à droite, au centre du bourg.* Fondée au 5ᵉ s. par saint Guénolé venu du pays de Galles, et maintes fois remaniée, l'abbaye disparaît au 18ᵉ s. Il ne reste que les ruines de l'église romane : bases de colonnes, vestiges de murs, portail permettant d'en découvrir le plan : une nef de six travées avec bas-côtés, un transept et un chœur à déambulatoire sur lequel s'ouvraient trois chapelles rayonnantes. A l'entrée du bras droit du transept, un monument carré serait le tombeau du roi Gradlon *(p. 25)*. Dans une salle d'exposition, un diorama relate les faits saillants du passé de l'abbaye.

LANDIVISIAU   8 057 h. (les Landivisiens)

Carte Michelin nº 🔢 plis 5 ou 🔢 pli 4 – Schéma p. 96.

Aux confins du Léon, Landivisiau est une ville active. Ses foires aux bovins comptent parmi les plus importantes de France.

Église St-Thivisiau. – Cette église moderne, de style gothique, conserve le clocher et le très beau **porche**★, en kersanton, d'un édifice du 16ᵉ s. Remarquer l'élégance des dais abritant les statues des apôtres et le fin décor de l'encadrement des portes.

Fontaine de St-Thivisiau. – *Par l'étroite rue St-Thivisiau.* Cette fontaine du 15ᵉ s. est ornée de huit bas-reliefs sculptés en kersanton.

Chapelle Ste-Anne. – Ancien ossuaire du 17ᵉ s. bâti au centre du cimetière. Sa façade est ornée de six cariatides, celle à gauche de la porte d'entrée figure l'Ankou (la Mort).

LANMEUR

Carte Michelin n° 🔲 pli 6 ou 🔲 plis 5, 6 – Schéma p. 78.

Lanmeur, petite localité du plateau Trégorrois, est au centre d'une zone de cultures maraîchères.

Église. – Cet édifice reconstruit en 1904 a conservé, de l'église primitive, la crypte et le clocher. A l'intérieur, dans le fond de la nef à droite, des panneaux, avec agrandissements photographiques, retracent la vie de saint Mélar ; chaque tableau est emprunté à une chapelle dédiée à ce saint qui fut amputé à la fois de la main droite et du pied gauche. Un ange lui apporta des membres en argent. Remarquer la curieuse statue du saint.

La **crypte★** *(accès à gauche du maître-d'autel, interrupteur électrique en bas de l'escalier à gauche)*, pré-romane, remonterait au 8e s. ; c'est l'un des plus anciens monuments religieux de Bretagne. Huit piliers massifs dont deux décorés, soutiennent la voûte, une fontaine jaillit à droite de l'entrée.

Chapelle de Kernitron. – *Dans l'enclos du cimetière.* Cet imposant édifice comprend une nef et un transept du 12e s., un chœur du 15e s. ; on pourrra détailler, extérieurement, le portail du croisillon Sud dont le tympan représente le Christ en majesté entouré des symboles des évangélistes. A l'intérieur, à l'entrée du bas-côté droit, belle clôture en bois sculpté ; dans la nef, poutre de gloire portant le Christ en croix entre la Vierge et saint Jean ; à droite du maître-autel, Christ aux liens ; dans la chapelle face à l'entrée, statue de N.-D.-de-Kernitron (pardon le 15 août) et, à sa droite, au fond d'une petite chapelle, amusante statue de sainte Anne accompagnée de Marie.

Combinez vous-même vos randonnées
à l'aide de la carte des principales curiosités (p. 5 à 8).

★ LANNION

Carte Michelin n° 🔲 pli 1 ou 🔲 pli 6.

Port sur le Léguer, Lannion s'étend de nos jours de part et d'autre de la rivière mais a su cependant garder son caractère « Vieille Bretagne ». C'est la patrie de l'écrivain Charles le Goffic (1863-1932) *(voir p. 29)* ; un monument, œuvre de Jean Boucher, a été élevé à l'angle de l'avenue E.-Renan et de la rue de la Mairie, en souvenir de cet académicien.

A 3 km au Nord de Lannion, au croisement des routes de Perros-Guirec et de Trégastel-Plage, ont été installés les services du Centre de Recherches de Lannion et du Centre National d'Études des Télécommunications, où sont étudiées les techniques des télécommunications et de l'électronique.

LANNION

Augustins (R. des)	Z 3	Buzulzo (R. de)	Z 4	Letaillandier (R. E.)	Z 20
Leclerc (Pl. du Gén.)	Y 17	Chapeliers (R. des)	Y 5	Mairie (R. de la)	Y 21
Pont-Blanc		Cie-Roger-Barbé (R.)	Y 7	Palais-de-Justice	
(R. Geoffroy-de)	Z 25	Coudraie (R. de la)	Y 8	(Allée du)	Z 24
		Du-Guesclin (R.)	Z 9	Pors an Prat (R. de)	Y 26
Aiguillon (R. d')	Z 2	Frères-Lagadec (R. des)	Z 12	Roud Ar Roc'h (R. de)	Z 28
		Keriavily (R. de)	Z 14	St-Malo (R. de)	Z 29
		Kermaria (R. et Pont)	Z 16	St-Nicolas (R.)	Z 30
		Le-Dantec (R. F.)	Y 18	Trinité (R. de la)	Y 32

CURIOSITÉS

★ **Maisons anciennes** (YZ). — A colombages, en encorbellement ou recouvertes d'ardoises, les façades de ces maisons des 15e et 16e s. sont remarquables. On les trouve principalement place du Général-Leclerc (nos 23, 29, 31, 33), rue des Chapeliers (nos 1 à 9), rue Geoffroy-de-Pont-Blanc (nos 1 et 3) et rue Cie-Roger-de-Barbé (nos 1 et 7). A l'angle de cette dernière rue, à gauche, une croix de granit a été scellée dans le mur à l'endroit où s'illustra le chevalier de Pont-blanc, défenseur héroïque de la ville au moment de la guerre de Succession *(p. 22)*.

★ **Église de Brélévenez** (Y). — Édifiée sur la colline par les Templiers au 12e s., elle a été remaniée à l'époque gothique. Le clocher à flèche de granit est du 15e s.

Accès : *à pied en gravissant l'escalier de 142 marches ; en voiture en empruntant les rues le Dantec, du Faubourg-de-Kervenno et des Templiers à droite.*
De la terrasse, jolie vue sur la ville et la vallée du Léguer.
Avant d'entrer dans l'église, il faut aller voir la curieuse abside romane ; colonnes rondes engagées, chapiteaux sculptés, modillons la décorent.
A l'intérieur, un bénitier, à gauche, servait auparavant de mesure pour le blé de la dîme. Dans les chapelles à droite et à gauche du chœur, les retables sont du 17e s. Sous le chœur à déambulatoire, une crypte romane remaniée au 18e s. abrite une Mise au tombeau (18e s.).

cv **Église St-Jean-du-Baly** (Y). — 16e-17e s. Elle abrite, au-dessus de la porte de la sacristie, à gauche du maître-autel, une bonne toile représentant saint Jean l'Évangéliste (18e s.).

Le pont (Z). — Belle vue sur les quais et les imposants bâtiments du monastère Ste-Anne.

EXCURSIONS *schéma p. 128*

1 **Circuit de 50 km.** — *Environ 3 h.*

Quitter Lannion par ④ du plan, route de Plouaret. 1,5 km après Ploubezre, à un embranchement où se dressent cinq croix de granit, prendre à gauche et, à 1,2 km, encore à gauche.

★ **Chapelle de Kerfons.** — Précédée d'un calvaire et entourée de châtaigniers, elle se trouve dans un joli site. Bâtie aux 15e et 16e s., la chapelle présente un chevet plat ; une corniche à modillons court sur le flanc droit, un clocheton décoré d'atlantes coiffe le pignon du bras droit du transept. Elle renferme un très beau **jubé★** en bois, sculpté à la fin du 15e s., et des fragments de vitraux anciens aux fenêtres du chœur et du croisillon gauche.

Faire demi-tour, puis prendre à gauche. La route descend bientôt en lacet dans la vallée du Léguer et offre de belles échappées sur les ruines de Tonquédec. Sitôt franchie la rivière aux eaux rapides et bruyantes, le château se dresse sur la gauche (parc de stationnement).

★ **Château de Tonquédec.** — *Page 209.*

Faire demi-tour et, au premier carrefour, prendre à gauche pour gagner la route de Plouaret où l'on tourne encore à gauche. A 1 km prendre à nouveau à gauche.

cv **Château de Kergrist.** — Un de ses principaux attraits réside dans la variété de ses façades. Gothique au Nord, à l'arrivée, avec ses lucarnes à hauts gâbles flamboyants, le corps de logis, élevé aux 14e et 15e s., présente à l'opposé une façade du 18e s., tandis que les ailes en retour, qui lui sont antérieures, sont classiques sur les jardins. Ces derniers, tracés à la française, s'allongent jusqu'à la terrasse qui surplombe un parc anglais et les bois.

Revenir à la route de Plouaret où l'on tourne à gauche. A 2,2 km prendre à gauche.

cv **Chapelle des Sept-Saints.** — Noyée dans la verdure, cette chapelle du 18e s. présente la particularité d'être en partie édifiée sur un imposant dolmen. On accède sous le dolmen, de l'extérieur, par une petite porte pratiquée dans le bras droit du transept. Transformé en crypte, on y vénère les Sept Saints Dormants d'Éphèse, culte venu d'Asie Mineure où, selon la légende, sept jeunes chrétiens éphésiens, emmurés dans une caverne au 3e s., se sont réveillés au bout de deux siècles. Chaque année, un pèlerinage islamo-chrétien *(p. 16)* se déroule dans cette chapelle bretonne.

Par Pluzunet et Bardérou, gagner la route de Lannion où l'on tourne à gauche.

cv **Caouënnec.** — L'église abrite un retable, surchargé mais très beau.

Continuer vers Lannion, dans Buhulien prendre à gauche la direction de Ploubezre, 100 m après la ferme de Pont-Keriel, tourner à gauche dans un chemin non revêtu qui s'enfonce dans le bois.

Château de Coatfrec. — Il reste de belles ruines de cette imposante demeure du 16e s.

Gagner Ploubezre où l'on tourne à droite pour revenir à Lannion.

2 **Circuit de 32 km.** — *Environ 2 h.*

Quitter Lannion par le quai du Maréchal-Foch.

La route suit la rive gauche du Léguer, parcours pittoresque surtout à marée haute.

Loguivy-lès-Lannion. — Ce faubourg de Lannion s'étage à flanc de colline dans un cadre agréable. L'église date du 15e s. Un curieux escalier extérieur mène au clocher-mur construit en 1570. A l'intérieur, dans la chapelle à gauche du chœur, remarquer le retable de l'Adoration des Mages, en bois sculpté du 17e s. avec bergers en costumes bretons jouant du biniou et de la bombarde ; dans le chœur, la très belle balustrade date de la même époque. L'enclos paroissial possède trois beaux ifs et deux fontaines, l'une Renaissance avec vasque en granit et l'autre, du 15e s., placée dans le mur sous un arc en accolade qui abrite la statue de saint Ivy.

La route s'élève en direction du Yaudet.

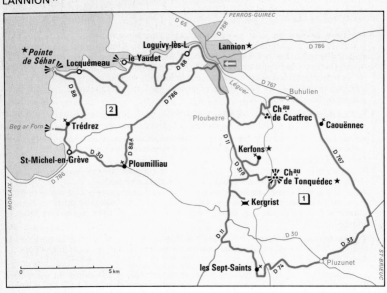

Le Yaudet. — Élevé dans un joli site, ce hameau, qui fut siège épiscopal aux premiers siècles de notre ère, ensuite détruit par les Danois vers 848, possède des vestiges de murs romains et une chapelle intéressante, dominant la baie. On voit, à l'intérieur, au-dessus du maître-autel, une curieuse scène sculptée de la Trinité : la Vierge couchée avec l'Enfant Jésus à ses côtés, Dieu le Père assis dans l'alcôve, au pied du lit, et au-dessus la colombe du Saint-Esprit. Pardons le troisième dimanche de mai et le 15 août.

Du parc de stationnement, le sentier du Corps de Garde conduit à une plate-forme d'où l'on jouit d'une jolie **vue** sur le Léguer.

Revenir au centre du Yaudet et tourner à droite. La route descend vers le Pont-Roux ; au cours de la remontée une belle **vue** se dégage sur l'embouchure du Léguer et la côte vers Trébeurden. *Dans Christ, prendre à droite vers Locquémeau.*

Locquémeau. — Le bourg domine la plage et le port de pêche spécialisé dans la pêche de la sardine. On y accède par la route en corniche qui s'embranche à gauche à l'entrée de la localité : belles vues sur la côte de part et d'autre de Locquémeau. L'église du 15ᵉ s., à
cʋ clocher-mur flanqué d'une tourelle, abrite d'intéressants retables du 18ᵉ s. et une belle décoration sculptée : entraits de poutres, sablière, blochets *(voir p. 35).*

★ **Pointe de Séhar.** — Laisser la voiture près du port de Locquémeau et gagner la pointe, d'où la **vue★** s'étend, à l'ouest, jusqu'à la pointe de Primel et, à l'Est, jusqu'à Trébeurden.

Prendre la direction de Plestin-les-Grèves et à 2,5 km tourner à droite.

cʋ **Trédrez.** — 1 069 h. Saint Yves fut recteur de Trédrez de 1285 à 1292. Dans l'église, achevée en 1500, remarquer les fonts baptismaux en granit du 14ᵉ s. dont le baldaquin (1540) est un beau travail de sculpture sur bois, et quatre panneaux du 17ᵉ s. de l'autel du bas-côté droit relatant des épisodes de la vie du Christ. Le retable de celui de l'autel du bas-côté droit représente une belle Vierge à l'Enfant dans un Arbre de Jessé (1520). Dans les angles, des anges en saillie terminent les blochets *(illustration p. 32),* détailler aussi les sablières sculptées et les poutres avec engoulants *(voir p. 31).* Face à la chaire, beau Christ du 13ᵉ s.

Quitter Trédrez en direction de Kerbiriou et suivre la route qui mène à la pointe de Beg-ar-Forn. On découvre, peu avant le parc de stationnement, une vue magnifique sur la baie et la Lieue de Grève.

Faire demi-tour et au 2ᵉ carrefour tourner à droite vers St-Michel-en-Grève. La route qui longe la mer offre un joli point de vue avant d'atteindre cette localité.

St-Michel-en-Grève. — *Page 77.*

A la sortie de St-Michel-en-Grève, en direction de Lannion, prendre à droite.

cʋ **Ploumilliau.** — L'église du 17ᵉ s. possède, dans le bras droit du transept, treize **panneaux** en bois sculpté et polychromé retraçant des épisodes de la vie du Christ (repas chez Simon, scènes de la Passion, Ascension) et, sur le mur face à la porte de la sacristie, une curieuse représentation de l'Ankou (la Mort) que l'on retrouve si fréquemment dans les légendes bretonnes.

Rejoindre la route Morlaix-Lannion au Nord et tourner à droite pour rentrer à Lannion.

LANRIVAIN
638 h. (les Lanrivanais)

Carte Michelin nᵒ 🟦🟦 pli 8 ou 🟥🟥🟥 pli 21 (7 km au Nord-Ouest de St-Nicolas-du-Pélem).

On verra, dans le cimetière, un ossuaire du 15ᵉ s. à arcades tréflées et, à droite de l'église, un calvaire du 16ᵉ s. ; mutilé à la Révolution, il a été restauré au 19ᵉ s. Les personnages de très grande dimension sont en granit de kersanton.

cʋ **Chapelle N.-D.-du-Guiaudet.** — *1,5 km au Nord sur la route de Bourbriac. A l'entrée du hameau du Guiaudet, prendre sur la droite une allée marquée par deux piliers de granit.* Bâtie à la fin du 17ᵉ s., la chapelle abrite, au-dessus du maître-autel, une sculpture représentant la Vierge couchée qui tient l'Enfant Jésus dans ses bras.

★ LARGOËT (Forteresse de)

Carte Michelin n° 63 pli 3 ou 230 pli 37 (15 km au Nord-Est de Vannes).

Ces ruines féodales, ou **tours d'Elven**, situées au milieu d'un parc, sont imposantes. Le chemin d'accès s'embranche sur la route allant de Vannes à Ploërmel, à gauche, entre deux piliers.

Le château fort de Largoët appartenait au maréchal de Rieux, conseiller du duc François II, puis tuteur de sa fille Anne de Bretagne. Quand les troupes du roi de France, Charles VIII, envahirent la Bretagne en 1488, toutes les places fortes du maréchal, y compris celle de Largoët, furent incendiées ou rasées.

cv On franchit le châtelet d'entrée fortifié au 15e s. adossé à la première porte d'entrée datant du 13e s. Du château fort subsiste un impressionnant donjon (14e s.), haut de 44 m, dont les murs ont de 6 à 9 m d'épaisseur. A côté du donjon se dresse une tour plus petite flanquée d'un lanternon et remaniée pour servir de pavillon de chasse.

★★ LATTE (Fort la)

Carte Michelin n° 59 pli 5 ou 230 pli 10 (au Sud-Est du cap Fréhel) — Schéma p. 84.

cv Un portail marque l'entrée du parc de la Latte. Suivre l'allée qui mène à l'entrée du château fort et passe devant un menhir dit « doigt de Gargantua ».

Ce château, construit aux 13e et 14e s. par les Goyon-Matignon, puis restauré au 17e s. et au début du 20e s., a conservé son aspect féodal et occupe un **site★★** très pittoresque, séparé de la terre ferme par deux crevasses que l'on franchit sur des ponts-levis.

On visite successivement : les deux enceintes, la cour intérieure autour de laquelle s'ordonnent le corps de garde, le logis du gouverneur, la citerne et la chapelle. Franchi l'épais mur pare-boulets, on atteint la tour de l'Échauguette et le curieux four à rougir les boulets, et, par un poste de veilleur, on accède au donjon. Du chemin de ronde (26 marches, mais il est possible d'accéder à la tour de guet, 21 marches difficiles) on découvre un **panorama★★** sur la baie de la Frênaye, la pointe de St-Cast, l'île Ebihens, St-Briac et St-Lunaire, la pointe du Décollé, St-Malo, Paramé et Rothéneuf, l'île de Cézembre et la pointe du Meinga, sur les enceintes du fort, sur l'anse des Sévignés et le cap Fréhel.

★★ LOCMARIAQUER   1279 h. (les Locmariaquerois)

Carte Michelin n° 63 pli 12 ou 230 pli 50 — Schéma p. 141.

Ce village commande l'entrée du golfe du Morbihan.

Église. — Ce petit édifice, dont la nef et les bas-côtés ont été reconstruits au 18e s., conserve du 11e s. un chœur voûté en cul-de-four et un transept. Remarquables **chapiteaux** ornés de dessins géométriques ou de feuillages à la croisée du transept et dans le chœur ; beau bénitier sculpté.

★ **Dolmen de Mané-Lud.** — A l'entrée de Locmariaquer, sur la droite, dans un groupe de maisons, se trouve le dolmen. A l'intérieur de la chambre, les pierres debout sont sculptées.

★ **Dolmen de Mané-Rethual.** — *Au cœur du village, à droite de l'ancienne mairie, prendre une allée qui se faufile entre des maisons et traverse des jardins.* Ce dolmen se compose d'une longue allée couverte menant à une vaste chambre présentant des supports sculptés.

★★ **Grand Menhir.** — *A hauteur du cimetière prendre le chemin signalé.*
Il se trouve à droite, cassé en cinq morceaux ; les quatre restant, couchés sur place, mesurent 20,30 m et leur poids est évalué à 347 t environ. C'est le plus important menhir connu.

★★ **Table des Marchands.** — *A droite derrière le menhir.* Ce dolmen, engagé dans les restes d'un tumulus de 36 m de diamètre, se compose de trois tables et de dix-sept supports en pointe. On accède sous la grande table par une galerie. La grande table repose à une extrémité sur un support orné de dessins (épis de blé mûris par le soleil) ; sous la table est représentée, croit-on, une charrue en forme de hache qu'une crosse, figurant des traits d'attelage, relie à un animal dont on distingue les deux pieds de derrière.

En avant du parc de stationnement, au pied d'un arbre, petit dolmen dont la table affleure le sol.

EXCURSIONS

Circuit de 5 km. — *Sur la place Évariste-Frick, prendre la rue Wilson.* A la sortie du village, sur la droite, s'embranche une route menant au hameau de **Kerlud,** remarquable ensemble de fermettes en granit. Face à la dernière maison, se trouve le **dolmen de Kerlud,** en partie enfoui. *Revenir à la grande route et prendre à droite ; en bordure de plage tourner encore à droite.*

★ **Dolmen des Pierres-Plates.** — Un menhir marque l'entrée de ce dolmen. Deux chambres sont reliées par une longue allée coudée, de remarquables gravures ornent les supports. Du terre-plein, belle vue sur la pointe de Port-Navalo et la pointe du Grand-Mont, l'île de Houat, en arrière Belle-Ile, la presqu'île de Crozon.

Faire demi-tour et suivre la grève pour gagner la pointe de Kerpenhir.

★ **Pointe de Kerpenhir.** — *S'avancer au-delà du blockhaus.* De là, **vue★** sur le goulet du golfe. A la pointe, statue de granit d'une femme de marin guettant son retour.

Prendre la route de gauche. Belle échappée sur le golfe.

★ **Tumulus de Mané-er-Hroech.** – *Au lieu-dit Kerpenhir, emprunter une allée, à gauche de la route, qui s'élève vers le tumulus.* Un escalier de 23 marches permet d'accéder à une chambre funéraire et de découvrir les pierres sèches composant le tumulus.

Continuer en direction de Locmariaquer.

★★ **Le golfe du Morbihan en bateau.** – Un service de vedettes permet sa visite, au départ
cv de Locmariaquer, ainsi que celle de la **rivière d'Auray ★**.

LOCMINÉ

3672 h. (les Locminois)

Carte Michelin n° 🖲🖲 pli 3 ou 🗓🗓🗓 pli 36.

Locminé « lieu des moines », qui doit son nom à une abbaye fondée au 6e s., possédait deux églises jumelées, l'église St-Sauveur du 16e s. et la chapelle St-Colomban. Seules leurs façades subsistent ; en 1975, une église moderne a été construite en retrait, en remplacement des nefs.
Sur la place, remarquer deux maisons anciennes en encorbellement ; sur l'une d'elle, sont incrustées deux statues en bois.

Chapelle N.-D.-du-Plasker. – *A gauche du chevet de l'église moderne.* Cet édifice du 16e s., rectangulaire, présente une riche décoration flamboyante. A l'intérieur, retable du 16e s. abritant une belle Vierge à l'Enfant, autel du 17e s.

LOCQUIREC

1061 h. (les Locquirecquois)

Carte Michelin n° 🖲🖲 pli 7 ou 🗓🗓🗓 pli 6.

Bâtie sur une presqu'île rocheuse de la « Ceinture dorée » *(voir p. 20),* Locquirec est un séjour balnéaire familial en même temps qu'un petit port de pêche et de plaisance.

★ **Église.** – Ancien siège d'une aumônerie des Chevaliers de Malte, cet édifice est charmant, avec son clocher Renaissance à tourelle ; le placître *(voir p. 37)* est couvert de pierres tombales, du début du 19e s., cernées d'un buis taillé bas ; l'allée centrale est pavée également de dalles funéraires, en pierre de Locquirec.
A l'intérieur, les voûtes lambrissées du chœur et du transept sont recouvertes de peintures du 18e s. Au maître-autel, intéressant **retable ★** du 16e s. figurant des scènes de la Passion, en haut-relief de facture naïve. A gauche du chœur, niche abritant la statue de N.-D.-de-Bon-Secours, entourée d'un Arbre de Jessé et de six bas-reliefs illustrant la vie de la Vierge. Au transept droit, une Trinité du 15e s. marquée par l'art populaire. Dans la nef traversée par une belle poutre de gloire, se trouve, à gauche, appuyée au pilier le plus proche du chœur, une Pietà en albâtre du 16e s.

★ **Pointe de Locquirec.** – *1/2 h à pied AR.* Cette promenade qui s'amorce près du chevet de l'église, fait le tour de la pointe et offre de belles vues sur la baie de Lannion et sa côte.

★★ LOCRONAN

704 h. (les Locronanais)

Carte Michelin n° 🖲🖲 plis 14, 15 ou 🗓🗓🗓 pli 18 – Schéma p. 81 – Lieu de séjour p. 14

L'industrie de la toile à voile fit autrefois de cette petite ville une cité prospère. De son époque de splendeur, le bourg a gardé sa belle **place ★★**, avec ses maisons de granit, élevées à la Renaissance, son vieux puits, sa vaste église et sa jolie chapelle. D'élégantes demeures bordent les rues avoisinantes (Lann, Moal, St-Maurice).

Les Troménies. – La « montagne de Locronan », qui domine la ville, offre un spectacle très original les jours de pardon, qu'on appelle ici « Troménies ». Lors des **Petites Troménies** *(p. 130),* la procession se rend au sommet de la montagne, reprenant la promenade que, selon la tradition, faisait tous les matins à jeun et pieds nus saint Ronan qui serait venu d'Irlande au 5e s.
La **Grande Troménie ★★** a lieu tous les six ans. La prochaine aura lieu en 1989, le 2e dimanche de juillet. Les pèlerins, portant les bannières, font le tour de la montagne (12 km), en s'arrêtant à douze stations. Aux reposoirs, chaque paroisse expose ses saints et ses reliques. Ce circuit s'effectue aux limites de l'ancien prieuré bénédictin, fondé au 11e s., qui était lieu d'asile. De là viendrait le nom du pardon : Tro Minihy ou tour de l'asile, francisé en Troménie.

CURIOSITÉS

★★ **Église St-Ronan et chapelle du Penity.** – Formant un ensemble imposant mais harmonieux, ces deux édifices, accolés, communiquent. *Entrer par le grand porche.* L'église du 15e s. frappe par son homogénéité et sa voûte en pierre. La décoration de la **chaire ★** (1707) retrace la vie de saint Ronan et le beau **vitrail ★** du 15e s., à l'abside, des scènes de la Passion. Parmi les statues anciennes, remarquer un Saint Roch (1509). La chapelle du 16e s. abrite la dalle funéraire de saint Ronan (le gisant du début du 15e s. est l'une des premières œuvres exécutées en kersanton), une Mise au tombeau (16e s.), en pierre polychromée, à six personnages, dont le soubassement est orné de beaux **bas-reliefs ★**, un Christ aux liens et un Saint Michel pesant les âmes (15e s.). Pour avoir une bonne vue du chevet plat de l'église, s'avancer dans le cimetière.

Chapelle N.-D.-de-Bonne-Nouvelle. – Du 16e s. *A 300 m, par la rue Moal qui part de la place et descend à flanc de coteau.* Avec le calvaire et la fontaine (1698) proches, elle compose un paysage très breton. A l'intérieur, arc-diaphragme séparant la nef du chœur et Mise au tombeau.

Atelier St-Ronan. – *Au carrefour des routes de Douarnenez et de Quimper.* On visite l'atelier où sont rassemblés les métiers et la canetteuse pour tissage à la main du coton, du lin et de la laine ainsi que la salle d'exposition et de vente.

Tissage de l'ancienne Compagnie des Indes. – *Place de l'église.* On visite l'atelier de tissage du lin à la main où fonctionnent trois métiers. Exposition de sculptures sur bois et de divers travaux artisanaux.

Atelier du Ménez. – *Route de Châteaulin.* Dans cet atelier où sont tissés le lin, la soie et la laine, peuvent se voir les opérations de filage, ourdissage et tissage ; créations de tapisseries modernes et à l'ancienne sur des métiers haute lice.

cv **Musée.** – *Route de Châteaulin.* Le rez-de-chaussée est consacré au 19e s., on y verra des faïences de Quimper et des grès, des costumes du pays locronais et une reconstitution d'un intérieur typique de Porzay, petite localité au Nord de Locronan. Au 1er étage sont évoqués les Troménies, les anciens métiers : tailleur de pierre, tisserand, sabotier, vannier. Nombreuses peintures et gravures d'artistes contemporains se rapportant à Locronan et à sa région.

cv **Verrerie du Ponant.** – *Route de Châteaulin.* Une vaste salle d'exposition précède l'atelier équipé de deux fours, où travaillent trois souffleurs de verre.

★ **Montagne de Locronan.** – *2 km à l'Est. Quitter Locronan par la route de Châteaulin.* A 700 m, suivre tout droit une route en montée *(max. 11 %)* à flanc de colline, offrant de belles perspectives sur la baie, le Menez-Hom et la « cuvette » de Porzay.

cv Du sommet (289 m) couronné par une chapelle, beau **panorama**★ sur la baie de Douarnenez ; à gauche, on distingue Douarnenez et la pointe du Leydé ; à droite, le cap de la Chèvre, la presqu'île de Crozon, le Menez-Hom et les monts d'Arrée. A droite de l'enceinte, chaire en granit.

Chapelle de Kergoat. – *3,5 km à l'Est par la route de Châteaulin.* De style gothique, elle est dominée par un clocher à dôme et se termine par un beau chevet du 17e s. Parmi ses **vitraux**★ anciens, on remarque un Jugement dernier de 1555. Pèlerinage fréquenté le dimanche qui suit le 15 août.

EXCURSION

cv **Ste-Anne-la-Palud.** – *8 km au Nord-Ouest. Quitter Locronan en direction de Crozon. A la sortie de Plovénez-Porzay, prendre à gauche.* La chapelle, bâtie au 19e s., abrite une statue vénérée de sainte Anne, en granit peint, de 1548 *(légende de sainte Anne, p. 26).*
Le pardon *(p. 16)* du dernier dimanche d'août, l'un des plus beaux et des plus pittoresques de Bretagne, attire plusieurs dizaines de milliers de personnes. Le samedi après la grand-messe a lieu, à 21 h, la procession aux flambeaux. Le dimanche et le mardi suivant, grand-messe pontificale et vêpres suivies de la grande procession.

LOCTUDY
3560 h. (les Loctudystes)

Carte Michelin nº 58 pli 15 ou 230 pli 32 – Schéma p. 82.

Loctudy, petit port situé à l'embouchure de la rivière de Pont-l'Abbé, est aussi un centre balnéaire tranquille.

Port. – Il a été créé en 1847. Des quais, jolie vue sur l'île Chevalier, dans l'estuaire de Pont-l'Abbé, et sur Ile-Tudy et sa plage.

Église. – Du début du 12e s., l'église a subi de nombreux remaniements, en particulier l'adjonction d'un porche au 15e s., la construction de la façade et du clocher au 18e s. Malgré ces aménagements tardifs, l'**intérieur**★ aux belles proportions a conservé la pureté du style roman, aussi bien la nef que le chœur avec déambulatoire et chapelles rayonnantes. Il faut détailler les sculptures des chapiteaux et des bases des colonnes où petits personnages et animaux côtoient entrelacs, volutes, feuillages, croix pattées.
Dans le cimetière, à gauche de l'allée menant à l'église, se dresse une stèle gauloise de 2 m de haut, surmontée d'une croix, et sur le flanc gauche de l'église, près de la route, a été bâtie au 15e s. la petite chapelle de Pors-Bihan.

cv **PROMENADES EN BATEAU**

★★ **Quimper par l'Odet.** – *Description du parcours p. 175 ; description de Quimper p. 171.*

Ile-Tudy. – 552 h. De vocation maritime antérieure à Loctudy, ce joli port de pêche bâti sur une presqu'île malgré son nom, est accessible depuis Loctudy par bateau *(pour passagers et cycles seulement).*

Iles de Glénan. – *Description p. 103.*

LORIENT

64 675 h. (les Lorientais)

Carte Michelin n° **63** pli 1 ou **230** plis 34, 35.

Lorient est à la fois un port militaire et un arsenal, un port de commerce et un des rares ports de pêche bretons qui soient industriellement organisés. La nouvelle cité n'a rien de comparable à l'ancienne, qui fut détruite à 85 % par les bombardements.

Le port de pêche de Keroman offrira un sujet de distraction continuellement renouvelé aux flâneurs.

Chaque année, la ville accueille le festival des Cornemuses et le championnat des Bagadou *(p. 16)*.

UN PEU D'HISTOIRE

La Compagnie des Indes. – La première Compagnie des Indes, fondée par Richelieu à Port-Louis, n'ayant pas réussi, Colbert reprend le projet en 1664, au Havre. Mais les navires de la Compagnie sont arraisonnés trop facilement dans la Manche par les Anglais et l'on décide de transporter le siège de l'exploitation sur l'Atlantique. Le choix se fixe sur de vastes terrains libres sur la rive droite du Scorff ; on peut encore voir, fichés dans la rivière, les pieux qui servaient à stocker les bois destinés à la construction des navires de la Compagnie. Les installations qui sont élevées à cet endroit prennent le nom de l'Orient, car toute l'activité de la Compagnie est tournée vers les Indes et la Chine.

Au 18e s., sous l'impulsion du célèbre financier Law, les affaires se développent beaucoup ; soixante ans après sa fondation, la ville a déjà 14 000 habitants. La perte des Indes cause la ruine de la Compagnie et, en 1770, l'État prend possession du port et de ses installations. Napoléon en fait un port militaire.

Cependant malgré la perte de son monopole, la Compagnie réapparaît en 1785 sous l'appellation de Nouvelle Compagnie des Indes, puis disparaît définitivement en 1794.

Les années de guerre. – Occupée par les Allemands le 25 juin 1940, Lorient subit dès le 27 septembre 1940 des bombardements qui allèrent en s'intensifiant jusqu'au début d'août 1944 et anéantirent la ville.

Les combats de la « poche de Lorient », entre une forte garnison allemande retranchée dans la ville et les Américains et les F.F.I. qui l'encerclaient, dévastèrent les environs. Aussi, lorsque le 8 mai 1945 les Lorientais retrouvèrent leur ville, elle leur offrit un désolant spectacle.

Aujourd'hui, c'est une belle ville moderne, pleine de vie, où règne une grande activité due à ses constructions navales, son port de commerce et surtout son port de pêche qui, par l'importance de son trafic, est le second de France, après Boulogne.

CURIOSITÉS

★ **Base des sous-marins Ingénieur - général - Stosskopf** (Z). – Ouvrage unique au monde, il peut recevoir trente sous-marins. Son nom rappelle le sacrifice de l'officier du Génie maritime qui, sous les apparences de la collaboration, participait à la vie de la base, et informait les Alliés. Il devait être fusillé par les Allemands.

Les trois blocs de la base ont été construits à une vitesse record. Les deux premiers datant de 1941, longs de 130 m et hauts de 18,50 m, disposent de treize alvéoles pouvant accueillir des sous-marins, montés sur berceaux roulants. Le troisième bloc, long de

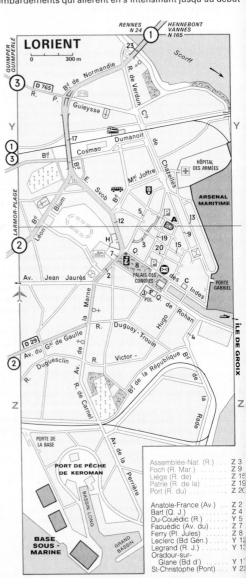

170 m et haut de 20 m, fut construit d'octobre 1941 à mai 1943 ; sa toiture, de 7,50 m de béton armé, n'a été qu'entamée par les bombes de 6 t. Treize unités à flot pouvaient prendre place dans les sept bassins.
La base abrite de nos jours l'escadre des sous-marins de l'Atlantique.

Port de pêche de Keroman (Z). – *A voir de préférence le matin au moment de l'animation.* En partie gagné sur la mer ; c'est le seul port français spécialement conçu et aménagé pour les besoins de la pêche lors de sa création, en 1927 ; il se compose de deux bassins en équerre : le Grand Bassin et le Bassin Long.
Le Grand Bassin est abrité par un môle de 250 m de long qui sert de quai de ravitaillement. Ce bassin est bordé de deux autres quais. L'un porte les installations frigorifiques et de congélation qui approvisionnent les chalutiers et les mareyeurs. Sur l'autre, ainsi que sur le quai Est du bassin Long, les chalutiers viennent débarquer leur pêche. Ces quais portent, en avant, la halle de la criée, longue de 600 m, et, contigus et en arrière, les magasins qui ouvrent sur le quai du chemin de fer et la gare routière.
Six garages sont équipés pour le carénage et la réparation des chalutiers. De vastes terrains alentour, mis à la disposition d'industries et commerces se rattachant à la pêche, complètent ce bel ensemble.
Le port de Keroman arme toute l'année pour toutes sortes de pêches. Les plus grosses unités prennent la mer pour environ quatorze jours ; la production de glace du frigorifique peut atteindre 400 t par jour.

Église N.-D.-de-Victoire (YZ A). – Plus connue des Lorientais sous le vocable de St-Louis, elle s'élève sur la place Alsace-Lorraine qui constitue une réussite de l'urbanisme moderne. Construite en béton armé, l'église est de plan carré. Une coupole aplatie la recouvre. Une tour carrée flanque sa façade.
Elle est remarquable par son **intérieur**★. Des petits vitraux jaunes et blancs éclairent la rotonde. Les baies de la partie basse sont en verre éclaté aux chauds coloris. Une fresque aux tons très doux couvre le mur derrière le maître-autel et, dans la nef, une magistrale Mise au tombeau en grisaille fait face à une Annonciation. Le chemin de croix, dessiné au trait, suggère le drame de chaque station.

cv **Arsenal** (YZ). – *Entrée par la porte Gabriel.* Dès l'entrée, on remarque sur la droite le pavillon Gabriel de la Compagnie des Indes, reconstruit dans le style original.
L'Arsenal du Scorff offre quatre bassins prévus pour le carénage des navires de guerre de surface et pouvant recevoir les plus grosses unités. L'Arsenal est spécialisé dans la construction des bâtiments de guerre par préfabrication, les éléments étant assemblés et soudés sur place.

Musée. – Il est installé dans l'un des deux anciens moulins de la Compagnie des Indes et présente des faïences, maquettes et documents ayant trait à l'histoire de cette compagnie, de Lorient et de la marine en général.
Auprès du musée, on remarque la tour de la Découverte, qui servait autrefois de guet ; elle fut réédifiée en 1786.

EXCURSION

La côte entre Scorff et Laïta. – *Circuit de 47 km – environ 2 h 1/2. Quitter Lorient par ② du plan, on laisse à gauche la route de Kernével.*

Larmor-Plage. – 6 381 h. Sa plage est très fréquentée par les Lorientais. L'église, remaniée du 12e au 17e s., possède un intéressant mobilier : retable du 17e s. au maître-autel, retable du 16e s. à l'autel des Juifs, dans le bas-côté gauche. D'inspiration flamande, ce dernier retable rassemble sur les pentes du Calvaire une quarantaine de petits personnages très expressifs ; à droite de cet autel, statue de N.-D.-des-Anges, bois polychrome du 16e s. Dans le bas-côté droit, Pietà en pierre du 16e s. ; de la même époque, on verra dans le chœur un Saint Efflam et une Sainte Barbe, sous le porche des statues des douze apôtres et un Christ aux liens. Chaque année, le dimanche qui précède ou suit le 24 juin, a lieu la bénédiction des Coureaux (nom du chenal qui sépare l'île de Groix de la côte). Cette procession en bateau attire de nombreux pèlerins. Il est de tradition que les navires de guerre quittant Lorient pour faire campagne saluent N.-D.-de-Larmor de trois coups de canon, tandis que le curé bénit le bâtiment, fait sonner les cloches et hisser le pavillon tricolore.

La route suit d'assez près la côte où se disséminent de petits centres balnéaires. Remarquer sur la droite les carrières d'extraction du kaolin. Après Kerpape, le parcours offre des vues étendues sur la côte du Finistère, au-delà de l'anse du Pouldu, et sur l'île de Groix avec, comme premier plan, les découpures du littoral rocheux du Morbihan où se nichent les petits ports de Lomener, de Perello, de Kerroch, du Courégant et la grande plage de **Fort-Bloqué** dominée par le fort de même nom. On traverse Guidel-Plages, à l'embouchure de la Laïta. De Guidel, on peut pousser jusqu'au pont de St-Maurice *(6 km AR)* sur la Laïta d'où la **vue**★ sur la vallée encaissée est magnifique.

De Guidel, gagner Pont-Scorff en passant par Coatermalo et Gestel. Dans Pont-Scorff, prendre la direction de Quéven, parcourir 2,5 km, puis tourner à gauche.

cv **Zoo de Pont-Scorff.** – Installé sous bois, sur les rives escarpées du Scarve, petit affluent du Scorff, ce zoo rassemble de nombreux animaux du monde : lions, tigres, ours, loups, chacals, binturogs, émeus, etc. et de nombreux volatiles.

Par Quéven, regagner Lorient.

cv PROMENADES EN BATEAU

★★ **Belle-Ile.** – *Page 54.*

Port-Louis. – *Traversée : 1/2 h. Description p. 168.*

★ **Ile de Groix.** – *Page 106.*

LOUDÉAC

Carte Michelin n° 59 pli 13 ou 230 plis 22, 23.

Cette petite ville située au cœur de la Bretagne connaît toujours quelques foires et marchés importants. Des industries agro-alimentaires se sont développées sur son territoire, liées à l'élevage «sans sol» pratiqué dans la région; en parcourant la campagne environnante, on découvre ces vastes hangars flanqués de hauts silos de distribution, dans lesquels se pratique cet élevage, volaille et porcs principalement.
cv Loudéac est aussi connue pour ses courses de chevaux qui comptent parmi les plus intéressantes de Bretagne.

EXCURSION

La Ferrière. – 498 h. *16 km au Sud-Est. Quitter Loudéac en direction de Rennes, à 12 km tourner à droite vers La Trinité-Porhoët et à 2 km encore à droite.* Ce village possède une massive église du 14e s. à clocher-porche. A l'intérieur, dans le chœur, vitrail de la Vierge (1551); dans le bras gauche du transept, vitrail de l'Arbre de Jessé (1551) et groupe de l'Annonciation en kersanton; dans la nef, à droite, Crucifixion du 16e s.
Sur la placette, en face de l'église, se dresse une croix-calvaire du 15e s.: quatre petits personnages sont curieusement sculptés dans le socle.

MALESTROIT

Carte Michelin n° 63 pli 4 ou 230 pli 38.

Proche des landes de Lanvaux, cette coquette cité, construite sur les bords de l'Oust canalisée, conserve d'intéressantes demeures gothiques et Renaissance.

Maisons anciennes. – A pans de bois ou en pierre, elles se rencontrent principalement près de l'église St-Gilles: place du Bouffay, la façade d'une de ces demeures présente des sujets sculptés humoristiques, une autre a gardé son pélican de bois; il faut ensuite parcourir la rue au Froment, puis la rue aux Anglais, la rue des Ponts près du pittoresque déversoir, la rue du Général-de-Gaulle.

Église St-Gilles. – Cette église, des 12e et 16e s., est curieuse par la juxtaposition des styles et sa double nef. On remarque le portail Sud, avec ses deux portes à vantaux sculptés du 17e s., flanqué de puissants contreforts ornés des attributs symboliques des quatre évangélistes: le lion de saint Marc est monté par le jeune homme de saint Matthieu, le bœuf de saint Luc repose sur un socle orné de l'aigle de saint Jean. L'après-midi vers 15 h (heure solaire), l'ombre du bœuf et celle de l'aigle dessinent sur la muraille le profil classique de Voltaire. A gauche du maître-autel, vitrail du 16e s. consacré à saint Gilles et, dans la chapelle à droite, Pietà du 16e s.

La MEILLERAYE-DE-BRETAGNE

Carte Michelin n° 63 pli 17 ou 230 pli 55.

Bâti sur une éminence près de la **forêt de Vioreau** (800 ha), ce bourg doit son existence à une abbaye toute proche.
cv **Abbaye de Melleray.** – *2,5 km au Sud-Est en direction de Riaillé.*
Fondée en 1142 près d'un étang magnifique entouré d'arbres que l'on peut admirer de la route, cette abbaye cistercienne comporte des bâtiments du 18e s. L'**église N.-D.-de-Melleray**, achevée en 1183, a retrouvé sa rigueur cistercienne et des vitraux en grisaille. Des piliers carrés de granit rose supportent des arcs brisés de pierre blanche. Dans le chœur, à chevet plat, gracieuse **Vierge** en bois polychrome, du 17e s.
Face à l'allée d'accès de l'abbaye, se dresse un curieux calvaire en granit, du 15e s.

Grand Réservoir de Vioreau. – *5 km au Sud par la route de Nort-sur-Erdre et des chemins forestiers à droite.* Ce vaste plan d'eau favorable à la voile, aux berges verdoyantes ou sablonneuses, est dû à un barrage. Il communique avec des étangs et alimente le canal de Nantes à Brest.

★★★ MENEZ-HOM

Carte Michelin n° 58 pli 15 ou 230 pli 18.

Le Menez-Hom (330 m) est un sommet détaché des Montagnes Noires dont il prolonge l'extrémité occidentale. C'est l'un des grands belvédères bretons; il occupe une position clé à l'entrée de la presqu'île de Crozon. Le 15 août a lieu une fête folklorique.

Accès. – *On s'y rend (2 km) par une petite route qui s'embranche sur l'axe reliant Châteaulin à Crozon, 1,5 km après la chapelle Ste-Marie (p. 208).*

★★★ **Panorama.** – *Table d'orientation.* Le tour d'horizon, par temps clair, est immense. On découvre la baie de Douarnenez limitée, à gauche, par la côte de Cornouaille, jusqu'à la pointe du Van, et à droite par la côte de la presqu'île de Crozon jusqu'au cap de la Chèvre. Vers la droite, la vue s'étend sur la pointe de St-Mathieu, les «Tas de Pois», la pointe de Penhir, Brest et sa rade en avant de laquelle se détachent l'Ile Longue à gauche, l'Ile Ronde et la pointe de l'Armorique à droite; l'estuaire commun de la rivière du Faou et de l'Aulne dont les vallées se séparent vers l'arrière. La vallée de l'Aulne, la plus proche, décrit un beau méandre que franchit le pont suspendu de Térénez. Vers l'arrière: les monts d'Arrée, la montagne St-Michel couronnée d'une chapelle, le bassin de Châteaulin, les Montagnes Noires, la montagne de Locronan, Douarnenez et Tréboul.
Aller jusqu'à la borne de l'Institut géographique pour avoir un tour d'horizon complet. On peut apercevoir dans la vallée de la Doufine le bourg de Pont-de-Buis.

MONCONTOUR

Carte Michelin n° 59 pli 13 ou 230 pli 23.

Ancienne cité fortifiée bâtie au 11e s. sur une éminence, Moncontour est située à la jonction de deux vallées. Ses remparts, en partie démantelés sur ordre de Richelieu en 1626, conservent cependant belle allure ; pittoresques ruelles et escaliers mènent aux portes pratiquées dans les courtines.
Le château des Granges, reconstruit au 18e s., se dresse sur une colline au Nord du bourg.

Église St-Mathurin. — Du 16e s., profondément remaniée au 18e s.. Elle abrite de remarquables **vitraux★** du 16e s. : dans le bas-côté gauche, ils retracent successivement des épisodes de la vie de saint Yves, sainte Barbe et saint Jean-Baptiste ; dans le bas-côté droit, Arbre de Jessé et Saint-Mathurin. Derrière le maître-autel, en marbre (1768), la verrière (restaurée) évoque des scènes de l'enfance du Christ.

EXCURSIONS

Chapelle N.-D.-du-Haut. — *3 km au Sud-Est. Quitter Moncontour en direction de Lamballe. Au carrefour, après la station d'épuration, prendre à droite vers Collinée, puis, à 800 m environ, tourner à droite, traverser Trédaniel et continuer tout droit (calvaire à gauche) : la chapelle est à 600 m.*
On y voit les statues de bois de sept saints guérisseurs : saint Mamert est invoqué contre les coliques, saint Yvertin et sainte Eugénie, de son vrai nom Tujanne, contre les migraines, saint Lubin contre les maux des yeux, saint Méen contre la folie, saint Hubert contre les plaies et les morsures de chien, saint Houarniaule, moine aveugle du 5e s., contre la peur. Pardon le 15 août.

Château de la Touche-Trébry. — *6 km à l'Est par la route de Collinée. A Trédaniel, prendre à gauche.*
Il s'élève face à un étang. Bien qu'édifié à la fin du 16e s., la Touche-Trébry a l'allure d'un château médiéval. Protégé par son enceinte, il forme un tout très homogène que n'ont pas altéré les restaurations. Deux pavillons adossés à deux grosses tours surveillent l'entrée composée d'une grande et d'une petite porte surmontées d'un chemin de ronde. La cour, de plan régulier, est entourée, au fond, du logis principal à la façade régulière, de chaque côté en retour d'équerre, de deux pavillons à combles aigus auxquels font suite des communs plus bas, se raccordant aux pavillons de l'entrée. Les angles formés par le corps de logis et les ailes sont flanqués de quatre tourelles. Tours et tourelles sont coiffées de dômes.
L'intérieur conserve de belles cheminées.

★★ MONTAGNES NOIRES

Carte Michelin n° 58 plis 16, 17 ou 230 plis 19, 20.

Les Montagnes Noires forment avec les monts d'Arrée *(p. 47)* l'« épine dorsale » de la péninsule. Ces deux petites chaînes, composées principalement de grès durs et de quartzite, n'ont pas tout à fait le même caractère : les Montagnes Noires sont un peu moins hautes (326 m contre 384 m) ; leur crête est plus étroite ; leurs pentes sont peu accentuées et les landes n'y recouvrent pas d'aussi vastes étendues. Le nom donné à la chaîne indique qu'elle eut probablement autrefois un manteau de forêts. Comme dans tout l'intérieur de la Bretagne, le sol fut mis à nu, au cours des temps. Depuis la fin du siècle dernier, le reboisement a été entrepris et les sapinières, maintenant nombreuses, justifient à nouveau son appellation.
Dans la partie orientale de la chaîne, dans la région de Motreff et Maël-Carhaix s'est concentrée l'extraction ardoisière bretonne, autrefois plus étendue. Les bancs de schiste ardoisier sont exploités au moyen de puits qui descendent à une centaine de mètres de profondeur. Découpés dans les scieries dans les dimensions approximatives des ardoises, les blocs sont acheminés vers les ateliers des « fendeurs » qui les exfolient en plaques minces à l'aide de longues lames en acier. Des machines découpent ensuite des feuillets pour en faire des ardoises de couverture. Les ardoisières bretonnes fournissent environ 5 % de la production française (celles d'Anjou 45 %).

Circuit au départ de Carhaix-Plouguer

85 km — compter 1/2 journée — schéma p. 136

Quitter Carhaix-Plouguer (p. 68) à l'Ouest en direction de Pleyben et à 2,5 km tourner à gauche. La route s'engage dans la pittoresque vallée de l'Hyères. A Port-de-Carhaix, après avoir franchi le canal de Nantes à Brest, tourner à droite. A environ 1,5 km, remarquer sur la gauche le **calvaire de Kerbreudeur**, curieusement replacé et dont certains éléments dateraient du 15e s.

St-Hernin. — 765 h. Dans ce lieu où se serait installé saint Hernin, moine venu d'Irlande, subsiste un enclos paroissial du 16e s., l'église et l'ossuaire ont été remaniés au 17e s. Le calvaire très élancé est fort beau, on reconnaît saint Michel terrassant le dragon de sa longue épée.

Regagner à Moulin-Neuf la route de Carhaix à Gourin et tourner à droite. On aperçoit de-ci de-là d'anciennes ardoisières.

Chapelle St-Hervé. — *Le chemin d'accès se détache sur la gauche.* C'est un petit édifice du 16e s. à décor flamboyant et clocheton ajouré. Ce site sert de cadre chaque année, le 25 septembre, au pardon de la Saint-Hervé.

On franchit la ligne de faîte des Montagnes Noires avant d'amorcer la descente sur Gourin.

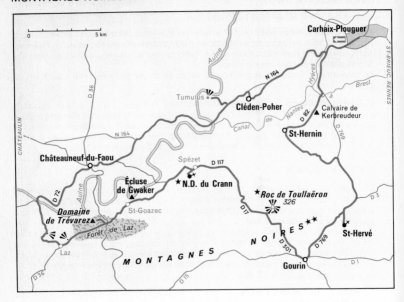

Gourin. — 5 186 h. Ancien centre ardoisier, Gourin, qui possède également des carrières de pierres blanches, est aussi un centre d'élevage de chevaux, de bovins et de volailles. L'église du 17e s., à clocher à lanternons et dôme de pierre, abrite dans le bas-côté droit, à gauche de l'entrée, une belle Pietà du 15e s. en bois polychrome.

Dans Gourin prendre la direction de Quimper et en bas de la descente à droite vers Châteauneuf-du-Faou. On se dirige à nouveau vers la crête des Montagnes Noires.

★ **Roc de Toullaëron.** — *1/2 h à pied AR. A 5 km de Gourin, après un virage, laisser la voiture et prendre à droite un chemin rocailleux (traversant une zone privée, interdiction de pique-niquer) qui s'élève dans un taillis de chênes ; à son extrémité, escalader les blocs rocheux.*

Du sommet, point culminant des Montagnes Noires (326 m), on découvre par temps clair un immense **panorama★** : vers l'Ouest, s'étale le bassin de Châteaulin dont le bocage semble une forêt ; vers le Nord, se dessinent les monts d'Arrée ; vers le Sud, on voit, au loin, le plateau breton s'incliner doucement vers l'Atlantique.

Gagner Spézet et, à la sortie vers Châteauneuf-du-Faou, tourner à gauche.

★ **Chapelle N.-D.-du-Crann.** — *Page 152.*

Revenir à l'entrée de Spézet où l'on tourne à gauche et à 2 km encore à gauche. A l'entrée de St-Goazec, tourner à droite.

Écluse de Gwaker. — C'est l'une des nombreuses écluses du canal de Nantes à Brest. En fin du vaste plan d'eau, belle chute d'eau ; le site est plaisant.

Traverser St-Goazec, puis prendre à droite vers Laz. La route, en montée, pénètre dans la magnifique forêt de Laz où prédominent les sapins.

cv **Domaine départemental de Trévarez.** — Ce parc de 75 ha s'ordonne autour d'un château ruiné (19e s.). Des sentiers balisés à travers bois permettent d'agréables promenades parmi les importantes plantations de camélias, azalées et rhododendrons qui prennent toute leur valeur à la floraison en mai et juin.

★ **Point de vue de Laz.** — Du parc de stationnement, une belle vue se dégage sur la vallée de l'Aulne et le Menez-Hom.

Dans Laz, tourner à droite vers Kerohan. La descente fort pittoresque, des arêtes rocheuses se dressant de part et d'autre, ménage une belle vue sur la vallée de l'Aulne. A Pont-Pol-Ty-Glas prendre à droite vers Châteauneuf. La route franchit, puis longe l'Aulne.

Châteauneuf-du-Faou. — 4 048 h. Ce bourg est bâti dans un très joli site, au penchant d'une colline qui domine l'Aulne. C'est le lieu rêvé des pêcheurs : saumons remontant l'Aulne, brochets. Dans l'église, on verra la chapelle des fonts baptismaux décorée en 1919 par Paul Sérusier (1865-1927), peintre appartenant au groupe des nabis. Il a retracé des épisodes de la vie du Christ. Pardon l'avant-dernier dimanche d'août à la chapelle N.-D.-des-Portes.

La route de Châteauneuf à Carhaix est charmante pendant les quelques kilomètres où elle suit l'Aulne. A 1,5 km après le confluent avec le canal de Nantes à Brest, tourner à gauche vers la Roche, puis à droite à environ 500 m. La route longe des cours de ferme avant d'atteindre un terre-plein. Du sommet du tumulus, belle vue sur un méandre de l'Aulne. Reprendre la direction de Carhaix-Plouguer.

cv **Cléden-Poher.** — 1 118 h. Ce village possède un bel **enclos paroissial★** en grande partie du 16e s. *(détails sur les enclos p. 37).* L'église des 15e et 16e s. renferme d'intéressants retables : au maître-autel, trois panneaux du 16e s. d'influence flamande, et boiseries du chœur du 17e s. ; dans le bas-côté droit, retable du Rosaire (1694) ; dans le bas-côté gauche, retable de la Pentecôte (17e s.). On verra un ossuaire transformé en chapelle (jolie charpente), un beau calvaire de 1575 et deux curieuses sacristies couvertes en carène.

Regagner Carhaix-Plouguer.

Par l'originalité de son site, la richesse de son histoire, la beauté de son architecture, le Mont-St-Michel *(1)*, la « Merveillle de l'Occident », laisse aux visiteurs un souvenir impérissable.

Au début de l'automne, la fête à la fois religieuse et folklorique de l'archange saint Michel *(p. 16)* attire une nombreuse assistance.

Le Mont-St-Michel est un îlot granitique d'environ 900 m de tour et 80 m de haut. La baie étant déjà comblée en partie *(voir Marais de Dol, p. 92)*, le Mont se dresse, le plus souvent, au milieu d'immenses bancs de sable. Ces sables, par le jeu des marées, déplacent souvent l'embouchure des rivières côtières. Le Couesnon, dont les divagations menaçaient les digues et les polders côtiers, a été canalisé et lèche aujourd'hui la base du Mont à l'Ouest. Son cours historique, orienté au Nord-Ouest à partir de Pontorson, constituait la frontière entre les duchés de Bretagne et de Normandie, ce qui faisait dire aux Bretons, fort marris :

(Photo Christiane Olivier, Nice)
Le Mont-St-Michel.

> « Le Couesnon a fait folie
> Cy est le Mont en Normandie. »

L'amplitude des marées dans la baie est considérable et peut atteindre 14 m de différence entre les niveaux de basse mer et de haute mer. C'est le record de France. Comme le fond est plat, les bancs de sable découvrent très loin : jusqu'à 15 km en vive eau. Le flot monte très rapidement et peut mettre en danger les imprudents.

À l'époque des grandes marées, deux fois par mois et surtout à l'équinoxe de printemps et d'automne, le spectacle du flux est admirable.

UN PEU D'HISTOIRE

Un tour de force. — Les origines de l'abbaye remontent au début du 8e s. L'archange saint Michel étant apparu à Aubert, évêque d'Avranches, celui-ci fonda sur le Mont Tombe un oratoire que remplaça une abbaye carolingienne. Sur le Mont, désormais consacré à l'archange, vont se succéder, jusqu'au 16e s., des édifices romans et gothiques dont la splendeur ira croissant.

L'abbaye, bien fortifiée, ne sera jamais prise.

La construction est un véritable tour de force. Amener les blocs de granit, parfois des îles Chausey ou de Bretagne, et les hisser à pied d'œuvre ne fut pas une petite affaire. L'arête du sommet étant fort étroite, on dut aller chercher appui sur les flancs du rocher.

Pèlerinages. — Les pèlerins affluent au Mont, même pendant la guerre de Cent Ans : les Anglais, maîtres de la région, accordent, moyennant finances, des sauf-conduits aux fidèles. On voit arriver pêle-mêle des nobles, de riches bourgeois et des gueux qui vivent d'aumônes pendant leur voyage et sont hébergés gratuitement par les moines, à l'Aumônerie.

L'industrie hôtelière et le commerce des « souvenirs » sont déjà florissants. Les pèlerins achètent des insignes portant l'effigie de saint Michel, des ampoules de plomb qu'ils remplissent de sable de la grève.

La traversée de la baie, pour ces milliers de gens, ne va pas sans enlisements ou noyades : c'est alors que naît l'appellation de St-Michel-au-Péril-de-la-Mer.

Décadence. — L'abbaye étant tombée en commende (les abbés, qui peuvent être laïcs, touchent alors les revenus sans exercer leur charge), la discipline se relâche parmi les moines. Au 17e s., les Mauristes, religieux de St-Maur, sont chargés de réformer le monastère, mais font ici œuvre décevante en matière architecturale, se contentant de tailler et rogner dans les bâtiments.

La transformation de l'abbaye en prison ajoutera encore aux déprédations. De Bastille provinciale qu'elle était déjà avant la Révolution, elle devient, en 1811, prison pour les condamnés de droit commun et quelques détenus politiques, comme Barbès, Blanqui.

En 1874, l'abbaye et les remparts du Mont sont confiés au Services des Monuments Historiques. Depuis 1966, quelques religieux occupent à nouveau l'abbaye et assurent le culte.

---

(1) Pour plus de détails, lire : Le Mont-St-Michel, par René Herval (Imro-Lainé, Rouen) et 100 heures au Mont-St-Michel par Y. Christ (Vilo, Paris).

Les étapes de la construction. – Elles se succèdent du 11e au 16e s.

Construction de l'abbaye romane. – 11e-12e s. Une église est bâtie (1017-1144) au sommet du rocher. L'édifice carolingien antérieur est utilisé comme crypte (N.-D.-sous-Terre) pour soutenir la plate-forme sur laquelle s'élèvent les trois dernières travées de la nef romane. D'autres cryptes sont établies pour supporter les croisillons du transept et le chœur qui débordent du rocher.
Les bâtiments conventuels sont élevés sur le flanc Ouest du Mont et de part et d'autre de la nef. L'entrée de l'abbaye est à l'Ouest.

Construction de l'abbaye gothique. – 13e-16e s. Sont construits à cette époque :
– au Nord, les magnifiques bâtiments de la Merveille (1211-1228) affectés aux moines, aux pèlerins, à la réception des hôtes de marque ;
– au Sud, les bâtiments abbatiaux (13e-15e s.) consacrés à l'administration, au logement de l'abbé, à la garnison ;
– à l'Est, le Châtelet et les défenses avancées (14e s.) qui protègent l'entrée, disposée de ce côté du Mont.
Le chœur roman de l'église, écroulé, est refait (1446-1521), plus magnifique encore, en gothique flamboyant, sur une nouvelle crypte.

Remaniements. – 18e-19e s. En 1780, les trois dernières travées de la nef sont démolies ainsi que la façade romane. Le clocher actuel, surmonté d'une belle flèche que termine le Saint Michel de Frémiet, date de 1897 ; il culmine à 157 m.

★★★ L'ABBAYE

cv La visite s'effectue à travers un dédale de couloirs et d'escaliers, par étage et non par bâtiment ou par époque.

Défenses avancées de l'abbaye. – On atteint le Grand Degré, escalier qui conduit à l'abbaye. Une porte pivotante pouvait l'obstruer. En haut et à droite s'ouvre l'entrée des jardins, puis s'amorce l'escalier des remparts.
On passe sous l'arche d'une ancienne porte pour pénétrer dans une cour fortifiée que domine le Châtelet. Il se compose de deux hautes tours, en forme de bombardes dressées sur leur culasse et reliées par des mâchicoulis. Même dans cet ouvrage militaire apparaît le souci d'art du constructeur : la muraille est bâtie en assises alternées de granit rose et gris, d'un heureux effet. De là, part un escalier couvert d'une voûte en berceau surbaissé, peu éclairé, abrupt et appelé, pour ces raisons, escalier du Gouffre. Il aboutit à la belle porte qui donne accès à la salle des Gardes ou Porterie.

Salle des Gardes ou Porterie. – C'était la plaque tournante de l'abbaye. Les pèlerins indigents étaient dirigés, en passant par la cour de la Merveille, vers l'Aumônerie. Les visiteurs de l'abbé, les fidèles se rendant à l'église, empruntaient l'escalier abbatial.

Escalier abbatial. – On gravit cet imposant escalier (90 marches) qui se développe entre les bâtiments abbatiaux à gauche *(on ne visite pas)* et l'église à droite. Il était défendu par un pont fortifié (15e s.). L'escalier aboutit, devant le portail Sud de l'église, à une terrasse appelée le «Saut Gautier» (**E**), du nom d'un prisonnier qui, de là, se serait jeté dans le vide. De ce point partent les visites.

Plate-forme de l'Ouest. – De cette vaste terrasse, créée par l'arasement des trois dernières travées de l'église, la vue s'étend sur la baie du Mont-St-Michel.

★★ **Église.** – A l'extérieur, le chevet, avec ses contreforts, arcs-boutants, clochetons,
cv balustrades, est un chef-d'œuvre de grâce et de légèreté.
A l'intérieur, le contraste entre la nef romane, sévère et sombre, et le chœur gothique, élégant et lumineux, est saisissant.
L'édifice repose sur trois cryptes que l'on découvre au cours de la visite.

★★★ **La Merveille.** – Ce nom désigne les superbes bâtiments gothiques qui occupent la face Nord. La partie Est de ces constructions, la première construite (1211-1218), comprend, de bas en haut, l'Aumônerie, la salle des Hôtes et le Réfectoire ; dans la partie Ouest (1218-1228) leur correspondent : le Cellier, la salle des Chevaliers et le Cloître.
Extérieurement, la Merveille a l'aspect puissant d'une forteresse, tout en accusant, par la noblesse et la pureté de ses lignes, sa destination religieuse. A l'intérieur, le moins archéologue des touristes se rendra compte de l'évolution accomplie par le gothique depuis la simplicité, encore presque romane, des salles basses jusqu'au chef-d'œuvre de finesse, de légèreté et de goût, qu'est le cloître, en passant par l'élégance de la salle des Hôtes, la majesté de la salle des Chevaliers et la luminosité mystérieuse du Réfectoire.
Le 3e étage comprend le Cloître et le Réfectoire.

★★★ **Cloître.** – Il est comme suspendu entre mer et ciel. Les arcades des galeries comportent des sculptures remarquablement fouillées, dans un décor de feuillage orné çà et là de formes humaines (en particulier des Têtes) et d'animaux ; on y découvre également quelques motifs poétiques illustrant l'art sacré. Les arcades sont soutenues par de ravissantes colonnettes disposées en quinconce. La coloration même des divers matériaux employés ajoute à l'harmonie de l'ensemble.

A droite de l'entrée, un lavatorium (lavabo) évoque la célébration du «lavement des pieds» qui se renouvelait tous les jeudis à l'abbaye.

★ **Réfectoire.** – L'impression est étonnante : il règne une belle lumière diffuse qui, à l'évidence, ne peut provenir des deux baies percées dans le mur du fond. En avançant, on découvre l'artifice de l'architecte : pour éclairer la salle sans affaiblir la muraille soumise à la forte pression de la charpente, il a ménagé des ouvertures très étroites et très hautes au fond d'embrasures.

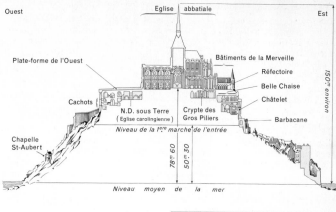

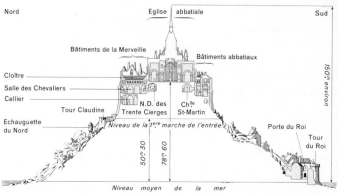

Ancienne abbaye romane. — On visite le Promenoir des Moines. Il subiste une partie du dortoir.

Cryptes. — Des trois cryptes qui supportent les croisillons et le chœur de l'église, la plus impressionnante est la **crypte des Gros pilliers★** (15e s.), avec ses dix piliers de 5 m de tour.
Le 2e étage comprend la salle des Hôtes et la salle des Chevaliers.

★ **Salle des Hôtes**. — L'abbé y accueillait les rois (Saint Louis, Louis XI, François Ier) et les visiteurs de marque. La salle (35 m de longueur), aux voûtes gothiques, présente deux nefs séparées par de fines colonnes. Elle est fort gracieuse et élégante.

★ **Salle des Chevaliers**. — Ce nom fait peut-être allusion à l'ordre militaire de Saint-Michel qui fut fondé en 1469 par Louis XI et dont l'abbaye était le siège. Très vaste (26 m sur 18 m), majestueuse, la pièce est divisée en quatre vaisseaux par trois rangs de robustes colonnes. C'était la salle de travail des moines.
On gagne les salles basses composées du Cellier et de l'Aumônerie.

Cellier. — Il est divisé en trois par deux lignes de piliers carrés qui soutiennent des voûtes d'arêtes. C'était le magasin d'approvisionnement.

Aumônerie. — Cette salle gothique, partagée en deux par une rangée de colonnes, a conservé ses voûtes romanes.

Bâtiments abbatiaux. — Sauf la salle des Gardes, ils ne sont pas ouverts.

★★ LE VILLAGE

Défenses avancées du bourg. — La porte de l'Avancée est la seule ouverture des remparts. Elle donne accès à une première cour fortifiée. A gauche, on voit le corps de garde des Bourgeois (16e s.) ; à droite, les « Michelettes », bombardes anglaises prises au cours d'une sortie, pendant la guerre de Cent Ans. Seconde porte et seconde cour fortifiée, puis une troisième porte, la porte du Roi (15e s.), qui possède encore ses mâchicoulis et sa herse. On l'appelle ainsi parce qu'y était logé le contingent symbolique que le roi entretenait au Mont, pour rappeler ses droits. On débouche, enfin, dans la Grande-Rue. La jolie maison de l'Arcade (à droite) servait de caserne aux soldats de l'abbé.

★ **Grande-Rue**. — Étroite, en montée, bordée de maisons anciennes (15e-16e s.), et coupée de marches à son sommet, elle est pittoresque, animée et extraordinairement encombrée pendant la saison. Les étalages de marchands de souvenirs l'envahissent. Le touriste indulgent pourra imaginer que, même à l'époque des plus fervents pèlerinages, au Moyen Age, cette industrie locale faisait montre d'un égal mordant.

★★ **Remparts**. — 13e-15e s. La promenade sur le chemin de ronde offre de belles vues sur la baie, particulièrement de la tour Nord.

★ **Jardins de l'abbaye**. — Promenade très reposante qui permet de découvrir la face _cv_ Ouest du mont et la chapelle St-Aubert.

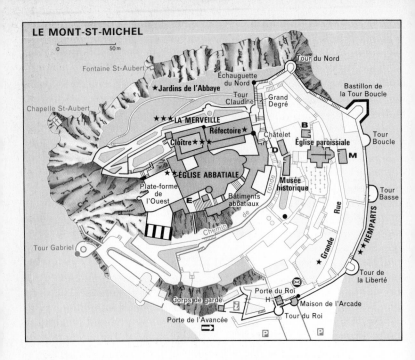

LE MONT-ST-MICHEL

cv **Musée historique.** − On peut voir quelques personnages en cire relatifs à l'histoire du Mont ; une remarquable collection de 25 000 **coqs de montres**★ français, anglais, hollandais (pièces ciselées supportant le mécanisme des montres anciennes) ; des bas-reliefs en albâtre des 15e et 16e s. et une centaine de peintures sur cuivre du 15e au 18e s. Dans le jardin, un périscope permet de découvrir toute la baie jusqu'à 30 km.

cv **Musée historial du Mont** (**M**). − Photographies, personnages de cire, dioramas historiques représentant le Mont-St-Michel. Collection de coqs de montres. Périscope.

Église paroissiale. − Du 11e s. très remaniée. L'abside enjambe une ruelle. L'église abrite du mobilier et un Christ provenant de l'abbaye ; dans la chapelle du bas-côté droit, une statue de l'archange saint Michel recouverte d'argent ; dans celle à droite de l'autel, une statue de la Vierge (15e s.) et, dans la tribune, de nombreuses bannières de pèlerins.

cv **Logis Tiphaine** (**B**). − Du Guesclin, qui fut capitaine du Mont, aurait logé, dans cette maison, sa femme Tiphaine *(détails p. 88)* pendant qu'il allait combattre en Espagne *(voir p. 24)*. Beaux meubles dont certains du 14e s.

Maison de la Truie-qui-file (**D**). − Façade restaurée formée d'une suite d'arcades.

★★ MORBIHAN (Golfe du)

Carte Michelin n° **63** plis 2, 3, 12, 13 ou **230** plis 36, 37, 50 51.

Le golfe du Morbihan, mer intérieure parsemée d'une multitude d'îles, offre des paysages qui comptent parmi les plus originaux de Bretagne. La visite, surtout en bateau, s'impose.

UN PEU D'HISTOIRE

Au 1er s. avant J.-C., les Vénètes − d'où vient Vannes −, répartis autour du Morbihan, forment le peuple le plus puissant d'Armor. Marins accomplis, ils ont une flotte qui rend vaines les attaques terrestres. Quand César décide de conquérir la péninsule, la lutte décisive doit donc se livrer sur mer. Le chef romain fait construire et rassembler à l'embouchure de la Loire un grand nombre de galères que son lieutenant Brutus mène au combat.
La rencontre aurait eu lieu devant Port-Navalo ; César en aurait suivi les péripéties du haut de la butte de Tumiac *(p. 142)*. Mais, à l'encontre de cette thèse, les géologues affirment que le golfe du Morbihan n'existait pas encore lors de la guerre des Gaules. Il est, en tout cas, certain que le combat s'est déroulé sur le Côte Sud-Est de la Bretagne.
Les Gaulois mettent en ligne 220 gros voiliers, aux fortes et hautes coques. Les Romains opposent leurs grandes barques plates, marchant à l'aviron. Le triomphe de Brutus, total, inespéré, tient à plusieurs causes : la mer est belle, ce qui favorise les galères, incapables de résister au mauvais temps ; d'autre part, le vent tombe complètement durant la bataille, immobilisant les voiliers vénètes ; il y a enfin la trouvaille des faux que les Romains ont attachées à l'extrémité des câbles. Au moment où une galère élonge un voilier ennemi, un homme adroit lance la faux dans les haubans qui fixent les mâts gaulois. La barque filant à toutes rames, le câble se tend et la lame sectionne les cordages : mâts et voiles tombent. Deux ou trois galères attaquent alors le Vénète et l'enlèvent à l'abordage. Après cette victoire, César occcupe le pays vénète : tous les membres du Sénat sont mis à mort et le peuple est vendu comme esclave.

UN PEU DE GÉOGRAPHIE

Mor-bihan signifie petite mer, par opposition à Mor-braz, la grande mer océane. Ce golfe, qui mesure environ 20 km sur 15, est né d'un affaissement relativement récent. La mer s'est largement étalée sur un terrain déjà modelé par l'érosion des cours d'eaux : de là proviennent ces découpures, ces estuaires qui pénètrent loin dans l'intérieur, ces îles et îlots innombrables qui font l'originalité du Morbihan. La rivière de Vannes et celle d'Auray forment les deux estuaires les plus importants. Une quarantaine d'îles sont habitées et sont des propriétés privées ; les deux plus grandes, Arz et l'île aux Moines, sont les seules communes du golfe.

Le golfe est soumis à la marée : à mer haute, l'eau scintille autour des îles basses, plates, souvent boisées ; à mer basse, de vastes bancs vaseux séparent les chenaux qui subsistent. Un étroit goulet d'un kilomètre devant Port-Navalo sert de porte au flot et au jusant ; ils y atteignent une vitesse de 8 à 10 nœuds. Cette puissante chasse d'eau empêche le golfe d'être comblé par les alluvions de la Loire et de la Vilaine que transportent les courants côtiers.

Le golfe du Morbihan est animé par les barques de pêche, les bateaux de plaisance, les goëlettes de commerce qui fréquentent Auray et le port de Vannes. Les parcs à huîtres *(p. 20)* sont nombreux dans les rivières et le long des îles.

★★★ LE GOLFE EN BATEAU

cv C'est la meilleure façon de voir le golfe du Morbihan. Cette excursion en vedette s'effectue au départ de Vannes, de Locmariaquer, de Port-Navalo ou d'Auray.

Ile d'Arz. – 277 h. (les Iledarais). L'île, longue de 3,5 km, possède plusieurs monuments mégalithiques.

★ **Ile aux Moines.** – 588 h. Cet ancien fief de monastère est la plus grande des îles du golfe du
cv Morbihan (5,5 km de long) et la plus peuplée. C'est un séjour balnéaire tranquille où poussent à profusion mimosas, camélias, palmiers et où croissent aussi orangers et citronniers. La beauté des Iloises « patriciennes de la mer », célébrée par les poètes bretons, est sans doute à l'origine de galantes appellations : bois des Soupirs, bois d'Amour, bois des Regrets. Quelques sites sont à visiter : le bourg aux ruelles pittoresques ; au Nord de l'île, la pointe du Trech (curieux calvaire à paliers), belle vue sur la pointe d'Arradon et le golfe ; vers le Sud, le cromlech de Kergonan, les dolmens de Boglieux et de Penhap ; à l'Est, la pointe de Brouël et la vue sur l'île d'Arz.

★ LES BORDS DU GOLFE

1 **De Vannes à Locmariaquer** *49 km – environ 3 h 1/2*

Quitter Vannes (p. 214) par le D 101 (Ouest du plan). A 5 km, prendre à gauche vers la pointe d'Arradon. La route contourne Arradon (2911 h. – lieu de séjour p. 15).

★ **Pointe d'Arradon.** – *Prendre à gauche vers la cale de la Carrière.* De la, **vue★** très caractéristique sur le golfe du Morbihan où l'on distingue, de gauche à droite : les îles de Logoden ; au loin, l'île d'Arz, ensuite, l'île Holavre, rocheuse, et l'île aux Moines. Pour gagner la pointe, emprunter le sentier derrière l'hôtel. Il longe les roches.

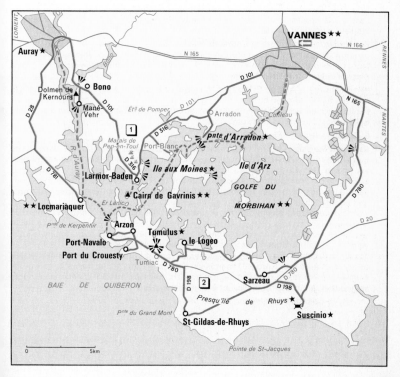

Faire demi-tour et gagner le Moustoir où l'on tourne à gauche. Au lieu-dit Moulin de Pomper, remarquer sur la gauche le vieux moulin à marée *(p. 178). Prendre à gauche vers Port-Blanc. C'est le point d'embarquement pour l'île aux Moines.*

★ **Ile aux Moines.** — *2,5 km, plus 1/4 h de traversée. Description p. 141.*

La route longe bientôt l'anse de Kerdelan — à gauche, jolie vue sur le golfe, et au fond, l'île aux Moines — puis laisse les marais de Pen-en-Toul, à droite.

Larmor-Baden. — 811 h. Petit port et centre ostréicole important. Du port, très belle vue sur les îles et l'entrée du golfe.

★★ **Cairn de Gavrinis.** — *Excursion en canot demandant 1/4 h environ au départ de Larmor-Baden. Description p. 103.*

De belles échappées s'offrent à gauche sur la rivière d'Auray.

Bono. — 1 633 h. Du nouveau pont, **vue**★ pittoresque sur le village, la rivière du Bono, le port et le vieux pont suspendu. Remarquer des tas de tuiles chaulées qui servent à *cv* recueillir le naissain d'huîtres *(détails p. 67).* L'**église** possède des **vitraux**★, modernes, de Guével et de Labouret.

Avant de franchir le nouveau pont, en direction d'Auray, prendre sur la gauche une route en descente. A la sortie de Kernours, dans un petit bois de pins à droite, dolmen coudé de Kernours qui fait penser à une allée couverte. Par la route on peut continuer jusqu'à **Mané-Vehr**, petit port ostréicole (nombreuses tuiles chaulées), pour jouir d'un beau coup d'œil sur la rivière d'Auray.

★ **Auray.** — *Page 50.*

Sortir d'Auray par ③ du plan. A 8 km, tourner à gauche. La route passe à proximité de célèbres monuments mégalithiques avant d'arriver à Locmariaquer (p. 129).

② **De Vannes à Port-Navalo et retour**
79 km — environ 4 h — schéma p. 141

Quitter Vannes par ③ du plan. Après St-Léonard, prendre à droite.

La route longe le bord du golfe, sur lequel elle offre quelques points de vue.

★ **Presqu'île de Rhuys.** — On y pénètre à St-Colombier. Elle ferme au Sud le golfe du Morbihan. Sa flore rappelle celle du Midi.

Sarzeau. — 4 443 h. Lieu de séjour p. 15. Pays natal de Lesage (1668-1747), auteur entre autres de « Gil Blas » et de « Turcaret ». Sur la petite place à droite de l'église se voient deux belles maisons Renaissance.

Dans Sarzeau, prendre la direction de Brillac, la route suit la côte en partie. Avancer jusqu'au Logeo.

Le Logeo. — Joli petit port dans l'anse de même nom abritée par les îles Gouihan et Stibiden.

Gagner le Net et tourner à droite.

★ **Tumulus de Tumiac** ou **butte de César.** — *1/4 h à pied. Laisser la voiture au parc de stationnement et prendre à droite un chemin de terre.* Du sommet du tumulus, **panorama**★ étendu sur le golfe, la baie de Quiberon et les îles. De cet observatoire, César aurait suivi la bataille navale contre les Vénètes (p. 140 : Un peu d'histoire).

Arzon. — 1 476 h. Conséquence d'un vœu fait à sainte Anne en 1673, durant la guerre de Hollande, les marins d'Arzon vont, chaque année le lundi de Pentecôte, prendre part, en corps, à la procession de Ste-Anne-d'Auray. Deux vitraux (1884), dans le chœur de l'église, rappellent ce vœu.

Port-Navalo. — Petit port et centre balnéaire. Sa rade est fermée au Sud par un promontoire portant un phare (promenade aménagée avec bancs et longue-vue) et au Nord par la pointe de Bilgroix, offrant une très belle **vue**★ sur le golfe du Morbihan. La plage s'ouvre sur la pleine mer.

Port de Crouesty. — Au Sud-Est de Port-Navalo s'est implanté ce port de plaisance dans la baie de même nom, en bordure d'un vaste ensemble résidentiel. Les deux bassins en service peuvent accueillir près de 400 bateaux. Du parc de stationnement pour visiteurs, belle vue sur le site et les installations.

St-Gildas-de-Rhuys. — *Page 195.*

★ **Château de Suscinio.** — Les ruines de Suscinio se dressent tout près de la mer, dans un site *cv* particulièrement sauvage balayé par les vents du large : c'était la marée qui remplissait les fossés. Construit au 13e s., il devient la résidence d'été des ducs de Bretagne. Confisqué par François Ier, il passe à la couronne de France qui en dispose pour ses bons serviteurs, ses favoris et favorites. La Révolution l'a fort endommagé : six tours, restaurées, subsistent sur huit. Une partie des grands bâtiments qui donnent sur la cour intérieure ont perdu leurs toitures et planchers : seules s'élèvent encore d'énormes cheminées.

Franchies les douves, on pénètre dans la cour d'honneur sur laquelle donnent le logis seigneurial, la boulangerie, le logis Ouest réservé aux invités.

Traverser la cour en diagonale pour gagner, au fond et à droite, l'escalier donnant accès au sommet de la tour Nord (131 marches) : beau panorama sur la presqu'île et le golfe. Gagner les courtines que l'on peut parcourir. Elles permettent d'accéder au logis seigneurial que dessert un escalier à vis (94 marches).

De St-Colombier, regagner Vannes par la route suivie à l'aller.

Vous cherchez un parking,
les principaux sont indiqués sur les plans de ce guide.

★ MORGAT

Carte Michelin nᵒˢ 58 pli 14 ou 230 pli 17 — Lieu de séjour p. 14.

Morgat est un centre balnéaire bien abrité. Sa grande plage est encadrée, au Sud par une pointe couverte de pins, Beg-ar-Gador, au Nord par un éperon rocheux qui la sépare de la plage du Portzic.

Le Port. — Protégé par une jetée, il est très animé par la flottille de pêche et peut accueillir 400 bateaux de plaisance. Les amateurs de pêche sportive en mer auront à Morgat la possibilité de pratiquer différentes pêches auxquelles se prête la faune locale. Il faut s'avancer sur la nouvelle jetée pour jouir d'une jolie **vue** sur la falaise, l'arche naturelle ou porte de Gador, la baie de Douarnenez et le Menez-Hom.

★ **Les grandes grottes.** — Ste-Marine, la Chambre du Diable, percée d'une cheminée, sont situées au-delà de Beg-ar-Gador, les autres étant à l'extrémité opposée de la baie. La plus belle est la grotte de l'Autel (80 m de profondeur et 15 m de haut) aux multiples colorations.

Les petites grottes. — Elles se trouvent au pied de l'éperon qui sépare les plages de Morgat et du Portzic et sont accessibles à marée basse.

★ MORLAIX

19 541 h. (les Morlaisiens)

Carte Michelin nᵒ 58 pli 6 ou 230 pli 5 — Schéma p. 96.

En arrivant à Morlaix apparaît en premier l'énorme viaduc. Cet ouvrage enjambe la vallée encaissée au fond de laquelle s'allonge l'estuaire du Dossen, plus souvent appelé rivière de Morlaix. La ville est active, mais le port, fréquenté surtout par les plaisanciers, n'a qu'un mouvement commercial restreint (sable, bois, engrais).

La visite de la Reine Anne. — En 1505, le roi Louis XII ayant surmonté une grave maladie, la reine Anne de Bretagne *(voir aussi p. 181 et 214)* décide de faire un pèlerinage aux saints de son duché. Elle séjourne à Morlaix qui, très riche, reçoit la reine de façon somptueuse. On lui offre un petit navire d'or orné de pierreries et une hermine apprivoisée qui porte un collier enrichi de diamants (l'hermine est l'emblème d'Anne de Bretagne). Le « clou » de la fête est un Arbre de Jessé vivant représentant tous les ancêtres de la souveraine.

S'ils te mordent, mords-les ! — En 1522, une flotte anglaise de soixante voiles remonte la rivière. Les notables de Morlaix étant ce jour-là invités ailleurs, les assaillants entrent dans la ville. Pillage. Mais on s'attarde dans les celliers et les Morlaisiens, revenus, foncent sur les intrus alourdis et leur taillent des croupières. A cette occasion, la ville ajoute à ses armes un lion faisant face à un léopard anglais avec la devise : « S'ils te mordent, mords-les ! »
Pour se protéger d'une nouvelle attaque, les gens de Morlaix construisent, en 1542, le château du Taureau, à l'entrée de leur rade. Louis XIV le leur enlève en 1660 et en fait une prison d'État.

Cornic, l'officier « bleu ». — Cornic est le grand marin morlaisien du 18ᵉ s. Il débute comme corsaire et ses exploits sont tels que le roi le nomme lieutenant de vaisseau dans le « Grand Corps ». Mais Cornic, qui ne sera jamais qu'un officier « bleu » (ceux qui sont sortis du rang ont un habit entièrement bleu), sera en butte aux tracasseries des officiers « rouges », sortis de l'école des Gardes-Marine, presque tous nobles, dont l'uniforme est rouge et bleu ; il restera lieutenant de vaisseau et devra prendre sa retraite.
La Révolution lui rend justice, mais il est trop tard pour qu'il puisse reprendre du service actif.

La ferme des tabacs (18ᵉ s.). — Il y avait, à Morlaix, une manufacture de tabacs fondée par la Compagnie des Indes et une « ferme » qui avait le monopole de vente. Les prix étant très élevés, la contrebande s'exerçait sur une grande échelle. Des barques, chargées en Angleterre de tabac à priser, à fumer, à chiquer, étaient déchargées la nuit sur la côte. Des batailles sanglantes faisaient s'affronter souvent fraudeurs et agents de la ferme.
Morlaix, resté de nos jours un centre de tabacs, possède une importante manufacture de cigares et cigarillos. Elle fabrique annuellement environ 285 millions de cigares, 112 t de tabacs à mâcher et 43 t de tabacs à priser.

PRINCIPALES CURIOSITÉS *visite : 1 h*

Partir de la place Cornic et suivre l'itinéraire de visite tracé sur le plan p. 144.

★ **Viaduc** (ABY). — On en a une bonne vue depuis la place des Otages. Cette impressionnante construction à double étage mesure 58 m de haut sur 285 m de long.

Monter les degrés à droite du viaduc. Sur la gauche se dresse l'hôtel du Parc du 16ᵉ s., imposante construction en fer à cheval. *Longer le flanc droit de l'église St-Mélaine (p. 144) et tourner à droite.*

Rue Ange-de-Guernisac (BY 5). — Elle est bordée de belles maisons en encorbellements et pans de bois : hôtels du Relais de France, au nᵒ 13, et les demeures des nᵒˢ 9, 6 et 5. Au passage, jeter un coup d'œil dans les pittoresques venelles du Créou (BY 8) et au Son (BZ 18).

Prendre à droite la rue Carnot (BZ 7).

★ **Grand'Rue** (BZ). — *Réservée aux piétons.* On y voit des demeures du 15ᵉ s. ornées de petites statuettes de saints et des grotesques, certaines boutiques basses prennent jour par une large fenêtre (l'étal), en particulier aux nᵒˢ 8 et 10. A l'origine, ces maisons appelées **« maisons à lanterne »** se composaient d'une vaste salle centrale éclairée par le

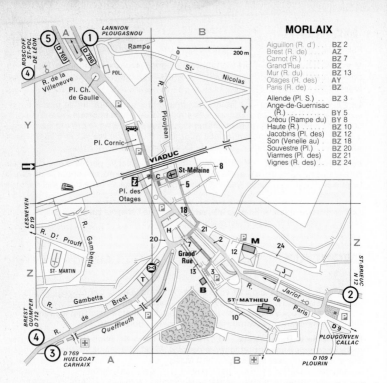

Aiguillon (R. d')	BZ 2
Brest (R. de)	AZ
Carnot (R.)	BZ 7
Grand'Rue	BZ
Mur (R. du)	BZ 13
Otages (R. des) . . .	AY
Paris (R. de)	BZ
Allende (Pl. S.)	BZ 3
Ange-de-Guernisac	
(R.)	BY 5
Créou (Rampe du) . .	BY 8
Haute (R.)	BZ 10
Jacobins (Pl. des) . .	BZ 12
Son (Venelle au) . . .	BZ 18
Souvestre (Pl.)	BZ 20
Viarmes (Pl. des) . .	BZ 21
Vignes (R. des) . .	BZ 24

toit, sur laquelle donnaient les autres pièces d'habitation que reliait un escalier à vis. Ce dernier était soutenu par une très jolie poutre d'angle sculptée. Le musée *(voir ci-dessous)* en possède une belle collection et de nombreuses illustrations.

Contourner la place S.-Allende et gravir la rampe pour accéder à la rue du Mur.

★ **Maison «de la Reine Anne»** (BZ **B**). — C'est une maison de trois étages en encorbellement (16e s.). La façade est ornée de statues de saints et de grotesques.

AUTRES CURIOSITÉS

★ **Musée** (BZ **M**). — Le musée est installé dans l'ancienne église des Jacobins, qui *cv* conserve au chevet une très belle **rosace**★ du début du 15e s. Il présente le produit des fouilles archéologiques pratiquées dans la région, évoque les Morlaisiens célèbres (le corsaire Cornic, le général Moreau, etc.) et le Vieux Morlaix avec ses maisons à lanterne *(voir p. 143)*. On verra aussi une importante statuaire religieuse du 13e au 17e s., un beau mobilier du pays de Léon (17e s.), des objets usuels domestiques, agricoles et artisanaux, une bonne collection de **toiles modernes**★, don de la société des Amis de Gustave Geffroy (1855-1926, critique d'art morlaisien).

Église St-Mélaine (BY). — De style gothique flamboyant, elle possède un porche intéressant au flanc droit. A l'intérieur vitraux modernes de Labouret, voûtes ornées de sablières et d'entraits sculptés. Le bas-côté droit abrite un panneau en bois polychromé : l'Annonciation, la Nativité et la Fuite en Égypte ; le bas-côté gauche, les fonts baptismaux avec baldaquin en bois sculpté et une Descente de croix.

cv **Église St-Mathieu** (BZ). — Reconstruite en 1824, excepté la tour (16e s.), elle présente sur un plan basilical des colonnes doriques soutenant une voûte surbaissée. A gauche du maître-autel, curieuse statue ouvrante de la **Vierge**★, en bois, du 16e s. Fermée elle représente la Vierge allaitant l'Enfant Jésus ; ouverte, elle abrite une Sainte Trinité, sur les volets sont peints six épisodes de la vie du Christ : l'Annonciation, la Nativité, la Présentation au Temple, la Flagellation, la Résurrection, la Descente aux enfers. Dans le bas-côté gauche, beau Christ en bois du 16e s., avec Marie et saint Jean-l'Évangéliste.

EXCURSIONS

★ **Plougonven.** — 3 335 h. *12 km au Sud-Est par la route de Callac.* Situé au pied des *cv* monts d'Arrée, ce bourg conserve un intéressant enclos paroissial *(détails p. 37).* Sur le **calvaire**★★, élevé en 1554, la croix à deux branches porte, en haut, les statues de la Vierge et de saint Jean, au-dessous, deux gardes ; de chaque côté, les croix des larrons. Au pied de la croix principale, Descente de croix. Sur la plate-forme et autour du socle, scènes de la vie du Christ : la Tentation au désert, l'Arrestation du Christ, etc. L'ossuaire présente une arcature trilobée et une porte en anse de panier. L'église construite en 1523, gravement endommagée par un incendie au début du siècle, conserve cependant un élégant clocher à balcon avec tourelle d'escalier, et de remarquables gargouilles, véritable bestiaire où se reconnaissent chiens, lions, sangliers, âne, etc.

Ploujean. — *3 km au Nord par ① du plan.* Ce faubourg de Morlaix est la patrie du poète Tristan Corbière (1845-1875) et de Jean-Loup Chrétien premier « spacionaute » français (24 juin 1982). L'église du 11e s. a été remaniée au 15e s. Sur un des piliers de la nef romane, remarquer une belle statue de la Vierge (15e s.). Dans la chapelle, à droite du chœur, se trouve la stalle en bois sculpté d'où le maréchal Foch assistait aux offices lorsqu'il séjournait dans sa propriété de Tréfeunteuniou, au Nord-Est de Ploujean ; un mémorial en son honneur a été élevé au chevet de l'église.

Carte Michelin nos 🔢 pli 3 ou 🔢 plis 54, 55.
Plan d'agglomération dans le guide Michelin France.

Nantes, la plus grande ville de Bretagne, n'est pas purement bretonne, la Loire ayant, de tout temps, apporté avec elle l'influence des provinces voisines. C'est à la fois une cité d'art, un grand centre industriel, une ville universitaire et un port actif.
Chaque année, un joyeux carnaval anime les principales artères *(p. 16)*.

UN PEU D'HISTOIRE

Nantes, capitale de la Bretagne. — Nantes, gauloise, puis romaine, est mêlée aux luttes sanglantes qui opposent les rois francs aux comtes et ducs bretons. Mais ce sont les Normands qui lui portent les coups les plus terribles. En 843, les pirates débarquent, font irruption dans la cathédrale où l'évêque est en train d'officier et passent au fil de l'épée clergé et fidèles.
En 939, le jeune Alain Barbe-Torte, descendant des grands chefs bretons, réfugiés en Angleterre, revient au pays et chasse les pirates de Bretagne. Devenu duc, il choisit Nantes comme capitale et la relève de ses ruines.
Au Moyen Age, Nantes lutte pour son titre de capitale contre Rennes. Les Montfort *(p. 22)*, principalement **François II**, gouvernent en souverains incontestés et rendent à la ville son titre de capitale et son prestige.

L'Édit de Nantes. — En 1597, la Bretagne, lasse des troubles engendrés par la Ligue et par les ambitions séparatistes de son gouverneur, Philippe de Lorraine, adresse un pressant appel à Henri IV pour qu'il vienne rétablir l'ordre. Arrivé devant le château, celui-ci a un sifflement admiratif : « Ventre Saint-Gris, s'écrie-t-il, les ducs de Bretagne n'étaient pas de petits compagnons ! ». Durant son séjour, le 13 août 1598, il signe l'édit de Nantes qui, en 92 articles, règle la question religieuse ; du moins le croit-il.

Sucre et « bois d'ébène ». — Du 16e au 18e s., Nantes a deux grandes sources de richesse : le sucre et la traite des Noirs, pudiquement dénommée commerce du « bois d'ébène ». La vente aux Antilles des Noirs achetés sur la côte de Guinée permet l'achat du sucre de canne qui sera raffiné à Nantes. Le « bois d'ébène » laisse couramment 200 % de bénéfice. Les philosophes tonnent contre ce commerce inhumain. Mais Voltaire, dont on connaît le sens aigu des affaires, a une part de 5000 livres dans un négrier nantais.
A la fin du 18e s., la prospérité de Nantes est éclatante. C'est le premier port de France. Sa flotte compte 2500 navires et barques. Les gros armateurs forment de véritables dynasties. Ils se font construire les hôtels du quai de la Fosse ou de l'ancienne île Feydeau.
Du Nantais **Cassard** (1672-1740), Duguay-Trouin a dit : « C'est notre plus grand homme de mer ». Il faisait traverser aux convois de vivres les blocus les plus stricts.

Les noyades. — En juin 1793, Nantes compte de nombreux royalistes ; au début d'octobre, la Convention y envoie, comme représentant, Carrier *(p. 182)*, député du Cantal, qui vient de passer quelque temps à Rennes. Sa mission consiste à « purger le corps politique de toutes les mauvaises humeurs qui y circulent ».
Les prisons sont déjà remplies de Vendéens, de prêtres, de suspects. Pour faire de la place aux nouveaux arrivants, Carrier recourt à la noyade. Les condamnés sont empilés dans des chalands qu'on saborde en Loire, à hauteur de Chantenay. La Convention, informée, rappelle aussitôt son représentant. Il passe en jugement. Renvoyé devant le tribunal révolutionnaire de Nantes, il est condamné à mort et guillotiné en décembre.
En 1832, la tragédie fait place à la comédie-bouffe. La **duchesse de Berry,** qui cherche à rallier les légitimistes à sa cause pour relancer l'insurrection contre le roi Louis-Philippe, parcourt le pays nantais. L'échec est total. Réfugiée à Nantes, elle est dénoncée. Les gendarmes s'installent en surveillance dans la maison où elle se cache ; ils allument du feu dans l'une des pièces et ont la surprise de voir s'abattre la plaque de la cheminée et sortir, à croupetons, la duchesse et trois de ses fidèles, noirs de suie et à demi asphyxiés : ils sont restés seize heures dans un étroit réduit ménagé dans l'épaisseur du mur.

Évolution. — L'abolition de la traite par la Révolution, la fabrication du sucre à partir de la betterave, sous l'Empire, et l'accroissement du tonnage des navires sont autant de catastrophes pour Nantes. La ville se tourne vers la métallurgie et les fabrications alimentaires. Un industriel, Collin, met en exploitation (1824) le brevet, concernant les conserves, pris par Appert en 1809.
Nantes crée, en 1856, un avant-port à St-Nazaire, creuse un canal latéral à la Loire en 1892 et, à partir de 1911, ouvre l'estuaire approfondi par de nouveaux procédés de dragage aux cargos de 8,25 m de tirant d'eau, selon l'importance de la marée.

Nantes aujourd'hui. — Depuis la dernière guerre, la reconstruction a transformé Nantes. Si l'on a tenu à conserver aux anciens quartiers leur caractère du 18e s., de nouveaux édifices s'intègrent à l'ensemble de l'agglomération, comme la « cité radieuse » (1955) conçue par Le Corbusier, à **Rezé.** L'Est de l'**île Beaulieu** forme un contraste saisissant avec la partie portuaire de l'Ouest, hérissée de grues et d'entrepôts, et les quartiers ouvriers.
Dans l'ancienne **île Gloriette** (BZ), se trouvent les facultés de Médecine et de Pharmacie. Dans l'ancienne **île Feydeau** (BZ) qui a conservé ses hôtels du 18e s., le vaste immeuble du « Centre Neptune » abrite des salles de congrès internationaux, des galeries commerçantes, etc.
La **place de Bretagne** (BY), dans le centre, témoigne de ce nouvel essor : une tour de 24 étages s'élève face aux bâtiments de la Sécurité sociale (1954) et des Postes (1961).
Au Nord de Nantes, sur la rive droite de l'Erdre, se trouve le campus universitaire.
Une zone piétonne a été créée dans le quartier du Change, elle englobe la place du Change, les rues des Halles, des Carmes, du Moulin, Ste-Croix, de la Juiverie.

Le port. — Les installations sont gérées par le Port Autonome de Nantes-St-Nazaire. Le port et ses annexes Basse-Indre, Couëron et Paimbœuf, comptent 90 grues électriques, 100 000 m² couverts avec : entrepôts frigorifiques, chais à vins, silos à céréales, trois docks flottants et 5 km de quais publics. Les importations sont surtout constituées par les hydrocarbures, les produits métallurgiques, les phosphates, les produits chimiques, le sucre, les bois, le soja, les tourteaux, les primeurs et agrumes, les vins. Les exportations portent essentiellement sur les céréales, les fers-blancs, les engrais et les produits fabriqués. *On aura un bon aperçu de l'activité portuaire en se rendant quai Wilson au confluent des bras de la Madeleine et de Pirmil.*

Ile Beaulieu (AZ). — Par le pont Anne-de-Bretagne, on pénètre dans la zone portuaire où se succèdent les sociétés de dragages et les grues. Le boulevard Léon-Bureau mène à la gare de l'État et celui de la Prairie-au-Duc au quai des Antilles où sont déchargés les régimes de bananes. A la pointe Ouest de l'île, apparaissent des stocks de bois (troncs d'arbres exotiques et planches), des monticules de charbons, de sables, des citernes, la Bourse des fruits et primeurs, les entrepôts frigorifiques de Loire-Atlantique avec leurs wagons, la Cie Générale Transatlantique, puis l'immense Marché d'intérêt national.

L'activité industrielle. — L'industrie nantaise est très active : mécanique, fonderies, chaudronnerie. Dans l'alimentation, elle comprend des raffineries de sucre, des conserveries, des biscuiteries et la commercialisation des vins du « Pays Nantais » : Muscadet et Gros Plant *(voir p. 41 : La table bretonne).*

Les chantiers de constructions navales se sont spécialisés dans les dragues, minéraliers, ferry-boats, navires-usines pour la pêche industrielle, sous-marins.

Les ateliers de construction de matériel de forage pour puits de pétrole, de raffinage, pour installations frigorifiques industrielles, de constructions aéronautiques, téléphoniques et électroniques, constituent l'essentiel de la métallurgie nantaise.

Sur la rive gauche. — Dans la zone d'extension industrielle fonctionne une centrale électrique E.D.F. ainsi qu'une papeterie et des industries du bois. Dans le couloir industriel de la Basse-Loire, l'arsenal d'Indret est spécialisé dans l'étude et la fabrication des chaudières de marine. Paimbœuf se livre à la fabrication des produits chimiques et à la construction métallique.

Sur la rive droite. — Les établissements de **Basse-Indre** produisent le fer-blanc nécessaire aux conserveries ; ceux de **Couëron** traitent le plomb et le cuivre. A **Cordemais**, une centrale électrique utilise un sous-produit du pétrole brut provenant des raffineries. A **Donges** *(p. 94)* est installée la Société « Elf-France ».

★★ CHÂTEAU DES DUCS DE BRETAGNE (CY) *visite : 1 h*

De Charles VIII à Louis XIV, maints rois de France ont séjourné au château. Dans la chapelle, Louis XII épouse Anne de Bretagne en 1499. Henri IV y signe en 1598 l'Édit de Nantes. Dans ses tours furent détenus Gilles de Rais, Chalais, favori de Louis XIII, le cardinal de Retz, la duchesse de Berry.

La grande époque est celle du duc de Bretagne, François II. Le train de vie est royal : cinq ministres ; dix-sept chambellans et une foule de domestiques. La cour est fastueuse, les mœurs très libres. On s'amuse à parcourir les chambres, après l'heure fixée pour le réveil, et à jeter le dormeur dans l'eau des douves. Il arrive au duc lui-même de payer rançon pour éviter la baignade. Un bras de la Loire baigne alors la forteresse.

L'édifice actuel, commencé en 1466 par François II, est continué par sa fille Anne de Bretagne. Le duc de Mercœur, durant la Ligue, ajoute des défenses. A partir du 18ᵉ s., l'administration militaire en prend possession, taille, rogne, élève des bâtiments au style sans apprêt. La tour des Espagnols (1), transformée en poudrière, saute en 1800 *(la partie Nord du château démolie est indiquée par un pointillé sur le schéma p. 147).* En 1809, la construction des quais et le comblement du bras de la Loire ont modifié le site.

(Photo Madec/Azimut)

Nantes. — Le château des ducs de Bretagne.

La forteresse. — Elle a fière allure, depuis la remise en eau des douves où se reflètent ses tours rondes, et avec ses fossés profonds traités en jardins. Un pont du 18e s. rejoint l'ancien pont-levis flanqué de tours massives du temps de François II.

Le palais. — A l'abri des lourdes murailles faites pour affronter sièges et combats, s'ouvre une aire riante où devaient se donner farces et mystères, joutes et tournois.

La gracieuse **tour de la Couronne d'Or★★** aux belles loggias à l'italienne relie deux corps de bâtiments aux nombreuses fenêtres.

Le **Grand Logis**, bâti par Anne de Bretagne, est orné de cinq hautes lucarnes gothiques à pinacles ouvragés. Il abritait les hommes d'armes.

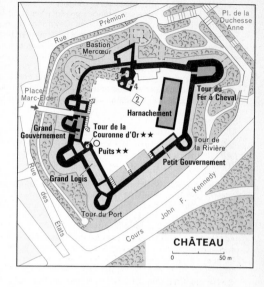

CHÂTEAU

0   50 m

Le **Grand Gouvernement,** fin gothique-Renaissance, moins élevé et reconstruit en 1684, constituait le palais ducal proprement dit : au sous-sol les prisons, au rez-de-chaussée le corps de garde et les cuisines, aux 1er et 2e étages les appartements, sous les combles les chambres des serviteurs.

Le **puits★★** est surmonté d'une magnifique armature en fer forgé, figurant la couronne ducale, où sept poulies et sept gargouilles sculptées sur la margelle.

Le **Petit Gouvernement**, de style Renaissance, a été édifié sous François Ier, tandis que le bâtiment militaire du **Harnachement** date de 1784.

Des vestiges du château primitif (2) des 13e et 14e s. établi près de fondations romaines se retrouvent dans une excavation au milieu de la cour ; le vieux donjon (3) existe encore : il est en partie enclavé dans un pavillon du 18e s. abritant la conciergerie (4). La **tour du Fer à Cheval** est du 16e s. Dans les salles restaurées un éclairage par le sol met en valeur les voûtes à clefs armoriées. Une salle abrite des compositions contemporaines, tissées : œuvres de Baran, Buic, Graffin, Sheila Hicks, Claire Zeisler, etc.

★ **Musée d'Art populaire régional.** — Il est installé au 1er étage du bâtiment du Grand Gouvernement. Deux salles, consacrées à l'habitat rural, présentent des maquettes et documents cartographiques, des coiffes et costumes de toute la Bretagne, de la fin du 19e s. Dans deux autres salles sont reconstitués des intérieurs typiques du marais vendéen et du pays guérandais.

Du mobilier provenant principalement du Morbihan et de la région quimpéroise compose la dernière salle. On y verra des armoires dont une de 1731 pour entreposer les pièces de lin, des lits clos, des coffres, des berceaux, des rouets.

★ **Musée des Salorges.** — Appelé aussi musée de la Marine, il occupe, au 1er étage du bâtiment dit «le Harnachement», une vaste salle à la belle charpente. Trois grandes figures de proue de la fin du 18e s. et du début du 19e s. accueillent le visiteur. Un ensemble de vitrines abrite des maquettes de la ville, des modèles réduits de vaisseaux des 17e et 18e s., navires négriers en particulier, de bateaux de pêche (baleiniers, thoniers, chaloupes sardinières), des instruments de navigation utilisés du 17e au 19e s.

Des documents et une gabare rappellent les mariniers de la Loire ; de même des affiches et des emballages concernant la biscuiterie, des étiquettes pour conserves, des indiennes, des faïences du Croisic de la fin du 16e s., concrétisent le passé industriel nantais.

CATHÉDRALE ST-PIERRE-ET-ST-PAUL (CY) *visite : 1/2 h*

Commencé en 1434, achevé en 1893, cet édifice imposant, dont l'unité de style est respectée, surprend par l'austérité de sa façade restaurée en 1930 : deux tours sans fantaisie encadrent une grande baie flamboyante ; remarquer cependant les niches à dais ouvragés (15e s.) qui décorent les piliers soutenant les tours. Les trois portails, par contre, présentent des voussures finement sculptées. Une statue de saint Pierre se dresse au milieu du portail central. S'avancer sur le flanc gauche pour découvrir le chevet dont les gracieuses absidioles sont hérissées de pinacles légers.

★★ **Intérieur.** — La pierre blanche remplace, à Nantes, le granit des cathédrales purement *cv* bretonnes. Moins lourde, cette pierre a permis d'établir à l'intérieur, des voûtes à 37,50 m de hauteur, plus hautes que celles de Notre-Dame de Paris. La pureté des lignes de ce vaisseau de style gothique est remarquable.

On se placera sous la tribune d'orgues pour apprécier les cinq travées : une double haie de lignes verticales jaillissent du sol et montent d'un trait jusqu'aux clefs de voûtes où elles s'entrecroisent. Les nervures des piliers très saillants masquent les pans de murs qui les séparent et toutes les lignes des arcades ou du triforium qui pourraient rompre l'harmonie de cette perspective.

Faire le tour du vaisseau par la droite.

Dans le croisillon droit, le **tombeau de François II★★** est l'œuvre maîtresse de la décoration de la cathédrale et l'une des grandes productions de la Renaissance. Ce tombeau a été sculpté, de 1502 à 1507, par Michel Colombe, né en Bretagne mais Tourangeau d'adoption. Il fut commandé par Anne de Bretagne pour contenir les restes de son père, François II, et de sa mère, Marguerite de Foix, et placé dans l'église des Carmes. Le tribunal révolutionnaire en ordonna la démolition, mais le courageux architecte de la ville cacha chez des amis les divers fragments du monument. Reconstitué après la tourmente, celui-ci fut transféré à la cathédrale en 1817.

Le duc et la duchesse sont couchés sur une dalle de marbre noir recouvrant une dalle rectangulaire de marbre blanc. Les statues qui les entourent sont autant de symboles. Les anges qui soutiennent la tête des gisants sur des coussins représentent l'accueil céleste, le lion couché aux pieds de François est l'emblème de la puissance, le lévrier de Marguerite, celui de la fidélité. Les quatre grandes statues des angles personnifient les vertus cardinales : le duc a droit à la Justice (couronne en tête, glaive en main) et à la Force (casque, armure, arrachant un dragon d'une tour). A la duchesse reviennent la Prudence et la Tempérance. La Prudence a deux visages : devant, c'est une jeune fille au miroir symbolisant l'avenir, derrière, c'est un vieillard figurant le passé (la prudence s'inspire du passé pour envisager l'avenir). La Tempérance tient un mors, rappelant la retenue des passions, et une horloge qui apporte l'idée de mesure.

Au-dessous des gisants, seize niches contiennent les statuettes des saints qui intercèdent pour les deux morts et notamment saint François d'Assise et sainte Marguerite, leurs patron et patronne.

Au-dessous encore, seize pleureuses, statuettes en partie mutilées, symbolisent la douleur du peuple.

Ce magnifique ensemble est éclairé par une superbe **verrière** moderne haute de 25 m, large de 5,30 m, consacrée aux saints bretons et particulièrement nantais, c'est une œuvre de Chapuis. La nef et le transept gauche sont aussi dotés de vitraux modernes de Le Chevallier.

A la croisée du transept, l'impression d'élévation est étonnante.

Dans le croisillon gauche, le **cénotaphe de Lamoricière★** a été exécuté par le sculpteur Paul Dubois en 1879. Le général est représenté couché sous un linceul. Quatre statues en bronze figurent : à la tête, la Méditation et la Charité ; aux pieds, le Courage et la Foi. Le Nantais Lamoricière fut un grand soldat d'Afrique et captura Abd-el-Kader. Exilé par Napoléon III, il commanda les troupes pontificales contre les Italiens. C'est le paladin catholique qui est ici glorifié.

CENTRE VILLE *visite : 1 h 1/2*

Suivre l'itinéraire tracé sur le plan.

Place Maréchal-Foch (CY 68). – De beaux hôtels du 18e s. élevés sur les plans de Ceineray encadrent la colonne Louis XVI, érigée en 1790. De cette place prolongée par les cours St-André et St-Pierre, on peut admirer l'ampleur de la cathédrale.

Porte St-Pierre (CY B). – Bâtie sur une enceinte gallo-romaine du 3e s., cette porte du 15e s. traverse un élégant logis à tourelle qui faisait partie de l'évêché.

Longer la façade de la cathédrale et franchir le porche à gauche.

La Psalette. – Du 15e s. Cette ancienne maison du chapitre à tourelle polygonale forme un tout avec la sacristie.

Emprunter le passage voûté à droite.

Du petit square, vue sur l'autre face de la Psalette.

Prendre à droite l'impasse St-Laurent, puis à gauche la rue Mathelin-Rodier (du nom de l'architecte de la cathédrale et d'une partie du château).

Dans la maison du n° 3 fut arrêtée la duchesse de Berry *(voir p. 145).*

On passe devant le château des ducs de Bretagne (p. 146), à gauche.

Plateau Ste-Croix. — Il faut parcourir les rues de ce quartier pour découvrir un ensemble de maisons à colombages des 15e et 16e s.: rues de la Juiverie (no 7), Ste-Croix (no 7), de la Boucherie (nos 8 et 10), Bossuet (no 5), place du Change (syndicat d'initiative).

Église Ste-Croix (BY). — Cette église du 17e s., surmontée de l'ancien beffroi de la ville au couronnement d'anges sonnant de la trompette, présente un chœur à voûte nervurée en palmier contrastant avec la voûte ronde de la nef. Les bas-côtés sont éclairés de larges baies flamboyantes ; le mobilier date du 18e s.

★ **La ville du 19e s.** — Un lotissement réalisé par le financier **Graslin**, receveur général des fermes à Nantes, a permis la réalisation de ce quartier qui porte son nom. Laissant la place du Pilori aux maisons du 18e s., on atteint la **place Royale** (BZ 144), construite par l'architecte Crucy, auteur de la Bourse. Au centre, la fontaine érigée en 1865 symbolise la ville de Nantes.

La **rue Crébillon** (BZ 53), étroite et commerçante, est très animée : les Nantais « crébillonnent » volontiers, en flânant.

Sur la gauche dans la rue Santeuil s'ouvre le curieux **passage Pommeraye**★ (BZ 135), créé en 1843, qui descend par paliers à la Bourse. Apprécier la perspective des galeries, aux élégants magasins, soutenues par des colonnes cannelées ; des statues d'enfants, surmontées de torchères, scandent les balustrades ajourées. Un œil attentif décèle sous chaque marche un cortège inattendu de visages, de souris et d'escargots.

Reprenant la rue Crébillon, on traverse la **place Graslin** (AZ) où s'élève le grand théâtre (1783) de style corinthien.

A l'angle du café de la Cigale qui a gardé son cachet 1900 et ses belles mosaïques, s'amorce le **cours Cambronne**★ (AZ) bordé de maisons à pilastres construites de la fin du 18e s. au début du 19e s.

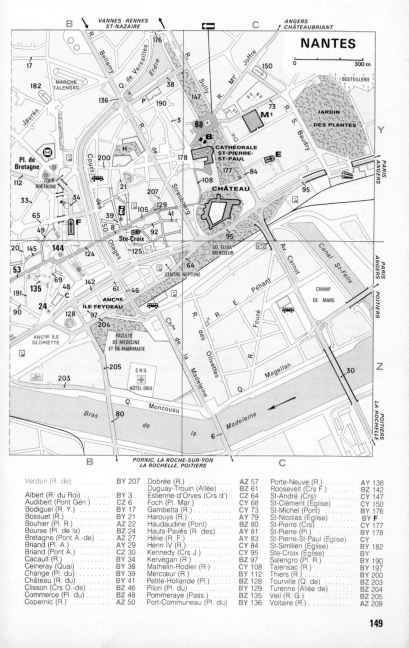

AUTRES CURIOSITÉS

★★ **Musée des Beaux-Arts** (CY M[1]). — Ce vaste musée est riche en peintures de la
cv Renaissance au 20e s.

Parmi les œuvres les plus remarquables exposées dans le patio et les galeries, on trouve
un tableau du maître italien Pérugin, Saint Sébastien (en page gracieux tenant une
flèche) et Saint Bernardin (en austère robe de bure) ; du Tintoret, un saisissant Visage
d'homme aux tonalités chaudes ; de Georges de La Tour, le Reniement de saint Pierre,
L'ange apparaissant à saint Joseph en songe, Le joueur de vielle ; de Lancret, La
Camargo dansant dans un parc ; de Greuze, L'oiseleur, Charles Étienne de Saint-Moryes
enfant, au chatoyant costume de satin blanc ; d'Ingres, Madame de Senonnes ; de
Courbet, Les cribleuses de blé ; on pourra aussi admirer quelques impressionnistes. La
salle 1900 précède les salles d'art contemporain aux sculptures métalliques : La
danseuse échevelée de Julio Gonzalez, un Totem 1964 d'Esther Gentle Rattner, des
compositions abstraites de Kandinsky, Poliakoff, un Relief de Giorgio di Giorgi.
À noter également les galeries consacrées à Maurice Denis, Manessier, Vasarely et aux
tendances les plus diverses du 20e s.

★ **Jardin des Plantes** (CY). — Face à la gare ornée de mosaïques aux frais coloris, ce beau
jardin fut créé en 1805. De style paysager, agrémenté de pièces d'eau, de sculptures sur
bois, il possède de remarquables variétés de camélias blanc, rosé, pourpre, jaune, de
plantes d'ornement, des magnolias, des rhododendrons et des arbres magnifiques. Un
buste de Jules Verne rappelle que le romancier est né à Nantes.

Chapelle de l'Immaculée (CY E). — Dans un vieux quartier aux porches du 17e s. et où
les rues s'étranglent en ruelles, cette ancienne chapelle des Minimes, de style
flamboyant, fut construite au 15e s. par le duc François II. Les bas-côtés datent du 17e s.
de même que la façade. Le pied de la chaire du 19e s. présente des colonnettes
supportant une vigne et un serpent. Des vitraux modernes éclairent l'édifice.

Église St-Nicolas (BY F). — Construite en 1854 dans le style du 13e s., cette basilique
domine la ville de son fin clocher, haut de 85 m, que l'on peut admirer de la place Royale.
De la rue Cacault, bonne vue sur le chevet.

★★ **Muséum d'Histoire naturelle** (AZ M[2]). — Cet ancien hôtel de la Monnaie abrite
cv d'importantes collections. La section de conchyliologie est remarquable par la variété
des coquillages, leurs coupes intéressantes, leur beauté. La salle d'ostéologie est riche
en squelettes que l'on peut facilement comparer. Au 1er étage, une large place est faite à
la zoologie.

Un vivarium présente quelques reptiles et batraciens de la région et du monde
entier.

★ **Palais Dobrée** (AZ K). — Ce palais de style roman a été construit au 19e s. par Thomas
cv Dobrée, armateur nantais et collectionneur.

Une présentation moderne met en valeur, au rez-de-chaussée, les objets d'art et les
sculptures romanes et gothiques, en particulier quatre grandes statues du clocher de la
cathédrale, des sablières, des poteaux corniers, une belle salle d'armes, le précieux
reliquaire du cœur d'Anne de Bretagne, des émaux champlevés de Limoges du 13e s. Au
1er étage, un cabinet d'estampes expose, par roulement, des gravures et des aquarelles
du 16e et 19e s. Des bijoux et miniatures ornent la bibliothèque ; dans la galerie, une
œuvre de Parott (1864) figure Nantes avant les travaux de comblement de la Loire.
Nombreuses peintures des écoles flamande, hollandaise, italienne du 15e au 17e s. et
française du 19e s., tapisseries flamandes du 16e s. et faïences bretonnes.
Le 2e étage est réservé à la guerre de Vendée (1793-1795). Des lettres, papiers-
monnaies, insignes, armes, plaques de vivandière, illustrent cet événement de même
que des souvenirs de la duchesse de Berry *(p. 145)*.
Un passage souterrain, où se tiennent des expositions temporaires, permet d'accéder
du Palais Dobrée au musée d'Archéologie régionale *(ci-dessous)*.

cv **Manoir de la Touche** (AZ L). — Appelée aussi manoir Jean V car ce duc de la maison de
Montfort *(p. 22)* y mourut en 1442, cette ancienne maison de campagne des évêques de
Nantes se dresse près du Palais Dobrée. Construit au début du 15e s., il abrite un petit
musée consacré à l'ethnographie océanienne et Sud-américaine (bijoux, statuettes,
vases), égyptienne (sculptures, sarcophages, tissus coptes), aux céramiques grecques
et étrusques.

★ **Musée d'Archéologie régionale** (AZ M[3]). — *Entrée rue Voltaire.*
cv Occupant un bâtiment moderne élevé dans les jardins du Palais Dobrée, il concerne le
passé du pays nantais, dès la préhistoire. Au 1er étage sont présentés les époques
paléolithique et néolithique, les âges du bronze et du fer. Les objets exposés, outils,
haches, bijoux, armes, reflètent la lente évolution des techniques de nos ancêtres.
Le 2e étage présente l'art de l'époque gallo-romaine, illustré par la sculpture funéraire et
mythologique, les objets usuels (vaisselle, verrerie, poteries), la décoration. Quelques
vitrines sont consacrées à l'époque mérovingienne : on y verra des briques provenant
des premières basiliques chrétiennes de la région, des bijoux, des épées.

cv **Église N.-D.-de-Bon-Port** (AZ N). — Appelée aussi **église St-Louis**, elle domine la place
Sanitat de sa masse cubique, ornée d'une fresque, d'un fronton triangulaire et coiffée
d'un dôme majestueux. Cet édifice de 1846 possède, à l'intérieur, de lourds piliers
hexagonaux soutenant la coupole couronnée de vitraux et de fresques alternés.

Place Général-Mellinet (AZ). — Huit hôtels de style Charles X entourent cette belle
place en étoile.

★ **Ancienne île Feydeau** (BZ). — Rattachée à la ville et à l'île Gloriette, au début du siècle,
par le comblement des bras de la Loire, l'île Feydeau a gardé son caractère du 18e s.,
entre la place de la Petite Hollande et le cours Olivier-de-Clisson plus récent, où Jules
Verne est né (no 4). De riches armateurs firent élever de vastes demeures. Un même

hôtel peut avoir deux façades identiques donnant sur la rue centrale Kervégan ou sur les allées extérieures Turenne ou Duguay-Trouin. Les balcons galbés en fer forgé courent au-dessus des mascarons sculptés dus à des artisans de la marine ; les cours intérieures sont intéressantes avec des escaliers aux voûtes remarquables.

Sur la **place de la Bourse** (BZ **24**), toute proche, on trouve d'autres demeures du 18ᵉ s. (nᵒˢ 7 et 11) ainsi que sur le **quai de la Fosse** (AZ) qui lui fait suite : nᵒˢ 17, 54, 70 et principalement au nᵒ 86, l'hôtel Durbé dont les communs servaient d'entrepôt à la Compagnie des Indes.

★ **Musée Jules-Verne.** — *3, rue de l'Hermitage, accès par le quai de la Fosse* (AZ). Une demeure du 19ᵉ s. sert de cadre à ce musée consacré à Jules Verne (1828-1905). De nombreux souvenirs retracent la vie de cet écrivain nantais : autographes, meubles, objets lui ayant appartenu, portraits, bustes, collection d'affiches évoquant ses ouvrages publiés par les éditions Hetzel, jeux et objets divers inspirés par ses livres.

(Photo Musée Jules-Verne, Nantes)
Nantes. — Musée Jules-Verne.

Table d'orientation de la butte Ste-Anne. — *Accès par le quai de la Fosse* (AZ) *et la rue de l'Hermitage.* De cette plate-forme rocheuse aménagée en terrasse, on a une bonne **vue★** du port. A travers les grues du premier plan, on aperçoit les chantiers de constructions navales et l'île Beaulieu. Une table d'orientation permet de situer quelques monuments de Nantes et de remarquer les constructions nouvelles.

En haut de la rue de l'Hermitage, après le musée Jules-Verne *(ci-dessus),* se dresse la **statue de sainte Anne** bénissant le port.

Traverser la place des Garennes, ombragée de féviers, au fond de laquelle se silhouette la gracieuse façade de l'église Ste-Anne, et prendre la rue des Garennes pour gagner le square Maurice-Schwob.

Square Maurice-Schwob. — Ce jardin, orné d'une sculpture expressive de Bretonne maudissant la mer, domine la Loire. On aperçoit une partie du port, la pointe de l'île de Beaulieu et Rezé.

★ **Vallée de l'Erdre.** — En voiture, on peut longer la rivière sur la rive droite seulement jusqu'au pont de la Tortière.

★ **Promenade en bateau.** — *Embarcadère : 24, quai de Versailles (accès par le pont St-Michel)* (BY **176**). Agréable promenade sur cette paisible rivière aux berges verdoyantes, jalonnées d'une dizaine de gentilhommières. Le château de la Gacherie (16ᵉ s.) aux fenêtres ouvragées retient plus particulièrement l'attention. Le cours de l'Erdre s'élargit après Sucé, en lac de Mazerolles, vaste plan d'eau, terme de l'excursion.

Dans ce guide

les plans de ville indiquent essentiellement les rues principales
et les accès aux curiosités,
les schémas mettent en évidence les grandes routes et l'itinéraire de visite.

★★ N.-D.-DE-TRONOËN (Calvaire)

Carte Michelin nᵒ 🗆🗆 pli 14 ou 🗆🗆🗆 pli 31 — Schéma p. 82.

Le calvaire et la chapelle N.-D.-de-Tronoën se dressent en bordure de la baie d'Audierne, dans un paysage de dunes, nu et sauvage.

★★ **Calvaire.** — *Illustration p. 38.* Il date de 1450-1460, c'est le plus ancien de Bretagne. L'Enfance et la Passion du Christ se déroulent sur deux frises, à travers cent personnages doués d'une vie intense et d'une originalité remarquable. Un examen attentif permet d'apprécier les détails malgré les épreuves du temps. Les sujets sont traités en ronde bosse ou en haut-relief dans un granit grossier de Scaër, assez friable et propice au développement du lichen (le Jugement dernier et la Cène de la partie Sud ont particulièrement souffert). Trois scènes, sur la partie Nord, sont en granit de Kersanton : la Visitation, la Nativité avec Joseph endormi, la Vierge couchée les seins nus dans un lit d'osier, un curieux Enfant Jésus déjà grand, et les Rois Mages en costumes du 15ᵉ s. Le Christ et les larrons sont également sculptés dans un granit dur.

cv **Chapelle.** — Du 15ᵉ s. Elle présente un fin clocher ajouré, encadré de tourelles. Ses voûtes renferment quelques statues anciennes. Les portes s'ouvrent sur la façade Sud agréablement décorée, face au Calvaire. Un pardon a lieu chaque année *(p. 16).*

★ N.-D.-DU-CRANN (Chapelle)

Carte Michelin n° 58 pli 16 ou 230 pli 19 (8,5 km à l'Est de Châteauneuf-du-Faou)
Schéma p. 136.

cv La chapelle N.-D.-du-Crann, dite aussi N.-D.-du-Bois, a été bâtie en 1532 ; elle se dresse
en bordure de la route, dans un cadre de verdure.

Le petit édifice à chevet plat possède de très remarquables **vitraux★★** du 16ᵉ s. Dans le
bas-côté droit, un vitrail illustre la légende de saint Éloi, patron des maréchaux-ferrants.

Au croisillon droit, Tré-
pas et Couronnement de
la Vierge. En haut du bas-
côté droit, vitrail de saint
Jacques-le-Majeur, en
trois panneaux. Dans le
chœur, le vitrail repré-
sente, en douze pan-
neaux, les scènes de la
Passion ; au-dessus, le
Jugement dernier et le
Triomphe du Christ.
Dans le croisillon gau-
che, un vitrail figure, en
haut, l'Adoration des
Bergers, en bas, l'Adora-
tion des Mages ; un au-
tre, à droite, le Martyre
de saint Laurent, en trois
panneaux. Au bas-côté
gauche, Baptême de Jé-
sus-Christ.

(Photo Y. Caoudal/Azimut)
N.-D.-du-Crann. — Un vitrail.

Le maître-autel est enca-
dré de deux niches à
volets★, décorées de
sculptures : dans celle de gauche statue de la Vierge mère ; dans celle de droite groupe
de la Trinité. Un pardon y a lieu *(p. 16)*.

★★ OUESSANT (Ile d')

1 255 h. (les Ouessantins)

Carte Michelin n° 58 pli 2 ou 230 pli 1.

L'excursion en bateau à Ouessant est du plus haut intérêt : elle permet de voir le goulet
de Brest, la pointe de St-Mathieu, le chenal du Four, le fameux écueil des Pierres Noires
et l'écueil des Pierres Vertes, les îles de Béniguet et Molène, le passage du Fromveur.
L'île, elle-même, est fort curieuse.

Au cours de la traversée, on mouille ou parfois accoste à **Molène.** L'exiguïté des parcelles
livrées à l'élevage, dans les minuscules radeaux de terres émergées qui composent cet
archipel, est évoquée dans la plaisanterie suivant laquelle une vache de Molène ayant
les quatre pattes dans un champ en broute un second et en... fume un troisième.

La nature. — Ouessant, longue de 7 km, large de 4 km, domine la mer de 60 m en sa
partie la plus élevée. Elle est célèbre dans les annales maritimes pour les difficultés de
navigation qu'offrent ses parages, par suite de la brume fréquente, d'innombrables
récifs et des courants violents dont les plus connus sont le Fromrust, au Nord-Ouest, et le
Fromveur (chanté par H. Queffélec, *voir p. 29),* ramification du Gulf-Stream, au Sud-Est,
et l'un des plus rapides d'Europe (13 km/h). Les naufrages ne s'y comptent plus.

En hiver, le vent règne en maître et pousse, sur les côtes rocheuses et déchiquetées, les
flots qui déferlent rageusement pendant des périodes qui peuvent atteindre dix jours. Le
tableau prend souvent un aspect sinistre, quand le brouillard se met de la partie et que
les lugubres avertissements des sirènes se mêlent aux mugissements du vent.

L'été y ramène le calme et une atmosphère plus sereine, analogues à ceux des côtes de
Bretagne. Le climat est très doux. En janvier et février, la température moyenne y est la
plus élevée de France.

D'importantes colonies d'oiseaux de mer nichent dans les falaises de l'île et sur les îlots
avoisinants. En automne, des oiseaux migrateurs venus du Nord de l'Europe font escale
sur les côtes, attirés par les feux des deux phares.

Le rattachement de l'archipel au **Parc Naturel Régional d'Armorique** *(p. 47)* contribue depuis
1969 à préserver l'intégrité de ses sites et le caractère de son habitat traditionnel.

Les hommes et leurs travaux. — Les femmes s'occupent des moutons, pendant que
les hommes sont à la mer, comme marins de l'État, du commerce ou comme pêcheurs
langoustiers. La culture, quelques champs de pommes de terre et, dans une moindre
proportion, de froment, couvre à peine 1/10ᵉ de la surface de l'île.

Les moutons, parfois à toison brune, broutent une herbe maigre, mais chargée de sel ;
leur chair est appréciée. Par coup de noroît ou de suroît, ils s'abritent derrière des
murettes (gwaskedou) de pierres sèches disposées en étoile à trois branches ou des
abris en planches. Cependant du premier mercredi de février, avant les agnelages, au
29 septembre, ils sont attachés deux par deux à un piquet ; le reste de l'année, ils vivent
en liberté. Ce mercredi de février donne lieu à une grande foire où chaque propriétaire
vient reconnaître ses bêtes — rassemblées par des rabatteurs — grâce aux entailles
pratiquées aux oreilles, et acquitte un droit modeste avant de les emmener.

Les coutumes. — Le rôle joué par la femme dans la vie du ménage était consacré par un
vieil usage qui accordait jadis aux filles l'initiative de la demande en mariage. Le
costume féminin, sévère, ne se porte plus guère : fait de drap noir, il comporte une jupe
courte et une petite coiffe ; les cheveux ramenés en arrière sont épars sur les épaules.

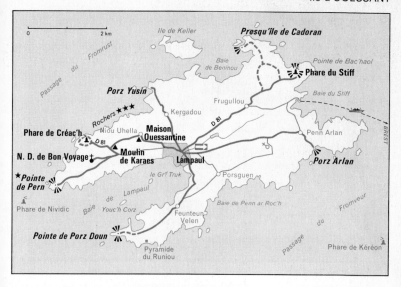

Le caractère des habitants se reflète dans les coutumes qui entouraient jusqu'en 1962 la disparition en mer de l'un des leurs. La famille et les amis se réunissaient chez les parents de l'absent, pour veiller et prier toute la nuit autour d'une petite croix de cire qui le symbolisait. Le lendemain, au cours de l'enterrement, la croix était déposée à l'église dans un reliquaire, puis transportée plus tard, à l'occasion d'une grande solennité, dans un petit mausolée qui rassemblait les croix de tous les disparus. Ces petites croix de cire étaient appelées croix de « Proëlla », mot qui signifie : retour des âmes au pays.

cv VISITE (1)

Des routes au départ de Lampaul mènent aux sites les plus remarquables de l'île, mais de nombreux chemins, des sentiers parfois, permettent de la parcourir en tous sens, d'atteindre de belles falaises, de charmantes petites criques, de découvrir la flore ouessantine mais aussi la faune marine : goëlands argentés, cormorans huppés, huîtriers-pies, macareux, sternes, etc.

Lampaul. — C'est la capitale de l'île. Remarquer les maisons anciennes fort bien entretenues, aux volets peints en bleu ou en vert, couleurs traditionnelles de l'île. Au centre du cimetière contigu à l'église, un petit monument abrite les croix de Proëlla *(voir ci-dessus)*. Le port très exigu et exposé à l'Ouest est pittoresque ; à proximité s'étend la vaste plage de sable du Corce.

★★★ **Côte Nord-Ouest.** — *Quitter Lampaul à l'Ouest par une rue en montée. A 500 m tourner à droite.*

cv **Maison des Techniques et Traditions Ouessantines.** — Au hameau de **Niou-Uhella**, deux habitations traditionnelles de l'île ont été aménagées par le Parc Naturel Régional d'Armorique *(p. 47)*. La première conserve, dans un aménagement intérieur caractéristique de l'île, un mobilier typique fabriqué avec du bois provenant d'épaves. La seconde retrace la vie ouessantine au travers de ses collections de costumes, d'outils agraires, domestiques, etc.

Poursuivre en direction de la côte.

Moulin de Karaes. — Restauré, c'est le dernier moulin de l'île. Bien campé sur sa base cylindrique en pierre, il servait à moudre grossièrement l'orge avec laquelle les Ouessantins confectionnaient encore leur pain au début de ce siècle.

Phare de Créac'h. — Ce phare indique, avec le phare anglais de Lands End, l'entrée de la Manche ; il possède deux étages d'optiques tournants. Le feu est constitué par quatre lampes donnant une puissance lumineuse de 16 millions de candelas et une portée moyenne dépassant 60 km.
Contourner le phare par la droite afin de découvrir cette côte. Elle fait une impression profonde par ses **rochers★★★** *(illustration p. 154)* extraordinairement déchiquetés et continuellement battus par les flots. Une passerelle située en avant du phare permet d'accéder à la pointe de Créac'h où se trouve la sirène de brume. Cargos ou pétroliers animent l'horizon ; près de trois cents bateaux empruntent chaque jour le « rail d'Ouessant » surveillé nuit et jour par des patrouilleurs de la Marine Nationale.

Faire demi-tour, puis prendre à droite vers la pointe de Pern.

Chapelle N.-D.-de-Bon-Voyage. — Appelée aussi chapelle St-Gildas en souvenir de ce saint venu de Grande-Bretagne au 5ᵉ s., elle a été édifiée à la fin du 19ᵉ s. Les gens d'Ouessant y viennent tous les ans, en pèlerinage, le 1ᵉʳ ou le 2ᵉ dimanche de septembre, jour du pardon de l'île.

★ **Pointe de Pern.** — Extrémité Ouest de l'île, elle se prolonge par des rochers et récifs sur lesquels vient écumer la houle. Au large, le petit phare de Nividic fonctionne automatiquement.

---

(1) Pour plus de détails, lire : Ouessant, île du Ponant, par Albert Lucas (éd. d'Art Jos Le Doaré, Châteaulin).

OUESSANT (Ile d') ★★

(Photo Michel Guillard/Scope)

Ile d'Ouessant. — Les rochers.

Presqu'île de Feunteun Velen. — *Dans Lampaul, emprunter la rue qui longe le cimetière.* On passe à proximité du petit port de Lampaul où accoste parfois le bateau venant de Brest. Derrière sa jetée, les barques des pêcheurs trouvent un abri sûr. La route contourne la profonde baie de Lampaul bordée par les plages du Corce et du Prat — en son milieu se dressent les rochers du Grand Truk et Youc'h Corz — puis descend doucement vers la pointe de Porz Doun. Remarquer sur la gauche la pyramide blanche du Runiou qui sert d'amer pour la navigation ; sur la droite Porz Coret est une vaste anse circulaire au fond rocheux.

Pointe de Porz Doun. — Pointe de l'extrême Sud de l'île, elle est bordée de falaises. Belle **vue** sur Lampaul, la pointe de Pern, le phare de la Jument. Construit de 1904 à 1912, ce phare culmine à 42 m et abrite une corne de brume.

Phare du Stiff. — *Quitter Lampaul par la rue qui longe le flanc gauche de l'église.* La route atteint doucement le point culminant de l'île, 60 m à la pointe de Bac'haol.

cv Le phare du Stiff, construit par Vauban en 1695, comprend deux tours accolées, l'une abrite l'escalier à vis (126 marches), l'autre trois petites chambres superposées. Le feu porte à environ 50 km grâce à une lampe à incandescence de 6 000 W donnant une puissance de 1,2 million de candelas. Du sommet, un vaste **panorama★★** se développe sur les îles, le continent, du phare de la Vierge à la pointe du Raz.

A proximité du phare, se dresse la nouvelle tour-radar (140 m de hauteur) équipée pour surveiller la route maritime passant au large de l'île.

Des sentiers permettent de gagner la pointe de la **presqu'île de Cadoran** d'où l'on jouit d'une jolie vue sur la baie de Beninou où évolue parfois une petite colonie de phoques, l'île de Keller propice à la nidification des oiseaux.

Crique de Porz Yusin. — *Quitter Lampaul au Nord par la rue qui passe devant la centrale électrique alimentant l'île.* On traverse plusieurs hameaux aux maisons blanches et volets colorés, entourées de jardinets, avant d'arriver à Porz Yusin, un des rares abris de la côte Nord. Dans ce joli site rocheux, on pourra observer les différentes espèces d'oiseaux marins vivant sur l'île, et découvrir de très belles algues.

Crique de Porz Arlan. — *Quitter Lampaul par la rue qui longe le cimetière, puis tourner à gauche.* La route court sur le plateau laissant sur la droite la chapelle N.-D.-d'Espérance (1863) et sur la gauche l'aérodrome avant d'obliquer sur la droite pour atteindre Porz Arlan. Dans cette crique se sont nichés une minuscule plage de sable et un petit port abrité par une jetée, le site est charmant et la **vue** fort belle sur la côte rocheuse, le Fromveur et le phare de Kéréon, l'île de Bannec.

Afin de donner à nos lecteurs l'information la plus récente possible, les **Conditions de Visite** *des curiosités décrites dans ce guide ont été groupées en fin de volume,* **pages vertes 225 à 238.**

Les curiosités soumises à des conditions de visite y sont énumérées soit sous le nom de la localité soit sous leur nom propre si elles sont isolées.

Dans la partie descriptive du guide, p. 43 à 219, le sigle cv *placé en regard de la curiosité les signale au visiteur.*

PAIMPOL

8367 h. (les Paimpolais)

Carte Michelin n° 59 pli 2 ou 230 pli 8 – Lieu de séjour p. 15.
Plan dans le guide Michelin France.

Le roman Pêcheur d'Islande de Pierre Loti a donné à Paimpol la célébrité littéraire ; la Paimpolaise du chansonnier Botrel lui a valu la popularité : la falaise dont parle la chanson s'élève vers la pointe de Guilben, tout près. La vie a bien changé depuis cette époque dans le port : la grande pêche à la morue a fait place à la pêche côtière et à la navigation de plaisance. L'ostréiculture est devenue une des richesses de la région et Paimpol est connu comme marché de primeurs. Un pardon y a lieu *(p. 16)*.
La cité abrite une **École Nationale de la Marine Marchande**, rue Pierre-Loti.

Place du Martray. – Cœur de la cité, elle conserve de belles demeures du 16e s. ; remarquer à l'angle de la rue de l'Église la maison à tourelle d'angle, carrée, ou descendait Loti et où il a situé la maison de Gaud, héroïne de son roman.

Square Théodore-Botrel. – Il abrite un clocher isolé (18e s.), reste de l'ancienne église, et le monument en souvenir du poète chansonnier.

_cv_ **Musée de la Mer.** – *Quai Loti.* Maquettes, photos, instruments de navigation évoquent les activités maritimes de Paimpol, de la période islandaise à nos jours.

EXCURSIONS

★★ **Pointe de l'Arcouest.** – *9 km. Quitter Paimpol au Nord et à 2 km prendre un chemin de terre à droite.*

Tour de Kerroc'h. – Elle se dresse dans un joli site boisé. De la première plate-forme, belle **vue**★ sur la baie de Paimpol.

Reprendre la route de la pointe de l'Arcouest.

Ploubazlanec. – 3 797 h. Au cimetière, on voit le mur émouvant où se succèdent les noms des disparus en mer, principalement lors des campagnes de pêche en Islande.

Dans Ploubazlanec, prendre la direction de Pors-Even à l'Est.

Perros-Hamon. – Remarquer la petite chapelle de 1 770 dont la façade Ouest est ornée de statues provenant de l'ancienne chapelle de la Trinité ; sous le porche Sud, figure aussi une liste des disparus en mer.

Poursuivre en direction de Pors-Even et au premier carrefour prendre à gauche.

Croix des Veuves. – De ce site, les femmes de marins guettaient le retour des bateaux partis pour la grande pêche. Belle **vue** sur l'entrée de la baie de Paimpol et Bréhat.

Faire demi-tour, puis tourner deux fois à gauche pour descendre vers le port.

Pors-Even. – Petit port de pêche face à Paimpol. Là, habitait le pêcheur Guillaume Floury, patron du bateau de sauvetage. Il servit de modèle à Loti pour le personnage de Yann.

Revenir à Ploubazlanec où l'on tourne à droite.

★★ **Pointe de l'Arcouest.** – La descente à la cale de l'Arcouest offre des **vues** remarquables à marée haute sur la baie et sur Bréhat. L'été ramène ici toute une colonie de savants, d'artistes et d'hommes de lettres. Un monument à la mémoire de Frédéric et Irène Joliot-Curie, qui venaient souvent en Arcouest, est érigé à gauche de la route, dans un bosquet avant le grand parking final de la pointe. Deux blocs identiques de granit rose, dont les faces se regardant sont seules polies, se dressent côte à côte.

★★ **Ile de Bréhat.** – *De la pointe de l'Arcouest, compter de 2 h à 4 h au moins pour le passage et la visite de l'île. Description p.60.*

★ **Côte du Goëlo.** – *Circuit de 47 km – environ 3 h. Prendre la direction de St-Quay-Portrieux et à la sortie de Paimpol tourner à gauche.*

Pointe de Guilben. – C'est la falaise chantée par Théodore Botrel. De la pointe de cette langue étroite qui partage en deux l'anse de Paimpol, belle vue sur la côte.

Après Kérity, une rue à gauche mène à l'abbaye de Beauport.

★ **Abbaye de Beauport.** – Cette abbaye fondée au 13e s. par les Prémontrés, puis placée en
_cv_ commende au 16e s., a été vendue en 1790 après la dispersion des derniers moines. Ses importantes ruines se dressent dans un charmant décor de verdure. De l'église élevée aux 13e et 14e s., il reste la façade, la nef à ciel ouvert, le bas-côté Nord et le bras gauche du transept ; des hortensias poussent au pied des colonnes. La longue salle capitulaire à abside polygonale, située à l'Est du cloître dont il ne subsiste que quelques arcatures, est un excellent exemple de l'art gothique.
Dans l'angle Nord-Ouest du cloître, à droite des trois beaux arcs en tiers-point surmontant le lavabo, se trouve l'élégante entrée du vaste réfectoire qui s'ouvrait largement par des baies, en plein cintre sur la mer, en arc brisé sur le cloître. On pénètre ensuite dans la cour basse sur laquelle donnent le bâtiment au Duc qui accueillit les Prémontrés avant l'édification de l'abbaye, et le cellier situé sous le réfectoire. Dans ce dernier, remarquer la voûte d'arêtes supportée par huit puissantes colonnes de granit.

Regagner la route de St-Quay, tourner à gauche et, après l'étang, tourner encore à gauche dans une route en montée.

Ste-Barbe. – Du placître *(voir p. 37)* de la chapelle dont le porche est orné d'une statue de sainte Barbe, vue sur la mer. A 250 m après la chapelle, laisser la voiture et emprunter un sentier à gauche qui mène à une table d'orientation : au-delà d'une prairie apparaît l'anse de Paimpol avec ses îles proches, la zone ostréicole, Port-Lazo et le phare de Mez du Goëlo.

Gagner Plouezec où l'on prend à gauche et, dans St-Riom, tourner une nouvelle fois à gauche.

Port-Lazo. — Au terminus de la route *(petit parc de stationnement)*, vue sur l'anse de Paimpol.

> *Revenir à St-Riom et prendre à gauche.*

★ **Pointe de Bilfot.** — De la table d'orientation la **vue** s'étend de l'île de Bréhat à l'Ouest au cap Fréhel à l'Est. Entre le petit phare de Mez du Goëlo tout proche et celui plus lointain du Paon à Bréhat, la baie est hérissée de rochers.

> *Faire demi-tour et, à l'entrée de Plouézec, tourner à gauche.*

★★ **Pointe de Minard.** — Gagner cette table rocheuse d'où l'on jouit d'une **vue** étendue sur la baie de St-Brieuc et le cap d'Erquy, l'anse de Paimpol et l'île de Bréhat.

> *Après un parcours pittoresque en bordure du littoral, on atteint le Questel ; à la sortie de ce hameau prendre deux fois à gauche.*

Pors-Pin. — Petite crique aux rochers curieusement érodés.

> *Revenir au premier carrefour et obliquer à gauche.*

Dans un paysage aride, la route suit le bord de la falaise offrant de belles échappées sur la baie de St-Brieuc, puis débouche sur un vaste **parking-belvédère**. Une belle **vue**★ s'offre sur le site de Bréhec-en-Plouha, la pointe de la Tour, les roches de St-Quay et la côte, d'Erquy au Val-André.

Bréhec-en-Plouha. — Petit port protégé par une digue et modeste séjour balnéaire, au fond d'une belle anse fermée par les pointes de la Tour à droite et Berjule à gauche. C'est ici qu'abordèrent, au 5e s., saint Brieuc et les premiers émigrants venus de Grande-Bretagne *(p. 22)*.

> *Remonter le verdoyant vallon du ruisseau de Kergolo.*

Lanloup. — 209 h. L'église des 15e et 16e s. possède un intéressant porche Sud *(détails sur les porches p. 35)* flanqué de contreforts à niches, avec saint Loup et saint Gilles au fronton. Les 12 apôtres de granit sur culs-de-lampe ouvragés précèdent la porte dominée par une Vierge du 14e s. Dans le cimetière, croix de 1758 et, à droite du porche, dans le renfoncement, tombe du compositeur Guy Ropartz (1864-1955) dont la famille habite le manoir seigneurial.

> *Regagner Paimpol par Plouézec.*

Loguivy-de-la-Mer. — *5 km au Nord. Quitter Paimpol vers la pointe de l'Arcouest.* Ce petit port de pêche aux crustacés, qui a gardé son cachet, est une simple crique où les barques s'échouent à marée basse.
Du promontoire qui ferme la crique, sur la gauche, belle vue sur l'embouchure du Trieux, Bréhat et une poussière d'îles.

*Avec ce guide,
utilisez les **cartes Michelin** à 1/200 000
indiquées sur le schéma p. 3.
Les références communes faciliteront votre voyage.*

★ PAIMPONT (Forêt de)

Cartes Michelin nᵒˢ 59 pli 15 et 63 pli 5 ou 230 plis 38, 39.

La forêt de Paimpont — l'antique « Brocéliande » où les récits du Moyen Age avaient placé le célèbre enchanteur Merlin et la fée Viviane *(détails sur Merlin et Viviane, p. 25)* — est le dernier vestige, à l'Est, de l'immense forêt qui couvrait encore, aux premier siècles de notre ère, une notable partie de la Bretagne intérieure, sur près de 140 km. Les défrichements opérés de siècle en siècle ont réduit la forêt de Paimpont à une surface actuelle de 7 067 ha, dont 500 ha appartiennent à l'État. Toutefois, ces dernières années, de grandes surfaces plantées de résineux ont été aménagées qui, dans l'avenir, augmenteront la production du massif.
Quelques coins charmants subsistent, en particulier aux abords des étangs où les arbres ont été respectés, donnant une idée de ce que devait être cette forêt magnifique.

VISITE

Barenton (Fontaine de). — Son eau versée sur le « Perron de Merlin », pierre proche de la fontaine, déchaînait les tempêtes.

Beignon. — 820 h. L'église renferme de beaux vitraux du 16e s. ; dans le chœur, derrière l'autel, on reconnaît le Crucifiement de saint Pierre et, dans le transept gauche, l'Arbre de Jessé.

Coëtquidan-St-Cyr (Camp de) *(1)*. — Installé au Sud de la forêt, ce camp abrite l'École Spéciale Militaire de St-Cyr, l'École Militaire Interarmes fondée en 1945 et, depuis 1977, l'École Militaire du Corps Technique et Administratif. Une large avenue mène aux installations résolument modernes.

cv Le **musée du Souvenir**★, à droite de la cour Rivoli, retrace l'histoire des écoles d'officiers et rassemble de nombreux documents, objets se rattachant à ces hommes.

cv **Comper (Château de).** — Ancienne propriété des Montfort-Laval, puis des Coligny, il serait le lieu de naissance de la fée Viviane. Du château, deux fois ruiné aux 14e et 18e s., il ne reste que deux courtines, la poterne et une grosse tour ; le corps de logis a été restauré au 19e s.

---

(1) Pour plus de détails, lire : Coëtquidan, nid d'aiglons, par M. de Galzain (St-Michel, Priziac).

Les Forges de Paimpont. — Ce hameau pittoresque, auprès d'un étang, tire son nom des forges qui s'y trouvaient du 16e s. à la fin du 19e s. Alimentées par le minerai de fer et le bois trouvés sur place, elles fabriquaient un métal très apprécié.

Jouvence (Fontaine de). — Ce simple trou d'eau serait une fontaine merveilleuse.

Merlin (Tombeau de). — Deux dalles de schiste et un pied de houx pour les signaler, voilà le tombeau de l'enchanteur.

Paimpont. — 1 449 h. Ce bourg, situé en pleine forêt, auprès d'un étang bordé de grands arbres, date de la Révolution. Il doit son origine à la fondation au 7e s. d'un monastère qui, érigé en abbaye à la fin du 12e s., subsista jusqu'à la Révolution. L'aile Nord du 17e s. abrite la mairie et le presbytère. L'église abbatiale du 13e s. a subi des transformations au 17e s. A l'intérieur, on verra des statues des 15e et 16e s., en particulier saint Indicaël, *cv* en pierre, et saint Méen, en bois, un maître-autel du 16e s. et de belles boiseries du 17e s. Le trésor, dans la sacristie, présente une statue de sainte Anne portant la Vierge et l'Enfant (15e s.), un bras-reliquaire de saint Judicaël du 15e s. et surtout un remarquable Christ en ivoire du 18e s.

Pas-du-Houx (Étang du). — Dans un site très agréable, c'est le plus vaste plan d'eau de la forêt (86 ha). Deux châteaux ont été construits sur ses berges en 1912, Brocéliande en style normand et Pas-du-Houx.

St-Léry. — 99 h. L'église du 14e s. présente sur le flanc droit un porche Renaissance abritant deux belles portes en anse de panier surmontées d'accolades finement sculptées. Des personnages encadrent celle de droite, on reconnaît la Vierge, l'ange de l'Annonciation, saint Michel terrassant le dragon et un damné ; beaux vantaux sculptés. A l'intérieur, dans la nef, tombeau de saint Léry du 16e s. et, lui faisant face, petit bas-relief en bois sculpté qui retrace la vie du saint. La belle chapelle flamboyante du bas-côté droit est éclairée par un vitrail de 1493 consacré à la vie de la Vierge. Près de l'église, une maison du 17e s. ornée de trois belles lucarnes abrite un collège rural.

cv **Trécesson (Château de)**. — Entouré des eaux de son étang, ce château construit en schiste rougeâtre à la fin du 14e s. a conservé son aspect médiéval. Un imposant châtelet flanqué de tourelles en encorbellement en commande l'entrée.

Tréhorenteuc. — Dans l'église et la sacristie, des mosaïques et des tableaux illustrent la légende du Val sans Retour et de la fontaine de Barenton. Observer aussi, dans le chœur, le vitrail consacré au saint Graal et le tableau des Chevaliers de la Table Ronde *(voir p. 25)*.

Val sans Retour. — Paysage chaotique dans un site très pittoresque. *Pour le découvrir, emprunter le chemin non revêtu réservé aux piétons.* On atteint le rocher des Faux Amants (alt. 170 m). Dans ce lieu, la fée Morgane avait, pour les punir, enfermé de mauvais garçons.

★ PENCRAN   1 062 h. (les Pencranais)

Carte Michelin n° 58 pli 5 ou 230 pli 4 (3,5 km au Sud-Est de Landerneau).

Cette petite localité possède un bel enclos paroissial du 16e s.

★ ENCLOS PAROISSIAL *visite : 1/2 h*

Porte triomphale. — A trois lanternons. Elle a été ajoutée au 17e s.

★ **Calvaire**. — Il s'élève dans le mur de clôture, à droite. C'est une grande croix à deux traverses qu'encadrent les croix des larrons.

Église. — De plan rectangulaire. Elle présente un élégant clocher à double balcon. Le beau **porche★** (1553) du flanc droit mérite d'être détaillé. Bien qu'assez endommagé, on y retrouve toutefois aux voussures des anges adorateurs et musiciens ; aux piliers des statuettes figurant des scènes de l'Ancien Testament (remarquer à droite l'arche de Noé) ; sous les riches dais sculptés les statues des apôtres.

A l'intérieur, on voit quelques statues anciennes en pierre : sur les piliers de la nef, Pietà et Annonciation, dans le bas-côté droit, sainte Apolline (1555). Dans le chœur, à gauche du maître-autel, remarquable **Descente de croix** de 1517, d'influence flamande, en ronde bosse de bois peint.

Ossuaire. — Il date de 1594.

★★★ PENHIR (Pointe de)

Carte Michelin n° 58 pli 3 ou 230 pli 16.

La pointe de Penhir est la plus belle des quatre pointes de la presqu'île de Crozon *(p. 86)*. Un monument à la gloire des Bretons des Forces Françaises Libres a été érigé sur la falaise, à 150 m de la route.

Laisser la voiture au bout de la route goudronnée. S'avancer sur la plate-forme qui domine la mer par un à-pic de 70 m. Longues-vues. Visite : 3/4 h.

Le site est magnifique ainsi que le **panorama** : en contrebas, les trois formidables rochers isolés qu'on appelle les **Tas de Pois** ; à gauche la pointe de Dinan, à droite la pointe de St-Mathieu et celle du Toulinguet avec son petit phare ; en arrière, le Menez-Hom ; on distingue par temps clair la pointe du Raz et l'île de Sein à gauche, l'île d'Ouessant à droite.

Les touristes aimant escalader les rochers peuvent emprunter, à gauche de la plate-forme portant le monument, un sentier en descente. A mi-hauteur de la falaise à pic, on domine une petite anse. Prendre alors le sentier, sur la gauche, qui s'élève vers une anfractuosité couverte d'un rocher, au-delà de laquelle il débouche dans la **Chambre Verte**, au terre-plein gazonné. De là, vue très originale sur les Tas de Pois et la pointe de Penhir.

Carte Michelin n° 59 pli 1 ou 230 plis 6, 7 – Schéma p. 76 – Lieu de séjour p. 14.

Ce bourg, station balnéaire très fréquentée, bâti en amphithéâtre, domine le bassin à flot où se trouvent le port de pêche et de plaisance, la rade et les deux plages bien abritées de Trestraou et Trestrignel. Leur sable fin et la douceur de leurs pentes font de ces grèves d'excellentes plages d'enfants.

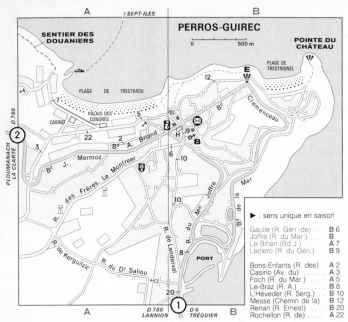

▶ : sens unique en saison

Gaulle (R. Gén.-de) . . .	B 6
Joffre (R. du Mar.) . . .	B
Le-Bihan (Bd J.)	A 7
Leclerc (R. du Gén.) . .	B 9
Bons-Enfants (R. des) .	A 2
Casino (Av. du)	A 3
Foch (R. du Mar.) . . .	A 5
Le-Braz (R. A.)	B 8
L'Héveder (R. Serg.) . .	B 10
Messe (Chemin de la) .	B 12
Renan (R. Ernest) . . .	B 20
Rochellon (R. de) . . .	A 22

cv **Église** (B B). – Au puissant clocher du 14ᵉ s., coiffé en 1669 d'un dôme surmonté d'une flèche, est accolé un porche présentant une fine arcature trilobée. On pénètre dans la **nef romane**★, vestige de la première chapelle élevée en ce lieu ; de massives colonnes, cylindriques à gauche, à colonnettes engagées à droite, supportent les chapiteaux historiés ou ornés de motifs géométriques. Un arc-diaphragme la sépare de la nef gothique élevée au 14ᵉ s. en même temps que le chœur. L'église abrite un bénitier en granit (12ᵉ s.) décoré de petits personnages, et de nombreuses statues anciennes : du 15ᵉ s. un Ecce Homo et le Christ surmontant le maître-autel, du 16ᵉ s. Saint Laurent et une Sainte Catherine, du 17ᵉ s. un Saint Jacques patron de la paroisse. Un petit porche en plein cintre, à la riche facture ornementale, s'ouvre sur le flanc droit.

Pointe du Château. – De ce petit belvédère escarpé se révèle une jolie **vue**★ sur le site de Perros-Guirec, les Sept-Iles, l'île Tomé et la côte jusqu'à Port-L'Épine.

Table d'orientation (B E). – **Vue**★ sur la pointe du Château, la plage de Trestrignel, Port-Blanc, Trélevern, Trévou, l'île Tomé, les Sept-Iles et, en contrebas, les rochers.

★★ **Ploumanach par le sentier des Douaniers.** – *3 h à pied AR. A faire de préférence le matin à marée haute.* On suit à pied le bord de la falaise jusqu'à Pors-Rolland, puis, par la pointe de Squewel, on atteint le phare en serpentant parmi les rochers du Parc municipal. *Description de Ploumanach p. 162.*

La Clarté. – *3 km par ② du plan.* La jolie **chapelle N.-D.-de-la-Clarté**★, de granit rose, se trouve à 200 m en retrait. Au 16ᵉ s., selon la tradition orale, le seigneur de Barac'h, dont le navire se trouvait en danger dans les parages par suite de la brume, aurait fait vœu d'élever une chapelle à Notre-Dame à l'endroit de la côte qui sortirait le premier du brouillard. Ainsi aurait été bâtie cette chapelle sur la hauteur qui permit de faire le point. Le portail Sud s'agrémente de sculptures en bas-relief, sur le linteau se voient l'Annonciation et une Pietà ; deux blasons et une Vierge à l'Enfant encadrent la fenêtre à meneau de la secrétairerie ; sous le porche, belles statues en bois du 17ᵉ s. et panneaux de la porte du 16ᵉ s. La nef, à la belle élévation, comprend trois travées ; choux, rosaces, feuillages sculptés la décorent ; remarquer aussi le bénitier du 15ᵉ s. orné de trois têtes de Maures et le chemin de croix de Maurice Denis créé en 1931. Un pardon y a lieu *(p. 16).*

Par la rue du Tertre qui s'ouvre sur le flanc gauche de la chapelle, gagner le sommet rocheux d'où l'on jouit d'une belle **vue**★ sur Pleumeur et le radôme, Ploumanach, les Sept-Iles, Perros-Guirec et la pointe du Château.

EXCURSIONS

★ **Sémaphore.** – *3,5 km à l'Ouest. Quitter Perros-Guirec par ② du plan.* Du belvédère aménagé en bordure de la route, la **vue**★ s'étend en avant sur les rochers de Ploumanach ; au large sur les Sept-Iles, en arrière sur les plages de Perros-Guirec et, au loin, sur la côte de Port-Blanc.

cv **Louannec.** – *2 191 h. 5 km à l'Est.* Dans l'église on découvre, à droite de l'autel, un groupe en bois sculpté (15ᵉ s.) de saint Yves, qui fut recteur de Louannec, et, dans une vitrine, une très ancienne chasuble brodée, dite de saint Yves (13ᵉ s.).

cv **Les Sept-Iles.** – *Un service de vedettes, partant de la plage de Trestraou, permet de faire le tour des îles.*
Cet archipel a été déclaré réserve ornithologique en 1912.

Rouzic. – *Débarquement interdit.* Le bateau s'approche de cette île appelée aussi île aux Oiseaux où séjourne, sur la face Nord, de février à septembre, un impressionnant **peuplement★** de fous de Bassan, environ 4 000 couples. On peut voir également, se reproduisant sur l'île en mars et la quittant fin juillet, des guillemots, des pingouins Torda, des goélands bruns, argentés ou marins, des cormorans huppés, des macareux, des mouettes tridactyles, des huîtriers-pies et quelques fulmars.

Le bateau longe ensuite les îles Malban et Bono.

Ile aux Moines. – L'escale *(1 h environ)* permet
cv de découvrir l'ancienne poudrière, le phare (83 marches ; d'une portée de 40 km) d'où se développe un beau panorama sur l'archipel et la côte, puis le fort, en partie ruiné, construit par Vauban à l'extrême pointe, et en contrebas l'ancien monastère avec sa minuscule chapelle et son puits.

(D'après photo Baranger/Jacana)
Les Sept-Iles. – Un macareux.

Au retour, on peut admirer du large l'extraordinaire chaos de rochers de la pointe de Ploumanach.

PLEUMEUR-BODOU

3 453 h. (les Pleumorois)

Carte Michelin n° 🔢 pli 1 ou 🔢 pli 6 – Schéma p. 76.

Ce village situé entre Lannion et Penvern, non loin de la Corniche bretonne, a donné son nom à une importante station de télécommunications qui se trouve à 2 km au Nord.

★ **Station de télécommunications spatiales de Pleumeur-Bodou.** – Créée à l'initiative du Centre National d'Études des Télécommunications (CNET), la station a établi la première liaison de télévision intercontinentale, à titre expérimental, par l'intermédiaire du satellite Telstar, le 11 juillet 1962. Une stèle, en forme de menhir, rappelle l'événement.
Les installations sont impressionnantes en pleine lande bretonne. Un radôme (contraction de radar-dôme), immense ballon blanc perméable aux ondes hertziennes (hauteur 50 m, diamètre 64 m, température constante 17°), abrite une antenne cornet mobile de 340 t.
Depuis 1962 le Centre s'est développé et actuellement l'Administration des Postes et Télécommunications dispose de cinq antennes exploitées par la Direction des Télécommunications du réseau international (DTRI). Ces antennes établissent des liaisons téléphoniques, télégraphiques, de transmissions de données et de télévision entre la France et toutes les parties du monde grâce à des satellites placés à 36 000 km d'altitude au-dessus de l'équateur.
A l'intérieur du radôme, une exposition rappelle les grands moments des liaisons téléphoniques, du télégraphe de Chappe en 1792 aux réalisations des PTT en 1924.

★★ PLEYBEN

3 897 h. (les Pleybennois)

Carte Michelin n° 🔢 plis 15, 16 ou 🔢 plis 18, 19 – Schéma p. 48.

La grande curiosité de Pleyben est son magnifique enclos paroissial *(détails sur les enclos p. 37)* élevé du 15e au 17e s. Un pardon y est célébré le 1er dimanche d'août.

★★ ENCLOS PAROISSIAL *visite : 1/2 h*

On pénètre par une porte monumentale refaite en 1725.

★★ **Calvaire.** – C'est le plus imposant de Bretagne. Construit en 1555 près du porche latéral de l'église, il fut déplacé en 1738 et prit l'aspect du monument actuel en 1743. Entre temps, de nouveaux motifs vinrent l'enrichir : la Cène et le Lavement de pieds datent de 1650. L'énorme piédestal aux portes triomphales met en valeur les personnages de la plate-forme qui se détachent sur le ciel en une très belle ordonnance.
Pour suivre les scènes de la vie de Jésus, commencer par l'angle de la Visitation où la Vierge serre la main d'Élisabeth et tourner dans le sens inverse des aiguilles d'une montre, en passant devant la Nativité, l'Adoration des Mages, etc.

★ **Église.** – Cet édifice, dédié à saint Germain l'Auxerrois, est dominé par deux clochers dont le plus remarquable est celui de droite ; c'est une **tour★★** Renaissance couronnée par un dôme à lanternons. L'autre clocher, de style cornouaillais, porte une flèche gothique reliée à la tourelle d'angle par une galerie aérienne. Au-delà du croisillon droit, on remarque la curieuse sacristie sur plan quadrilobé, à coupoles et lanternons, de 1719.

A l'intérieur, la nef est voûtée d'un **lambris**★ peint et sculpté du 16e s. souligné d'une remarquable **sablière** *(illustration p. 32)* aux sujets mythologiques ou sacrés. Au maître-autel, retable à tourelles et tabernacle à deux étages (17e s.). Au centre du chevet, **vitrail**★ de la Passion, du 16e s. La chaire et le buffet d'orgue (1688) sont intéressants comme le groupe du Baptême du Christ, au-dessus des fonts baptismaux. Nombreuses statues polychromes dont un groupe de saint Yves entre le riche et le pauvre.

cv **Chapelle funéraire.** — Ancien ossuaire du 16e s. abritant des expositions. La façade est ornée d'arcades géminées, en anse de panier.

PLOËRDUT

1 575 h. (les Ploërdutais)

Carte Michelin n° 58 pli 11 ou 230 pli 21 (7 km au Nord-Ouest de Guéméné-sur-Scorff).

cv L'église, maintes fois remaniée du 13e au 17e s., conserve une très belle nef et des bas-côtés romans. Les arcades en plein cintre retombent sur de lourds **chapiteaux**★ carrés, ornés de motifs purement géométriques. Sur le flanc droit, remarquer l'ossuaire accolé à l'église ; il présente une belle clôture en granit.

EXCURSION

cv **Chapelle N.-D.-de-Crénenan.** — *5 km au Sud-Est vers Guéméné-sur-Scorff.* Elle présente des éléments des 15e et 16e s., la haute tour carrée date du 19e s. A l'intérieur, la voûte peinte retrace des scènes de la vie de la Vierge, mais on remarque surtout les **sablières** empreintes d'une grande fantaisie. A gauche de l'autel, un Arbre de Jessé en bois abrite la statue de N.-D.-de-Crénenan, à droite une Sainte Anne, la Vierge et l'Enfant.

PLOËRMEL

7 258 h. (les Ploërmelais)

Carte Michelin n° 63 pli 4 ou 230 pli 38.

A la limite de la haute Bretagne, Ploërmel est au centre d'une région agricole. Cette petite ville fut une résidence des ducs de Bretagne et c'est de Ploërmel que partit, en 1351, l'Anglais Bemborough pour le combat des Trente *(p. 119).*
C'est la ville natale du docteur Guérin qui imagina le pansement ouaté, progrès considérable sur la charpie, sauvant ainsi durant la guerre de 1870.

PLOËRMEL

Le tableau de la page 42 donne la signification des signes conventionnels employés dans ce guide.

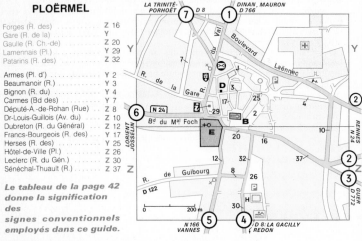

CURIOSITÉS

★ **Église St-Armel** (Y B). — Saint Armel est le fondateur de la ville (6e s.). On le représente vainqueur d'un dragon qu'il mène en laisse avec son étole.
L'édifice date du 16e s. Le **portail**★ Nord, de style gothique flamboyant et Renaissance, offre deux portes géminées au décor finement sculpté : enfance du Christ, Vertus piétinant les Vices, scènes burlesques ; sur les vantaux de bois les apôtres.
Les magnifiques **verrières**★ des 16e et 17e s. ont été restaurées : dans le bas-côté, l'Arbre de Jessé, et dans le transept gauche, la vie de saint Armel. Des vitraux modernes de Jean Bony ont remplacé les verrières détruites lors d'un bombardement en 1944. Dans la chapelle, à gauche du chœur, statues funéraires en marbre blanc des ducs Jean II et Jean III de Bretagne (14e s.). Dans le croisillon droit, derrière le tombeau en granit de Kersanton de Philippe de Montauban et de sa femme, beau gisant en marbre blanc du 14e s. Les voûtes en bois sont ornées de sablières très intéressantes (éclairage).

Maisons anciennes. — Dans la rue Beaumanoir, ainsi appelée en souvenir du héros du combat des Trente, se trouvent, notamment au n° 7, la **maison des Marmousets**★ (Y D – 16e s.), ornée de sculptures sur bois, et en face l'ancienne maison des ducs de Bretagne (16e s.). On voit d'autres maisons anciennes rue des Francs-Bourgeois.

Communauté des Frères de Ploërmel (YZ E). — Cette communauté des Frères de l'institution chrétienne fut fondée en 1817 par Jean-Marie de La Mennais (1780-1860). Cet abbé est le frère de Félicité, l'écrivain connu sous le nom de Lamennais *(p. 197)* et dont il ne partageait pas les convictions.

Horloge astronomique. – *Pénétrer dans la cour de la communauté.* Placée dans un kiosque vitré, cette horloge fut exécutée de 1852 à 1855 par le frère Bernardin pour instruire les futurs enseignants des écoles de la côte.

cv **Musée du Père Jean-Marie de La Mennais.** – Il est installé dans un des bâtiments de la communauté. En sortant du musée, on pourra voir son tombeau dans la chapelle de la communauté.

Étang au Duc. – *2,5 km au Nord. Quitter Ploërmel par ⑥ du plan.* C'est un agréable but de promenade pour les Ploërmelais qui l'appellent le lac ; d'une superficie de 250 ha, il est équipé d'une base nautique et d'une plage artificielle.

PLOUESCAT
3 957 h. (les Plouescatais)

Carte Michelin n° 🔢 pli 5 ou 🔢 pli 4.

Cette petite ville du Léon possède, au centre du bourg, une belle **halle** du 17e s. dont la vaste toiture s'appuie sur une splendide charpente soutenue par de puissants piliers de chêne.
La côte découpée offre de nombreuses plages de sable fin : grèves de Poulfoën, de Frouden, plages de Pors Meur et de Pors Guen, baie de Kernic.

EXCURSIONS

cv **Château de Maillé.** – *4 km. Quitter Plouescat en direction de Landivisiau.* Une belle allée de châtaigniers et de hêtres mène à cette importante gentilhommière du 17e s. en granit, flanquée d'un pavillon carré à la belle ordonnance Renaissance possédant sur la façade Ouest d'élégantes mansardes aux frontons en pagode ou en volute.

Château de Kergornadeac'h. – *7 km par la route de St-Pol-de-Léon puis à droite vers Moulin-du-Chatel. A un calvaire, tourner à droite.* Bâti en 1630, ce fut le dernier château fortifié construit en France. Bien qu'il soit ruiné, on en retrouve le plan carré flanqué aux angles de tours rondes à mâchicoulis. Les hautes cheminées subsistent. Dans les frondaisons à droite, petite gentilhommière.

cv **Manoir de Tronjoly.** – *7,5 km. Quitter Plouescat en direction de Roscoff et, dans Cléder, tourner à gauche. A la sortie du bourg, sur la gauche, deux piliers de granit marquent l'entrée de l'allée conduisant au château. Après avoir contourné une ferme, on pénètre dans le parc du château.* Ce gracieux manoir des 16e et 17e s. est agrémenté de hautes lucarnes Renaissance. Une grosse tour carrée occupe un des angles de la cour d'honneur qu'entourent le logis et une terrasse clôturée par une balustrade de pierre.

Les églises ne se visitent pas pendant les offices.

PLOUGASTEL-DAOULAS 9 611 h. (les Plougastels et Plougastellens)

Carte Michelin n° 🔢 pli 4 ou 🔢 pli 17.

Plougastel est le centre breton de la culture de la fraise dont une partie de la récolte est exportée en Grande-Bretagne ; sont également cultivés les melons et les échalotes.

★★ **Calvaire.** – *Illustration p. 38.* Construit de 1602 à 1604 après la peste de 1598, en granit sombre de Kersanton et pierre ocre de Logonna, il est plus harmonieux que celui de Guimiliau mais les attitudes de ses 180 personnages semblent plus figées. Encadrant la grande croix à double traverse, les larrons (absents à Guimiliau) portent sur leur gibet un ange ou un démon. Dans le socle massif, un autel est creusé sous un portique dominé par la haute statue de Jésus sortant, grandi, du tombeau.

cv L'église, en granit et béton, est à l'intérieur vivement décorée dans les tons bleus, verts, oranges, violets. Des autels et des retables de bois la meublent.

EXCURSIONS

Chapelle St-Jean. – *4,5 km au Nord-Est. Prendre la direction de Landerneau et, après avoir franchi la voie express Brest-Quimper, tourner à gauche, puis à droite.* Cette petite chapelle du 15e s. remaniée au 17e s. s'élève dans un **site★** charmant, au milieu de la verdure et au bord de l'Elorn.

★ **Presqu'île de Plougastel.** – *Circuit de 35 km – environ 3 h.* A l'écart des grandes routes, c'est l'un des coins où la campagne bretonne se montre encore sous son aspect traditionnel. Les petites routes, sinueuses et serrées de près par les talus, se faufilent dans ce pays bocager,

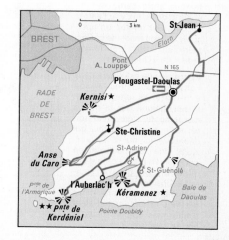

découpé en damiers caractéristiques. Hors les quelques hameaux groupés autour de leurs simples chapelles, on ne rencontre que peu de maisons, car tout ici paraît se cacher ; même les fraisiers, cultivés en plein champ, semblent se dissimuler derrière les haies. Toutefois, on remarque de grandes surfaces vitrées abritant légumes et fleurs. En mai et juin, au moment de la récolte, règne une grande animation et l'on aperçoit des camions pleins de caissettes à claire-voie où sont rangés les petits paniers de fraises.

Quitter Plougastel-Daoulas par la rue à droite de l'église ; l'accès pour Kernisi est fléché.

★ **Panorama de Kernisi.** — *A l'entrée du hameau de Kernisi, laisser la voiture et gagner le tertre rocheux.* On découvre Brest et son avant-port, une partie de la rade, l'estuaire de l'Elorn et le pont Albert-Louppe.

Faire demi-tour et, au deuxième grand carrefour, prendre à droite vers Langristin.

cv **Chapelle Ste-Christine.** — Cette chapelle du 16ᵉ s. renferme quelques statues anciennes dans le bras gauche du transept. Petit calvaire de 1587.

Anse du Caro. — Très joli site, bonne vue sur Brest et la pointe des Espagnols qui forme la partie Sud du goulet de Brest.

Remonter vers Plougastel-Daoulas et, à 3 km, tourner à droite.

★★ **Pointe de Kerdéniel.** — *1/4 h à pied AR. Laisser la voiture dans le bas de Kerdéniel, gagner le groupe de maisons, tourner à droite, puis emprunter le chemin de gauche (accès fléché). Gagner la plate-forme du blockhaus.* De gauche à droite, la vue se porte sur l'estuaire du Faou, le Menez-Hom, l'Ile-Longue, la pointe des Espagnols, Brest et l'estuaire de l'Elorn ; en contrebas, la pointe de l'Armorique et l'île Ronde.
En continuant en voiture vers la pointe de l'Armorique, on atteint un minuscule port de pêche dans un site agréable.

Faire demi-tour et, à 3 km, tourner à droite.

L'Auberlac'h. — Dans une belle anse s'abrite ce petit port de pêche en même temps centre nautique.

Reprendre la route à droite vers St-Adrien. A flanc de coteau, jolies échappées sur l'anse de l'Auberlac'h avant de laisser sur la droite la chapelle St-Adrien de 1549. Tourner ensuite à droite vers St-Guénolé. A Pennaster, on contourne le fond de l'anse de l'Auberlac'h. Sur la gauche, dans un site boisé, se dresse la chapelle St-Guénolé de 1514. Au premier carrefour après St-Guénolé tourner à droite, dans la montée encore à droite et immédiatement à gauche dans un chemin caillouteux.

★ **Panorama de Keramenez.** — *Table d'orientation.* Le panorama est étendu sur la presqu'île de Plougastel et la partie Sud de la rade de Brest.

Regagner Plougastel-Daoulas par Lanrivoas.

*Avec votre **guide Michelin** il vous faut des **cartes Michelin**. Ça va de soi !*

★★ PLOUMANACH

Carte Michelin nº 59 pli 1 ou 230 pli 6 – Schéma p. 76 – Lieu de séjour p. 14.

Ce petit port de pêche, bien situé au débouché des deux pittoresques vallons des Traouiéros, est devenu un séjour balnéaire célèbre par ses entassements de **rochers**★★ roses *(p. 163)*, qui se dressent aux alentours du phare.

CURIOSITÉS

Promenade de la Bastille. — *Entrée face à la chapelle St-Guirec.* Elle permet de visiter une autre partie des rochers et de mieux voir l'entrée du port. Sur un îlot, on aperçoit le château moderne de Costaères où vécut Sienkiewicz, auteur de « Quo Vadis ».

Plage. — Elle est située dans l'anse de St-Guirec. A son extrémité gauche, sur un rocher, baigné par la mer à marée haute, s'élève l'oratoire dédié à saint Guirec, qui débarqua ici au 6ᵉ s. *(voir p. 22).* Une statue du saint, en granit, a remplacé l'effigie primitive, en bois, qui avait souffert d'une tradition peu respectueuse : les jeunes filles désirant se marier venaient planter une épingle dans le nez de l'apôtre.

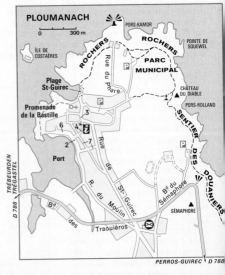

Bellevue (Q. de)	2	Cribo (R. du)	
Centre (Pl. du)	3	Pointe (R. de la)	
Centre (R. du)	4	Port (R. du)	

(Photo M. Fouorou/Azimut)

Ploumanach. — Le parc municipal.

CV **Le phare.** — Il est recommandé d'emprunter le sentier qui longe la plage et l'hôtel St-Guirec et qui, en montée à travers de superbes **rochers★★**, conduit au phare. Au passage, remarquer la «tête de mort», le «sabot renversé», le «pied». De la plate-forme, la vue s'étend de Trégastel à la plage de Trestel et au-delà jusqu'à la côte vers Port-Blanc, en passant par les Sept-Iles et la presqu'île de Perros-Guirec.

Poursuivre au-delà du phare, le sentier passe devant l'abri du canot de sauvetage, contourner la clôture d'une villa avant de pénétrer dans le parc municipal.

★★ **Parc municipal.** — Ce parc s'étend de Pors-Kamor à Pors-Rolland. C'est, en quelque sorte, une réserve où l'on maintient l'originalité du site rocheux. Le point le plus intéressant est la pointe de Squewel, constituée par d'innombrables rochers séparés par des anses. Le château du Diable offre également un bel ensemble. En parcourant le parc en tous sens, on découvre des rochers *(illustration ci-dessus)* aux formes curieuses, on reconnaît la «tortue» en bordure de la mer, vers l'intérieur le «champignon», le «lapin», etc.

EXCURSION

★★ **Perros-Guirec par le sentier des Douaniers.** — *3 h à pied AR. A suivre de préférence l'après-midi à marée haute.* Un sentier longeant la falaise conduit de Pors-Rolland à Trestraou, plage principale de Perros-Guirec *(p. 158)*.

*Les **cartes Michelin** sont constamment tenues à jour.*
Ne voyagez pas aujourd'hui avec une carte d'hier.

★ PONT-AVEN

3 295 h. (les Pontavenistes)

Carte Michelin n° 58 pli 11 ou 230 pli 33.

Le bourg occupe un site très agréable, au point où la jolie rivière Aven, dont les eaux jusque-là jouent entre les rochers, s'élargit en estuaire soumis à la marée. L'Aven animait autrefois de nombreux moulins, d'où le dicton : «Pont-Aven, ville de renom — 14 moulins, 15 maisons».

L'endroit a été très fréquenté par les peintres : autour de Gauguin s'était formée, vers 1888, l'école de Pont-Aven. Le poëte et chansonnier Théodore Botrel, auteur de la Paimpolaise, enterré au fond du cimetière en 1925, institua la célèbre fête des Fleurs d'Ajoncs *(p. 16)*.

★ **Bois d'Amour.** — *Accès par la rue de Penanros en direction de la chapelle de Trémalo (parc de stationnement) ou par la rue de la Villemarqué.*

Le Bois d'Amour borde l'Aven et escalade une colline. Sur le parcours fléché, des panneaux indiquent les endroits qui ont inspiré les peintres de l'école de Pont-Aven.

Les bords de l'Aven. — *1/2 h à pied AR. Prendre à droite du pont la direction du port.* On longe l'Aven qui se faufile parmi les rochers et les vestiges des anciens moulins. Dans le square, en bordure du port, statue de Théodore Botrel et, sur l'autre rive, parmi les frondaisons, on aperçoit la maison à tuiles rouges qu'il habita. La promenade se prolonge pendant environ 800 m permettant de découvrir le beau plan d'eau formé par l'Aven.

Chapelle de Trémalo. — *Accès par la rue de Penanros et une route à droite en montée.* Cette chapelle rurale bretonne du début du 16e s. est située dans un agréable décor de verdure. L'un des pans de son toit dissymétrique touche presque le sol. A l'intérieur, Christ en bois du 17e s. qui servit de modèle au «Christ jaune» de Gauguin où la toile de fond représente le village de Pont-Aven et la colline Ste-Marguerite.

(Cliché Musées Nationaux)

Paysannes bretonnes, par Gauguin.

cv **Musée.** − *Accès par la cour de la mairie.*
Les quatre salles sont affectées à des expositions temporaires principalement consacrées à des artistes de l'école de Pont-Aven, parfois Gauguin.

EXCURSIONS

Nizon. − *3 km au Nord-Ouest. Quitter Pont-Aven par la route de Rosporden.* La petite église restaurée, aux piliers trapus, date des 15e et 16e s., elle renferme de nombreuses statues anciennes. Les coloris des vitraux, œuvre du maître verrier Guével, sont remarquables. Le calvaire roman a servi de modèle à Gauguin pour son « Christ vert ».

De Pont-Aven à Concarneau par la côte. − *45 km − environ 1 h 1/2. Quitter Pont-Aven par la route de Concarneau et, à 2,5 km, tourner à gauche.*

cv **Névez.** − Dans l'église, on pourra voir quelques statues anciennes en bois, en particulier dans la chapelle de droite un Saint Jacques du 15e s.

A la sortie de Névez vers Port-Manech, une route à gauche conduit à Kerdruc.

Kerdruc. − Ce petit port occupe un joli **site★** sur l'Aven et conserve encore quelques maisons à toits de chaume.

Revenir à la route de Port-Manech et tourner à gauche.

Port-Manech. − Agréable centre balnéaire dont la plage se blottit en bordure du double estuaire de l'Aven et du Bélon. Un sentier tracé en corniche mène de la plage au port et offre de belles vues sur la côte et les îles.

Par Kerangall, gagner l'anse de Rospico. La suite de l'excursion est décrite en sens inverse (p. 76).

PONTCHÂTEAU

7 304 h. (les Pontchâtelais)

Carte Michelin nᵒ 🖽 pli 15 ou 🖾 plis 52, 53.

Perchée sur une colline, dans une région peuplée d'anciens moulins à vent, l'église de Pontchâteau domine la petite ville aux maisons étagées sur les rives du Brivet.

EXCURSIONS

Calvaire de la Madeleine. − *4 km à l'Ouest. Quitter Pontchâteau en direction d'Herbignac. Laisser la voiture au parc de stationnement à gauche de la route, face à la chapelle du pèlerinage.*
Saint Louis-Marie Grignion de Montfort (1673-1716), prédicateur célèbre, fit élever le calvaire en 1709, dans la lande de la Madeleine, sur un Golgotha artificiel ; démoli sur l'ordre de Louis XIV, il fut reconstruit en 1821. Partir du temple de Jérusalem ; une belle allée traverse le parc vers le prétoire de Pilate ou Scala Sancta. C'est la première station du chemin de croix qui se continue, à gauche, par de grandes statues peintes en blanc ; sorties de l'imagerie populaire, elles ne manquent pas d'expression. Du haut du calvaire, la vue s'étend sur la Brière, St-Nazaire et Donges. La petite chapelle au pied du calvaire abrite le Christ d'origine (1707), en bois. Pèlerinages le dimanche, en été.

Fuseau de la Madeleine. − *A 800 m du calvaire. Prendre la route à gauche de la statue du Sacré-Cœur, traverser le parc, puis tourner à gauche au premier carrefour.* Ce menhir de 7 m de haut et de 5 m de circonférence se dresse au milieu d'un pré.

St-Gildas-des-Bois. − *3 112 h. 10 km au Nord-Est.* L'église des 12e et 13e s. remaniée au 19e s. est une ancienne abbatiale bénédictine construite en grès rougeâtre. Elle renferme un beau mobilier du 18e s. : stalles du chœur, deux retables en pierre, porche intérieur en bois sculpté, peint, et grille en fer forgé qui proviennent de l'ancienne clôture du chœur. Vitraux modernes de Maurice Rocher.

★ PONT-CROIX

1842 h. (les Pontecruciens)

Carte Michelin n° 58 pli 14 ou 230 pli 17 – Schéma p. 80.

Cette petite ville ancienne s'étage sur la rive droite du Goyen, appelé aussi rivière d'Audierne.

De pittoresques ruelles pavées, bordées de vieilles maisons, descendent jusqu'au pont sur la rivière ; emprunter de préférence la Petite et la Grande Chère.

★ **Église N.-D.-de-Roscudon.** — Elle est très intéressante. La nef d'apparence romane date du début du 13e s. Le chœur a été agrandi en 1290, le transept aménagé en 1450 pour recevoir le très beau **clocher**★ dont la flèche haute de 67 m a servi de modèle pour celles de la cathédrale de Quimper. L'abside polygonale a été refaite en 1540. Sur le flanc droit ouvre un élégant **porche** de la fin du 14e s., coiffé de trois hauts gâbles finement ouvragés.

L'intérieur de l'édifice présente un beau mobilier : remarquer, dans la chapelle absidale, la **Cène** du 17e s. en bois sculpté en haut-relief ; dans la chapelle du Rosaire, à droite du chœur, la belle **verrière** (vers 1540) ; dans la chapelle de la Sainte-Famille, contiguë, et dans la chapelle des Trépassés (bras gauche du transept), les verrières de Gruber (1977-1978). Buffet d'orgue du 16e s.

(D'après photo A. Gaël)

Pont-Croix. — Église N.-D.-de-Roscudon.

PONTIVY

14 224 h. (les Pontiviens)

Carte Michelin n° 58 pli 12 ou 230 pli 22.

Pontivy est situé sur le Blavet dans une région pittoresque.

La vieille ville, aux rues étroites et capricieuses, contraste avec la ville géométrique créée par Napoléon.

Napoléonville. — Cité prospère, Pontivy se déclare, en 1790, résolument républicaine. Bonaparte, consul, y fait construire une caserne, une mairie, un tribunal, ouvre un lycée et, pour assurer sa communication avec la mer, fait canaliser le Blavet.

Pendant les guerres de l'Empire, la navigation côtière entre Brest et Nantes est très peu sûre, du fait des croisières anglaises. Napoléon décide alors la création d'un canal reliant ces deux villes et de faire de Pontivy le centre militaire et stratégique de la Bretagne. Dès 1806, les rues tirées au cordeau de la nouvelle ville surgissent de terre. « Les cœurs reconnaissants des citoyens » la nomment Napoléonville. A la chute de l'Empire, elle redevient Pontivy, puis de nouveau Napoléonville sous le second Empire.

PONTIVY

Nationale (R.)	Z
Pont (R. du)	Y 28
Anne-de-Bretagne (Pl.)	Y 2
Caïnain (R.)	Z 3
Couvent (Q. du)	Y 4
Dr-Guépin (R. du)	Y 5
Fil (R. du)	Y 6
Friedland (R.)	Y 8
Jaurès (R. Jean)	Z 10
Lamennais (R. J.-M.-de)	Z 13
Le-Goff (R.)	Z 16
Lorois (R.)	Y 17
Marengo (R.)	Y 19
Martray (Pl. du)	Y 20
Niémen (Q.)	Y 27
Presbourg (Q.)	Y 32
Viollard (Bd)	Z 33

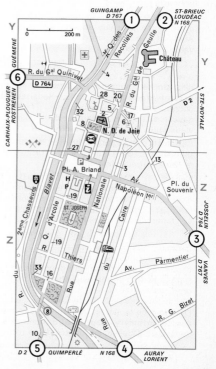

Dans ce guide,
les cartes et les plans
de ville sont disposés
le Nord en haut.

CURIOSITÉS

★ **Maisons anciennes** (Y). – Pour découvrir ces belles demeures des 16e et 17e s., à colombage et en encorbellement, il faut flâner rue du Fil, place du Martray, cœur du Vieux Pontivy, rue du Pont, rue du Docteur-Guépin. A l'angle des rues Lorois et Général-de-Gaulle, remarquer la maison à tourelle (1578) qui serait l'ancien rendez-vous de chasse des Rohan, et, place Anne-de-Bretagne, d'élégantes constructions du 18e s.

cv **Château** (Y). – Élevé au 15e s. par Jean II de Rohan *(p. 120).* La façade a conservé deux grosses tours à mâchicoulis, coiffées en poivrière, sur les quatre que comprenait l'enceinte. Les murs de 20 m de haut sont bordés de douves jamais mises en eau. Le logis seigneurial, remanié au 18e s., s'orne de frontons à redents et d'un bel escalier à double révolution. On visite la salle des gardes, les salles du premier étage donnant sur le chemin de ronde, la chambre ducale au beau plafond, et la chapelle.

cv **Église N.-D.-de-Joie** (Y). – Cet édifice du 16e s., de style flamboyant, abrite, dans la chapelle de gauche, la statue de N.-D.-de-Joie, vénérée par les Pontiviens depuis 1696 à la suite d'un vœu fait lors d'une épidémie qui décima la ville. Dans la chapelle de droite, retable du 17e s.

EXCURSIONS

Stival. – *3,5 km au Nord-Ouest. Quitter Pontivy par ⑥ du plan, route de Guémené-sur-Scorff.*

cv L'église, ancienne chapelle St-Mériadec, date du 16e s. Les beaux **vitraux**★ ont été exécutés par Jehan Le Flamant en 1552 : on reconnaît un Arbre de Jessé au chevet, des scènes de la Passion dans le transept droit, le baptême du Christ près des fonts baptismaux. Remarquer aussi une Vierge allaitant, du 16e s., dans le transept gauche, et un Saint Isidore dans le transept droit. Un ciborium du 18e s. domine le maître-autel.

★★ **Lac de Guerlédan**. – *67 km – environ 3 h 1/2. Prendre au ras de l'église de Stival (ci-dessus) la direction de Guerlédan.* La route remonte la vallée du Blavet. *Au Corboulo, tourner à droite et 500 m plus loin à gauche vers St-Aignan.* La suite de l'excursion du lac de Guerlédan est décrite p. 111.

Vallée du Blavet. – *Circuit de 40 km – environ 3 h. Quitter Pontivy par ④ du plan en direction d'Auray et à Talvern-Nenez tourner à droite.*

cv **Chapelle St-Nicodème**. – La chapelle du 16e s. est précédée d'une tour massive surmontée d'une flèche de granit. Au pied de la tour, s'ouvre une porte Renaissance donnant accès à l'escalier du 16e s. qui permettait de monter au sommet. A l'intérieur de la chapelle, à la base de la voûte lambrissée, court une corniche sculptée d'anges et de musiciens. A gauche de la chapelle, une fontaine gothique s'écoule dans trois piscines situées devant trois niches surmontées de gâbles richement sculptés, une fontaine plus simple la précède. Au chevet de la chapelle, le presbytère présente des lucarnes et cheminées sculptées. Pardon le 1er dimanche d'août.

Au-delà de la chapelle tourner à droite.

St-Nicolas-des-Eaux. – Le petit bourg est construit à flanc de colline. La chapelle située en haut du village et les maisons à toits de chaume qui l'entourent forment un ensemble original. La route franchit le Blavet et, épousant le méandre encaissé de la rivière, se replie sur elle-même avant de passer sur l'isthme étroit dominant les rives intérieures de la boucle.

★ **Site de Castennec**. – Une tourelle à gauche de la route, dans la montée, sert de belvédère et offre une jolie vue en aval sur la vallée du Blavet qu'emprunte la voie ferrée Auray-St-Brieuc. Du parc de stationnement, la vue se porte sur St-Nicolas-des-Eaux et la vallée en amont.

A la sortie de Castennec, tourner à gauche.

cv **Bieuzy**. – 842 h. L'église occupe un îlot surélevé ce qui donne plus d'importance à son haut clocher moderne. Le chevet du 16e s., déparé par un monument aux Morts, présente une décoration gothico-Renaissance qui n'est pas sans charme. Les vitraux du chœur forment un bel ensemble qu'il faut voir ainsi que la charpente et les sablières. A gauche de l'église, remarquer deux belles maisons Renaissance avec four à pain et vieux puits. En contrebas, à droite de la route, fontaine à gâble.

Dans cette campagne pontivienne, de nombreuses fermes ont conservé leurs élégants puits sculptés des 17e et 18e s. que l'on aura plaisir à découvrir au hasard de la route. *Par la Paule, gagner Melrand.*

Melrand. – 1 771 h. Prendre la direction de Guémené, pour traverser le bourg typiquement breton et atteindre le calvaire. Une Sainte Trinité occupe le sommet de la croix dont le fût est orné des têtes des apôtres. Le socle représente la Mise au tombeau et le Christ portant sa croix. Cet ensemble est posé sur un autre socle qui supporte également deux statues plus récentes : la Vierge et saint Jean.

Revenir au centre du bourg et prendre vers Pontivy. A 6,5 km tourner à gauche.

cv **Quelven**. – L'imposante chapelle, de la fin du 15e s., s'élève sur une place entourée de vieilles maisons de granit. L'extérieur de la chapelle présente un riche décor flamboyant ; à l'intérieur, plus dépouillé, on verra dans la nef une tribune en pierre, dans le transept droit un bas-relief en albâtre du 16e s., dans le chœur, à gauche, et le transept droit, deux vitraux du 16e s. dont un Arbre de Jessé. A gauche du chœur, est placée la statue ouvrante de N.-D.-de-Quelven, Vierge assise tenant l'Enfant sur ses genoux : à l'intérieur de la statue, douze petits bas-reliefs représentent l'histoire du Christ. Un pardon très suivi a lieu *(p. 16).* En contrebas, à 500 m à gauche de la chapelle, fontaine de N.-D.-de-Quelven surmontée d'une niche à pignon (16e s.).

Pour gagner Pontivy, prendre la direction de Gueltas, puis tourner à droite et, à 3 km, à gauche.

Abbaye N.-D.-de-Timadeuc. – *22 km – environ 1 h 1/2. Quitter Pontivy par les rues Lorois et Leperdit.*

cv **Chapelle Ste-Noyale.** – Sur une pelouse ombragée s'élèvent un bel ensemble du 15e s. dédié à sainte Noyale et une croix de granit. La chapelle, longue et étroite, au porche Sud finement travaillé, possède un clocher-porche terminé au 17e s. A l'intérieur, des peintures sur lambris retracent la vie de sainte Noyale. Venue d'Angleterre, elle aurait été décapitée par un prétendant éconduit et aurait rejoint Pontivy, lieu choisi pour sa sépulture, en portant sa tête entre ses mains.

cv **Noyal-Pontivy.** – 3 066 h. Importante église édifiée au 15e s., au décor flamboyant. Une flèche polygonale en pierre surmonte le lourd clocher carré sur le croisillon Sud.

Prendre la direction de Rohan.

Rohan. – 518 h. Ancienne vicomté, puis duché-pairie, la cité ne conserve presque rien du passage de la famille de Rohan *(p. 120)*. Le canal de Nantes à Brest, la rive boisée, l'écluse et la chapelle N.-D.-de-Bonne-Encontre (1510) forment un charmant tableau.

2 km après Rohan, prendre à droite le chemin de l'abbaye.

Abbaye N.-D.-de-Timadeuc. – Située dans un joli site boisé, cette abbaye cistercienne a été fondée en 1841. A la Porterie, il est possible d'assister à une présentation audio-visuelle sur la vie monastique.

PONT-L'ABBÉ

7729 h. (les Pont-l'Abbistes)

Carte Michelin n° **58** plis 14, 15 ou **230** plis 31, 32 – Schéma p. 82.

Pont-l'Abbé, situé au fond d'un estuaire, doit son nom au premier pont construit par les abbés de Loctudy entre le port et l'étang. C'est la capitale du pays bigouden que limitent l'estuaire de l'Odet, la côte de Penmarch et la baie d'Audierne. Le costume bigouden, très original *(voir p. 26)*, donne beaucoup de pittoresque aux cérémonies religieuses, aux marchés et foires de la région. Le port de la coiffe est fréquent, même en semaine. Pont-l'Abbé est d'ailleurs spécialisé dans la broderie ainsi que dans la fabrication de poupées et du « kabig » (vêtement de drap imperméabilisé).
Les cultures maraîchères font la richesse de la région.

La révolte du papier timbré (1675). – La gloire que Louis XIV donne à la France coûte cher. En 1675, Colbert décrète que tous les actes devront être rédigés sur papier timbré. Il remet, en outre sur le tabac et la vaisselle d'étain, des droits que la Bretagne avait rachetés deux millions de livres. La Bretagne se révolte, mais la répression est dure : la roue, la corde ; le Parlement est exilé à Vannes.
Pont-l'Abbé, en particulier, souffre de cette rébellion ; son château est pillé.

CURIOSITÉS

Église N.-D.-des-Carmes (B). – C'est l'ancienne chapelle (14e au 17e s.) du couvent des Carmes. En entrant, à droite, remarquer les fonts baptismaux du 18e s., le baldaquin provient de l'église de Lambour. Au-dessus du maître-autel, une belle verrière du 15e s., à rosace de 7,70 m de diamètre, éclaire la nef ; dans le bas-côté gauche, la chapelle Ste-Anne abrite une bannière de procession moderne ; dans la nef, entourant le Christ, statues de la Vierge et de saint Jean du 16e s. Pardon le dimanche qui suit le 15 juillet. En sortant, tourner à droite et aller voir le chevet plat coiffé d'un curieux clocher à dômes.

Château (B M). – Cette forteresse (14e-18e s.) présente une grosse tour ovale ou donjon et un corps de bâtiment. Le contourner pour découvrir la tourelle qui donne sur la rue du
cv Château. A l'intérieur, on peut visiter le **musée Bigouden**. Les trois étages du donjon (79 marches) renferment des souvenirs du pays bigouden : mobilier du 19e s., costumes et coiffes. La vie maritime passée et présente est évoquée, maquettes de bateaux, matériel de voilerie illustrent cette activité.

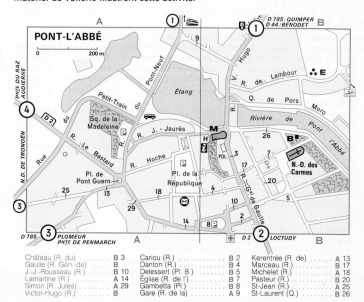

Château (R. du) ...... B 3	Cariou (R.) .... B 2	Kerentrée (R. de) ...... A 13
Gaulle (R. Gén.-de) .... B	Danton (R.) .... B 4	Marceau (R.) .... B 17
J.-J.-Rousseau (R.) ... B 10	Delessert (Pl. B.) ..... B 5	Michelet (R.) .... A 18
Lamartine (R.) .... A 14	Église (R. de l') ..... B 7	Pasteur (R.) .... B 20
Simon (R. Jules) ...... A 29	Gambetta (Pl.) .... B 8	St-Jean (R.) .... A 25
Victor-Hugo (R.) ...... B	Gare (R. de la) ...... A 9	St-Laurent (Q.) .... B 26

Monument aux Bigoudens (B B). – Cette œuvre du sculpteur F. Bazin se dresse dans la verdure en bordure du quai.

Église du Lambour (B E). – Ruinée, elle présente encore une belle façade du 16e s. et des travées de la nef du 13e s. Le clocher a été démantelé lors de la révolte des Bonnets rouges *(voir ci-dessous).*

Chapelle N.-D.-de-Tréminou. – *2 km à l'Ouest par la rue St-Jean* (A 25). Dans un enclos ombragé, cette chapelle des 14e et 16e s., restaurée, possède un clocher chevauchant la nef.

C'est aux abords de cette chapelle qu'en 1675 fut voté par les paysans cornouaillais révoltés, ou Bonnets rouges, le « code paysan ». Étroitement liée à la révolte du papier timbré, cette autre levée de masse fut sévèrement réprimée et plusieurs clochers avoisinants arasés en signe de représailles.

Des pardons ont lieu le 1er dimanche d'août et le 4e dimanche de septembre. Notre-Dame est invoquée en particulier en faveur des enfants attardés.

EXCURSION

Plomeur. – *2 852 h. 5,5 km au Sud-Ouest. Quitter Pont-l'Abbé par* ③ *du plan.* L'église Ste-Thumette date de 1760. Massive avec sa façade flanquée de tourelles basses, elle abrite des statues du 15e s. dans le chœur et le transept, et une curieuse Vierge enceinte dans le bras droit du transept. Au bas de la nef, chapiteau roman remployé.

★ PORNICHET   7 284 h. (les Pornichetains)

Carte Michelin n° 🔢 pli 14 ou 🔢 pli 52 – Lieu de séjour p. 15.

Village de paludiers, Pornichet devient, dès 1860, une station à la mode. Des éditeurs parisiens la fréquentent, parmi eux Camille Flammarion. Cette ancienne « plage des libraires » est le prolongement de la magnifique étendue de sable fin qui, sur 8 km, constitue la baie d'Amour.

Deux quartiers bien distincts composent la cité, le Vieux-Pornichet, au Sud-Est, centre administratif, actif toute l'année, et Pornichet-les-Pins, au Nord-Ouest, dont les belles villas disséminées dans la verdure s'animent en été.

Boulevard des Océanides. – Il borde la plage et offre de belles **vues** sur la Baule, le Pouliguen, la pointe de Penchâteau. Il mène au petit port de pêche et au port de plaisance ; ce dernier, commun à la Baule, peut accueillir plus de mille bateaux. Pornichet possède aussi un casino, un établissement thermal et le célèbre hippodrome de la Côte d'Amour, tracé dans les marais asséchés.

PORT-LOUIS   3 327 h. (les Port-Louisiens)

Carte Michelin n° 🔢 pli 1 ou 🔢 pli 34 – Lieu de séjour p. 14.

Cet ancien petit port de pêche (thonier) dont la plage est très fréquentée par les Lorientais, a conservé sa citadelle du 16e s. et ses remparts du 17e s.

Port-Louis, qui s'appelait d'abord Blavet, est pris, pendant la Ligue, par le duc de Mercœur, aidé des Espagnols. Des jeunes filles se sauvent sur un navire ; mais les Espagnols les poursuivent. Les « quarante pucelles de Port-Louis » sautent à la mer. Sous Louis XIII, Blavet prend le nom de Port-Louis en l'honneur du roi. Richelieu en fait un fort et y installe, sans succès, la première Compagnie des Indes *(voir p. 132).* Quand Colbert fonde la seconde, Lorient est créé pour la recevoir. Dès lors, Port-Louis périclite. Sous Louis-Philippe, il trouve un renouveau grâce à la pêche à la sardine et la conserve à l'huile.

★ **Citadelle.** – La construction de cette place forte commandant l'entrée de la rade de Lorient fut commencée en 1591 par don Juan del Aguila durant l'occupation espagnole, poursuivie de 1616 à 1622 par le maréchal de Brissac et achevée en 1636 sur l'ordre de Richelieu. Elle présente un plan rectangulaire bastionné aux angles et sur les côtés, deux ponts et une demi-lune en protègent l'accès. De tout temps, la citadelle hébergea de nombreux prisonniers, entre autres Louis Napoléon Bonaparte, fils de l'empereur Napoléon III.

Un parcours fléché emprunte le chemin de ronde (on pourra voir d'anciens canons dans les bastions tournés vers l'île de Groix) et permet de découvrir les deux cours et les différentes installations qui abritent les musées.

Musée du Port-Louis. – Dans le pavillon d'entrée ou donjon sont retracés le passé maritime de la ville, l'histoire de la citadelle.

★ **Musée de l'Arsenal.** – Une salle de l'Arsenal à la belle charpente abrite des maquettes de corvettes, frégates, vaisseaux (le Lys 1821), bâtiments de commerce et de pêche, croiseurs (Montcalm 1935), torpilleurs, etc., des portraits des grands marins, de nombreuses peintures et documents se rapportant à la navigation dans l'océan Atlantique.

Poudrière. – L'ancienne Poudrière sert de cadre à un musée où sont réunis des collections d'armes du 17e au 20e s. (torpilles, mortiers, mines, fusils de rempart et munitions), des documents sur l'artillerie de marine.

Abri de sauvetage. – *Dans les remparts, à droite de la Poudrière.* Ce petit local est consacré au sauvetage en mer avec présentation de matériel ancien et moderne. On verra le canot de sauvetage de Roscoff qui assura le service de 1897 à 1939.

★★ **Musée de la Compagnie des Indes.** – Installé dans l'aile Nord-Ouest de la caserne de Lourmel, il retrace l'historique de cette prestigieuse Compagnie *(p. 132)*. Des documents concernant les équipages, les cargaisons, des maquettes des principaux navires, des porcelaines, des soieries, la présentation des comptoirs, illustrent cet important négoce. Dans une salle en sous-sol, présentation audio-visuelle.

Musée de la Pêche côtière. – Dans une vaste salle de l'aile Sud-Ouest de la caserne de Lourmel, sont rassemblés des bâtiments de pêche côtière (Manche et Atlantique) et des embarcations pour régates de la première moitié de ce siècle.

Remparts. – Bâtis de 1649 à 1653 par le maréchal de la Meilleraye, ces remparts bien conservés enserrent la ville sur deux côtés. Sur la Promenade des Pâtis, une porte ménagée dans la muraille donne accès à la plage de sable fin qui offre une belle vue sur la pointe de Gâvres, l'île de Groix, Larmor-Plage, le bastion de Groix de la Citadelle.

Ports. – La ville possède deux ports, celui de la Pointe face à Lorient, et celui de Locmalo dans l'anse du Gâvres.

★ Le POULIGUEN
4 488 h. (les Pouligennais)

Carte Michelin n° 63 pli 14 ou 230 pli 51 – Schéma p. 109.

Séparé de la Baule par l'étier que franchissent deux ponts, ce port de pêche aux rues étroites est devenu un séjour balnéaire à la mode en 1854, lancé par des littérateurs tels Louis Veuillot et Jules Sandeau. Le Pouliguen possède une plage abritée, près d'un bois agréable de 6 ha, et un port de plaisance, dans l'étier.

cv **Chapelle Ste-Anne-et-St-Julien.** – *Place Mgr-Freppel*. Près d'un calvaire rustique, cette chapelle gothique abrite, dans le bas-côté gauche, une **statue de sainte Anne**, du 16e s., entourée de la Vierge et de l'Enfant Jésus. Le vitrail du chœur représente saint Julien. Au revers de la façade, de part et d'autre du porche, on verra deux beaux **panneaux d'albâtre**, le couronnement du Christ et la présentation aux Rois mages.

★ **La Côte Sauvage.** – Longée par de grands boulevards et des sentiers de promenade, elle présente depuis la pointe de Penchâteau des à-pics rocheux s'ouvrant sur des baies sablonneuses et de nombreuses grottes accessibles à marée basse, en particulier celle des Korrigans, petits lutins des légendes bretonnes. *Voir aussi p. 25.*

QUESTEMBERT
5 213 h. (les Questembertois)

Carte Michelin n° 63 pli 4 ou 230 plis 37, 38.

Petite cité accueillante, Questembert s'est développée dans une campagne verdoyante en bordure du pays vannetais. De son passé, elle a conservé, autour des halles, de belles maisons de granit à frontons sculptés, des 16e et 17e s. Rue St-Michel, dans un jardin, curieuse tourelle dont le toit est soutenu par « Questembert et sa femme ».

Halles. – Construites en 1552, restaurées en 1675, elles présentent une charpente magnifiquement ordonnée qui commande trois allées.

Chapelle St-Michel. – Ce petit édifice du 16e s. se dresse dans le cimetière. Sur le flanc gauche a été élevée une croix-calvaire. Ce monument, comme celui érigé sur la place du Monument, rappelle la victoire qu'Alain le Grand remporta sur les pirates normands vers 888 à Coët-Bihan *(6,5 km au Sud-Est)*.

EXCURSION

Chapelle N.-D.-des-Vertus. – *6,5 km au Sud-Ouest*. Cette jolie chapelle des 15e et 16e s. se dresse en bordure de la route, près d'une ferme. Remarquer le portail à baies géminées en anse de panier, sur le flanc droit les culs-de-lampe sculptés, animaux ou personnages supportant les accolades de la porte et des fenêtres, au chevet la fenêtre flamboyante. Pardon le dimanche qui suit le 15 août.

★ QUIBERON (Presqu'île de)

Carte Michelin n° 63 plis 11, 12 ou 230 plis 35, 49.

C'est une ancienne île que les apports d'alluvions ont rattachée à la terre par un isthme étroit. Ce môle naturel sert de brise-lames à une vaste baie qui a été souvent utilisée par les navires de guerre pour leurs manœuvres et leurs tirs (polygone de Gâvres).

Les paysages de la presqu'île sont variés : les dunes de sable de l'isthme sont fixées par des pins maritimes ; la côte du large, appelée « Côte Sauvage », est un chaos impressionnant de falaises, de rochers, de grottes, de récifs ; à l'Est et au Sud, on trouve des plages largement ouvertes et deux ports de pêche animés.

Le débarquement de Quiberon. – En 1795, Quiberon a vu le désastre infligé aux royalistes. Cent mille émigrés, dispersés en Angleterre et en Allemagne, les princes en tête, devaient passer en Bretagne, s'unir aux Chouans et balayer les « Bleus ».
En fait, ils ne sont que dix mille commandés par Puisaye, Hervilly et Sombreuil ; les princes se sont abstenus. Le débarquement a lieu sur la plage de Carnac le 27 juin et les jours suivants. Les Chouans de Cadoudal, exacts au rendez-vous, font leur jonction. Mais l'effet de surprise est manqué ; les longs préparatifs du complot, les bavardages d'émigrés ont alerté la Convention : Hoche refoule les royalistes dans la presqu'île. Acculés à la plage de Port-Haliguen, ils ne peuvent gagner les vaisseaux qu'une forte houle empêche d'approcher et sont faits prisonniers. La Convention refuse la grâce, ils sont fusillés à Quiberon, à Auray, à Vannes où vingt-deux, parmi les plus notoires, sont exécutés sur la promenade de la Garenne.

QUIBERON (Presqu'île de) ★

VISITE

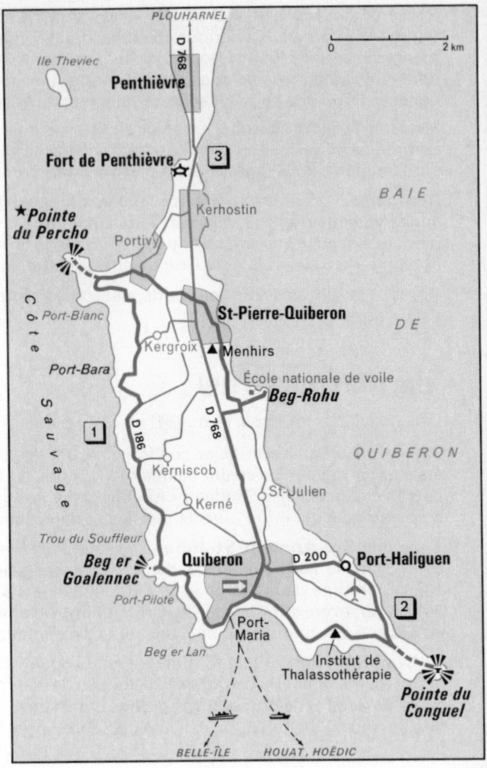

Quiberon. – 4812 h. (les Quiberonnais). – Lieu de séjour p. 14. A la pointe de la presqu'île, Quiberon est une station balnéaire recherchée pour sa belle plage de sable fin bien exposée au Sud et la proximité de la Côte Sauvage *(voir ci-dessous)*. Une grande animation règne à **Port-Maria**, port d'embarquement pour Belle-Ile, Houat et Hoëdic, et port de pêche où l'on peut encore voir quelques bateaux sardiniers. Une partie des sardines pêchées est expédiée pour être vendue fraîche, le reste est mis en conserve sur place.

★★ ① **Circuit de la Côte Sauvage.** – *18 km – environ 2 h.*

Gagner Port-Maria, puis prendre à droite la route signalée « route côtière ».

Cette côte inhospitalière est une succession de falaises déchiquetées où grottes, crevasses, gouffres alternent avec de petites plages de sable où les vagues viennent se briser en rouleaux *(baignade interdite, lames de fond)*. Des rocs de toutes tailles et de toutes formes créent des couloirs, des labyrinthes où la mer tourbillonne en mugissant. Des petites stèles de granit jalonnent la route à gauche et marquent l'emplacement de sites qu'il faut découvrir à pied : Port Pilote, Trou du Souffleur, Pointe du Scouro, Grotte de Kerniscob, etc.

Beg er Goalennec. – En contournant le café « Le Vivier », on gagne, sur les rochers, l'extrémité du promontoire d'où l'on jouit d'une jolie vue sur toute la Côte Sauvage.

Après le Kroh-Kollé, tourner à gauche. La route descend vers **Port-Bara**, belle anse piquetée de rochers déchiquetés, puis s'éloigne légèrement de la côte. Des chemins revêtus mènent à Port-Rhu et Port-Blanc à l'agréable plage de sable blanc.

★ **Pointe du Percho.** – *Gagner à pied l'extrémité de la pointe.* Une belle **vue**★ se dégage, à gauche, sur la Côte Sauvage, à droite, sur l'isthme de Penthièvre, le fort et la plage du même nom, au large Belle-Ile et l'île de Groix.
La dernière stèle situe Beg en Aud, avancée extrême de cette côte.

Traverser Portivy et rejoindre St-Pierre-Quiberon.

St-Pierre-Quiberon. – 2083 h. Lieu de séjour p. 14. Ce centre balnéaire possède deux plages situées de part et d'autre du petit port d'Orange. En suivant la rue des Menhirs, on découvre sur la droite le bel alignement de St-Pierre composé de 22 menhirs.

La route longe la plage Sud avant d'atteindre Beg-Rohu.

cv **Beg-Rohu.** – Sur cette avancée rocheuse est installée l'École nationale de Voile.

Regagner la grande route et tourner à gauche vers Quiberon.

② **Circuit de la pointe du Conguel.** – *6 km – environ 1 h 1/2.*

Quitter Quiberon à l'Est par le boulevard Chanard.

cv On contourne l'**Institut de Thalassothérapie** où sont traités par hydrothérapie marine les arthroses, les rhumatismes, les suites de traumatismes et le surmenage.

Pointe du Conguel. – *1/2 h à pied AR.* De l'extrémité de la pointe *(table d'orientation)*, belle vue sur Belle-Ile, Houat, Hoëdic, la côte du Morbihan, la baie de Quiberon. On aperçoit le phare de la Teignouse, qui vit le cuirassé « France » couler en 1922, éventré par une roche.

Se diriger vers Port-Haliguen. A gauche, l'Aérodrome communal est équipé d'une piste pour appareils légers. Après le Fort-Neuf, le Centre Nautique de l'Éducation Nationale, le Cercle de Voile et la Société Nautique créent une grande activité sur la plage. La vue se développe sur la baie et sur la côte du Morbihan. On dépasse la stèle commémorative de la reddition des émigrés en 1795, sur la droite *(voir p. 23)*.

Port-Haliguen. – Petit port de pêche et de plaisance animé l'été par des régates.

Rentrer à Quiberon par la rue de Port-Haliguen.

③ **Isthme de Penthièvre**

Emprunté par la route et la voie ferrée, il relie l'ancienne île à la côte.

Fort de Penthièvre. – Reconstruit au 19e s., il commande l'entrée de la presqu'île. *Pénétrer dans l'enceinte du fort (parc de stationnement).* Un monument et une crypte rappellent le souvenir de 59 résistants fusillés en ce lieu en 1944.

Penthièvre. – Cette petite station possède deux belles plages de sable fin situées de part et d'autre de l'isthme.

cv **Le galion de Plouharnel.** – Dressée en bordure de l'anse de Bégo, cette réplique moderne d'un navire de haute mer du 18ᵉ s. abrite une collection de coquillages et de compositions créées à l'aide de ceux-ci où l'on reconnaît la place St-Marc de Venise, le port d'Auray en 1760, une pagode japonaise, etc.

PROMENADES EN BATEAU

★★ **Belle-Ile.** – *Page 54.*

Ile de Hoëdic. – *Page 116.*

Ile de Houat. – *Page 116.*

★★ QUIMPER

60 162 h. (les Quimpérois)

Carte Michelin nº 🔢 pli 15 ou 🔢 pli 18 – Schéma p. 82.

Quimper est située dans un gracieux vallon, au confluent (en breton : kemper) du Steir et de l'Odet. Celle qui fut capitale de la Cornouaille est peut-être la ville où l'on retrouve le mieux l'atmosphère traditionnelle de la province. Aux jours de marchés, aux offices, on peut rencontrer encore quelques costumes. Les **« Grandes Fêtes de Cornouaille »**★ *(p. 16)* constituent une importante manifestation folklorique.

UN PEU D'HISTOIRE

Le poisson de saint Corentin. – Pendant des siècles, la ville s'est appelée Quimper-Corentin, du nom de son premier évêque. La tradition rapporte qu'il se nourrissait d'un unique et miraculeux poisson. Chaque matin, le saint en prenait une moitié pour sa pitance et rejetait l'autre à l'eau. Quand il revenait, le lendemain, le poisson était redevenu complet et s'offrait à nouveau au couteau. Corentin fut le guide et le soutien du roi Gradlon *(p. 25)*.

Quatre de Quimper. – La statue élevée à **Laënnec** (1781-1826) rappelle le souvenir du plus illustre des Quimpérois *(voir à Ploaré, p. 94, d'autres souvenirs de Laënnec).*
Des rues portent les noms de Kerguelen, Fréron, Madec, trois autres enfants de Quimper. **Yves de Kerguelen** (1734-1797) est un des explorateurs des mers australes ; un groupe d'îles, appartenant à la France, y porte son nom. **Élie Fréron** (1718-1776) est un critique, farouche ennemi des philosophes.
Quant à **René Madec** (1738-1784), embarqué comme mousse sur un vaisseau de la Compagnie des Indes *(p. 132),* il déserte et gagne Pondichéry. Il sert un rajah et devient un très grand personnage. Les Anglais trouvent en lui un adversaire acharné. Quand il revient en France, colossalement riche, le Roi l'anoblit et lui donne la croix de St-Louis avec un brevet de colonel.

PRINCIPALES CURIOSITÉS

visite : 2 h 1/2

★★ **Cathédrale** (BZ). – Ce bel édifice gothique a été construit du 13ᵉ s. (chœur) au 15ᵉ s. (transept et nef). Les deux flèches n'ont été élevées qu'en 1856, sur le modèle breton de la flèche de Pont-Croix. Pour payer les frais de construction, l'évêque demanda un sou par an, pendant cinq ans, aux 600 000 fidèles du diocèse. L'air salin a vite patiné les pierres neuves et l'on imagine difficilement que le haut de la façade est de quatre siècles plus jeune que le bas.
Après avoir vu le flanc gauche de l'édifice, gagner la façade. Entre les flèches, on aperçoit la statue d'un personnage à cheval : le roi Gradlon *(p. 25).* Jusqu'au 18ᵉ s., le 26 juillet, une grande fête était célébrée en son honneur. Un homme montait en croupe derrière le roi d'Is, lui attachait une serviette autour du cou, lui présentait un verre de vin, l'avalait à sa place, essuyait avec le linge les lèvres de la statue et jetait le verre sur la place. Le spectateur qui pouvait l'attraper avant qu'il ne se brisât touchait cent écus d'or.

(Photo Claquin/Explorer)
Quimper. – La cathédrale.

On prétend que, pour protéger ses finances, le Conseil de Ville faisait donner quelques traits de scie sur le pied du verre.

Pénétrer dans la cathédrale par le grand portail.

Pendant les troubles de la Ligue, la nef servit de refuge aux habitants de la région. On y célébrait la messe dans un décor inattendu de paillasses, de coffres, de linges étendus. La peste s'y déclara et enleva d'un coup 1 500 personnes.

Ce qui frappe dès l'entrée, c'est la déviation accusée que présente le chœur. Des difficultés ont dû survenir au cours de la construction et ont empêché d'aligner la nef sur le chœur. La cathédrale possède une remarquable collection de **vitraux★★** du 15ᵉ s., garnissant les fenêtres hautes, principalement dans la nef et le transept ; ils représentent des chanoines, des seigneurs, des châtelaines, entourés de leurs saints patrons.

En faisant le tour du beau vaisseau, long de 92 m, on verra, dans les chapelles, quatre tombeaux du 15ᵉ s., des autels, des fresques, des retables, des statues, œuvres anciennes (saint Jean-Baptiste en albâtre du 15ᵉ s.) ou modernes, une Mise au tombeau, copie de celle de Bourges (18ᵉ s.), dans la chapelle, sous la tour de droite, la chaire du 17ᵉ s. ornée de bas-reliefs retraçant la vie de saint Corentin.

★ **Le Vieux Quimper.** — Ce quartier s'étend en avant de la cathédrale, entre l'Odet et le Steir. La rue du Parc longeant l'Odet mène au quai du Steir. Ce petit affluent, maintenant canalisé et couvert avant son confluent, offre une vaste zone piétonne. Remarquer sur la droite les halles à la belle envolée, reconstruites en 1979 à la suite d'un incendie. Du pont, jolie vue sur le Steir en amont et les maisons fleuries qui le bordent.

Place Terre-au-Duc (AY 54). — Pittoresque avec ses vieilles maisons à colombage. C'était, en face de la cité épiscopale, la ville laïque avec le Tribunal, la prison, le marché du duc de Bretagne. S'avancer dans la rue St-Mathieu (AZ 47) qui possède elle aussi quelques belles maisons, puis traverser la place Terre-au-Duc en diagonale. Tourner à droite pour retraverser le Steir sur un pont d'où la vue est fort belle avec le mont Frugy en toile de fond.

★ **Rue Kéréon** (ABY). — Commerçante, animée. La cathédrale et ses flèches, surgissant entre les deux lignes de vieilles demeures en encorbellement, composent un très joli tableau.

Tourner à gauche dans la rue des Boucheries au nom évocateur, puis à droite dans la rue du Sallé.

Rue du Sallé (BY 52). — Remarquer l'ancienne demeure (restaurée, occupée par un antiquaire) des Mahault de Minuellou, à la belle architecture.

Traverser la minuscule place au Beurre pour gagner la **rue Élie-Fréron** que l'on remonte légèrement jusqu'au nº 22 pour découvrir une maison à colombage, habillée d'ardoises, et au nº 20 un porche Renaissance.

Redescendre vers la cathédrale.

A l'entrée de la place, sur la droite, donne la **rue du Guéodet** (BY 16) où se dresse la maison des cariatides dont le rez-de-chaussée est orné d'hommes et de femmes en costume Henri II.

Des vestiges des anciens remparts sont visibles rue des Douves (BY) et boulevard de Kerguélen (BZ 23).

Les faïenceries. — La première faïencerie fut créée, à la fin du 17ᵉ s., par un Méridional, ouvrier potier venu de Ste-Zacharie près de Marseille et qui s'installa à Locmaria, un faubourg de Quimper. Par la suite son fils s'associa à un Nivernais, puis s'allia à un Rouennais. Ces divers propriétaires amenèrent la main-d'œuvre de leurs provinces respectives. Il en a résulté une décoration s'inspirant des faïences de Moustiers, de Nevers, de Rouen et même d'Orient. C'est aux environs de 1880, époque à laquelle la main-d'œuvre est recrutée à Quimper même, qu'apparaissent les faïences à sujets bretons et que commence leur industrialisation.

Actuellement, le traditionnel décor bleu à personnages est quelque peu abandonné au profit de motifs représentant, dans le goût moderne, la flore et la faune marine.

Fabriquées à partir d'argiles et de kaolins bretons, les pâtes sont ensuite façonnées par calibrage, coulage ou pressage. Les pièces ainsi obtenues sont séchées à des températures allant de 1040º à 1280º pour leur donner les caractéristiques de la porcelaine opaque très résistante. Les décors aux couleurs lumineuses, le plus souvent peints à la main, sont apposés soit sur l'émail cru, procédé dit « au grand feu », soit sur l'émail déjà cuit, procédé appelé « au petit feu ». Puis vient l'émaillage « au

(Musée départemental Breton)

trempé » de chaque pièce décorée avant l'ultime cuisson à une température de 920º à 950º.

cv **Faïenceries de Quimper** (AX B). — Dans un intéressant **musée★** sont présentées de nombreuses œuvres, principalement du 19ᵉ s., statuettes, potiches, vases, assiettes, plats, ornés de paysages, de scènes typiques de la vie bretonne, de petits personnages.

cv **Faïenceries Keraluc** (AX E). — Plus spécialisées dans la fabrication des grès cérame, soit unis, soit présentant un décor floral, ocre et vert de cuivre, très caractéristique.

QUIMPER

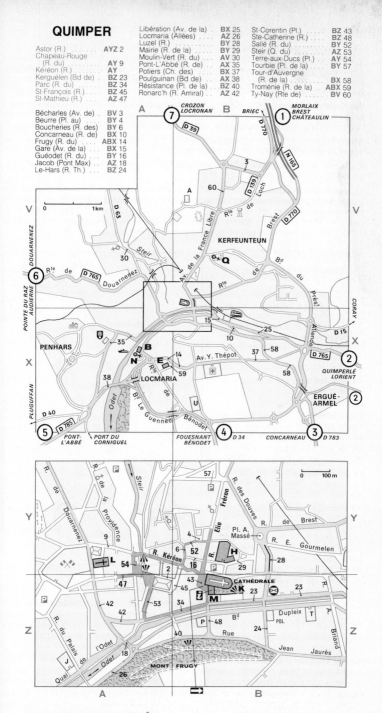

AUTRES CURIOSITÉS

★★**Musée des Beaux-Arts** (BY H). – Installé au 1ᵉʳ étage de l'hôtel de ville, le musée, *cv* entièrement rénové, contient un choix très intéressant de tableaux des écoles françaises et étrangères du 16ᵉ s. au début du 20ᵉ s. De l'école bolonaise, on retiendra le Saint Sébastien de A. Carrache et la Madeleine de Reni ; de l'école flamande, le Martyre de sainte Lucie de Rubens, traité avec une grande fougue ; du Munichois Loth, les Évangélistes ; de l'école hollandaise, un surprenant Intérieur de cuisine de Kalf ; de l'école française, une Nature morte de Oudry, le château de Pierrefonds de Corot.

L'école de Pont-Aven est largement représentée : Bernard, dans son tableau « l'Étude de bretonnes » se devine déjà l'influence qu'il aura sur l'œuvre de Gauguin, Sérusier (la Vieille du Pouldu), Maufra (Paysage de Pont-Aven), de Haan (Pichet et oignons).

D'autres peintres ont été inspirés par la Bretagne, P. de Belay (Jeune bretonne), Lemordant, Meheut, Simon. Une salle est consacrée au Quimpérois Max Jacob (portraits peints par Picasso, de Belay, dessins, manuscrits). Remarquable collection de dessins et gravures des 17ᵉ et 18ᵉ s., présentée par roulement.

★ **Musée départemental breton** (BZ M). – Ce musée, consacré à l'histoire, à l'archéo- *cv* logie et au folklore du Finistère, occupe l'ancien évêché dont les parties les plus intéressantes sont dues à l'évêque Claude de Rohan (début 16ᵉ s.). Il abrite un très beau mobilier breton et une grande variété d'ustensiles de la vie domestique, d'intéressants bois sculptés provenant de chapelles voisines, des gisants, quelques vestiges gallo-romains et de remarquables statues en bois du 16e s. Dans la tour de Rohan, un grand **escalier à vis★**, terminé par un magnifique parasol en chêne sculpté, conduit aux salles réservées à la faïence quimpéroise du 18e s. à nos jours, aux costumes de Cornouaille et à leurs accessoires.

Jardin de l'évêché (BZ K). – Contigu à l'ancien évêché, il s'inscrit entre la cathédrale et les remparts d'où l'on a une jolie **vue★** sur les flèches et le chevet, l'Odet bordé par la Préfecture aux lucarnes ouvragées, ancien hôpital Ste-Catherine, et le mont Frugy.

Mont Frugy (ABZ). – De la place de la Résistance, un chemin *(1/2 h à pied AR)* mène au sommet du mont, colline boisée haute de 70 m. Du belvédère, belle **vue★** sur la ville.

Église St-Mathieu (AY L). – Reconstruite en 1898, elle a conservé, au centre du chœur, un beau vitrail de la Passion du 16e s.

Église N.-D.-de-Locmaria (AX N). – Édifice roman, remanié au 15e s. puis restauré, en bordure de l'Odet. A l'intérieur, très sobre, on pourra voir, dans le bas-côté gauche, trois pierres tombales des 14e, 15e et 17e s., sur la poutre de gloire un Christ en robe. Dans le bas-côté droit, une porte donne dans le jardin de l'ancien prieuré bénédictin (16e et 17e s.) qui conserve une galerie du cloître de 1669 et deux arcs du 12e s.

EXCURSIONS

1 **Circuit de 27 km.** – *Environ 2 h 1/2.*

Quitter Quimper par l'avenue de la Libération (BX), *au premier grand rond-point tourner à gauche et au deuxième à droite. A 700 m prendre la direction d'El-liant.*

La route emprunte la vallée du Jet offrant des vues sur un paysage de bois et de pâturages. *A 2 km, tourner à gauche.*

Ergué-Gabéric. – 5 711 h. L'église du début du 16e s. renferme dans le chœur un vitrail de la Passion de 1571 et un groupe de la Trinité du 17e s. Buffet d'orgue de 1680.

Prendre à droite de l'église vers la chapelle de Kerdévot.

ᴄᴠ **Chapelle de Kerdévot.** – Du 15e s., la chapelle s'élève dans un joli site, près d'un calvaire plus récent et assez endommagé. Un **retable★** flamand de la fin du 15e s. est placé sur le maître-autel et retrace en six tableaux des épisodes de la vie de la Vierge. Dans la nef, statue de N.-D.-de-Kerdévot en bois polychrome, du 17e s.

Prendre la voie longeant la chapelle à gauche, puis encore à gauche vers Quimper. A 3 km, tourner à droite vers le hameau de Lestonan. A la sortie de Quélennec, prendre à droite un chemin en partie revêtu qui conduit en 600 m au parking de Griffonès. Emprunter le sentier qui traverse une plantation d'arbres et obliquer à gauche pour gagner à travers bois deux plates-formes rocheuses (1/4 h AR).

★ **Site du Stangala.** – Le site est remarquable : l'escarpement rocheux domine de 70 m l'Odet dont le beau méandre s'encaisse entre des versants boisés. En face et vers la droite, le hameau de Tréauzon s'accroche aux pentes. En avant et au loin, à gauche de la tour-relais, on distingue nettement la montagne de Locronan, son profil caractéristique et sa chapelle, au sommet. Au retour, on peut prendre à gauche un chemin en descente qui mène sur la rive de l'Odet *(1/2 h AR).*

Pour regagner Quimper, prendre à droite en quittant le chemin étroit.

2 **Circuit de 57 km.** – *Environ 3 h.*

Quitter Quimper par la rue des Douves (BY). *Peu après le cimetière situé à l'entrée de Kerfeunteun, tourner à droite.*

Église de Kerfeunteun (BV Q). – Un fin clocher carré à flèche de pierre surmonte sa façade occidentale. Elle date des 16e et 17e s., mais le transept et le chœur ont été refaits en 1953. Elle conserve au maître-autel un beau vitrail du 16e s. représentant un Arbre de Jessé surmonté d'une Crucifixion.

A 800 m, au rond-point, tourner à droite vers Brest, ensuite à gauche vers Briec et, à Ty Sanquer, encore à gauche.

★ **Calvaire de Quilinen.** – Proche de la grande route, mais isolée par un bouquet d'arbres, apparaît la chapelle N.-D.-de-Quilinen avec son étonnant calvaire. Élevé vers 1550, sur deux bases triangulaires superposées, à pointes inversées, le calvaire surprend par son élégante rusticité. Les statues s'élèvent en s'affinant jusqu'au supplicié dominant les deux larrons très rapprochés. Au revers de la Croix apparaît le Christ ressuscité. La chapelle du 15e s. présente au portail Sud une gracieuse madone entre deux anges.

Revenir à la grande route où l'on tourne à droite et, à 5 km, prendre à droite vers la chapelle de St-Venec toute proche.

cv **Chapelle de St-Venec.** — Gothique, elle renferme le groupe en pierre de sainte Guen (sainte Blanche) et de ses triplés : saint Guénolé, saint Jacut et saint Venec. La sainte avait la particularité de posséder trois mamelles. Devant la chapelle est érigé un calvaire de 1556, sur base triangulaire, du même atelier que celui de Quilinen. De l'autre côté de la route se trouve une charmante fontaine du 16e s.

Suivre la route de la chapelle, passer sous le grand axe routier Quimper-Brest et tourner à gauche vers la chapelle N.-D.-des-Trois-Fontaines. Cette imposante chapelle a été construite aux 15e et 16e s., le calvaire est très endommagé. *Continuer jusqu'à la route de Gouézec où l'on tourne à droite.*

★ **La Roche du Feu.** — *1/2 h à pied AR.* Du parc de stationnement, un sentier mène au sommet — 281 m — d'où l'on jouit d'un vaste **panorama**★ sur les Montagnes Noires, le Menez-Hom et la vallée de l'Aulne.

Regagner Quimper par Edern et Briec.

③ **Les bords de l'Odet.** — *Circuit de 48 km — environ 2 h 1/2.*

Quitter Quimper par ⑤ du plan en direction de Pont-l'Abbé. Après le rond-point, dans la montée, tourner à gauche.

Port du Corniguel. — C'est le port de Quimper où transitent les vins, les bois, le sable. Belle vue sur l'Odet et la baie de Kérogan.

Reprendre la direction de Pont-l'Abbé, puis tourner à gauche vers Plomelin. Au carrefour de Trébé prendre à gauche vers la cale de Rosulien.

Cale de Rosulien. — *Route non revêtue sur la fin du parcours.* Sur la droite, ancien moulin. De la cale, belle vue sur l'entrée des **Vire-Court**★★ *(description ci-dessous).*

Revenir au carrefour, tourner à gauche et, après l'entrée du château de Perennou, tourner à gauche vers l'Odet (accès fléché). Du parc de stationnement, un sentier (1/4 h à pied AR) mène sur les bords de l'Odet, belle enfilade sur la rivière.

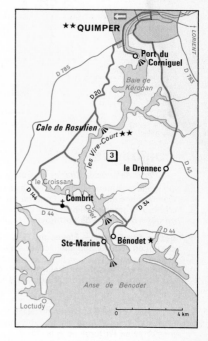

Avant le carrefour du Croissant où l'on tourne à gauche vers Combrit, la route franchit la profonde anse de Combrit, beau site à marée haute.

Combrit. — 2 495 h. Église du 16e s. à clocher carré à dôme flanqué de deux tourelles. A l'intérieur, remarquer les sablières et poutres sculptées ; dans la chapelle à droite du chœur, une niche abrite un très beau groupe de la Trinité en albâtre. Petit ossuaire (17e s.) contigu au porche Sud.

Prendre la direction de Bénodet, puis tourner à droite vers Ste-Marine.

Ste-Marine. — Cette petite station balnéaire, installée sur la rive droite de l'Odet, possède une belle plage de sable fin (vue sur Loctudy et la pointe de Lesconil, l'île aux Moutons et l'archipel des Glénan) et un petit port de plaisance (belle vue sur Bénodet et l'Odet). Un passeur pour piétons relie Ste-Marine à Bénodet.

Franchir le pont de Cornouaille (p. 58) : fort belle vue sur Bénodet et l'Odet.

★ **Bénodet.** — *Page 57.*

La route de retour s'éloigne de la rive gauche de l'Odet.

Le Drennec. — 1 529 h. Devant la chapelle, en bordure de la route, charmante fontaine du 16e s. Une niche trilobée surmontée d'un gâble à crochets abrite une Pietà.

Par Moulin-du-Pont regagner Quimper.

PROMENADE EN BATEAU

★★ **Descente de l'Odet.** — Les bois, les parcs des châteaux, qui bordent la rivière, forment
cv un beau décor verdoyant. Le port du **Corniguel**, à l'entrée de la baie de Kérogan, met une touche moderne dans le paysage.

★ **Baie de Kérogan.** — Cette baie a l'aspect d'un lac.

★★ **Les Vire-Court.** — L'Odet décrit ici des méandres entre de hautes falaises boisées. Cet endroit sauvage a ses légendes. Deux rochers s'appellent le Saut de la Pucelle. Un autre rocher est la Chaise de l'Évêque. Des anges l'auraient façonné en forme de siège à l'usage d'un saint prélat de Quimper qui aimait se recueillir en ce lieu. Un peu plus loin, le coude est si brusque qu'une flotte espagnole, remontant l'Odet pour s'emparer de Quimper, n'osa pas s'y risquer. Après avoir fait de l'eau à la fontaine dénommée depuis « Fontaine des Espagnols », elle rebroussa chemin. En aval de cette fontaine, sur la rive droite, avant Pérennou, ruines de bains romains.

★ **Bénodet.** — *Page 57.*

★★ **Remontée de l'Odet.** — *A partir de Beg-Meil ou la Forêt-Fouesnant (Port-la-*
cv Forêt).

★ QUIMPERLÉ
11 697 h. (les Quimperlois ou Quimperléens)

Carte Michelin n° 58 pli 12 ou 230 pli 34.

Cette petite ville est joliment située au confluent (en breton : Kemper) de l'Ellé et de l'Isole qui forment la Laïta. Elle comprend une ville haute que domine l'église N.-D.-de-l'Assomption et une ville basse groupée autour de l'ancienne abbaye Ste-Croix et de la rue Dom-Morice.

QUIMPERLÉ

Brémond-d'Ars (R.)	4
Carnot (Pl.)	
Écoles (Pl. des)	10
Genot (R.)	19
Mellac (R.)	
St-Michel (Pl.)	
Savary (R.)	
Bourgneuf (R. du)	3
Couëdic (R. du)	8
Dom-Morice (R.)	9
Gaulle (Pl. Ch.-de)	18
Jaurès (Pl. Jean)	22
La-Tour-d'Auvergne (R. de)	23
Levriou (R.)	24
Madame-Moreau (R. de)	25
Moulin-de-la-Ville (Pont du)	29
Paix (R. de la)	32
Salé (Pont)	37

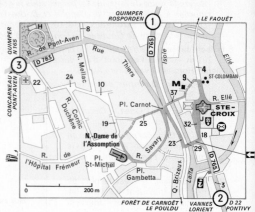

CURIOSITÉS

Partir de la place Charles-de-Gaulle, prendre la rue de la Paix.

On longe les bâtiments de l'ancienne abbaye Ste-Croix (18e s.) abritant actuellement la Gendarmerie et le Tribunal. Pénétrer par la première porte à droite pour jeter un coup d'œil sur le grand escalier et sur le cloître bien fleuri. C'est là que mourut, exilé, Lancelot, un des « Messieurs de Port-Royal », le maître de Racine.

★★ **Église Ste-Croix.** — Élevée au 12e s., elle a dû être réédifiée (sauf l'abside et la crypte) en 1862, quand son clocher s'effondra. Le nouveau clocher (le campanile) est isolé.

L'édifice, dont le plan imite celui du saint sépulcre de Jérusalem, comprend une rotonde sur laquelle donnent trois absidioles et un porche qui forment la croix grecque.

L'**abside★★**, avec ses arcatures, ses colonnes, ses chapiteaux, ses fenêtres, est la plus belle que l'art roman ait produite en Bretagne.

On verra, adossé à la façade, le **retable★** Renaissance en pierre.

La **crypte★★** possède de remarquables chapiteaux et deux tombeaux du 15e s. Entrer par les portes en fer forgé sous le chœur.

Dans la galerie séparant l'église de la sacristie, on peut voir une Mise au tombeau du 16e s. en pierre.

En sortant de l'église, s'avancer dans la rue Ellé qui longe le flanc gauche et offre une jolie vue sur le chevet et le clocher.

Rue Brémond-d'Ars (4). — On y verra des maisons à colombages et des demeures du 17e s. (n°s 8, 10, 11 et 12). Au n° 15 bis, remarquer le bel escalier du Présidial, ancien tribunal.

A hauteur des imposantes ruines de l'église St-Colomban, à l'angle du n° 9, prendre la rue Dom-Morice.

★ **Rue Dom-Morice (9).** — C'est une ruelle étroite bordée de logis du 16e s. à pans de bois et en encorbellement ; au n° 7, très belle maison des Archers de 1470.

cv **Musée (M).** — Installé dans la maison des Archers, il retrace l'histoire de la demeure et des archers qu'elle abritait. Deux étages sont consacrés à Quimperlé, ses activités, ses hommes célèbres, aux costumes de la région.

Traverser le pont Salé et monter par la rue Savary à l'église N.-D.-de-l'Assomption.

cv **Église N.-D.-de-l'Assomption.** — Cet édifice connu aussi sous le vocable de St-Michel, est une construction des 13e et 15e s. surmontée d'une grosse tour carrée. Passer sous l'arcade ouverte à droite dans l'un des contreforts de l'église pour voir le beau porche sculpté de 1450. A l'intérieur, remarquer la voûte lambrissée en chêne avec corniche sculptée, les magnifiques piscines flamboyantes et, dans le bas-côté gauche, les fonts baptismaux du 15e s. Parmi les statues de bois intéressantes se détachent N.-D.-de-Bonne-Nouvelle, du 16e s. (2e pilier de gauche) et une Pietà du 12e s. (1er pilier de gauche).

Par la rue de Madame-Moreau, en descente puis coupée de degrés, on arrive à la place Carnot où l'on prend, à droite, la rue La-Tour-d'Auvergne vers le pont du Moulin-de-la-Ville et la place Charles-de-Gaulle.

EXCURSIONS

Circuit de 43 km. — *Environ 2 h 1/2. Quitter Quimperlé par le quai Brizeux et la route du Pouldu.*

Forêt de Carnoët. — La forêt domaniale de Carnoët (750 ha) est plantée de hêtres et de chênes. Bordée par la Laïta, elle offre de jolis sites et d'agréables promenades à pied (certains chemins sont réservés aux piétons et aux cavaliers). A Toulfoën, à l'orée de la forêt, a lieu un pardon, encore appelé fête des oiseaux *(voir p. 16).*

A 500 m après Toulfoën, tourner à gauche vers le Rocher Royal. La route serpente dans la forêt avant d'atteindre les bords de la Laïta où l'on peut voir le **Rocher Royal,** escarpement rocheux dominant la rivière, et les quelques vestiges du château de Carnoët. Il serait, selon la légende, la demeure du comte de Commore, le Barbe-Bleue cornouaillais. Une prédiction lui ayant annoncé qu'il périrait de la main de son fils, il a mis à mort ses quatre premières femmes, dès qu'elles ont attendu un enfant. La cinquième, Triphine, avant de mourir, a réussi à sauver son fils, qui sera **saint Trémeur.** Commore, rencontrant le saint, est frappé de sa ressemblance avec Triphine : il le fait décapiter. Trémeur ramasse sa tête, marche vers le château de son père, lance une poignée de terre contre l'édifice qui s'écroule, ensevelissant Commore.

Revenir à la route du Pouldu, tourner à gauche et, à un grand carrefour, encore à gauche.

Pont de St-Maurice. — Enjambant la Laïta, il offre une belle **vue★** sur les abrupts et les ombrages de la rivière.

Faire demi-tour et à 700 m tourner à droite.

St-Maurice. — Le **site★** est agréable et verdoyant : à droite, la Laïta, à gauche, un étang. A proximité : vestiges de la salle capitulaire de l'ancienne abbaye St-Maurice, fondée au 12e s.

Gagner le Pouldu.

Le Pouldu. — Lieu de séjour p. 14. Ce petit port est situé à l'embouchure de la Laïta.

cv La **chapelle N.-D.-de-la-Paix,** près de la plage des Grands Sables, dans un enclos herbeux à l'entrée marquée par un monument en hommage à Gauguin, a été transportée de 26 km. Bien reconstituée, inaugurée en 1957, elle présente des baies à remplage en forme de flammes ou de lis avec des vitraux de Manessier et Le Moal. Sous la charpente boisée, se remarquent une poutre de gloire au Christ en pagne rouge et des statues dont une Pietà rustique au large visage effaré.

Suivre la route qui longe la plage des Grands Sables, puis tourner à gauche vers Doëlan. Vue sur l'île de Groix et la pointe du Talud. On arrive sur le port de Doëlan qu'il faut contourner pour gagner le bourg.

Doëlan. — Ce petit port de pêche commande l'entrée d'un profond estuaire bien abrité.

Par Clohars-Carnoët regagner Quimperlé.

Circuit de 37 km. — *Environ 1 h 1/2. Quitter Quimperlé au Sud-Ouest par le D 16 et à Gare-de-la-Forêt prendre à droite.*

cv **Moëlan-sur-Mer.** — 6 501 h. Dans l'église, remarquer cinq beaux confessionnaux du 18e s. où se décèle une influence bavaroise. Suivre le flanc droit de l'église et, à hauteur du chevet, prendre la petite rue qui conduit à la chapelle St-Philibert-et-St-Roch, pittoresquement située près d'un calvaire du 16e s. A côté se trouve la fontaine St-Roch. Pardon le 2e dimanche après le 15 août.

Gagner Brigneau. Un menhir se dresse à gauche de la route (signalisation). Belle vue sur l'anse de Brigneau.

Brigneau. — Minuscule port de pêche où s'abritent aussi quelques bateaux de plaisance.

La route longe la côte ; on voit de-ci, de-là quelques maisons à toits de chaume. A Kergroès, tourner à gauche.

Kerfany-les-Pins. — Sur l'estuaire du Bélon, ce petit séjour balnéaire offre un joli site et une plage de sable fin. Belle vue sur Port-Manech et l'estuaire de l'Aven.

Suivre la route en montée au-delà de la plage et à Lanriot tourner à gauche.

Bélon. — Située sur la rive gauche du Bélon, cette localité est célèbre comme centre ostréicole *(voir p. 20).* A marée basse, on peut apercevoir les parcs à huîtres concentrés sur la rive droite.

Par Moëlan-sur-Mer regagner Quimperlé.

★ **Les Roches du Diable.** — *12 km au Nord-Est, plus 1/2 h à pied AR. Quitter Quimperlé vers Le Faouët et à 4,5 km tourner à droite vers Locunolé que l'on traverse.* La descente sur l'Ellé est fort belle. *Franchir le pont et tourner aussitôt à gauche vers Meslan ; à 400 m laisser la voiture à gauche (parc de stationnement).* Un lacis de sentiers permet d'atteindre le sommet des roches d'où l'on domine, dans un à-pic impressionnant, les eaux torrentueuses de l'Ellé.

QUINTIN
3 223 h. (les Quintinais)

Carte Michelin n° 59 plis 12, 13 ou 230 pli 22.

Depuis fort longtemps, Quintin était connue pour ses fines toiles servant à la confection des bonnets et des cols ; aux 17e et 18e s., cette industrie s'étendit aux toiles dites « de Bretagne » exportées jusqu'en Amérique, mais le déclin vint avec la Révolution, la ville comptait alors 30 000 tisserands.

Les vieilles demeures, témoins de ce riche passé, s'étagent sur une colline au pied de laquelle le Gouët élargi forme un beau plan d'eau.

Basilique. — Reconstruite à l'emplacement de l'ancienne collégiale en 1887. Elle conserve avec les reliques de saint Thuriau, un morceau de la ceinture de la Vierge, apportée de Jérusalem au 13e s. par un seigneur de Quintin, et une vieille statue couronnée de N.-D.-de-Délivrance, vénérée spécialement par les femmes qui attendent un enfant. On remarquera les quatre bénitiers faits de coquilles provenant de Java, les fonts baptismaux du 14e s. dans le bras gauche du transept, les deux gisants du 14e s. dans le chœur. Le pardon de N.-D.-de-Délivrance a lieu le deuxième dimanche de mai.

Au chevet de la basilique se dresse la Porte-Neuve du 15e s., vestige des anciens remparts qui ceinturaient la ville, et dans la rue Notre-Dame prolongeant le parvis, la fontaine de N.-D.-d'Entre-les-Ponts (15e s.), lui faisant face aux nos 5 et 7, deux anciennes maisons du chapitre aux façades sculptées.

Maisons anciennes. — De belles demeures des 16e et 17e s. à encorbellement bordent la pittoresque place 1830, la rue au Lait (nos 12 et 13), la Grande Rue (nos 37 et 43). Du 18e s., on pourra voir place du Martray l'hôtel du Martray, l'hôtel de ville et la maison élevée au no 1.

Château. — *Accès par la place 1830.* Du premier château (16e s.) subsistent l'imposant pavillon d'angle et la belle terrasse dominant le plan d'eau ; le corps du logis et les communs enserrant les jardins datent du 18e s.

Menhir de Pierre Longue. — *800 m. Emprunter la route qui s'embranche après le calvaire, puis longe l'étang.* En haut de la montée, dans un champ à gauche, se dresse ce menhir de 4,70 m.

cv **Château de Robien.** — *2 km au Sud par la route de Corlay.* Le château (18e s.) remplace deux châteaux successivement détruits. Du premier en date, il reste les ruines d'une chapelle (14e s.) située aux abords du château. La sévérité des façades en granit est atténuée par une rotonde centrale et deux pavillons en saillie. Il est agréable de se promener dans le parc aux essences variées, et traversé par le Goët.

Si vous cherchez un hôtel agréable, tranquille, bien situé,
*consultez le **guide Rouge Michelin France** de l'année.*

RANCE (Usine marémotrice de la)

Carte Michelin no 🔢 pli 6 ou 🔢 pli 11.

L'utilisation des marées à des fins énergétiques n'est pas nouvelle dans la vallée de la Rance. Dèjà, au 12e s., des riverains avaient imaginé de construire de petits bassins de retenue qui, en se vidant, au reflux, actionnaient des moulins à aubes appelés **moulins à marée**. Il était séduisant, pour doubler la production d'une installation industrielle moderne, de chercher à utiliser la force motrice de la marée montante tout autant que celle de la marée descendante. Aussi, innovant dans la technique de production d'électricité, l'E.D.F. a-t-elle mené à bien (1966), entre les pointes de la Briantais et de la Brebis, dans la basse vallée de la Rance, la construction d'une usine hydroélectrique actionnée par la marée et utilisant des «groupes-bulbes», qui travaillent alternativement dans un sens et dans l'autre, suivant le mouvement des flots.

Une digue de 750 m ferme l'estuaire de la Rance, constituant un bassin de retenue de 22 km² de superficie. La route, qui relie St-Malo et Dinard, la surmonte ; au moyen de ponts-levants, elle traverse l'écluse, longue de 65 m, permettant aux bateaux de franchir la digue.

cv C'est dans le vaste tunnel de 390 m de longueur, construit dans le cœur même de la digue, que se trouve la centrale : là, enfermés chacun dans une fosse blindée, les 24 groupes du type «bulbe» (rassemblant dans une même coque métallique immergée dans un conduit hydraulique une turbine et un alternateur) d'une puissance totale de 240 000 kW ont une productibilité de 550 millions de kWh.

Parcourir à pied la digue jusqu'à la plate-forme aménagée. De ce belvédère, la **vue**★ se développe sur l'estuaire de la Rance jusqu'à Dinard et St-Malo. Située entre l'usine et la rive droite, la digue prend appui, en son milieu, sur l'îlot de Chalibert. Elle comprend à son extrémité Est 6 vannes qui permettent d'accélérer la vidange et le remplissage du bassin, régularisant ainsi le débit de l'eau utilisable.

★★ RANCE (Vallée de la)

Carte Michelin no 🔢 plis 5, 6, 15, 16 ou 🔢 plis 11, 25.

L'estuaire de la Rance, encadré par St-Malo et Dinard, compte parmi les endroits les plus fréquentés de Bretagne. En amont, Dinan est le type même de la vieille ville de l'intérieur.

La Rance, exemple parfait des rivières bretonnes, forme, entre Dinan et la mer, un golfe étiré, ramifié et entaillé dans un plateau uniforme. Ce golfe est dû à l'invasion par la mer d'une vallée encaissée dont il reste les versants escarpés. La Rance proprement dite se réduit à une petite rivière que transforme le va-et-vient de la marée, dont l'amplitude est ici exceptionnelle.

★★ PROMENADE EN BATEAU

cv 5 h AR — escale et visite de Dinan non comprises

Quittant St-Malo, le bateau longe le môle des Noires et traverse l'estuaire de la Rance pour une courte escale à Dinard. Il s'engage dans la Rance laissant sur la gauche la Corniche d'Aleth (St-Servan), passe à hauteur de la pointe de la Vicomté et du roche Bizeux puis emprunte l'écluse du barrage de la Rance. Par une suite d'étroits et de larges plans d'eau, on remonte la rivière, encaissée entre des versants verdoyants. Après l'écluse du Chatelier, la Rance, se rétrécissant de plus en plus, finit par n'être plus qu'un canal, au moment où apparaît Dinan.

★★ **Dinan.** — *Page 88.* La durée de l'escale peut varier d'un quart d'heure à 8 heures. Au retour, le sens de l'éclairage et son intensité renouvellent l'aspect des sites.

★CIRCUIT AU DÉPART DE ST-MALO

87 km — compter une journée

Quitter St-Malo (p. 196) par ③ du plan. A hauteur de l'aérodrome, prendre à droite.

La Passagère. — De cette cale, belle vue sur la Rance.

Par la chapelle du Bosc et St-Jouan-des-Guérets, gagner St-Suliac. Sur la droite, remarquer le moulin du Boscher, ancien moulin de marée (p. 178) ancré sur sa digue. Dans St-Suliac, avant l'église tourner à gauche en direction du Mont Garrot. 1 km plus loin, laisser la voiture près d'une ancienne tour de guet, crénelée. Du pied de la tour, vaste **panorama★** sur l'anse de St-Suliac et St-Malo, le pays de Dol, la Rance et le pont St-Jean.

Mont Garrot. — *1/4 à pied AR.* Un chemin à droite se dirige vers sa pointe et passe derrière une ferme. Belles vues sur la Rance.

Gagner la Ville-ès-Nonais et pousser une pointe jusqu'au pont St-Jean.

Pont St-Jean. — De ce pont suspendu, très belle vue sur la Rance, la cale de Port-St-Jean et, sur l'autre rive rocheuse, le cale de Port-St-Hubert.

Revenir à la Ville-ès-Nonais où l'on prendra à droite. Dans Pleudihen, tourner à droite vers Mordreuc.

Cale de Mordreuc. — Dans un très joli site. Belles vues sur le pont St-Jean en aval, le promontoire du Chêne vert que couronnent les vestiges d'un château, la vallée encaissée en amont.

Lanvallay. — 2531 h. Au cours de la descente, **vue★** remarquable sur Dinan, ses remparts et ses clochers. En contrebas, la Rance, qu'enjambe un long viaduc.

★★ **Dinan.** — *Page 88.*

Emprunter la route qui passe sous le viaduc de Dinan et longe le port.

Taden. — 1718 h. En traversant le bourg pour gagner la cale, remarquer un porche et un donjon flanqué d'une tourelle du 15e s. On atteint le chemin de halage qui reliait Dinan à l'écluse du Chatelier, site très apprécié des pêcheurs et promenade favorite des Dinannais.

Regagner la route de Dinard. A la sortie de la Hisse, tourner à droite avant le passage à niveau.

Écluse du Chatelier. — Elle commande le plan d'eau de Dinan.

Gagner **Plouër-sur-Rance** dont l'église du 18e s. présente, de part et d'autre du porche, deux pierres tumulaires sculptées.

Après Plouër-sur-Rance et le Minihic, prendre à droite, puis, à 250 m, encore à droite.

La Landriais. — Au port, chantier naval. Du parking part la promenade des Hures (chemin de ronde des Douaniers, à faire à pied) qui longe sur 2 km la rive de la Rance et offre de beaux points de vue.

Au retour, à 1200 m, reprendre à droite et, à 1 km, tourner encore à droite.

Cale de la Jouvente. — Face à la Passagère. Belle vue sur la Rance et l'île Chevret.

La Richardais. — 1381 h. L'église est dominée par un clocher à jour surmonté d'un calvaire. Sur les murs de la nef court une fresque de Xavier de Langlais (1955), figurant le chemin de croix, dont les tons verts, bruns et ocre s'harmonisent agréablement ; dans le transept, la fresque représente l'arrivée sur les côtes bretonnes de saint Lunaire et de saint Malo. De la belle voûte de bois, en carène renversée, descendent quatre lustres en forme de roue. Cinq vitraux sont de Max Ingrand.
A la sortie Nord de la Richardais, point de vue sur l'usine marémotrice et l'estuaire de la Rance.

Gagner Dinard par ① du plan.

★★★ **Dinard.** — *Page 90.*

Usine marémotrice de la Rance. — *Page 178.*

Regagner St-Malo par l'itinéraire direct qui emprunte la crête du barrage.

★★★ RAZ (Pointe du)

Carte Michelin n° 58 pli 13 ou 230 pli 16 — Schéma p. 80.

Pointe de la Cornouaille, la pointe du Raz occupe un très joli site. En contournant le sémaphore, en avant duquel a été élevée une statue de N.-D.-des-Naufragés, on *cv* jouit d'un **panorama**★★ très étendu sur le large ; on aperçoit, en avant, l'île de Sein, au-delà de laquelle on distingue, par temps clair, le phare d'Ar Men. Entre l'île et la terre s'étend le terrible Raz de Sein que, d'après le dicton, « nul n'a passé sans peur ou sans douleur » ; au Nord-Ouest, on aperçoit, sur un îlot, le phare de Tévennec.

Il est recommandé de faire le tour de la pointe. Le sentier suit le bord de gouffres vertigineux *(câble de sécurité),* notamment l'Enfer de Plogoff, dont la paroi est à pic et où les vagues se précipitent avec un bruit assourdissant. Le long et étroit éperon, déchiqueté par les lames, domine les flots de plus de 70 m ; il se prolonge en mer par

(Photo A. Gaël)

La pointe du Raz.

une chaîne de récifs dont le dernier porte le phare de la Vieille. Le site est particulièrement impressionnant lorsque la mer est déchaînée.

REDON

10 252 h. (les Redonnais)

Carte Michelin n° 63 pli 5 ou 230 plis 38, 39.

Ce port fluvial possède un bassin à flot reliant la Vilaine et le canal de Nantes à Brest. C'est également un centre agricole avec des marchés le lundi et des foires. La **Foire Teilleuse,** 4e samedi d'octobre, est célèbre pour ses marrons. Des industries diverses se sont installées : briquet, mécanique, plastique, fonderie, entrepôts frigoriques.

Église St-Sauveur (Y B). — Cette ancienne abbatiale est séparée de son clocher (D) gothique, du 14e s., depuis l'incendie de 1780. Une remarquable **tour**★ romane à arcades, en grès et granit, coiffe le transept ; on peut la voir du cour du **cloître,** occupé par le collège St-Sauveur. Bonne vue, en gagnant l'esplanade plantée de marronniers qui surplombe la rue Richelieu, sur le chevet aux élégants contreforts et arcs-boutants. L'**intérieur** surprend par sa nef basse, obscure, du 11e s., à voûte de bois, séparée des bas-côtés par des piliers plats. Remarquer les piliers sculptés du carré du transept et la voûte du 12e s., qui porte des traces de fresques. Le chœur, d'une belle élévation, et le déambulatoire datent du 13e s. Un retable du 17e s. en pierre et marbre en épouse la forme.

REDON

Pour un bon usage des plans de villes, voir la légende p. 42

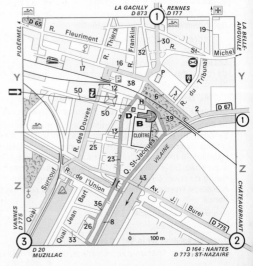

La vieille ville. – Elle conserve de belles maisons des 15e, 16e, 17e et 18e s. Partir de l'église St-Sauveur et suivre la Grande Rue, remarquer les nos 22, 25, 38, 44, 52 et 54. Au passage, jeter un coup d'œil dans les rues d'Enfer et Jeanne-d'Arc. Franchir le pont fleuri qui enjambe le canal. Dans la rue du Port, trois maisons en encorbellement font face à l'hôtel Camoy (no 6). S'avancer dans la rue du Jeu-de-Paume pour découvrir l'ancienne caserne des douaniers (no 10), austère façade à 4 étages. Revenir rue du Port, au no 40, anciens greniers à sel ; au no 3 de la rue du Plessis se dresse l'hôtel Richelieu. Le quai Duguay-Trouin présente de riches demeures d'armateurs, en particulier aux nos 15, 7, 6 et 5. Par le quai St-Jacques où se voient encore quelques vestiges de remparts, et la rue Richelieu, revenir au point de départ.

EXCURSIONS

Rieux. – 2 263 h. *7 km au Sud par* ③ *du plan vers Vannes et, à 4,5 km, tourner à gauche.* L'**église** (1952) dresse latéralement son fin clocher au clair carillon. La nef voûtée d'arêtes de briques retombe sur des chapiteaux bruts à courtes colonnes. Les murs de pierres apparentes s'éclairent de **vitraux★** chatoyants, en dalle éclatée, verre taillé irrégulièrement, de Job Guével. A l'entrée du bourg, à gauche dans un virage, une route mène à un parc de stationnement d'où l'on jouit d'une belle vue sur la vallée de la Vilaine et Redon. Sur le promontoire boisé subsistent quelques vestiges du château.

St-Just. – 1 024 h. *9 km au Nord-Est. Quitter Redon par* ① *du plan en direction de Rennes et dans Renac prendre à gauche vers St-Just.* Ce petit bourg est le centre d'une région très riche en mégalithes qui peuvent constituer d'excellents buts de promenade à pied en particulier dans la lande de Cojoux (sentier balisé). *Fouilles en cours.*

Ile aux Pies. – *12 km au Nord-Ouest. Quitter Redon par la route de Ploërmel* (Ⓨ) ; *dans St-Vincent-sur-Oust tourner à droite.* La route conduit au bord de l'Oust, paisible rivière en partie canalisée. Elle coule parmi la verdure et baigne l'île aux Pies que l'on découvre en suivant le chemin à gauche. Le site est très reposant.

★★ RENNES

200 390 h. (les Rennais)

Carte Michelin no 🖽🖽 pli 17 ou 🖾🖾🖾 pli 26.

Rennes, capitale de la Bretagne, connaît un grand essor économique et sa population a doublé depuis la dernière guerre.
Le centre-ville dégage une impression de dignité, liée au style classique des édifices ; des rues, des maisons et de vastes places forment un très bel ensemble architectural. Les rues médiévales, préservées lors du grand incendie de 1720, égaient ce quartier avec leurs jolies maisons à pans de bois. C'est dans ce noyau central délimité au Sud par les quais animés de la Vilaine que les Rennais viennent faire leurs courses, assister au spectacle ou déguster quelques crêpes.
Au Sud de la Vilaine, s'étendent les nouveaux quartiers principalement résidentiels. Trois zones industrielles regroupent d'importantes industries : usines Citroën, ateliers de la S.N.C.F., entreprises de transports, de bâtiments et travaux publics...
Rennes s'est également spécialisée dans les domaines de l'électronique, des télécommunications et de l'informatique.
Ville universitaire, Rennes compte 27 000 étudiants, répartis dans deux universités, dans l'école nationale de la Santé Publique, l'INSA et dans divers instituts.

UN PEU D'HISTOIRE

Les débuts de Du Guesclin (14e s.). – Né au château (disparu) de la Motte-Broons – près de Broons, au Sud-Ouest de Dinan – Bertrand Du Guesclin est l'aîné de dix enfants. A une époque où, pour un chevalier, la beauté physique était essentielle, il était d'une laideur marquante. Cependant son courage, son énergie, son bon sens lui valurent très jeune l'admiration de ses compagnons. Bertrand passe son enfance avec de petits paysans qu'il exerce à combattre. Force, adresse et ruse lui viennent à ce régime, et aussi des manières de rustre. Sa famille, honteuse, le tient à l'écart.
En 1337, un tournoi rassemble à Rennes la noblesse du pays. Notre héros, âgé de 17 ans, s'y rend en costume paysan, monté sur un cheval de labour. Ce mince équipage lui interdit de prendre part aux joutes. Son désespoir est tel qu'un de ses cousins rennais lui prête son armure et son destrier. Sans dire son nom, Bertrand abat nombre d'adversaires. Un coup de lance relève finalement sa visière. Son père le reconnaît. Radieux et fier, il s'écrie : « Beau fils, je ne vous traiterai plus vilainement ». *Détails sur Du Guesclin p. 24, 50, 88, 105 et 114.*

Le mariage de la duchesse (1491). – En 1489, quand François II meurt, son héritière, Anne de Bretagne, a 12 ans, ce qui n'empêche pas les prétendants d'affluer. Son choix se porte sur Maximilien d'Autriche, futur empereur. Le mariage religieux a lieu en 1490, par procuration.
Charles VIII, qu'un mariage blanc lie à Marguerite d'Autriche, fille de Maximilien, sollicite pour lui-même la main de la duchesse. Éconduit, il vient l'assiéger dans Rennes, en août 1491. La population, qui souffre de la disette, presse la souveraine de consentir au mariage. Elle se résigne et rencontre Charles VIII. Anne est petite, maigre, boîte légèrement, mais elle a de la vivacité et de la grâce ; elle connaît le latin et le grec, s'intéresse aux arts et aux lettres. Charles est court, assez mal bâti, avec de gros yeux blancs, de fortes lèvres toujours entrouvertes ; plutôt lent d'esprit, il a du moins un souci de grandeur et le goût du faste. Contre toute attente, une sympathie naît entre les deux jeunes gens, qui deviendra, par la suite, tendre inclination. Les fiançailles sont célébrées à Rennes. Reste à libérer les deux fiancés. La Cour de Rome y consent et les noces ont lieu au château royal de Langeais, dans le Val de Loire, le 6 décembre 1491. Ce mariage rattache la Bretagne à la France. *Détails sur Anne de Bretagne p. 143 et 214.*

Le grand incendie de 1720. — Au 18e s., la ville a encore son aspect du Moyen Age : ruelles étroites, maisons en torchis et en bois. Aucun moyen de lutte contre le feu : l'eau courante fait défaut. Le 22 décembre 1720, au soir, un menuisier ivre enflamme, avec sa lampe à huile, un tas de copeaux. La maison flambe comme une torche et le feu se propage.

Les quartiers brûlés sont reconstruits sur les plans de Jacques Gabriel. Toute une partie de la ville actuelle lui doit ses belles rues rectilignes, bordées de maisons de granit, d'aspect uniforme et d'élégance plutôt sévère. Pour que les constructions neuves trouvent plus vite des occupants, on les divise en appartements, vendus séparément. C'est la naissance de la copropriété.

L'affaire La Chalotais. — En 1762, le duc d'Aiguillon, gouverneur de Bretagne, entre en conflit avec le Parlement à propos des Jésuites. Les robins, plutôt jansénistes, sont les adversaires de la Société de Jésus, très puissante en Bretagne par ses collèges — celui de Rennes a 2 800 élèves.

Le procureur général La Chalotais fait voter par le Parlement la dissolution de l'ordre. Son rapport a un succès foudroyant : 12 000 exemplaires sont vendus en un mois. Voltaire écrit à l'auteur : « C'est le seul ouvrage philosophique qui soit jamais sorti du barreau ».

Aiguillon, qui défend les Jésuites, demande au Parlement de revenir sur son vote. Refus. Louis XV mande les conseillers à Versailles, les tance et en exile trois. De retour à Rennes, le Parlement, plutôt que de se soumettre, démissionne. Le roi fait arrêter La Chalotais et l'expédie à Saintes ; les autres conseillers sont disséminés en diverses provinces, mais le Parlement de Paris prend fait et cause pour celui de Rennes et Louis XV hésite à pousser plus avant les choses. Aiguillon se retire (1768). La basoche triomphe de l'autorité royale : la révolution est en marche.

Un grand maire : Leperdit. — En 1793, avant d'aller à Nantes acquérir une triste célébrité, **Carrier** *(p. 145)* a été nommé représentant de la Convention à Rennes. Il y trouve comme maire Leperdit, un artisan tailleur, homme simple, mais de grand caractère et d'un sang-froid imperturbable. Le conventionnel veut faire des coupes sombres parmi les suspects emprisonnés. Leperdit s'y oppose courageusement. « Point de ménagement, dit Carrier, ces gens-là sont hors la loi » — « Oui, répond le maire, mais pas hors de l'humanité ». Fort heureusement pour Rennes et pour son édile, le séjour du représentant est bref.

En 1794, tandis que Leperdit harangue la population qui se plaint de la disette, on lui lance des pierres dont l'une le blesse au front. Saignant, mais toujours calme, il s'adresse aux forcenés : « Je ne puis, comme le Christ, changer ces pierres en pain ; quant à mon sang, je le donnerais jusqu'à la dernière goutte s'il pouvait vous nourrir ».

★★ PALAIS DE JUSTICE (BY) *visite : 1 h*

cv C'est l'ancien hôtel du Parlement de Bretagne, édifié sur la belle place du Palais, bordée d'immeubles des 17e et 18e s.

Le monument, aux grandes lignes sobres, est digne de la haute et puissante assemblée qui le fit édifier, de 1618 à 1655, sur les plans de Salomon de Brosse, l'architecte du Palais du Luxembourg à Paris. Un octroi de 1 sol par pot de vin et de 3 deniers par pot de cidre fournit les fonds de la construction (un compagnon touchait alors de 7 à 12 sols par jour).

Le Parlement était la cour suprême des 2 300 justices bretonnes. Il jouait aussi un rôle législatif et politique. Les 100 à 120 conseillers et présidents étaient pris, pour la plupart, parmi les familles nobles de la province et achetaient un siège. Les indemnités étaient faibles, mais les juges recevaient de leurs clients les fameuses « épices », honoraires qui consistaient primitivement en bonbons et confitures, articles d'épicerie. Ces Messieurs du Parlement tenaient, à Rennes, le haut du pavé. Ils régnaient sur des milliers de gens de loi. Leurs familles étaient traditionnellement nombreuses : un président, à qui sa femme donna trente-deux enfants, fit à peine sensation.

On pénètre dans la **Salle des Gros Piliers ★**, grand vestibule à colonnes. Elle était autrefois encombrée de boutiques qui ne furent évacuées qu'en 1840.

On visite une suite de salles dont la décoration est magnifique — Jouvenet et Coypel y ont travaillé — la Première Chambre Civile, la Cour d'Assise, ancienne salle de la Tournelle, la salle des Pas Perdus et une petite salle d'audience, mais la **Grand'Chambre ★★**, ancienne salle des séances du Parlement, fait la plus profonde impression. Elle mesure 20 m sur 10 m et a 7 m de haut. Le plafond à caissons, les peintures, les boiseries sont d'une étonnante richesse. Les murs sont recouverts de dix tapisseries du début du 20e s. que les Gobelins ont mis 24 ans à tisser : elles illustrent l'histoire de la Bretagne. Les visiteurs de marque assistaient aux séances dans de charmantes loggias, finement décorées. Mme de Sévigné y vint plusieurs fois pendant ses séjours aux Rochers *(p. 188)*.

★ LE VIEUX RENNES (ABY) *visite : 1 h*

C'est la partie de l'ancienne ville qui a échappé au grand incendie. Elle a conservé de vieilles maisons des 15e et 16e s., aux étages à encorbellement, et des hôtels aristocratiques, aux façades sculptées, que l'on peut découvrir en flânant.

Suivre l'itinéraire indiqué sur le plan à partir de l'église St-Sauveur décrite p. 184.

Rue St-Sauveur, au no 6, maison canoniale du 16e s.

Rue St-Guillaume, au no 3, la **maison** dite de **Du Guesclin**, la plus belle de style médiéval, sert de cadre au restaurant Ti Koz.

La **rue de la Psalette,** contournant la cathédrale, a conservé toutes ses maisons anciennes.

Rue du Chapitre, au nº 22, maison de style Renaissance, au nº 8, hôtel de Brie (17ᵉ s.) ; au nº 6, l'**hôtel de Blossac** (18ᵉ s.) possède un très bel escalier (à gauche en entrant).

Rue St-Yves, aux nºˢ 6 et 8, maisons du 16ᵉ s.

Rue des Dames, au nº 10, hôtel Freslon de la Freslonnière.

La **porte Mordelaise** (**AY B**) est un vestige de l'enceinte du 15ᵉ s. Franchir la porte pour voir la face extérieure. Par là entraient les ducs de Bretagne, pour se faire couronner à la cathédrale. En 1598, on y présente à Henri IV les clefs de la ville, en argent doré. Le Béarnais, pour ce genre de cérémonie, avait une formule rituelle dont l'effet était sûr : « Ces clefs sont belles, mais j'aime encore mieux les clefs des cœurs des habitants ».

La **place des Lices** servait aux joutes et aux tournois. Aux nºˢ 26 et 28 : hôtels du 17ᵉ s., aux larges escaliers coiffés de dômes.

La **rue St-Michel** est bordée de vieilles maisons à pans de bois.

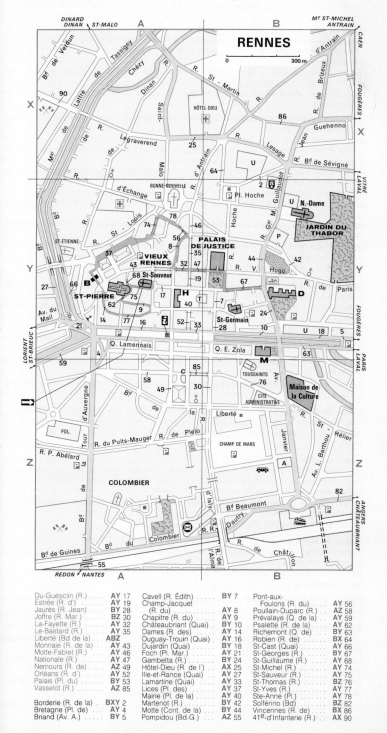

La **place Ste-Anne** a conservé plusieurs maisons anciennes du 16e s. Le maire Leperdit habita au no 19.

La **rue du Pont-aux-Foulons,** rue commerçante aux maisons à pans de bois, est toujours très animée.

La **rue du Champ-Jacquet** conduit à la curieuse petite place de forme triangulaire, de même nom, sur laquelle donne la façade de l'ancien hôtel de Tizy (no 5).

Rue St-Georges toutes les maisons sont anciennes. Les nos 8, 10, 12 forment un ensemble remarquable de maisons à pans de bois du 17e s.

Au no 3, l'hôtel de Moussaye, du 16e s., possède une très belle façade Renaissance aux pilastres sculptés.

AUTRES CURIOSITÉS

cv **Palais des musées** (BY M). – Cet ancien palais universitaire abrite deux musées : au rez-de-chaussée, le musée de Bretagne, au 1er étage, le musée des Beaux-Arts.

★★ **Musée de Bretagne.** – Il présente une synthèse de l'histoire de la Bretagne. A l'aide de documents divers (objets, maquettes, sculptures), chaque salle évoque une période : géologie, préhistoire, Armorique gallo-romaine, Bretagne médiévale, Bretagne de l'Ancien Régime.

Dans l'avant-dernière salle consacrée à la période 1789 à 1914 sont exposés les costumes, les objets usuels, les outils et les meubles caractéristiques à la Bretagne. Un montage audio-visuel occupe la dernière salle et fait découvrir la Bretagne contemporaine.

★★ **Musée des Beaux-Arts.** – Il possède une importante galerie de peintures du 14e s. à nos
cv jours. Parmi les œuvres du 16e s., on retiendra le Persée délivrant Andromède, de Véronèse, et le Saint Luc peignant la Vierge, de Martin van Heemskerk.

Le 17e s. est largement représenté (Rubens, Jordaens, Champaigne) mais le chef-d'œuvre reste le Nouveau-né, de Georges de La Tour.

Du 18e s. se détachent le Panier de prunes et les Pêches et raisins, de Chardin, ou la Tête de jeune fille, de Greuze.

La salle suivante consacrée au 19e s. expose des œuvres de Jongkind, Corot, Boudin, Sisley ; s'y ajoutent, pour l'école de Pont-Aven, Bernard, Gauguin (Nature morte aux oranges), Sérusier.

La dernière salle de peintures attribuée au 20e s. regroupe Laurent, Picasso, Utrillo, Vlaminck.

Un riche cabinet de dessins anciens, une collection de faïences régionales (fabriques de Rennes du 18e s., le Croisic, Dinan, Quimper) et de belles pièces archéologiques égyptiennes, grecques et étrusques, complètent cet ensemble.

cv **Cathédrale St-Pierre** (AY). – Elle est la troisième construite à cet emplacement depuis le 6e s. et fut achevée en 1844, après cinquante-sept ans de travaux. Le précédent édifice s'était effondré en 1762, à l'exception des deux tours, de style classique, qui encadrent la façade.

L'intérieur est très riche. Son revêtement de stuc est chargé de peintures et de dorures. On y verra le **retable★★** en bois sculpté et doré qui se trouve dans la chapelle précédant le croisillon droit. Par ses dimensions et son exécution, cette œuvre flamande du 16e s. est l'une des plus importantes du genre. Les scènes représentent la vie de la Vierge.

Autour de la cathédrale subsistent la Porte Mordelaise *(p. 183)* et le vieux Rennes *(p. 182).*

Église St-Sauveur (AY). – L'église actuelle a été édifiée aux 17e et 18e s. A l'intérieur, beau baldaquin en bois doré et buffet d'orgue du 17e s. A droite en entrant, chapelle dédiée à N.-D.-des-Miracles qui sauva Rennes lors du siège de la ville par les Anglais en 1357.

cv **Hôtel de ville** (AY H). – Il a été bâti de 1734 à 1743, par Jacques Gabriel. Une tour centrale en retrait portant l'horloge, le « gros » pour les Rennais, se raccorde à deux imposants pavillons par deux bâtiments incurvés ; cette tour abrite l'ancienne chapelle, belle tapisserie de Bruxelles du 17e s. L'aile droite renferme le « Panthéon Rennais » : salle consacrée au souvenir des « Morts pour la France ». Hors des réceptions officielles, on peut voir, dans l'aile gauche, l'escalier monumental orné de tapisseries de Bruxelles du 18e s. et la salle des mariages.

Église St-Germain (BY). – De style gothique flamboyant (15e-16e s.), cette église, à pignon Sud du 17e s., présente des caractéristiques bretonnes par sa voûte en bois et ses poutres à embouts sculptés.

Dans le transept droit, le **vitrail** du 16e s. retraçant la vie de la Vierge et la Passion du Christ est remarquable.

Palais St-Georges (BY D). – Précédée d'un beau jardin, cette ancienne abbaye bénédictine de 1670 abrite des services administratifs.

Église Notre-Dame ou **St-Melaine** (BY). – Rebâtie aux 14e et 17e s. De l'église de l'ancienne abbaye St-Melaine subsistent la tour en partie du 11e s. et le transept de la même époque. Dans le bras gauche du transept, une fresque du 15e s. représente le baptême du Christ. Un ensemble moderne décore l'église : vitraux de Le Moal, tapisserie, peinture de Bussy (1949).

En contournant le bâtiment de gauche, on découvrira les vestiges du cloître (17e s.), contigu au flanc Nord : une galerie aux belles sculptures et un puits.

A gauche de la place, l'Inspection académique est installée dans l'ancien palais archiépiscopal (17e et 18e s.).

(Photo Christiane Olivier, Nice)

Rennes. — Le jardin du Thabor.

★ **Jardin du Thabor** (BY). — L'ancien jardin de l'abbaye bénédictine St-Melaine a été aménagé en parc. Sur une superficie de près de 11 ha, il comprend un jardin à la française, un jardin botanique, une roseraie, un jardin paysager et des enclos d'animaux.

cv **Maison de la Culture** (BZ). — Conçue par les architectes Carlu (auteur du Palais de Chaillot) et Joly, elle comprend trois salles de spectacle : le vaste amphithéâtre Jean Vilar de 1 000 fauteuils, un auditorium-théâtre transformable de 330 à 450 places et enfin une salle de 400 places destinée aux conférences et au cinéma. Autour sont disposées la galerie d'exposition, la discothèque et la bibliothèque.

EXCURSIONS

★ **Musée automobile de Bretagne.** — *4 km au Nord-Est. Quitter Rennes par la rue J.-Guéhenno* (BX).

cv Il présente quelque 70 voitures de différentes marques, parfaitement entretenues et toutes en état de marche. On notera une Hurtu de 1898, un vis-à-vis de Dion-Bouton de 1899, un taxi de la Marne de 1911, une Licorne de 1919. Des voitures de pompiers du début du siècle, des motocyclettes et quelques cycles, des voitures hippomobiles viennent compléter la collection.

Forêt de Rennes. — *11 km au Nord-Est.* Dans cette forêt domaniale de près de 3 000 ha, on rencontre de belles futaies de chênes et de hêtres, des pins, des bouleaux, des châtaigniers. Elle est bien desservie par un réseau de routes forestières ; un sentier de grande randonnée, GR 39, la traverse.

Vallée de la Vilaine. — *Circuit de 36 km — environ 1 h. Quitter Rennes par le boulevard Georges-Pompidou* (AZ **55**). La route franchit le fleuve à Pont-Réan construit dans un beau site. A la sortie de la localité, prendre à gauche.

Le Boël. — On peut faire une courte et agréable promenade à pied au bord de la Vilaine qui coule entre des collines rocheuses dans un site verdoyant. Une petite écluse et un barrage donnent l'illusion de relier la rive droite au vieux moulin situé sur l'autre rive.

Retourner à Pont-Réan et, après le pont sur la Vilaine, prendre à droite.

Bruz. — 8 018 h. Ce bourg est une réussite de l'urbanisme rural avec, sur le flanc gauche de l'église, sa charmante placette au saule pleureur. Son **église**★ construite en 1950 en schiste veiné de rose est très belle. Une flèche pointue coiffe le clocher carré qui forme porche. L'intérieur, très harmonieux, prend jour, dans la nef par des dalles de verre décorées de trois poissons dans un cercle, à l'abside par des vitraux représentant les sept sacrements, et au transept par deux verrières figurant à droite le Christ, à gauche la Vierge. Les orgues, qu'encadrent les étroits vitraux de hauteurs inégales de la façade, forment un décor.

Du Bruz, il est possible d'atteindre le vieux moulin du Boël (4 km) en empruntant le D 77 au Sud ; à 3 km tourner à droite et ensuite à gauche avant le passage à niveau.

Revenir à Rennes par Chartres-de-Bretagne.

Promeneurs, campeurs, fumeurs...
Soyez prudents !

Le feu est le plus terrible ennemi de la forêt.

ATTENTION au FEU

La ROCHE-BERNARD

Carte Michelin nº **63** pli 14 ou **230** pli 52.

Cette petite ville, ancienne étape du commerce du sel, est pittoresquement étagée sur la butte de la Garenne, qui domine la Vilaine. Ses chantiers de construction ont été célèbres au 17e s. Le port est situé sur un affluent de la rivière ; très florissant aux siècles passés par son commerce du bois, du blé, du vin, des épices, il s'est reconverti en port de plaisance et peut recevoir 300 bateaux.

Un vrai républicain. — La Roche-Bernard accueille fort bien la Révolution et se montre hostile à la Chouannerie. En 1793, quelque 6 000 « Blancs » viennent facilement à bout des 150 « Bleus » qui défendent la ville. Le maire, Sauveur, n'a pas voulu fuir. On le somme de crier « Vive le Roi ! » Il répond : « Vive la République ! » Un coup de pistolet l'abat. Le feu est mis à l'arbre de la Liberté et le mourant est jeté dans les flammes. Le lendemain, son père, stoïque, écrit aux autorités de Rennes : « Mon fils est mort à son poste et les barbares n'ont pu atteindre à la hauteur d'un vrai républicain ». La ville a porté le nom de Roche-Sauveur jusqu'en 1802.

★ **Pont.** — Le pont suspendu sur la Vilaine, lancé en 1960, au niveau du plateau breton, domine la rivière de plus de 50 m. Pour jouir du site, s'arrêter à ses extrémités ou parcourir les routes de raccordement en corniche en amont du pont.

★ **Point de vue.** — Au lacet de la route vers la Baule, un belvédère rocheux (23 marches) domine la vallée de la Vilaine et ses pentes boisées avec sur la droite le pont suspendu, sur la gauche le port de plaisance installé sur le Rhodoir. Sur le rocher a été placée la plaque commémorative du lancement du vaisseau La Couronne (1634).

Vieux quartier. — Face au point de vue, de l'autre côté de la route, débouche la **promenade du Ruicard.** Elle domine le port, la rue du Ruicard lui fait suite et va se perdre dans un dédale de ruelles parfois en escalier. Des maisons des 16e et 17e s., bien restaurées (nos 6 et 8), des porches intéressants (nº 11), une tourelle (nº 12), se succèdent. Le passage de la Quenelle, ancienne rue commerçante, avec des lucarnes à fronton sculpté, mène à la **place Bouffay** où fut dressée la guillotine, en 1793. Sur la place se tient la mairie appelée « maison du Canon » (1599), elle tire son nom du canon placé dans un angle ; il provient d'un bâtiment coulé lors du combat des Cardinaux *(p. 85).* Sur la gauche, s'ouvre la rue de la Saulnerie avec une maison du 15e s. Rue Haute-Madame, on peut voir la petite chapelle Notre-Dame du 11e s. remaniée aux 16e et 19e s. Anciennement première église de la cité, ensuite transformée en temple protestant en 1561, puis en magasin à fourrage sous la Terreur, elle fut rendue au culte catholique en 1827.

cv **Promenades sur la Vilaine.** — Des vedettes descendent la Vilaine jusqu'au barrage d'Arzal ou la remontent jusqu'à Redon.

EXCURSIONS

Missillac. — 3 886 h. *13 km en direction de Pontchâteau.* Son église du 19e s., de style gothique, présente dans la chapelle à gauche, au fond de l'église, un gracieux **retable**★ en bois, du 17e s., aux colonnettes torsadées, orné d'anges et de prophètes.

Séparé du bourg par un bel étang en bordure de forêt, se dresse, dans un **site**★
cv remarquable, le **château de la Bretesche** du 15e s., aux remparts crénelés bas cernés d'eau, un pont-levis en commande l'entrée. A pied, il est possible de faire le tour de l'étang et de se promener dans le parc d'une superficie de 115 ha, occupé en partie par un golf.

Barrage d'Arzal. — *Circuit de 19 km. Prendre la route de Vannes, à 2 km tourner à gauche.* Ce barrage sur la Vilaine forme une réserve d'eau douce stabilisant le mouvement des marées au profit des caboteurs remontant jusqu'à Redon, et favorise par son plan et son port la navigation de plaisance. Une route emprunte la crête du barrage.

Passé le barrage, tourner à gauche pour regagner la Roche-Bernard.

Parc zoologique de Branféré. — *18 km au Nord-Ouest. Prendre vers Muzillac, à 2 km tourner à droite, dans Péaule reprendre vers Muzillac et à 4,5 km tourner à droite.*

Le Guerno. — 512 h. Autrefois lieu de pèlerinage, le bourg possède une église du 16e s. construite sur l'emplacement d'une chapelle des Templiers. Sur le flanc Sud, remarquer la chaire extérieure, les stalles et le banc, réservés au clergé, l'autel adossé au calvaire élevé sur la place. Une tour ronde coiffée d'un lanternon du 18e s. est accolée à la façade Ouest. A l'intérieur, les vitraux, les stalles du chœur et la tribune ornée de 22 panneaux sculptés sont du 16e s. Au transept, deux colonnes cylindriques supportent la voûte, celle de gauche présente un tronc pour les offrandes, creusé dans la pierre.

Passé le Guerno, emprunter la route à droite qui mène à l'allée du château de Branféré sur la gauche. Au passage, admirer sur la droite les deux belles fontaines du 18e s. dédiées respectivement à sainte Anne et sainte Marie.

cv **Parc zoologique de Branféré.** — Le château de Branféré est entouré d'un domaine de 50 ha où, parmi les plans d'eau et les arbres aux essences variées, vivent de nombreux oiseaux et des animaux exotiques (200 espèces).

Château de Léhélec. — *18 km au Nord. Depuis Péaule, prendre vers Redon. A 8 km tourner à droite.*

Foleux. — Ce port de plaisance en même temps escale nautique est établi au confluent de la Vilaine et du Trévelo dans un très joli site.

Après Foleux longer la Vilaine — belle vue sur cette large vallée — tourner à droite puis trois fois à gauche pour gagner l'allée conduisant au château.

cv **Château de Léhélec.** — Entouré de bois, ce manoir en schiste ferrugineux offre, au Sud, belle perspective de ses trois cours en terrasses longées par les communs des 16e et 18e s. L'un de ces bâtiments abrite un petit musée paysan qui présente des meubles régionaux et des objets usuels. Le public est admis également dans deux pièces du rez-de-chaussée, le salon et la salle à manger éclairés par de hautes fenêtres.

Carte Michelin n° 63 pli 4 ou 230 pli 38.

Ce charmant petit bourg ancien est bâti dans un **site ★** pittoresque, sur un promontoire, entre des vallons profonds. Ce paysage de rochers, de bois, de ravins, de vergers, ces vieilles maisons aux fenêtres fleuries de géraniums attirent beaucoup de peintres.

★ **Maisons anciennes.** — Le cœur de la cité a conservé de vieilles demeures des 16e et 17e s. que l'on peut découvrir en flânant principalement rue du Porche et places des Halles et du Puits. Elles présentent de belles façades de granit largement fleuries et parfois agrémentées de tourelles d'angle. Sur la place du Puits, remarquer l'ancien tribunal dont la porte d'entrée est surmontée d'une balance.

cv **Château.** — De l'ancienne construction féodale détruite en 1793, il reste l'imposant châtelet d'entrée, des pans de murailles, des bases de tours, des souterrains et les communs. Ils ont été restaurés au début de ce siècle avec des éléments du 17e s. provenant de l'ancien manoir de Kéralio près de Muzillac, en particulier des lucarnes.

(Photo J. Labbé/Azimut)

Rochefort-en-Terre. — Maisons anciennes.

On visite la grande galerie, un salon et deux chambres, meublés de coffres, d'armoires, de sièges des 16e et 17e s., ornés de tapisseries des Flandres du 16e s., de tableaux modernes et d'un bel ensemble de Vierges en faïence de Quimper des 13e et 14e s. Dans le jardin agrémenté d'un puits couvert de lierre, le pavillon de chasse renferme une collection d'outillage rural et d'objets domestiques évoquant la vie rochefortaise d'antan.

De la plate-forme en arrière du château, belle vue sur la vallée du Gueuzon et le plateau schisteux des Grées.

Église N.-D.-de-la-Tronchaye. — Cette construction des 12e, 15e et 16e s. présente une belle façade à quatre pignons percés de fenêtres flamboyantes. A l'intérieur, le chœur renferme des stalles du 16e s. et, à gauche du maître-autel, le retable Renaissance en pierre blanche qui autrefois le fermait. Dans le bras droit du transept, derrière une belle grille en fer forgé du 18e s., un retable du 17e s. porte la statue vénérée de N.-D.-de-la-Tronchaye découverte au 12e s. dans un arbre creux où elle aurait été cachée au temps des invasions normandes ; elle fait l'objet d'un pèlerinage le dimanche qui suit le 14 août. Dans le bras gauche, fonts baptismaux en fer forgé et retables Renaissance en pierre blanche dont l'un est orné de niches abritant trois belles statues en bois peint. Au fond de la nef, la remarquable tribune en bois finement sculptée provient de l'ancien jubé, comme le baldaquin placé sur le maître-autel.

Sur la place se dresse un petit calvaire du 16e s. à trois étages de sculptures, on reconnaîtra des scènes de la Passion et, au sommet, la Crucifixion et la Déposition de croix.

★ **ROCHE-JAGU (Château de la)**

Carte Michelin n° 59 pli 2 ou 230 pli 7.

Accès par une allée qui s'embranche à droite à 5,5 km de Pontrieux, en direction de Lézardrieux.

cv Le château, construit au 15e s. au sommet des pentes abruptes et boisées qui forment la rive gauche du Trieux, a été restauré en 1968. Avec d'autres places fortes maintenant disparues, il veillait sur la rivière et a conservé de ce fait son caractère défensif. Sur la façade Ouest, on voit les corbeaux qui supportaient l'ancien chemin de ronde et les cinq portes le desservant. De belles cheminées très ouvragées surmontent l'édifice.

Au cours de la visite, on parcourt les nombreuses salles aux plafonds à la française et aux vastes cheminées, la petite chapelle et ses deux oratoires, le chemin de ronde couvert qui subsiste sur la façade Est. Il permet de découvrir le magnifique **site ★** du Trieux : la rivière forme un méandre encaissé au pied du château ; il est possible d'y accéder en empruntant un sentier à droite du château.

*Les **guides Rouges**, les **guides Verts** et les **cartes Michelin** composent un tout.*
Ils vont bien ensemble, ne les séparez pas.

★ La ROCHE-MAURICE

Carte Michelin n° 58 pli 5 ou 230 pli 4.

Le village, situé à flanc de coteau et dominé par les ruines d'un château, possède un bel enclos paroissial.

★ ENCLOS PAROISSIAL

visite 1/2 h

Trois croix portant le Christ et les larrons en marquent l'entrée.

Église. — Du 16e s. Un élégant clocher à double galerie domine l'édifice. Le **porche★ Sud** est finement sculpté de grappes de raisin et de statuettes de saints.
À l'intérieur, remarquer le **jubé★** Renaissance orné, côté nef de douze statues en ronde-bosse, neuf apôtres et trois papes, côté chœur de figures de saints en bas-relief. Derrière le maître-autel, un grand **vitrail★** de 1539 illustre la Passion et la Résurrection du Christ. La voûte est intéressante ; lambrissée, elle est peinte d'anges et d'écussons ; sablières et poutres sculptées en complètent la décoration.

★ **Ossuaire.** — Il date de 1640. C'est l'un des plus importants de Bretagne. Au-dessus du bénitier extérieur, la Mort, ou Ankou en breton, armée d'une flèche, menace de petits personnages en médaillon, représentant les différentes classes de la société : un paysan, une femme, un homme de loi, un évêque, saint Yves, un

(D'après photo R. Le Thomas/Azimut)
La Roche-Maurice. — L'Ankou.

pauvre et un riche ; une inscription laconique l'accompagne : « Je vous tue tous ».

★ ROCHERS-SÉVIGNÉ (Château des)

Carte Michelin n° 63 pli 8 ou 230 Nord du pli 42.

cv Le château des Rochers, domaine de la marquise de Sévigné, constitue le but d'un pèlerinage littéraire pour les admirateurs des fameuses « Lettres ».

La marquise de Sévigné aux Rochers. — La marquise venait y faire de fréquents séjours, beaucoup par raison d'économie, son mari et son fils ayant dilapidé les trois quarts de ses revenus. A partir de 1678, elle y demeure presque continuellement. C'est cependant chez sa fille, à Grignan, dans la Drôme, qu'elle mourra en 1696.

Les lettres de la marquise permettent de reconstituer la vie qu'on menait aux Rochers. Lever à 8 h, messe à 9 h dans la chapelle, promenade, dîner (notre déjeuner). L'après-midi, travaux d'aiguille, promenade, causerie, correspondance. Charles, le fils de la marquise, lit tout haut des ouvrages sérieux : Montaigne, Virgile, Pascal, les Jansénistes. Les séances de lecture durent parfois cinq heures ; on ne sait trop ce qu'il faut le plus admirer : le souffle du lecteur ou la résistance des auditeurs. Souper (notre dîner) à 8 h du soir. Charles reprend ensuite la lecture ; cette fois, ce sont des livres gais, « de peur de dormir ». Le cercle se rompt à 10 h, mais Mme de Sévigné lit ou écrit dans sa chambre jusqu'à minuit.

Les seules diversions de cette existence campagnarde sont quelques visites de gentilshommes et de dames des environs ou bien un petit déplacement à Vitré, au moment de la réunion des États. La marquise observe, avec une malice parfois cruelle, cette noblesse provinciale, son accoutrement, ses prétentions, ses travers. Les banquets des États, où 400 pièces de vin sont mises à sec, la plongent dans un étonnement voisin de l'admiration : « Il passe, écrit-elle, autant de vin dans le corps d'un Breton, que d'eau sous les ponts ».

La châtelaine s'intéresse aux réparations. Les charpentiers, en équilibre sur le toit, lui donnent le vertige : « On remercie Dieu, écrit-elle, qu'il y ait des hommes qui, pour 12 sous, veuillent bien faire ce que les autres ne feraient pas pour 10 000 écus. » Cela ne l'empêche pas d'éplucher les comptes de fort près et de gémir sur le coût de la vie.

Château. — Construit au 15e s. et remanié au 17e s., il est formé de deux ailes en équerre. A gauche, en arrivant, se trouve la chapelle (1671), construite par le « bien bon » abbé de Coulanges, oncle maternel de la marquise.

On visite la chapelle et deux pièces dans la grosse tour Nord : celle du rez-de-chaussée était le « Cabinet Vert ». On y voit encore les meubles de Mme de Sévigné, ses objets familiers, des tableaux de famille, son portrait ; dans une vitrine, autographes et divers documents. La cheminée du 16e s. est décorée des initiales de la marquise (Marie de Rabutin-Chantal).

Jardin. — Dans le jardin, au bout de la Grande Allée, à la place Coulanges, le mur en hémicycle produit l'écho que Mme de Sévigné appelait « ce petit rediseur de mots jusque dans l'oreille ». Cet écho est double (occuper les emplacements marqués par des pierres).

Parc. — Au-delà du jardin s'étend le grand parc boisé, traversé par des allées dont les noms évoquent la marquise et son milieu littéraire : le Mail, la Solitaire, l'Infini, la sainte Horreur, l'Humeur de ma mère, l'Humeur de ma fille, la Royale.

ROSANBO (Château de)

Carte Michelin n° 58 pli 7 ou 230 pli 6 (8 km à l'Ouest de Plouaret).

Le chemin d'accès s'embranche à droite sur la route reliant Lanvellec à Plufur.

cv Le château s'élève à l'emplacement d'un château fort bâti sur un roc dominant le Bo, d'où son nom : ros = roc, an = sur le, Bo = nom du ruisseau. En pénétrant dans la cour, on reconnaît les différentes époques de construction de l'édifice. La partie ancienne du 14e s. comprend les bâtiments de droite jusqu'à la tour, en face s'élève la partie du 15e s. en partie remaniée au 17e s. et à gauche celle du 19e s.

Les salles du rez-de-chaussée contiennent de beaux meubles de la Renaissance bretonne et florentine, de l'argenterie anglaise et italienne, des tapisseries d'Aubusson (17e s.) et des Flandres (18e s.). Des meubles d'église et de sacristie sont regroupés dans le grand hall et la galerie. La **bibliothèque** renferme plus de 8 000 volumes qui datent en majeure partie du 17e s. ; cette vaste pièce donne sur une terrasse avec bassin, qui communique avec une autre terrasse dont les dessins géométriques en buis sont inspirés de Le Nôtre. De là, on domine à pic la vallée du Bo.

Près de l'entrée et en face, s'étend le magnifique **jardin** à la française. Les côtés ombragés sont occupés par les « appartements de verdure », à droite le salon des saisons représentées par quatre angelots, à gauche le salon du triangle orné de vases toscans, ancien théâtre de verdure sous une belle voûte d'arbres, et le terre-plein du « Lion terrassant le Serpent » œuvre de Barye. L'ensemble est entouré de charmilles. Au milieu de la pelouse qui s'étend devant la façade du 14e s., remarquer un sanglier sculpté dans le granit rose.

Dans ce guide

les plans de ville indiquent essentiellement les rues principales
et les accès aux curiosités,

les schémas mettent en évidence les grandes routes et l'itinéraire de visite.

★ ROSCOFF

3 787 h. (les Roscovites)

Carte Michelin n° 58 pli 6 ou 230 pli 5.

Roscoff est à la fois un séjour balnéaire fréquenté, un grand centre médical dont les établissements de cure (Institut de Roch-Kroum et Clinique Ker-Léna) utilisent l'eau de mer selon les méthodes thermales, et un port actif (passagers, pêche à la langouste et au homard, exportation de légumes vers l'Angleterre). Bateaux de pêche et de plaisance s'abritent derrière deux jetées près du centre de la ville, au-delà des anciens remparts, tandis qu'un môle à l'Est de la pointe de Bloscon ferme le port en eau profonde où accostent les car-ferries des lignes de Plymouth et de Cork.

Un laboratoire pour les études océanographiques et biologiques a été installé à Roscoff par l'Université de Paris.

CURIOSITÉS

★ **Église N.-D.-de-Croaz-Batz.** — Cette église gothique construite au 16e s. possède un remarquable **clocher**★ Renaissance à lanternons, l'un des plus beaux du Finistère. Les murs extérieurs et la tour sont décorés de canons et de navires sculptés : Roscoff, en effet, fut aux 16e et 17e s. un port de commerce très actif et même un port d'attache pour les corsaires. A l'intérieur, on remarquera sept **albâtres**★ (15e s.) placés dans le retable d'un autel du bas-côté droit et représentant des scènes de la Passion ; l'église possède d'autres beaux retables, en particulier celui du maître-autel (17e s.) richement décoré de statuettes, angelots, médaillons. Dans l'enclos se trouvent une chapelle funéraire et un ossuaire, ce dernier, le plus grand, date du début du 17e s.

★ **Aquarium Charles-Pérez** (B). — L'aquarium comporte un bassin central et de multiples réservoirs où sont présentées, dans leur milieu naturel, les principales espèces de la faune de la région de Roscoff. Au 1er étage, on découvrira l'historique de la station biologique et les recherches marines.

★ **Le grand figuier** (D). — Planté vers 1625 par des moines capucins. Fortement étayé, il couvre une superficie d'environ 600 m² et peut produire, certaines années, jusqu'à 400 kg de figues.

(Photo Jacques Guillard/Scope)
Roscoff. — Le clocher de l'église N.-D.-de-Kroaz-Baz.

Maisons anciennes. — De belles demeures en granit des 16e et 17e s. bordent la place Lacaze-Duthiers (8) et la rue Amiral-Réveillère (13). Dans cette dernière, remarquer la maison dite de Marie Stuart (E), à l'élégante façade ornée d'accolades.

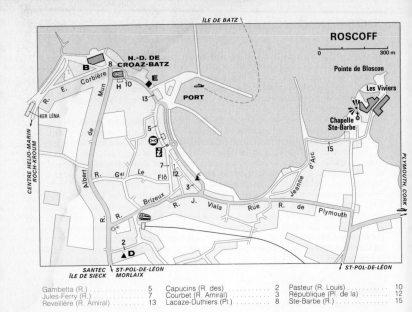

Chapelle Ste-Barbe. – *S'y rendre de préférence à marée haute. Contourner le port de pêche et laisser la voiture au parking sur la gauche.* Des abords de la minuscule chapelle *(table d'orientation),* une belle vue se développe sur la ville et son port, l'île de Batz, la pointe de Primel, le port en eau profonde. On aperçoit en contrebas les viviers.

cv **Les viviers.** – Des passerelles permettent de circuler parmi les bassins où évoluent truites de mer, saumons, langoustes, homards, crabes. *Contourner la butte portant la chapelle.*

EXCURSIONS

Ile de Batz. – *Traversée en bateau : 20 mn. Description p. 52.*

Ile de Sieck. – *6,5 km à l'Ouest. A la sortie de Roscoff, prendre à droite la route de Santec.* Elle longe une petite baie fermée par la pointe de Perharidy qui reçoit le Centre héliomarin, puis traverse Santec et mène à Dossen tout en parcourant une importante zone de cultures maraîchères. *Dans Dossen, tourner à droite, puis à gauche pour atteindre un parc de stationnement.* L'île de Sieck que l'on gagne à pied à marée basse possède de belles plages de sable fin et offre des vues à l'Est sur l'île de Batz et sa frange rocheuse, à l'Ouest sur la côte vers Moguériec. Quelques arbres tourmentés par le vent et une ferme composent le décor de cette petite île pittoresque.

ROSPORDEN   3 842 h. (les Rospordinois)

Carte Michelin n° 58 pli 16 ou 230 pli 33.

Cette petite ville est située au bord d'un étang, formé par l'Aven, où se reflète le clocher de l'église. Elle possède plusieurs conserveries et est réputée pour son hydromel (chouchen en breton), boisson faite d'eau et de miel, déjà appréciée dans l'Antiquité.

Église. – Cet édifice des 14e et 15e s., remanié au 17e s., possède un beau **clocher★** carré ; quatre clochetons et quatre fenêtres à remplage enserrent la flèche octogonale. On pénètre par un porche du 14e s. A l'intérieur, le retable doré du maître-autel (17e s.) surmonte une Mise au tombeau, une Vierge à l'Enfant (15e s.) et une Sainte Madeleine (16e s.).

EXCURSION

St-Yvi. – *2 176 h. 9 km à l'Ouest. Quitter Rosporden en direction de Quimper.* Ce bourg possède un petit enclos paroissial. A l'ombre des ifs se dresse une simple croix-calvaire à fût torsadé ; l'ossuaire de la fin du 15e s. présente six belles arcades tréflées. L'église du début du 16e s. possède un élégant clocher ajouré à deux galeries. A l'intérieur, retable du maître-autel (17e s.) et, à gauche du chœur, retable du Rosaire (18e s.).

ROSTRENEN   4 391 h. (les Rostrenois)

Carte Michelin n° 58 pli 11 ou 230 pli 21.

Cette plaisante bourgade est située au flanc d'une colline.

cv **Église N.-D.-du-Roncier.** – C'est l'ancienne chapelle du château. Construite au 14e s., remaniée aux 18e et 19e s., elle possède un beau porche mi-gothique mi-Renaissance. Près de l'église, intéressante fontaine sacrée du 17e s. Pardon le 15 août.

Le Miniou. – Station climatologique, altitude 263 m, que l'on atteint en prenant la direction de Pontivy, puis une rue à droite et, en haut de la côte, à gauche. Le panorama s'étend sur Rostrenen et la région de Callac, de Loudéac ; en s'avançant sur la terrasse, on découvre le pays de Guéméné et les Montagnes Noires.

EXCURSIONS

Circuit de 45 km. – *Environ 2 h 1/2. Quitter Rostrenen en direction de St-Brieuc.*

St-Nicolas-du-Pélem. – 2 214 h. (les Pélémois). Cette localité possède une église des 15e et 16e s. Dans le chœur à chevet plat, remarquer deux beaux vitraux de 1470 illustrant la Passion. Longer le flanc gauche de l'église pour découvrir la fontaine St-Nicolas, du 17e s., adossée à une maison.

Prendre vers Lanrivain. La route franchit la riante vallée du Faoudel.

Lanrivain. – *Page 128.*

Se diriger vers Trémargat et à 1,5 km tourner à gauche.

★ **Gorges de Toul Goulic.** – *1/4 h à pied AR.* Au fond du parc de stationnement dominant la vallée boisée du Blavet, prendre le sentier très raviné et en forte descente qui conduit sous bois au milieu de la perte du Blavet. La rivière, encore abondante à l'origine de la perte (côté Nord), a entièrement disparu ici et gronde sous des chaos de roches énormes.

Faire demi-tour et tourner à gauche. Entre Trémargat et Kergrist-Moëlou, de gros blocs de rochers émergent dans la campagne.

Kergrist-Moëlou. – Sur le placître *(voir p. 37)* planté de beaux ifs séculaires, se dresse le calvaire de 1578 regroupant sur sa base octogonale une centaine de personnages en kersanton ; mutilés pendant la Révolution, ils ont été replacés sans ordre. L'église du 16e s. est un imposant édifice à double transept. Les vitraux du chœur conservent les écussons des Rostrenen, fondateurs de l'église. Sur le flanc droit, petit ossuaire à arcades trilobées.

Par St-Lubin, regagner Rostrenen.

Canal de Nantes à Brest. – *Circuit de 20 km – environ 1 h 1/2. Quitter Rostrenen en direction de Carhaix-Plouguer et, à 3,5 km, tourner à gauche vers Gourin.* La route atteint le canal, construit de 1823 à 1834, au bief de partage, à l'altitude de 184 m. A droite du pont, il est conseillé d'emprunter le chemin de halage qui conduit à la tranchée du canal et permet de découvrir une partie de l'escalier de 44 écluses rattrapant en 17 km, jusqu'à Port-de-Carhaix, une dénivellation de 120 m.

Poursuivre jusqu'à la sortie de Glomel pour prendre à droite la route de Paule et, à 1,8 km, tourner encore à droite.

On arrive sur les bords du canal, dans un très joli **site**★, à hauteur de l'ancienne maison de l'éclusier de St-Péran. Agréable promenade sur le chemin de halage en amont et en aval du pont.

Continuer jusqu'au grand axe routier Brest-Rennes où l'on tourne à droite pour regagner Rostrenen.

RUMENGOL

Carte Michelin n° 58 pli 5 ou 230 pli 18 – Schéma p. 48.

Ce village, situé dans le bassin de Châteaulin, prend tout son intérêt les jours des pardons. On y vient de toute la Bretagne. Ils sont consacrés à N.-D.-de-Tout-Remède, le plus intéressant est celui du dimanche de la Trinité. Un autre pardon a lieu le 15 août.

A l'origine de Rumengol, on trouve le roi Gradlon *(p. 25)* qui, au 5e s., construisit ici une chapelle.

Église. – Elle date du 16e s. comme en témoignent son porche Sud et sa magnifique façade en granit de kersanton, mais elle a subi de notables transformations aux 17e et 18e s. La statue de Notre-Dame du 15e s. est à l'entrée du chœur à gauche. Les deux **retables**★ et leurs autels datent de 1686.

Au milieu du bourg, au-delà de l'abside de l'église, on aperçoit la fontaine miraculeuse de 1792.

Sur un terre-plein herbeux, entouré de sapins, s'élève un oratoire où se célèbrent certains offices des deux grands pardons. En arrière de l'oratoire, dans le cimetière, remarquer le calvaire du 15e s.

RUNAN

Carte Michelin n° 59 pli 2 ou 230 pli 7 (5 km à l'Ouest de Pontrieux).

Situé sur un plateau du Trégorrois, Runan possède une importante église qui appartient aux Templiers puis aux Hospitaliers de St-Jean-de-Jérusalem.

★ **Église.** – Élevée aux 14e et 15e s., elle est richement décorée. Son côté Sud présente quatre pignons ajourés de larges fenêtres, aux façades constellées d'armoiries, martelées. Le pignon du porche est orné d'un linteau sculpté figurant l'Annonciation et la Descente de croix, les douze apôtres superposés en se réunissant forment clef de voûte. L'ossuaire attenant à l'église date de 1552. La chaire extérieure fut construite à l'époque de saint Vincent Ferrier *(p. 215)*.

A l'intérieur, les voûtes lambrissées reposent sur des sablières polychromées, on reconnaît à gauche de la nef les signes du Zodiaque, à droite des animaux. La chapelle de la Commanderie, à droite, possède de fins piliers sculptés. La grande verrière du chevet (1423) représentant la Crucifixion est d'un très beau dessin. De la même époque, le retable, situé dans la chapelle des fonts baptismaux, présente des personnages d'une rare élégance (cinq scènes de la vie du Christ et de la Vierge), taillés dans la pierre bleutée de Tournai, le Christ et une Pietà.

ST-AUBIN-DU-CORMIER

2 433 h. (les St-Aubinais)

Carte Michelin n° 59 pli 18 ou 230 pli 27.

Cette cité des marches bretonnes a été le témoin en 1488 de la bataille *(voir p. 22)* que se livrèrent l'armée bretonne, commandée par le duc François II de Bretagne, et l'armée du roi de France sous les ordres du duc de la Trémoille. Vaincu, François II dut signer le traité du Verger qui enlevait à la Bretagne ses droits souverains.

Ruines du château. — On peut voir les ruines de ce formidable château du 13e s. entre l'étang et le profond ravin qui en formaient les défenses naturelles.

Rochers Bécherel. — Au-delà des ruines du château, un sentier s'amorçant à gauche de la route parcourt ce pittoresque chaos rocheux caché sous bois.

★ ST-BRIEUC

51 399 h. (les Briochains ou Briochins)

Carte Michelin n° 59 pli 3 ou 230 plis 8, 9.

La ville est bâtie à 3 km de la mer, sur un plateau qu'entament profondément deux cours d'eau : le Gouëdic et le Gouet. Ce dernier, canalisé, conduit au port de commerce et de pêche du Légué. Deux hardis viaducs en franchissent les vallées.

ST-BRIEUC

		Abbé-Garnier (R.)	**AX** 2	Martray (Pl. du)	**AY** 33
		Commune (Bd de la)	**BY** 12	Plélo (Bd de)	**BV** 34
Chapitre (R. du)	**AZ**	Corderie (R. de la)	**AX** 13	Quinquaine (R.)	**AY** 38
Charbonnerie (R.)	**AY** 4	Ferry (R. Jules)	**AX** 16	Résistance (Pl. de la)	**AY** 39
Glais-Bizoin (R.)	**ABY** 20	Gambetta (Bd)	**AY** 17	Rohan (R. de)	**AYZ** 40
Jouallan (R.)	**AY** 26	Hérault (Bd)	**AV** 23	St-Gouéno (R.)	**AY** 44
St-Gilles (R.)	**AY** 43	Le-Gorrec (R. P.)	**AZ** 28	Victor-Hugo (R.)	**BX** 50
St-Guillaume (R.)	**BZ** 46	Libération (Av. de la)	**BZ** 29	3-Frères-Le-Goff (R.)	**AY** 52
		Lycéens-Martyrs (R. des)	**AZ** 32	3-Frères-Merlin (R.)	**AY** 53

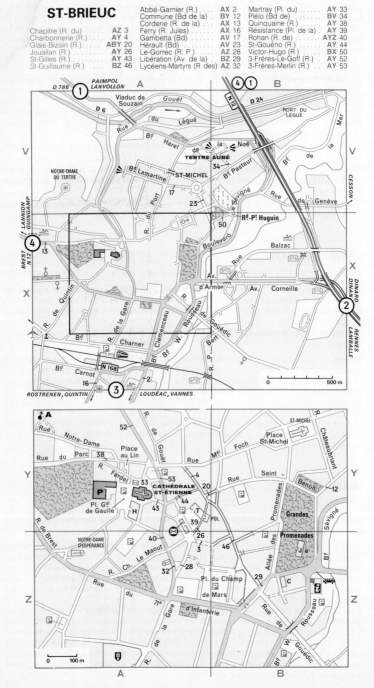

St-Brieuc est le centre administratif, commercial et industriel du département. Ses marchés et ses foires sont très courus, en particulier la foire de la Saint-Michel, le 29 septembre, et la foire-exposition qui se tient au début du même mois.

Une zone industrielle, implantée au Sud-Ouest de l'agglomération, groupe de nombreuses usines et de vastes entrepôts frigorifiques destinés à stocker la production régionale : viande et primeurs du Léon surtout.

Un pardon de N.-D.-d'Espérance a lieu le dernier dimanche de mai.

PRINCIPALES CURIOSITÉS *visite : 1 h 1/2*

★ **Cathédrale St-Étienne** (AY). — Cet édifice des 13e et 14e s., remanié à plusieurs
cv reprises et restauré au 19e s., surprend par son allure massive d'église-forteresse. La façade austère est encadrée de deux grosses tours ou à mâchicoulis, épaulées par de robustes contreforts. Les bras du transept, très saillants, sont protégés par des tours à poivrière.

Entrer dans la cathédrale par le porche de style gothique de la façade.

La nef à sept travées, d'une belle élévation, a été reconstruite au 18e s. Le chœur à trois pans est harmonieux, au-dessus des grandes arcades se développe un triforium à balustrade à quadrilobes et à arcs trilobés, d'une grande finesse.

Dans le bas-côté droit, remarquer l'autel de la chapelle du Saint-Sacrement, en bois sculpté, exécuté par Corlay vers 1745. Le bras droit du transept présente une belle verrière du 15e s. et, dans la petite chapelle, le tombeau de saint Guillaume, mort en 1231. La chapelle absidale abrite une élégante Vierge en albâtre du 15e s. On peut voir encore le buffet d'orgue du 16e s., la chaire du 18e s. et le chemin de croix de Saupique, œuvre rennaise de 1958, en granit.

Maisons anciennes (AY). — Le quartier au Nord de la cathédrale a conservé de belles demeures des 15e et 16e s. à pans de bois et encorbellements. Il faut parcourir la place du Martray, la rue Fardel (à l'angle de la place au Lin : maison de Ribeault ; au nº 15, maison dite « hôtel des Ducs de Bretagne » ; puis nºs 17, 19, 27, 29, 31, 32 et 34, la rue Quinquaine (nº 9), la rue de Gouet (nºs 6, 16 et 22).

★ **Tertre Aubé** (ABV). — De ce terre-plein aménagé en jardin, une belle **vue**★ se dégage sur la vallée du Gouet, traversée par le viaduc de la route de Paimpol ; sur le port du Légué, en contre-bas, en partie masquée par la végétation ; à droite sur la baie de St-Brieuc ; la tour ruinée de Cesson se détache à l'horizon, sur une butte.

AUTRES CURIOSITÉS

Grandes Promenades (BYZ). — Ainsi dénommé, le parc entoure le Palais de Justice. Parmi les statues, buste de l'écrivain Villiers de l'Isle-Adam, né à St-Brieuc, par Élie Le Goff père, La Forme se dégageant de la Matière par Paul Le Goff et La Bretonne du Goëlo par Francis Renaud.

Rond-point Huguin (BX). — De cette place, sur laquelle est élevé le monument au folkloriste Anatole Le Braz, vue sur la vallée du Gouëdic et les deux viaducs, dominés par le village de Cesson et sa tour, la baie de St-Brieuc et la côte jusqu'au cap Fréhel.

Fontaine de St-Brieuc (AY A) — Cette fontaine, protégée par un joli porche du 15e s., est adossée au chevet de la chapelle N.-D.-de-la-Fontaine, reconstruite au 19e s. En ce lieu se serait installé le moine gallois Brieuc, au 5e s., lors de l'évangélisation de cette région.

Tour du Saint-Esprit (AY P). — Restaurée en 1962, cette intéressante construction Renaissance, avec tour d'angle octogonale coiffée en poivrière, abrite la Préfecture.

EXCURSION

Circuit de 25 km. — *Environ 2 h. Quitter St-Brieuc au Nord par le port du Légué, longer le quai rive gauche.* Sur la droite, dans la verdure, se profile la tour ruinée de Cesson ; au cours de la montée, belle vue sur la pointe des Guettes au fond de la baie et la côte jusqu'au cap d'Erquy. *Traverser St-Laurent-de-la-Mer et, dans Ville-Agan, prendre à droite la rue du Roselier.*

★ **Pointe du Roselier.** — Faire le tour de la pointe en empruntant le sentier à droite de la longue-vue. De belles **vues**★ se développent sur St-Quay-Portrieux et la côte ; le sentier passe à proximité d'un ancien four à rougir les boulets, puis longe la clôture d'une villa. La vue se porte alors sur la tour de Cesson, le fond de la baie de St-Brieuc et les bouchots à moules de la pointe des Guettes, la côte vers le Val-André. De petits sentiers à flanc de falaise ramènent au point de départ.

Faire demi-tour et, à 2 km, tourner à droite.

Martin-Plage. — Cette jolie plage s'étire entre la pointe du Roselier et le rocher des Tablettes.

La route s'élève ensuite rapidement et, à Ville-Fontaine, prendre à droite une agréable petite route qui descend entre des talus boisés.

Plage des Rosaires. — La plage est encadrée de falaises boisées, hautes de près de 100 m. La vue embrasse toute la baie de St-Brieuc, de la pointe de St-Quay au cap d'Erquy.

Regagner St-Brieuc par la route directe.

---

*Avec votre **guide Michelin** il vous faut des **cartes Michelin**. Ça va de soi !*

★★ ST-CAST-LE-GUILDO

3 246 h. (les Castins)

Carte Michelin n° 🎖🎖 pli 5 ou 🎖🎖🎖 plis 10, 11 — Schéma p. 84 — Lieu de séjour p. 15.

Cette station est formée de trois agglomérations : le Bourg, l'Isle et la Garde. Une belle plage est limitée par les pointes de la Garde et de St-Cast. Le port de pêche abrite une petite flottille plus spécialement consacrée à la pêche aux coquilles St-Jacques et aux praires.

★★ **Pointe de St-Cast.** — Superbe **vue★★** sur la côte d'Émeraude. A côté du sémaphore se trouve une table d'orientation. A l'extrême pointe, un monument a été élevé à la mémoire des «Évadés de France qui préfèrent mourir debout que vivre à genoux». On l'atteint par un sentier courant le long de la falaise. Le chemin passe près du monument élevé à la mémoire des victimes de la frégate «Laplace», bâtiment météorologique qui sauta sur une mine en 1950, et rejoint le chemin de St-Cast à la plage de la Mare.

★★ **Pointe de la Garde.** — De l'extrémité de la pointe, très belle **vue★★** sur les plages de St-Cast et de Pen Guen et la côte jusqu'à la pointe de la Varde. Statue de N.-D.-de-la-Garde par Armel Beaufils. Un sentier touristique contourne la pointe ; il emprunte la Corniche de la Plage près de l'hôtel Ar Vro, passe près de l'oratoire, suit la falaise sur la pointe et se raccorde sur le versant Sud au chemin d'accès à la cale près de l'oratoire.

Colonne commémorative. — Du pied du monument, jolie **vue** sur le port, la grande plage et la côte vers St-Malo.
Cette colonne est surmontée d'un lévrier piétinant le léopard britannique, rappelant la victoire de 1758. Ayant échoué dans une attaque contre St-Malo, 13 000 Anglais revenaient s'embarquer sur la flotte mouillée dans la baie de St-Cast. Attaqués par le gouverneur de Bretagne, le duc d'Aiguillon, ils perdent 2 400 hommes. Le duc a dirigé le combat du moulin d'Anne de la Vieuxville. Comme on dit devant La Chalotais (p. 182), procureur du Parlement de Rennes, que « M. le Duc s'est couvert de gloire », il ajoute : « et surtout de farine ». Les rapports du gouverneur et du magistrat, déjà tendus, ne s'en trouvent pas améliorés.

Église (au Bourg). — Moderne. A l'intérieur, remarquer un curieux bénitier (16e s.) orné de grotesques et les statues de saint Clément et saint Cado du 17e s. Dans le transept gauche, un vitrail moderne rapelle la bataille de St-Cast (voir ci-dessus).

Chapelle Ste-Blanche (à l'Isle). — Au-dessus du maître-autel, une antique statue de sainte Blanche, mère de triplés (voir chapelle de St-Venec, p. 174), est l'objet d'une grande vénération.

*Sachez tirer parti de votre **guide Michelin**. Consultez la légende p. 42.*

★ ST-FIACRE (Chapelle)

Carte Michelin n° 🎖🎖 pli 17 ou 🎖🎖🎖 pli 20 (2,5 km au Sud-Est du Fawouët).

La chapelle est un bel édifice du 15e s. La façade offre l'un des plus beaux exemples bretons de clocher-pignon (détails et illustration p. 35).
A l'intérieur, le **jubé★★** (illustration p. 36), véritable dentelle de bois (1480), est une œuvre de l'art flamboyant. Du côté de la nef, des statues figurant les scènes de la tentation d'Adam et Ève, de l'Annonciation et du Calvaire le décorent. Du côté du chœur de curieuses statues personnifient le vol (un homme cueillant des fruits sur un arbre), l'ivresse (un homme vomissant un renard), la luxure (un homme et une femme), la paresse (un sonneur breton : joueur de biniou et de bombarde). La décoration de panneaux de la tribune et des culs-de-lampe est remarquablement variée. Le retable de pierre, contre le pilier de gauche, représente le martyre de saint Sébastien. Vitraux du 16e s. dans le chœur et les croisillons ; statues anciennes.
Beaux **vitraux** du 16e s. : dans le chœur, la Passion, dans le bras droit du transept, vie de saint Jean-Baptiste, dans le bras gauche, Arbre de Jessé et vie de saint Fiacre. Quelques statues des 15e et 16e s. : sainte Apolline, saint Fiacre dans une niche en bois peint, un duc breton en costume de cour.

ST-GEORGES-DE-GRÉHAIGNE

348 h.

Carte Michelin n° 🎖🎖 pli 7 ou 🎖🎖🎖 pli 13.

Avant la création des polders, la mer arrivait à 1 km du village. Sur la colline, à l'emplacement d'une chapelle dédiée à saint Georges en 1030, fut construite, au 15e s., *cv* cette **église** bénédictine. L'intérieur aux murs décapés, à voûte de chêne, est orné de grandes statues populaires dont la plus ancienne est celle de saint Samson (dans la nef, face à l'entrée). L'allée centrale pavée de pierres tombales mène au chœur plus étroit, éclairé par un vitrail du 15e s. où la Vierge est représentée en paysanne bretonne. Contourner l'église pour jouir d'une belle échappée entre les arbres, au-delà d'un lointain rideau de peupliers, sur le Mont-St-Michel.

EXCURSION

cv **Petit Mont-St-Michel.** — 9 km au Nord-Ouest en direction du Vivier-sur-Mer et une route à gauche vers St-Marcan.
Dans un enclos à flanc de colline sont présentés des monuments de la région au 1/50 : église de Pontorson, Mont-St-Michel, château de Fougères, etc. Au hasard des sentiers, une belle vue se développe sur la baie du Mont-St-Michel. Aire de jeux pour les enfants.

ST-GILDAS-DE-RHUYS

1 064 h. (les Gildasiens)

Carte Michelin n° 63 pli 12 ou 230 pli 50. – Schéma p. 141.

Ce village doit son origine au monastère fondé au 6e s. par saint Gildas. Parmi les abbés qui le gouvernèrent, le plus célèbre est, au 12e s., Abélard.

Abélard. – Le savant philosophe, après les aventures qui ont associé son nom à celui d'Héloïse, croit trouver la paix dans cette solitude bretonne. La désillusion est rapide et cruelle : « J'habite, écrit-il à Héloïse, un pays barbare dont la langue m'est inconnue et en horreur ; je n'ai de commerce qu'avec des peuples féroces ; mes promenades sont les bords inaccessibles d'une mer agitée ; mes moines n'ont d'autre règle que de n'en point avoir. Je voudrais que vous vissiez ma maison ; vous ne la prendriez jamais pour une abbaye ; les portes ne sont ornées que de pieds de biches, de loups, d'ours, de sangliers, de dépouilles hideuses de hiboux. J'éprouve, chaque jour, de nouveaux périls ; je crois, à tout moment, voir sur ma tête un glaive suspendu. » Ce n'est pas le glaive qu'emploient les moines mais le poison. Abélard s'en tire par miracle et s'enfuit, en 1132, par un passage secret.

★ **Église.** – Visite : 1/2 h. Ancienne abbatiale élevée vers la fin du 11e s., l'église a été reconstruite en grande partie aux 16e et 17e s. On ira voir le chevet roman, simple et harmonieux, orné de modillons : remarquer une petite sculpture représentant une scène de tournoi.

A l'intérieur, le **chœur**★ roman est remarquable. Derrière le maître-autel de style baroque, tombeau de saint Gildas (11e s.). Dans le croisillon gauche et dans le déambulatoire, éclairé de vitraux modernes : pierres tombales de saint Goustan (11e s.) et des enfants de Bretagne (13e s.). Au bas de la nef, deux beaux chapiteaux sculptés servent de bénitier, un autre chapiteau réemployé est visible dans le bas-côté droit.

cv Le **trésor**★, bien présenté, renferme des objets anciens de valeur : châsse (14e et 18e s.), bras, genou et jambe reliquaires de saint Gildas (15e s.), chef de saint Gildas (16e s.) en argent rehaussé d'or, mitre brodée, croix en vermeil, ornée d'émeraude, du 17e s., etc.

ST-GONÉRY

Carte Michelin n° 59 pli 2 ou 230 pli 7 – Schéma p. 212.

Ce bourg du Trégorrois possède une belle chapelle du 15e s.

★ **Chapelle St-Gonéry.** – La chapelle est surmontée d'une flèche en plomb, de 1612,
cv curieusement inclinée sur une tour du 10e s.

A l'intérieur de la chapelle, les voûtes en bois peint représentent des épisodes de l'Ancien et du Nouveau Testament ; de la fin du 15e s., ces **peintures** restaurées au 18e s., puis au 19e s., sont très intéressantes.

Dans la chapelle à droite du chœur, remarquer une **armoire aux Reliques**★ du 16e s., sorte de bahut à baldaquin, finement sculpté ; dans la chapelle de gauche., le **mausolée**★ d'un évêque de Tréguier (16e s.), dont le gisant reposant sur une imposante dalle moulurée est supporté par quatre lions. Dans la nef, Vierge en albâtre du 15e s.

Sous le clocher-porche, se trouvent le sarcophage de saint Gonéry, ermite venu évangéliser le pays au 6e s., et le tombeau qu'on lui éleva en 1614. Une ouverture pratiquée dans l'arcature du tombeau permettait aux marins ou soldats partant pour un long voyage de prélever un peu de terre qu'ils emportaient avec l'engagement de la restituer dès leur retour.

Dans l'enclos se dressent un petit calvaire et une chaire octogonale du 16e s.

★ ST-JEAN-DU-DOIGT

656 h. (les Jeannais)

Carte Michelin n° 58 pli 6 ou 230 plis 5, 6.

Ce pittoresque village doit son nom à la relique conservée en son église depuis le 15e s. St-Jean-du-Doigt célèbre le dernier dimanche de juin son pardon, fréquenté notamment par les malades atteints d'ophtalmie.

Enclos paroissial. – Visite : 3/4 h. Il s'ouvre par une porte triomphale du 16e s. A gauche, on verra une haute **fontaine**★ Renaissance, socle en pierre et vasques en plomb, dominée par Dieu le Père bénissant le baptême de son Fils par saint Jean-Baptiste. A droite du porche, une chapelle ou oratoire du sacre (1577) est ornée d'une frise intérieure sculptée et de poutres avalées par des monstres.

★ **Église.** – Le doigt de saint Jean-Baptiste, apporté vers 1420 à la chapelle St-Mériadec qui s'élevait en ce lieu, opère des miracles. Les pèlerins affluent et, en 1440, l'édification d'une grande église est décidée ; elle ne sera achevée qu'en 1513 grâce aux largesses d'Anne de Bretagne.

L'église, de style flamboyant, présente un chevet plat ; le clocher privé de sa flèche s'appuie sur la première travée de la nef qui en comporte huit. Le riche mobilier a été détruit lors de l'incendie de 1955 qui endommagea tout l'édifice maintenant restauré.

A la base du clocher, adossés aux contreforts, se trouvent deux petits ossuaires ; celui de droite est gothique, l'autre, Renaissance.

★★ **Trésor.** – Le trésor comprend plusieurs reliquaires dont l'un renferme la première
cv phalange de l'index de saint Jean-Baptiste (cette relique est plongée, plusieurs fois par an, dans la Sainte Fontaine pour en bénir l'eau). On voit également une **croix processionnelle**★ et la plus belle pièce du trésor : un **calice**★★ Renaissance en vermeil.

Carte Michelin n° 59 pli 5 ou 230 pli 11 – Schéma p. 85.

Cet élégant centre balnéaire, proche de Dinard, possède deux belles plages : à l'Est, St-Lunaire, la plus animée, regarde St-Malo ; à l'Ouest, Longchamp, la plus vaste, est tournée vers le cap Fréhel.

CURIOSITÉS

★★ **Pointe du Décollé.** – Elle est reliée à la terre ferme par un pont naturel qui franchit la profonde crevasse du Saut du Chat ; au delà du pont s'étendent les promenades.

Prendre, à gauche de l'entrée du pavillon du Décollé, le chemin conduisant à la pointe où est érigée une croix en granit. De là, très belle **vue**★★ sur la côte d'Émeraude, depuis le cap Fréhel jusqu'à la pointe de la Varde.

★ **Grotte des Sirènes.** – Du pont qui franchit la faille par laquelle cette grotte s'ouvre vers la mer, on en voit le fond ; à marée haute, la mer y donne de puissants coups de bélier.

CC **Vieille église St-Lunaire.** – Elle se dresse parmi les arbres, dans un ancien cimetière. Elle a conservé sa nef du 11ᵉ s. ; les bas-côtés et le chœur à pans coupés ont été refaits au 17ᵉ s. Au centre de la nef se trouve le tombeau de saint Lunaire, sur un sarcophage gallo-romain repose le gisant du saint (14ᵉ s.). Sept autres tombeaux sont visibles dans le transept ; dans le bras gauche ou chapelle des Pontbriand, remarquer les tombeaux d'un chevalier et d'une dame (15ᵉ s.), dans le bras droit ou chapelle des Pontual, le tombeau richement sculpté en haut-relief d'une dame de cette famille (13ᵉ et 14ᵉ s.).

Carte Michelin n° 59 pli 6 ou 230 pli 11 – Schémas p. 85 et 179.

St-Malo, St-Servan, Paramé (lieux de séjour p. 15) et Rothéneuf ont fusionné pour former la ville de St-Malo, vaste ensemble touristique dans un très beau **site**★★★.

Le port. – Le port possède quatre bassins à flot (Vauban, Duguay-Trouin, Bouvet, Bassin Jacques Cartier) et un avant-port. Les importations d'engrais, d'amendements marins, de granit, de bois, de pâte à papier, de vin, d'aliments pour le bétail et d'hydrocarbures et de phosphate entretiennent son activité. Les exportations portent surtout sur le blé de l'arrière-pays.

St-Malo est le seul port breton qui arme encore pour la pêche à la morue *(voir p. 19)* ; les grands chalutiers pêchant par l'arrière ont remplacé les célèbres « terre-neuvas ».

Pour la navigation de plaisance, des ports ont été aménagés dans le bassin Vauban et dans l'anse des Sablons.

UN PEU D'HISTOIRE

Origine. – Saint Malo, rentrant du Pays de Galles au 6ᵉ s., évangélise Aleth (St-Servan) ancienne préfecture gallo-romaine, et en devient l'évêque. L'île voisine, sur laquelle est bâtie l'actuelle St-Malo, est alors inhabitée, mais les incursions des Normands obligent les habitants à s'y établir, car elle est plus facile à défendre. Son peuplement devient assez important pour qu'en 1144 l'évêché d'Aleth s'y trouve transféré. Elle prend le nom de St-Malo tandis qu'Aleth se place sous la protection d'un autre saint local : saint Servan.

La ville appartient à ses évêques qui l'entourent de remparts. Elle reste à l'écart des rivalités de la province. Au moment de la Ligue, St-Malo se déclare en république et réussit à maintenir son indépendance pendant quatre ans. Cet esprit particulariste se traduit par la devise : « Ni Français, ni Breton : Malouin suis. »

Les Malouins célèbres. – Peu de villes ont vu naître autant d'hommes célèbres que St-Malo.

Jacques Cartier, parti en 1534 chercher de l'or dans la région de Terre-Neuve et de Labrador, découvre l'estuaire du St-Laurent qu'il prend pour l'embouchure d'un grand fleuve d'Asie. Comme le mot « Canada », qui signifie village en huron, revient souvent dans les propos des Indiens, il donne ce nom au pays. Il en prendra possession au nom du roi de France en 1534. Mais c'est Champlain qui colonisera le Canada et fondera Québec en 1608.

Porcon de la Bardinais, chargé en 1665 par les armateurs malouins de protéger leurs navires des attaques des Barbaresques, est pris et amené devant le dey d'Alger. Envoyé à Louis XIV porteur de propositions de paix, il promet qu'il reviendra à Alger si sa mission échoue. Il part, voit l'offre du dey déclinée, passe à St-Malo pour mettre ses affaires en ordre, fait ses adieux à sa famille et, tel Regulus, retourne en Afrique où il est exécuté, attaché à la gueule d'un canon.

Duguay-Trouin (1673-1736) et **Surcouf** (1773-1827 - *illustration p. 23*) sont les plus illustres corsaires malouins. Ces hardis marins recevaient du roi des « lettres de course » qui leur permettaient d'attaquer les navires de guerre ou marchands sans être traités en pirates, c'est-à-dire pendus au bout de la grand'vergue. Aux 17ᵉ et 18ᵉ s., les corsaires ont infligé aux Anglais, aux Hollandais et aux Espagnols des pertes inouïes.

Duguay, fils d'un riche armateur, destiné à la prêtrise, est embarqué à 16 ans sur un navire corsaire pour mettre fin à une vie orageuse. Se dons sont tels qu'il passe, 24 ans, dans le « Grand Corps » de la Marine royale comme capitaine de frégate et, 36 ans, il reçoit ses lettres de noblesse. Quand il meurt, il est lieutenant-général commandeur de St-Louis.

Le destin de Surcouf est bien différent mais tout aussi brillant. Répondant à l'appel de la mer, Surcouf commence très jeune une carrière riche en exploits fabuleux. Négrier, puis corsaire, il amasse un énorme butin et prend, à 36 ans, une retraite précoce. Puis il arme des corsaires, des navires marchands et continue à accroître sa fortune.

Chateaubriand et Lamennais jettent sur leur ville natale un reflet romantique.

François-René de Chateaubriand (1768-1848) est le dixième et dernier enfant d'une très noble famille bretonne tombée dans la gêne. Son père est allé chercher fortune aux Amériques et a pu, au retour, s'établir armateur à St-Malo. La chambre où René vit le jour se trouve au 2e étage d'un immeuble modeste dont l'entrée donne sur la cour d'honneur de l'hôtel « France et Chateaubriand », près de la tour Quic-en-Groigne ; de la fenêtre, on aperçoit le large au-delà des remparts. Le futur grand homme passe ses premières années à vagabonder sur le port, puis étudie successivement aux collèges de Dinan, Dol, Rennes, Brest, rêvant tantôt d'être marin et tantôt d'être prêtre. Il reste deux ans dans la solitude de Combourg *(p. 74)* avec son père, sa mère et sa sœur Lucile. C'est par le métier des armes qu'il commence, en 1786, la carrière mouvementée qui se termine en 1848 dans l'isolement grandiose du Grand Bé *(p. 199)*.

Lamennais (1782-1854), autre fils d'armateur malouin, a tenu une place importante dans le mouvement romantique. Orphelin très tôt, élevé par un oncle au château de la Chesnaye, près de Dinan, il est, à 22 ans, professeur de mathématiques au collège de St-Malo, puis entre au séminaire. Ordonné prêtre en 1816, il a une grande influence sur Lacordaire et Montalembert. Ses polémiques passionnées le mettent en difficulté avec Rome et le font rompre avec l'Église. Il se retire à la Chesnaye et publie, en 1834, les célèbres « paroles d'un croyant ». Ses idées politiques avancées le font condamner à un an de prison en 1840, mais lui valent un siège à l'Assemblée Nationale de 1848.

Aux Malouins célèbres déjà cités, on doit ajouter notamment : **Mahé de La Bourdonnais** (1699-1753), grand colonisateur, rival de Dupleix aux Indes ; **Broussais** (1772-1838), qui a transformé la médecine de son temps ; **Gournay** (1712-1759), fameux économiste à qui l'on prête la formule « laissez faire, laissez passer » et enfin la pure figure d'**André Desilles**. En 1790, la garnison de Nancy, à laquelle appartient ce lieutenant de 23 ans, se révolte contre l'Assemblée Nationale. Des troupes sont envoyées pour la réduire. Pour empêcher cette lutte fratricide, Desilles se jette devant les canons et tombe blessé à mort. Comme l'a dit Chateaubriand : « Tout cela n'est pas mal pour une enceinte qui n'égale pas celle des Tuileries ».

Destruction et renaissance de St-Malo. — St-Malo et ses environs, transformés par les Allemands en un vaste camp retranché, seront, du 1er au 14 août 1944, l'objet d'une lutte sans merci. La ville en sortira ruinée. Respectueux du passé, les restaurateurs ont eu à cœur de faire revivre la vieille cité et leur réalisation, dans un esprit de scrupuleuse fidélité, est une réussite totale.

★★★ LES REMPARTS   *visite : 1 h*

Partir de l'esplanade St-Vincent (DZ).

On voit, à l'entrée du jardin du casino, la statue de Chateaubriand, œuvre d'Armel-Beaufils, élevée en 1948, lors des fêtes du centenaire de sa mort. Passer sous la porte St-Vincent, formée de deux portes jumelles ; prendre, à droite, l'escalier qui donne accès au chemin de ronde.

Les remparts, commencés au 12e s., ont été agrandis et modifiés jusqu'au 18e s. Ils sont sortis intacts de la catastrophe. Cette promenade offre des vues magnifiques et variées. La marée, de très grande amplitude (8 à 14 m), modifie profondément l'aspect du rivage et des îlots ; c'est à marée haute que le spectacle est le plus saisissant.

De la porte St-Vincent au bastion St-Louis. — Aussitôt après la Grande Porte, couronnée de mâchicoulis, la vue se développe sur l'isthme étroit qui relie la vieille ville à ses faubourgs ; sur les bassins du port ; au-delà, sur St-Servan.

Du bastion St-Louis au bastion St-Philippe. — Le rempart borde les maisons des riches armateurs malouins ; deux restèrent intacts, près du bastion St-Louis, précédant une succession de murailles et de façades qui furent démontées pierre à pierre.
Cet ensemble est totalement reconstitué et les vieilles toitures, surmontées de cheminées monumentales, se dégagent à nouveau des remparts, rendant à cette partie de la ville son aspect traditionnel. La vue se développe sur l'avant-port ; sur le rocher d'Aleth, couronné par le fort de la Cité, et sur l'estuaire de la Rance ; sur Dinard, avec la plage du Prieuré et la pointe de la Vicomté.

Du bastion St-Philippe à la tour Bidouane. — Très belle vue sur la Côte d'Émeraude à l'Ouest de Dinard et les îles, au large de St-Malo. A droite de la pointe du Moulinet, on aperçoit en partie la grande plage de Dinard ; on distingue la pointe des Étêtés séparant Dinard de St-Lunaire, la pointe du Décollé, l'île Ébihens, la pointe de St-Cast et le cap Fréhel ; à droite, plus proche, l'île Harbour et, toujours sur la droite, les îles du Grand Bé *(p. 199)* et du Petit Bé, puis à l'arrière-plan, l'île de Cézembre *(p. 91)* et le fort de la Conchée.

De la tour Bidouane à la porte St-Vincent. — On découvre le fort National *(p. 199)* et la grande courbe qui unit St-Malo à la pointe de la Varde, en passant par les plages de Paramé, de Rochebonne et du Minihic.

A l'extrémité des remparts prendre l'escalier qui descend près de la porte St-Thomas. Cette porte donne sur l'immense plage de Paramé.

★★ LE CHÂTEAU (DZ)   *visite : 1 h 1/2*

On peut pénétrer dans la cour et voir les façades des anciennes casernes des 17e et 18e s. (hôtel de ville actuel), la citerne, le grand donjon et le castelet.

Le petit donjon, édifié en 1395, flanque l'ancien mur d'enceinte. Le grand donjon, élevé en 1424, domine le château. A l'extérieur, les tours d'angle sont des 15e et 16e s., la chapelle et « la galère », du 17e s.

★ **Musée de la ville (M).** — Il occupe le grand donjon et le castelet. Il est consacré à l'histoire de St-Malo et de ses hommes célèbres : les navigateurs, Jacques Cartier, Duguay-Trouin, la Bourdonnais, Surcouf, les écrivains Chateaubriand, Lamennais, le mathématicien Maupertuis. Documents, maquettes de navire, peintures, armes, rappellent le passé maritime de la cité. On peut accéder aux tourelles de guet, d'où se révèle un **panorama**★★ imposant sur la ville, le port, la côte et la mer.

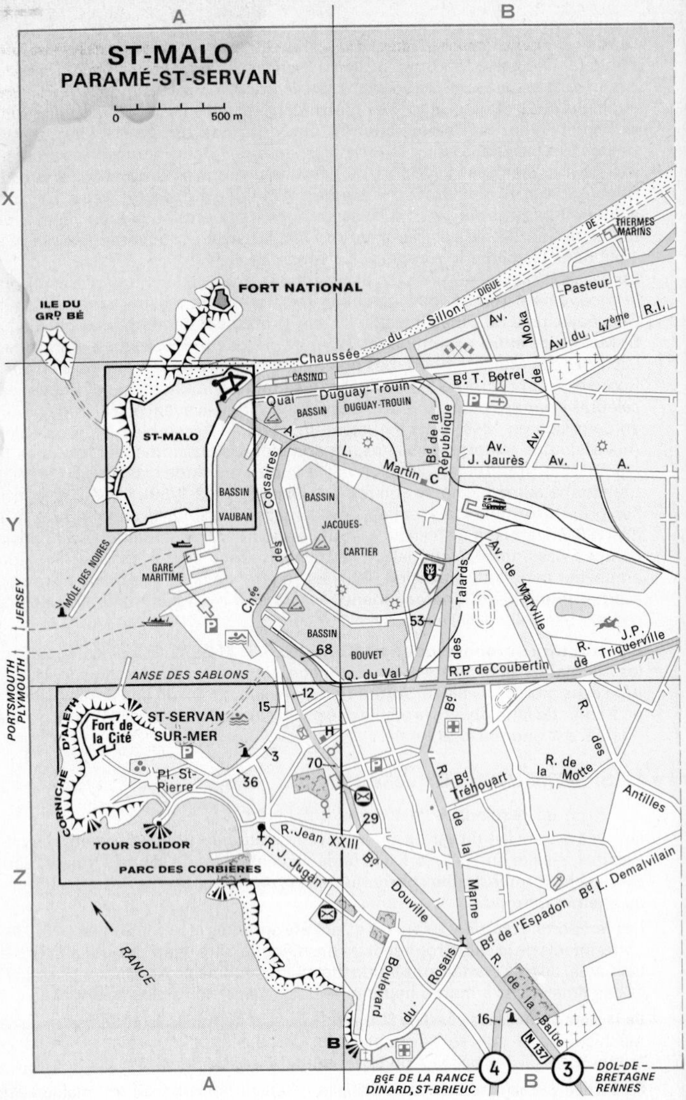

ST-MALO
PARAMÉ-ST-SERVAN

0   500 m

FORT NATIONAL

ILE DU Grᵈ BÉ

ST-MALO

BASSIN VAUBAN

MÔLE DES NOIRES

GARE MARITIME

BASSIN 68

BOUVET
Q. du Val

ANSE DES SABLONS

ST-SERVAN SUR-MER

Fort de la Cité

Pl. St-Pierre

TOUR SOLIDOR

PARC DES CORBIÈRES

CORNICHE D'ALETH

RANCE

Quai Duguay-Trouin
BASSIN DUGUAY-TROUIN
CASINO
Chaussée du Sillon
Bᵈ de la République
Bᵈ T. Botrel
Av. Moka
Av. du 47ᵉᵐᵉ R.I.
Pasteur
THERMES MARINS
DIGUE

Av. J. Jaurès
Martin
BASSIN JACQUES-CARTIER
Av. de Marville
J.P. de Triquerville

53
R.P. de Coubertin
des Talards

R. Jean XXIII
R. J. Jugan
R. Tréhouart
R. de la Motte
Antilles
Bᵈ de la Marne
Bᵈ de l'Espadon
Bᵈ L. Demalvilain
Douville
Boulevard du Rosais
R. de la Balue
16
[N 137]
DOL-DE-BRETAGNE
RENNES
Bᵈᵉ DE LA RANCE
DINARD, ST-BRIEUC

JERSEY
PORTSMOUTH PLYMOUTH

★ **Quic-en-Groigne** (E). – Cette tour (68 marches) est située dans l'aile gauche du château. Son nom rappelle la réplique d'Anne de Bretagne aux Malouins : « Qui qu'en groigne, ainsi sera, car tel est mon bon plaisir ». Le musée de cire qui y est présenté évoque le prestigieux passé de la cité corsaire, à travers les célébrités malouines représentées dans leur cadre familier en costumes d'époque, et grandeur nature.

AUTRES CURIOSITÉS

Cathédrale St-Vincent (DZ). – Commencée au 11ᵉ s., achevée au 18ᵉ s., elle a retrouvé la flèche ajourée qui dominait la ville. La nef est couverte de voûtes sur croisées d'ogives très bombées, de type angevin ; sombre, puissante, elle contraste avec le chœur, du 13ᵉ s., en contrebas, gracieux, élancé, éclairé de magnifiques **vitraux★** de Jean Le Moal : éclatante rose aux flammes orangé, rouge et jaune, encadrée de verrières grenat, indigo, rose ardent, ciel. Dans le transept restauré suivant les structures du 17ᵉ s., les vitraux ont des tonalités plus assourdies alors que dans les bas-côtés, les verrières de Max Ingrand offrent des couleurs froides. Le bas-côté gauche a gardé ses voûtes d'origine. La chapelle du Sacré-Cœur (côté droit) est une belle réalisation de la reconstruction avec sa voûte en bois et son autel en granit. Une Vierge du 16ᵉ s., N.-D.-de-la-Croix-du-Fief, marquée par le feu et provenant d'une maison médiévale, est conservée dans la 2ᵉ chapelle, côté gauche du déambulatoire où se trouvent aussi les restes de Duguay-Trouin. La chapelle voisine abrite la sépulture de Jacques Cartier.

cv **Exposition « Collections Nouvelles »** (DZ K). – Installée dans l'ancienne chapelle St-Sauveur (18ᵉ s.), cette exposition retrace la vie malouine, principalement du 19ᵉ s. et du début du 20ᵉ s. Maquettes, peintures, objets, documents illustrent les activités maritimes (commerce, grande pêche), l'industrie, les modes de vie (costumes, coiffes, poteries, objets usuels), les événements les plus marquants de l'histoire de la cité.

Aquarium (DZ N). – Dans le rempart même, place Vauban, une galerie de 120 m de long réunit près de 100 aquariums où évoluent les espèces aquatiques les plus diverses : poissons d'eau douce et animaux marins de la baie de St-Malo, de la mer du Nord, des côtes méditerranéennes, des récifs coralliens. A remarquer un homard bleu.

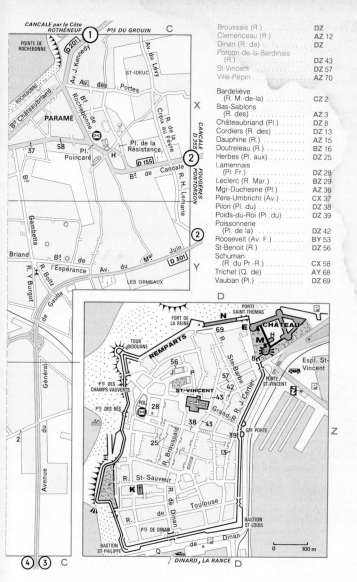

un couple de limules, bêtes préhistoriques armées de pinces et d'une carapace-bouclier, des hippocampes, une collection d'anémones. Dans un petit bâtiment en face, on peut voir un exotarium avec des varans, crocodiles, serpents, batraciens.

★ **Fort National** (AX – *plan p. 198*). – *Accès par la plage de l'Éventail à marée basse – cv 1/4 h à pied AR.*

Construit par Vauban en 1689, le « Fort Royal » est devenu « Fort National » après 1789, puis propriété privée. Bastion avancé assurant la protection de la cité corsaire, il fait corps avec le rocher. La **vue**★★ des remparts est fort belle. Un tour d'horizon complet permet d'admirer la côte et les îles : St-Malo, St-Servan, l'estuaire de la Rance, Dinard, le Grand et le Petit Bé, Harbour, le phare du Grand Jardin, le fort de la Conchée et, dans le lointain, les îles Chausey.

La visite du cachot est impressionnante. On évoque la résistance du fort en 1692 contre la flotte anglo-hollandaise, le duel mémorable de Surcouf défendant l'honneur de la France contre 12 adversaires dont il épargna le dernier comme témoin de ses exploits.

Ile du Grand Bé (AX – *plan p. 198*). – *Accès à marée basse – 3/4 h à pied AR. Quitter St-Malo par la porte des Champs-Vauverts et traverser la plage obliquement, pour gagner la chaussée qui conduit à l'île. Suivre le chemin accroché au flanc droit de l'île.*

Le tombeau de Chateaubriand se trouve du côté du large : une simple dalle sans nom, surmontée d'une lourde croix de granit. De cet isolement, Édouard Herriot a tiré une intéressante évocation de l'homme : « Ce fut un géant des lettres, un splendide isolé. Et, après s'en être étonné, on comprend qu'il ait voulu être enseveli sur son roc solitaire, sans rien autour de lui que la mer inspiratrice de ses premiers songes. Sur la limite de deux siècles, il se dresse comme une île, destiné à connaître, même après sa mort, les convulsions de la guerre, escarpé de nature, distant du commun des hommes et préférant à leur société qu'il méprise le hautain plaisir de poursuivre son dialogue avec son vieil ami l'Océan ». Après la guerre, le tombeau a été restauré et reconstitué d'après un projet établi du vivant de Chateaubriand.

Du sommet de l'île, très beau **panorama**★★ sur toute la Côte d'Émeraude.

Traverser le terre-plein, descendre quelques marches et tourner à gauche dans un chemin qui ramène à la chaussée que l'on a empruntée à l'aller.

PROMENADES EN BATEAU

★★★ **Dinard.** – *Page 90.*

★★★ **Croisière du Cap Fréhel.** – *Page 103.*

★★ **Vallée de la Rance.** – *Page 178.*

Ile de Cézembre. – *Page 91.*

★ **Iles Chausey.** – *Les curiosités sont décrites dans le guide Vert Michelin Normandie.*

Ile de Jersey. – *Les curiosités et les ressources hôtelières sont mentionnées dans le guide Michelin Great Britain and Ireland.*

★ ST-SERVAN-SUR-MER

Égayée par de nombreux jardins, St-Servan-sur-Mer contraste avec la cité de St-Malo enclose dans ses remparts. Sa plage principale est formée par l'anse des Sablons ; d'autres, plus petites, s'échelonnent sur la Rance. La ville a trois ports : le bassin Bouvet, port de commerce et de pêche fraîche, qu'elle partage avec St-Malo, le port Solidor, ancien port militaire, et le port St-Père.

Jeanne Jugan, l'humble servante des pauvres (1792-1879). – Le nom de Jeanne Jugan, donné à une rue de St-Servan-sur-Mer, évoque une humble vie de dévouement, une foi qui soulève des montagnes, une œuvre charitable digne d'admiration.
Jeanne Jugan, née en 1792, est la fille d'un pêcheur de Cancale *(p. 67)* qui périt en mer, laissant une veuve et sept enfants. Placée comme domestique à St-Servan-sur-Mer, chez une vieille demoiselle, Jeanne la soigne pendant dix-huit ans, tout en assistant, dans le voisinage, des indigents âgés et abandonnés. En 1835, sa patronne décède, lui léguant 400 F. Elle achète une masure où elle accueille des vieillards, aidée par trois amies ouvrières ou domestiques. En 1840, ces saintes filles forment une sorte d'association spirituelle dont l'abbé Le Pailleur, vicaire à St-Servan-sur-Mer, est l'aumônier. C'est l'origine de la Congrégation des Petites Sœurs des Pauvres. Pour nourrir tout son monde, Jeanne va quêter, son panier au bras, tous les jours, par tous les temps, bien accueillie ici, rudoyée là. Elle reçoit un jour un soufflet d'un rustre impatienté. « La gifle est pour moi, mon bon monsieur, dit-elle en souriant, donnez-moi maintenant pour mes pauvres ». Jusqu'à la Seconde Guerre mondiale, cette quête était le seul moyen, imposé à la Congrégation par ses statuts, d'assurer sa subsistance. Jeanne Jugan meurt à 87 ans. 6500 religieuses sont aujourd'hui réparties en plus de 300 maisons, dans le monde entier ; elles soignent et hébergent 50 000 vieillards.

★★ **Corniche d'Aleth** (AY). – Cette promenade, par les **vues**★★ magnifiques qu'elle procure, est d'un grand attrait.
Laisser la voiture sur la place St-Pierre, où se dressent les ruines de l'ancienne cathédrale entourée de jardins. *Prendre la rue St-Pierre au chevet de l'église et gagner à gauche l'allée en corniche.*
Tout d'abord, une vue remarquable se dégage sur la cité de St-Malo. Plus à gauche, on distingue les îles du Petit Bé et du Grand Bé et l'île de Cézembre. Appuyer à gauche ; on contourne le fort de la Cité *(p. 201).* L'ensemble de la rade se dégage : à droite de l'île de Cézembre, au loin, l'île fortifiée de la Grande Conchée ; à gauche, le phare du Grand Jardin, l'île Harbour et son fort et, dans le lointain, le cap Fréhel, puis la pointe du Décollé que prolongent des récifs. Emprunter le chemin en descente à droite pour découvrir une très belle vue sur l'estuaire de la Rance, que barre le rocher Bizeux, surmonté d'une statue de la Vierge et, au-delà, l'usine marémotrice *(p. 178).*

★ **Tour Solidor.** – Bâtie en 1382, restaurée au 17e s., elle commande l'estuaire de la Rance. Haute de 27 m, elle se compose de trois tours accolées dont les trois étages furent utilisés comme prison. Elle abrite un intéressant musée.

★ **Musée International du Long Cours Cap-Hornier.** – On découvre la vie aventureuse de ces *cv* grands navigateurs du 16e au 20e s. qui franchissaient le Cap Horn battu par les tempêtes 300 jours par an. Les salles sont consacrées à l'histoire, aux techniques, aux traditions, à la vie à bord. Parmi les nombreuses maquettes de navire, remarquer celle de la « Victoria » qui fit le 1er tour du monde en 1 084 jours, de 1519 à 1522. La visite par paliers permet d'atteindre sans fatigue, au bout de 104 marches, le chemin de ronde d'où la **vue**★ est belle sur l'estuaire, St-Servan-sur-Mer, St-Malo, Dinard et la Rance.

Parc des Corbières. – Ce parc boisé a été laissé à l'état naturel et présente de nombreuses essences. Prendre à droite le sentier en corniche qui, contournant la pointe des Corbières, offre, au hasard de balcons aménagés, de belles **échappées**★ sur l'estuaire de la Rance et l'usine marémotrice.

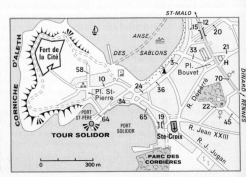

Fort de la Cité. – Le fort de la Cité, bâti en 1759 par ordre du duc d'Aiguillon, fut utilisé et transformé par les Allemands pendant la dernière guerre. Autour de la cour intérieure, est disposée une chaîne de blockhaus, reliés par près de 2 km de galeries souterraines qui desservent, en outre, les casernements, l'hôpital et tous les services de cette petite ville disposée sur plusieurs étages.

cv **Église Ste-Croix.** – De style gréco-roman. L'intérieur est décoré de fresques de 1854 et de vitraux modernes (1962).

★ **Belvédère du Rosais** (BZ B – *plan p. 199*). – Situé près du petit cimetière marin, suspendu à flanc de falaise, qui renferme la tombe du comte et de la comtesse de Chateaubriand, parents de l'écrivain. **Vue**★ sur le barrage de la Rance, le rocher Bizeux surmonté d'une statue de la Vierge, la pointe de la Vicomté et Dinard.

★★ PARAMÉ

Station balnéaire fréquentée, Paramé possède un établissement de cures marines. Deux plages magnifiques s'étendent sur 2 km : la plage du Casino qui fait suite à celle de St-Malo et la plage de Rochebonne. Une superbe digue-promenade de 3 km borde la grève.

ROTHÉNEUF par ① du plan

Ses deux plages sont très différentes : celle du Val s'ouvre largement sur la mer ; celle du Havre de Rothéneuf borde une anse presque fermée et entourée de dunes, de falaises et de pins.

A proximité de Rothéneuf se trouve **le Minihic** avec ses villas et sa plage.

cv **Rochers sculptés.** – Des rochers de la côte ont été patiemment sculptés, à partir de 1870, par l'abbé Fouré, qui passa à ce travail vingt-cinq ans de sa vie. Près de 300 petits personnages sont ainsi figés dans le granit.

cv **Aquarium marin.** – Il possède un intéressant échantillonnage d'animaux marins vivant dans la Manche et une importante collection de coquillages en provenance de toutes les mers du globe.

★★ ST-MATHIEU (Pointe de)

Carte Michelin n° 58 pli 3 ou 230 pli 16 – Schéma p. 44.

St-Mathieu, qui était au 14ᵉ s. une ville importante, n'est plus aujourd'hui qu'un village célèbre par les ruines de son église abbatiale, son site, son phare.

cv **Phare.** – Le phare est muni d'une installation de feux électriques perfectionnés – deux optiques complémentaires sont réservées à la navigation aérienne – et d'un radiophare : la lentille, illuminée par une lampe de 1 500 watts, donne à l'optique principale une intensité lumineuse d'environ 5 millions de candelas ; la portée est de 55 à 60 km. Du sommet (167 marches), **panorama**★★ superbe. De gauche à droite : l'entrée du goulet de Brest, la presqu'île de Crozon, la pointe du Raz, l'île de Sein (par temps clair) ; la chaussée des Pierres Noires ; les îles de Béniguet, Molène et d'Ouessant. Derrière Béniguet, à 30 km, on distingue parfois le phare de la Jument.

★ **Église abbatiale.** – Les ruines sont les restes d'un monastère bénédictin fondé au 6ᵉ s. et qui, selon la légende, aurait possédé comme relique la tête de saint Mathieu, rapportée d'Égypte par des marins du pays.
Pénétrer dans l'enceinte du phare. Une ouverture ménagée dans le chevet plat donne accès aux ruines. Le chœur, du 13ᵉ s., voûté d'ogives, est flanqué d'un donjon carré. La nef, aux piliers ronds ou octogonaux, est bordée, au Nord, d'un seul bas-côté et, au Sud, de deux bas-côtés du 16ᵉ s. L'église conserve une façade du 12ᵉ s. percée d'un portail en plein cintre et de trois étroites fenêtres.
En avant de la chapelle N.-D.-des-Grâces, restaurée, remarquer un porche du 14ᵉ s., vestige de l'ancienne église paroissiale.
Pour gagner l'extrémité de la pointe, contourner l'enceinte du phare. Sur ce site rocheux, une colonne érigée à la mémoire des marins français morts pendant la guerre 1914-1918 est l'œuvre du sculpteur Quillivic. Du bord de la falaise, **vue** sur le grand large hérissé d'îles.

A 300 m de St-Mathieu, en direction de Plougonvelin, on voit, à gauche, près d'une maison, deux **stèles** gauloises surmontées d'une croix et appelées le Gibet des Moines.

ST-MÉEN-LE-GRAND   3 945 h. (les Mevermais)

Carte Michelin n° 58 pli 15 ou 230 pli 24.

Au 6ᵉ s. saint Méen, moine venu de Grande-Bretagne, fonda en ce lieu une abbaye. Ruinée, puis plusieurs fois remaniée du 11ᵉ au 18ᵉ s., elle abrite de nos jours un petit séminaire dans les bâtiments abbatiaux contigus à l'église. Cette dernière conserve une belle tour carrée du 12ᵉ s. et un chœur gothique à chevet plat. A l'intérieur, on voit, du 15ᵉ s., dans le bas-côté droit une pierre tombale, dans le transept droit la statue et le monument funéraire de saint Méen.
Dans le cimetière, sur le flanc de l'église, ont été placés le tombeau de saint Méen, une cuve baptismale, des gisants et de nombreuses pierres tombales.
Le bourg possède une importante briqueterie.

EXCURSION

cv **Château de Montauban.** – *12 km au Nord-Est. Prendre la direction de Rennes et à hauteur de Montauban, tourner à gauche vers Médréac.* Le château se dresse à gauche de la route, près d'une pièce d'eau. L'ancienne seigneurerie de Montauban du 12ᵉ s. s'étendait sur neuf paroisses ; l'un de ses seigneurs, Philippe de Montauban, fut chancelier de la duchesse Anne à la fin du 15ᵉ s. De cette imposante demeure du 15ᵉ s. subsistent le châtelet d'entrée dont les deux tours coiffées en poivrière lui confèrent une certaine majesté, une tour d'angle et quelques bâtiments. Dans la salle du corps de garde, le salon et deux chambres, ont été assemblés quelques meubles, archives, souvenirs se rapportant au passé du château.

ST-NAZAIRE
68 947 h. (les Nazairiens)

Carte Michelin nᵒ 🔳🔳 pli 15 ou 🔳🔳🔳 pli 52.

St-Nazaire est un grand centre de constructions navales. Simple port de pêche faisant partie de la Brière, au 15ᵉ s., il s'est développé, en 1856, quand les navires de fort tonnage rencontrèrent des difficultés pour remonter jusqu'à Nantes et se détournèrent vers son port en eau profonde.

St-Nazaire en guerre. – Point de débarquement des forces alliées pendant la Première Guerre mondiale, St-Nazaire devint une base sous-marine allemande, à la Seconde. Le 27 mars 1942, un commando anglo-canadien surprit les troupes ennemies tandis que le destroyer « Campbeltown » défonçait la forme-écluse Louis-Joubert et la neutralisait le lendemain, en se faisant sauter. Boulevard de Verdun, face à la mer, une stèle-menhir rappelle cet acte héroïque.

Devenue objectif des bombardements aériens, la ville connaît les combats de la « poche de St-Nazaire » et offre, à la Libération, un spectacle désolant. Un monument commémoratif de la reddition, en mai 1945, a été élevé à l'Ouest de Bouvron, localité située sur la route reliant Savenay à Blain, à 36 km de St-Nazaire.

Une cité neuve. – Reconstruite presque entièrement en deux quartiers distincts, elle présente à l'Est la **zone portuaire et industrielle**, à l'Ouest la **zone résidentielle** très aérée, quadrillée de larges rues suivant les plans de l'architecte Lemaresquier. L'hôtel de ville (1969), au centre, coupe la belle place aux fontaines jaillissantes dont le bassin rectangulaire est dans l'axe de l'avenue de la République. Plus à l'Ouest, l'avenue Léo-Lagrange sépare un grand **parc paysager** avec un étang, du **Parc des sports**. Au-delà, se dressent les ensembles du Centre hospitalier et de la Cité scolaire. Près de la côte, le quartier Kerledé a vu surgir de hauts buildings clairs.

A la limite Est de St-Nazaire, le **pont routier St-Nazaire-St-Brévin**★ *(à péage)* franchit la Loire, près de l'embouchure du Brivet, sur 2 636 m et culmine à 61 m au-dessus des eaux. Il permet une liaison facile avec le pays de Retz, la Vendée et les Charentes en favorisant l'industrialisation des deux rives du fleuve.

LE PORT visite : 1 h 1/2

La circulation des touristes sur les chaussées du port est en partie réglementée aux heures d'entrée et de sortie des chantiers. Ces chaussées offrent des vues sur les ouvrages cités.

cv ★ **Terrasse panoramique** (BZ B). – Aménagée sur la sortie sous-marine *(voir ci-dessous),* elle offre un remarquable coup d'œil sur l'ensemble portuaire, l'estuaire de la Loire et le pont suspendu, St-Brévin-les-Pins sur l'autre rive.

Les installations portuaires (BYZ). – Le **bassin de St-Nazaire** de 9 ha a été établi en 1856 alors que le port n'était qu'une dépendance de Nantes. De cette tutelle, St-Nazaire se libère dès 1879. Deux ans plus tard est ouvert le **bassin de Penhoët** de 22 ha, un des plus étendus d'Europe avec trois formes de radoub dont la plus grande mesure 226 m sur 32 m. Le port de St-Nazaire est maintenant géré, comme celui de Nantes, par le Port Autonome de Nantes-St-Nazaire. Trois ouvrages méritent de retenir l'attention :

La **forme-écluse « Louis Joubert »** de 350 m sur 50 m, sur une profondeur de plus de 15 m, a été construite entre 1929 et 1932, pour répondre à l'augmentation des dimensions des transatlantiques. Elle possède une triple fonction : d'abord forme de radoub pour la réparation et le carénage des grands navires, ensuite écluse permettant le passage direct du bassin de Penhoët dans l'estuaire de la Loire à des bâtiments de 12,50 m de tirant d'eau aux marées de vives eaux ; enfin, le cas échéant, bassin à flot pour le chargement et le déchargement des navires.

Cette forme-écluse supplée, pour les grands navires, à l'entrée Sud principalement utilisée, qui débouche dans l'avant-port et dont l'écluse mesure 211 m de long et 30 m de large.

La **base de sous-marins**★, édifiée pendant l'occupation, est une énorme construction en béton armé couvrant, dans le bassin de St-Nazaire, une superficie de 37 500 m² (300 m × 125 m).

Ses quatorze alvéoles permettaient de recevoir une vingtaine de sous-marins. Dans la partie arrière, au fond des alvéoles, était installé un arsenal pour les réparations. En dépit de nombreux bombardements, la base est sortie intacte de la guerre. Elle abrite maintenant diverses industries.

La **sortie sous-marine du port**★ (BZ B), face à la base, est une écluse couverte (non utilisée aujourd'hui), à l'abri des bombes, construite pour permettre aux sous-marins allemands de se faire écluser en toute sécurité. Elle est attenante à l'ancienne entrée du port (53 m de long sur 13 m de large) utilisée pour le trafic fluvial de la Loire et pour la pêche.

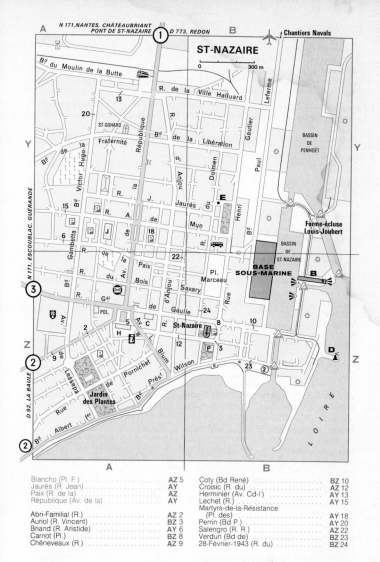

ST-NAZAIRE

Les chantiers navals. – Entre le bassin de Penhoët (BY) et la Loire se trouvent les Chantiers de l'Atlantique constitués par la fusion, en 1956, des Chantiers de la Loire et de Penhoët, et eux-mêmes incorporés depuis 1976 dans la société Alsthom-Atlantique. Ils ont construit de très nombreux bâtiments de guerre, en particulier le cuirassé « Jean-Bart », les paquebots « Normandie » et « France ». Ils construisent également des porte-conteneurs, des minéraliers, des méthaniers, des pétroliers de fort tonnage (les derniers livrés jaugent 550 000 t) pour des armements français et étrangers.

Les Chantiers de l'Atlantique disposent de formes de construction qui peuvent assurer simultanément le montage de plusieurs unités. La plus ancienne forme, de 315 m sur 45 m, porte le nom de « Jean-Bart » ; elle substitue aux cales inclinées un immense bassin compartimenté où s'alignent les navires en construction ; l'opération de lancement est ainsi remplacée par la simple mise en eau de la forme occupée par le navire achevé. Une forme de 425 m sur 70 m, parallèle à la précédente, et une plate-forme de montage de 470 m sur 68 m, surmontée d'un portique géant, permettent depuis 1968 la réalisation de navires de plus de 500 000 t.

Près du quai de réparation navale, s'ouvre une darse d'armement de 450 m sur 95 m.

AUTRES CURIOSITÉS

Phare (BZ D). – Il est situé sur le vieux môle d'où l'on a une bonne vue sur les chantiers et l'estuaire de la Loire.

Dolmen (BY E). – Sur une placette ombragée, non loin des bassins du port, deux pierres hautes soutiennent une dalle de granit ; ce dolmen du Bois-Savary se trouve à son emplacement d'origine mais le menhir qui se dresse à ses côtés a été transplanté.

cv **Église Ste-Anne.** – Construite en 1957, elle est située entre la rue du Soleil-Levant et le boulevard Jean-Mermoz auquel on accède par ③ du plan. Son clocher détaché s'élève à gauche de la façade. L'entrée est encadrée d'importantes mosaïques, de Paul Colin, évoquant le travail des chantiers navals de St-Nazaire.

A l'intérieur, de longs vitraux aux tonalités chaudes mettent en valeur le béton brut ; à gauche, la chapelle aux vitraux bleutés abrite une statue ancienne de sainte Anne portant l'Enfant Jésus.

Église St-Nazaire (BZ). – Ce vaste édifice du 19ᵉ s., de style gothique, au court clocher encapuchonné d'ardoises, a été restauré en 1945. Sur les bas-côtés, un chemin de croix est sculpté de sujets expressifs. De belles roses aux vitraux modernes éclairent le transept. Dans le chœur, élégant retable du 18ᵉ s. en bois doré, orné de scènes de l'Évangile et de statues de prophètes.

Plages. – Les plages de sable du Grand et du Petit Traict s'étendent sur près de 2 km, entre la jetée de l'avant-port, hérissée de treuils à carrelets, et la pointe de la Ville-ès-Martin. Des boulevards Président-Wilson et Albert-Iᵉʳ qui les longent, la vue s'étend sur la côte Sud de l'estuaire de la Loire jusqu'à la pointe St-Gildas.

Jardin des Plantes (AZ). – Face à l'estuaire de la Loire. Ses allées ombragées et ses parterres fleuris offrent une halte agréable près de la plage du Grand Traict.

ᴄᴄ **Église N.-D.-d'Espérance.** – Située au Sud de la place Pierre-Bourdan, près de la rue de Pornichet par ② du plan, cette église aux lignes arrondies a été édifiée en 1965. Elle présente une façade blanche à contreforts obliques et un intérieur très dépouillé aux murs de pierres apparentes.

EXCURSION

★ **De St-Nazaire à La Baule par la côte.** – *Circuit de 38 km – environ 2 h. Sortir par ② du plan, puis tourner à gauche vers St-Marc. La route est décrite en sens inverse p. 53.*

★ ST-POL-DE-LÉON
7 998 h. (les Léonais ou Léonards)

Carte Michelin nº 58 pli 6 ou 230 pli 5.

Cette petite ville, dont saint Pol, dit l'Aurélien, fit le premier des évêchés de la Basse-Bretagne, offre à l'admiration du touriste deux des plus beaux édifices bretons : l'ancienne cathédrale (l'évêché n'a pas survécu au Concordat) et le clocher du Kreisker. Elle connaît, de janvier à septembre, durant la saison des choux-fleurs, artichauts, oignons, pommes de terre, une animation extraordinaire. Les camions, les tracteurs et leurs remorques arrivent en files pressées apportant au marché, chez les expéditeurs et coopérateurs agricoles, les fameux produits de la Ceinture dorée *(p. 20)*.

PRINCIPALES CURIOSITÉS *visite : 1 h 1/2*

★★ **Ancienne cathédrale.** – Bâtie sur les fondations du 12ᵉ s., elle a été élevée aux 13ᵉ-14ᵉ s. (nef, collatéraux, façade et tours) et aux 15ᵉ-16ᵉ s. (chapelles latérales, chœur et abside, modifications du transept existant). Ni très vaste, ni très haute (80 m de long, 16 m de haut), elle est charmante de proportions et sa sobriété est élégante. Les architectes se sont inspirés de la cathédrale de Coutances et ont employé du calcaire normand pour la nef. Le granit traditionnel a été utilisé pour le reste. La marque bretonne se retrouve dans les clochetons placés sur la croisée du transept et aussi dans les porches *(détails p. 35)*.

Extérieur. – Du côté Nord, entre l'église et les bâtiments de l'ancien évêché (mairie), un petit jardin public permet de voir le mur du transept Nord avec des éléments d'époque romane. Le flanc Sud donne sur la place Budès-de-Guébriant et possède un beau porche. Le transept a une importante rosace. Au-dessus, on aperçoit une sorte de chaire d'où étaient lues les sentences d'excommunication.

ST-POL-DE-LÉON		
	Croix-au-Lin (R.) .	4
	Kreisker (Pl. du) .	5
Leclerc (R. Gén.) . . 6	Minimes (R. des)	7
Parvis (Pl. du) 8	Psalette (R. de la)	10

La façade est dominée par deux tours hautes de 50 m, la flèche de gauche est plus élancée. De la terrasse qui surmonte le porche se donnait la bénédiction épiscopale. La petite porte, sous la tour de droite, était réservée aux lépreux.

Intérieur. – *Pénétrer dans l'église par le porche Sud.* A gauche en entrant, on voit un sarcophage roman qui sert de bénitier. En faisant le tour par la droite, on remarque un vitrail de 1560 puis, dans le transept, la grande rosace du 15ᵉ s. ; dans le déambulatoire des tombeaux d'évêques du Léon et deux retables du 17ᵉ s. Les **stalles★** sculptées du chœur sont du 16ᵉ s. Au-dessus du maître-autel, un palmier en bois sculpté est recouvert en forme de crosse dont la fleur dorée reçoit un ciboire.

Dans un enfeu contre le chœur, à gauche, 34 reliquaires en bois abritent des crânes exhumés de l'église ou du cimetière. En face, le chef de saint Pol est conservé dans une châsse en bronze doré.

Rue Général-Leclerc (6). – En descendant la rue, on notera des maisons anciennes à façade en bois, habillée d'ardoises (nº 9) ; maison Renaissance ornée d'une tourelle en encorbellement (nº 12) ; demeure de 1680 possédant un beau porche et des lucarnes ouvragées (nº 30).

★ **Chapelle du Kreisker.** — C'était la chapelle (14e-15e s.) où se réunissait le conseil de
cv ville. C'est aujourd'hui la chapelle du collège. Son magnifique **clocher★★** *(illustration
p. 35),* haut de 77 m, fait sa célébrité. Il est inspiré de la flèche de St-Pierre de Caen. Mais
l'édifice breton, réalisé dans le granit, surpasse le modèle. Vauban a dit son admiration
pour « cette merveille d'équilibre et d'audace ». Le Kreisker est le prototype de
nombreux clochers bretons.
Les bas-côtés de la chapelle sont formés de pignons qui surmontent de hautes et belles
fenêtres. La façade Ouest et le chevet plat sont percés de très vastes baies.
Entrer par le porche Nord. Du 15e s., le gâble est surmonté de la statue de
N.-D.-de-Kreisker (11e s.). L'église est couverte de berceaux de bois. La seule voûte de
pierre réunit les quatre énormes massifs qui soutiennent le clocher, dans le carré du
transept. Dans le bas-côté droit, imposant retable de la Visitation en bois sculpté
(17e s.).
On peut monter à la tour (169 marches). De la plate-forme, **panorama★★** sur la ville, l'île
de Batz, la côte jusqu'à la Corniche bretonne et, vers l'intérieur, sur les monts d'Arrée.

AUTRES CURIOSITÉS

Maison prébendale (D). — Du 16e s.. C'est l'ancienne maison des chanoines du Léon ;
un blason est le seul ornement de la façade.

Champ de la Rive. — *Accès par la rue de la Rive.* Agréable promenade ombragée. Par
l'allée revêtue, à droite, gagner le haut du tertre couronné par un calvaire de facture
récente. De la table d'orientation, beau point de vue sur la baie de Morlaix.

Rocher Ste-Anne. — *Accès par les rues de la Rive et Abbé-Tanguy.* Au cours de la
descente, la **vue★** embrasse toute la baie de Morlaix parsemée d'îlots. Une digue permet
d'accéder au rocher Ste-Anne et au port de la Groux réservé à la plaisance. Le rocher,
aménagé avec bancs de repos, constitue un remarquable belvédère : la **vue** s'étend de
Roscoff à la pointe de Primel.

Cimetière. — De petits ossuaires à arcades sont encastrés dans les murs. Dans un angle
s'élève la chapelle St-Pierre (**E**) de style flamboyant, éclairée de vitraux modernes.
En face du porche Sud de la chapelle, au fond d'une allée, monument aux Morts, de
Quillivic, entouré d'un mur en hémicycle orné de bas-reliefs.

EXCURSION

★ **Château de Kérouzéré.** — *8 km à l'Ouest. Quitter St-Pol-de-Léon par ③ du plan, en
cv direction de Lesneven, puis prendre la route de Plouescat. Dans Sibiril, tourner à droite
vers Moguierec et, à 500 m, à gauche vers l'entrée du château.*
Ce château féodal, en granit, est un intéressant spécimen d'architecture militaire du
début du 15e s. Il conserve trois puissantes tours d'angle à mâchicoulis, la quatrième a
été démolie en 1590 lors d'un siège. Un escalier central, en pierre, dessert les trois
étages, chacun conçu pour abriter des soldats : vastes salles à la pierre apparente,
profondes embrasures de fenêtres bordées de bancs de pierre, chemin de ronde, tour du
guetteur. Du 17e s., le château a conservé ses toits en poivrière, les fresques de l'oratoire,
quelques tapisseries et de beaux meubles bretons.

★ ST-QUAY-PORTRIEUX   3 399 h. (les Quinocéens)

Carte Michelin n° 🔲🔲 pli 3 ou 🔲🔲🔲 plis 8, 9 — Lieu de séjour p. 15.

St-Quay-Portrieux est une station balnéaire fréquentée qui doit son nom à l'ermite
gallois, saint Quay, débarqué sur cette côte vers 472. Les belles plages, Casino, Châtelet,
Comtesse, sont abritées par une frange rocheuse appelée roches de St-Quay.

Le port. — Situé à Portrieux ; il armait autrefois pour Terre-Neuve. Une flottille de pêche
l'anime de nos jours, bateaux pêchant dans la baie de St-Brieuc, maquereaux, lieus,
bars, et surtout, de novembre à avril, coquilles St-Jacques et crustacés. Un vaste port de
plaisance en eau profonde est en construction en avant de la jetée portant le phare.

Le chemin de ronde. — *1 h 1/2 à pied AR, à faire de préférence à marée haute.* Cet
ancien sentier des douaniers, aménagé, part du port de Portrieux, au-delà de la mairie. Il
longe la plage de la Comtesse, passe devant la stèle du Viking, longe le sémaphore tout
en offrant une belle **vue★** sur la baie de St-Brieuc, de Bréhat au cap Fréhel. Il gagne
ensuite la terrasse surplombant la plage du Châtelet aux cabines de bains étagées,
contourne la piscine d'eau de mer avant de déboucher près du Casino. On peut
poursuivre cette promenade jusqu'à la grève St-Marc *(environ 2 h AR en plus).*

EXCURSIONS

La côte de St-Quay-Portrieux à Paimpol. — *66 km — environ 3 h 1/2.* Quitter St-Quay
au Nord-Ouest par la route de Paimpol. A l'entrée de Plouha, tourner à droite dans une
route longeant le cours ombragé du Corzic.

Le Palus-Plage. — Belle anse bordée de petites falaises verdoyantes. A gauche de la plage,
des marches taillées dans le roc conduisent à un sentier en corniche : jolies vues sur la
baie de St-Brieuc.
Gagner Plouha.

Plouha. — 4 263 h. Ce gros bourg compte de nombreuses villas dont la plupart
appartiennent à des retraités de la marine.

★ **Kermaria** et **Lanleff.** — *10 km au départ de Plouha. Descriptions p. 122.*
Dans Plouha, prendre la route de Port-Moguer.

Port-Moguer. – Vaste crique rocheuse, dans un très joli site. Par la digue de granit rose, gagner l'îlot rocheux pour découvrir une belle vue sur la côte dont les falaises atteignent 100 m de hauteur.

Revenir à Plouha et prendre à droite la direction de Paimpol ; au lieu-dit « le dernier sou », tourner à droite.

Plage Bonaparte. – De cette plage, au fond de l'anse Cohat, que l'on atteint par un tunnel creusé dans la falaise, réembarquaient, en 1944, pour l'Angleterre, les aviateurs abattus sur le sol français. Une stèle rappelle ce souvenir ; on peut l'atteindre, soit à pied en empruntant l'escalier à droite du parking de la plage, puis le sentier qui escalade la falaise, soit en voiture par une route s'embranchant à droite avant la plage. Du terre-plein, belle **vue** sur la baie de St-Brieuc et le cap Fréhel, l'anse de Port-Moguer à droite, la pointe de Minard à gauche.

Faire demi-tour et tourner à droite vers Lanloup. La suite de l'itinéraire par la côte du Goëlo est décrit en sens inverse p. 155.

Étables-sur-Mer. – *5 km au Sud – environ 3/4 h. Quitter St-Quay-Portrieux en direction de St-Brieuc.* La route se rapproche bientôt de la côte qu'elle domine et suit de très près.

cv **Chapelle N.-D.-de-l'Espérance.** – Construite après l'épidémie de choléra de 1850, cette chapelle, restaurée, se dresse sur la falaise d'Étables. Elle est ornée de vitraux aux belles tonalités de bleu, de deux tableaux de Jean Michau et d'une tapisserie de Toffoli représentant la Vierge et l'Enfant.

Étables-sur-Mer. – 2 039 h. Situé sur un plateau, le bourg, qui possède un beau parc municipal, domine la station familiale, à laquelle il est relié par une avenue bordée de villas. Les deux plages de sable, des Godelins et du Moulin, sont séparées par la pointe du Vau Burel.

Au-delà d'Étables, on a une belle vue sur le site de Binic *(p. 59)*, après avoir quitté le bord de mer.

cv PROMENADE EN BATEAU

★★ **Ile de Bréhat.** – En été, service de vedettes.

★★ ST-THÉGONNEC   2 133 h. (les St-Thégonnecois)

Carte Michelin n° 🔲 pli 6 ou 🔲 pli 5 – Schéma p. 96.

Ce village possède un magnifique enclos paroissial *(détails sur les enclos p. 37)*. L'ossuaire et l'église sont les pièces maîtresses de ce riche ensemble Renaissance (16e-17e s.).

★★ ENCLOS PAROISSIAL *visite : 3/4 h*

★ **Porte triomphale.** – En plein cintre, surmontée de lanternons (1587).

★ **Chapelle funéraire.** – Construite de 1676 à 1682. A l'intérieur, retable à colonnes torses du 17e s. restauré. Dans la crypte, sous l'autel, **saint sépulcre ★** à personnages sculptés dans le chêne et peints (1699-1702), œuvre du Breton Jacques Lespaignol. Au fond de l'ossuaire, à droite, trésor comportant des pièces d'orfèvrerie.

★★ **Calvaire.** – Élevé en 1610. Sur le socle, des groupes de personnages figurent des scènes de la Passion. Au-dessous, une petite niche abrite la statue de saint Thégonnec avec le loup qu'il attela à sa charrette, après que son âne eut été dévoré par les loups.

(D'après photo Christiane Olivier, Nice)

St-Thégonnec. – L'enclos paroissial.

La plate-forme est surmontée d'une croix à deux traverses portant des personnages et de deux croix plus simples pour les larrons. Remarquer les anges qui recueillent le sang s'écoulant des plaies du Christ.

★ **Église.** — Elle a été plusieurs fois remaniée ; le seul vestige de l'ancien édifice est le clocher (1563) du pignon situé à gauche de la tour. La tour Renaissance est couronnée par un dôme à lanternon et à clochetons d'angles. Au-dessus du porche, statue de saint Thégonnec. Dans les niches des contreforts d'angles, statues figurant l'Annonciation, saint Jean et saint Nicolas. A l'intérieur du porche, quatre statues d'apôtres subsistent.

A l'intérieur, la **chaire★★** est l'un des chefs-d'œuvre (1683) de la sculpture bretonne. Les angles de la cuve sont ornés des quatre vertus cardinales. Sur les quatre panneaux figurent les évangélistes. Sur le médaillon du dossier, Dieu donne à Moïse les tables de la loi. L'abat-voix (1732), décoré d'angelots et de roses, est surmonté de l'Ange du Jugement jouant de la trompette.

Statue de saint Thégonnec, dans la nef latérale gauche contre le pilier du transept, les bas-reliefs des volets de la niche ouvrante relatent la vie du saint ; statue de la Vierge portant l'Enfant encadrée par un Arbre de Jessé, à l'entrée, au-dessus du porche des apôtres.

L'abside et les deux bras du transept sont couverts de **boiseries★** des 17e et 18e s., restaurées ; celles du **retable du Rosaire★**, à gauche, représentent : au centre et en bas, la Vierge et l'Enfant remettant le rosaire à saint Dominique et à sainte Catherine ; au-dessus, la Vierge et saint Laurent présentant au Christ une âme délivrée des flammes du Purgatoire.

Les orgues, construites de 1670 à 1676, ont conservé les jeux anciens bien que restaurés au 19e s.

★ STE-ANNE-D'AURAY
1 554 h. (les Saintannois)

Carte Michelin n° 🔢 pli 2 ou 🔢 pli 36.

C'est le pèlerinage breton par excellence. Le 7 mars a lieu le premier pardon ; puis de Pâques au Rosaire (le 1er dimanche d'octobre) se déroulent des pèlerinages paroissiaux, en particulier les mercredis et dimanches, du 14 juillet à fin août. Le pardon de la Sainte-Anne du 26 juillet *(p. 16)* est le plus suivi avec celui du 15 août et du Rosaire *(détails sur les pardons p. 27).*

En 1623 sainte Anne apparaît à un laboureur, Yves Nicolazic, et lui demande de relever une chapelle qui lui avait été autrefois consacrée sur le terrain qu'occupe un de ses champs. Le 7 mars 1625, Yves déterre, à l'endroit indiqué, une ancienne statue de sainte Anne. Une église y est élevée dès 1625. La basilique actuelle, de style Renaissance, l'a remplacée au 19e s.

ENCLOS DU PÈLERINAGE *Tenue correcte requise*

Basilique. — Elle a été édifiée de 1866 à 1872 pour remplacer la chapelle du 17e s. Au croisillon droit, statue moderne de sainte Anne ; une partie du visage de la statue primitive, brûlée en 1796, est enchâssée dans le socle.

★ **Trésor.** — Il contient une relique de sainte Anne offerte par Anne d'Autriche, en
cv remerciement de la naissance de Louis XIV, des orfèvreries, le manteau de l'ancienne statue et, dans une vitrine centrale, des ornements donnés par Anne d'Autriche, au milieu de nombreux ex-voto et reconnaissances à sainte Anne allant du bijou précieux aux simples chaussons d'enfant.

Une galerie d'art breton renferme des statues anciennes du 15e au 19e s., remarquer sainte Anne, la Vierge, saint Roch, de petites statues en faïence de Quimper, Gien, Nevers, et des ex-voto.

Scala Sancta. — Ancienne porte d'entrée du parvis dont le double escalier est monté à genoux par les pèlerins.

Monument aux Morts. — Élevé à la suite d'une souscription faite dans toute la Bretagne, à la mémoire des 250 000 soldats et marins bretons morts pendant la guerre de 1914-1918, il est devenu le Mémorial des victimes de guerre du 20e s. Non loin, de l'autre côté de la route, un cimetière national rassemble les restes de 1 338 soldats dont 370 musulmans.

Fontaine miraculeuse. — La fontaine se compose d'une piscine et d'une colonne ornée de vasques, surmontée d'une statue de sainte Anne.

CURIOSITÉS

cv **Historial de sainte Anne.** — Cette rétrospective, comportant des personnages de cire, place le visiteur dans l'ambiance de la Bretagne ancienne et lui fait connaître, en douze tableaux, l'histoire du pèlerinage.

cv **Musée Nicolazic.** — *A droite de l'enceinte du monument aux Morts.*
Il présente une belle collection de poupées habillées en costumes bretons, des meubles et costumes bretons.

cv **Maison de Nicolazic.** — C'est dans cette maison que sainte Anne apparut au pieux paysan. On peut voir, à l'intérieur, une chapelle et des meubles anciens.

STE-BARBE (Chapelle)

Carte Michelin n° 58 pli 17 ou 230 pli 20 (3 km au Nord-Est du Faouët).

cv La chapelle de style flamboyant, bâtie à flanc de coteau, se loge dans une anfractuosité rocheuse. Le **site★** est très joli : on domine d'une centaine de mètres le vallon dans lequel court l'Ellé. Le monumental escalier (78 marches), construit en 1700, qui mène à la chapelle, est relié par une arche à l'oratoire St-Michel édifié sur un éperon rocheux. Tout près, une petite construction abrite la cloche que l'on peut faire sonner pour s'attirer les bénédictions du Ciel.

Par suite de sa position et de son orientation, la chapelle ne comprend qu'un transept et une petite abside. A l'intérieur, vitraux Renaissance et tribune seigneuriale aux panneaux finement sculptés. Deux pardons se déroulent en ces lieux *(p. 16)*.

Des sentiers permettent de descendre à la fontaine sacrée, en contrebas de la chapelle. D'une plate-forme rocheuse que l'on atteint par un sentier ouvrant sur la droite, à mi-parking, belle vue sur la vallée encaissée et boisée de l'Ellé.

STE-MARIE-DU-MENEZ-HOM (Chapelle)

Carte Michelin n° 58 pli 15 ou 230 pli 18 (3,5 km au Nord de Plomodiern).

cv La chapelle se dresse à l'entrée de la presqu'île de Crozon, dans un petit enclos paroissial. Il s'ouvre par une porte en plein cintre très sobre datant de 1739. Le calvaire se compose de trois socles portant chacun une croix.

La chapelle présente une façade à deux pignons. On entre par le porche ouvert sous l'élégant clocher à galeries et à coupole qui donne de l'envolée au massif édifice.

A l'intérieur, les **retables★**, assez chargés, forment un bel ensemble qui occupe tout le mur Est, respectant toutefois les ouvertures des fenêtres. Alors que le retable central, qui a pour thème la famille et la vie de la Vierge, et le retable Nord, réservé aux saints, sont ornés de personnages assez lourds et sans grande expression, les statues des apôtres du retable Sud marquent par leur souplesse, leur élégance, l'habileté de leur exécution une évolution surprenante de la statuaire bretonne. Les belles sablières du croisillon Nord décorées d'animaux ou de scènes diverses, un remarquable Saint Laurent, une gracieuse Sainte Barbe en bois méritent également l'attention.

★ SEIN (Ile de)   504 h. (les Sénans)

Carte Michelin n° 58 pli 12 ou 230 plis 15, 16.

Cette île, au large de la pointe du Raz, qui n'a pas 1 km² de superficie, est très peu élevée (8 m à l'Est, 9 m à l'Ouest) ; la mer arrive parfois à la recouvrir, comme en 1868 et 1896. Le paysage est nu : pas d'arbres, pas de buissons ; des murets de pierre sèche marquent l'emplacement des anciens champs.

Les hommes et leurs travaux. – L'île inspira longtemps une terreur superstitieuse. Au 18e s., ses habitants vivaient dans un isolement presque complet. Les Illiens étaient pilleurs d'épaves. Aujourd'hui, ce sont des sauveteurs très actifs ; près du môle de débarquement, on pourra voir l'abri du canot de sauvetage.

Les hommes sont navigateurs ou pêcheurs, la pêche côtière étant la seule ressource de l'île : crabes, araignées de mer, langoustes, homards, turbots, raies, congres et récemment coquilles St-Jacques. Les femmes travaillent les minuscules jardins imbriqués dans les maisons ou ramassent le goémon ; elles portent le « jibilinenn », coiffe noire de deuil à longs pans, qui est devenue la coiffe traditionnelle lors de l'épidémie de choléra de 1886.

Une belle page d'histoire (1940-1944). – Dès le lendemain de l'appel du général de Gaulle, le 18 juin 1940, les hommes de l'île de Sein (en tout, 130 marins et pêcheurs) rejoignent, en Angleterre, les troupes de la France combattante. De plus, près de 3 000 soldats et marins français gagnent l'île et aussitôt s'embarquent pour l'Angleterre. Quand les Allemands arrivent à Sein, il n'y a plus que des femmes, des enfants et des vieillards, le maire et le curé. Pendant plusieurs mois, des bateaux de pêche déposent et embarquent des officiers alliés. Des marins de l'île partis pour l'Angleterre, vingt-neuf ont trouvé la mort sur les champs de bataille. Sur le chemin du phare, à droite, un monument de Kentoc'h Mervel commémore cet épisode. Le général de Gaulle vint lui-même, en 1946, remettre à l'île la Croix de la Libération.

VISITE

Le bourg. – Il groupe ses maisons blanches aux volets fraîchement peints, le long des ruelles qui ont à peine 1 m de largeur pour offrir moins de prise au vent. Sur le tertre proche de l'église, on verra les deux menhirs fichés côte à côte et ainsi appelés les « Causeurs ». Au-delà de l'église, le calvaire de Nifran est une simple croix de granit posée sur un socle à paliers ; en arrière, se trouve le seul dolmen de l'île.

Le port. – Il offre un abri très sûr, de nombreux bateaux de plaisance le fréquentent depuis le balisage des côtes.

Le phare. – 249 marches. A la pointe Ouest de l'île. Haut de 49 m et équipé d'une lampe de 6 kW, il a une portée moyenne de 50 km. De la plate-forme, vaste **panorama★** sur l'île, la côte finistérienne, la chaussée de Sein.

Cette chaussée est en réalité un groupe d'écueils, sous-marins ou émergés, qui s'étire vers le large sur près de 20 km. Sur un de ces récifs, constamment battu par la mer, a été élevé en 1881, après quatorze ans d'efforts, le **phare d'Ar Men**, d'une portée moyenne de 55 km, qui protège cette zone dangereuse située à l'Ouest de l'île.

A gauche du phare, minuscule chapelle St-Corentin, restaurée, ancien ermitage.

L'écloserie de homards. – Située à gauche du phare. Cette écloserie *(voir île de Houat p. 116)* a pour but le repeuplement des côtes et des abords rocheux de l'île.

★ TONQUÉDEC (Château de)

Carte Michelin n° 59 pli 1 ou 230 pli 7 (7,5 km au Sud-Est de Lannion).

cv Les ruines imposantes du château de Tonquédec se dressent dans un beau décor, sur un promontoire dominant la vallée du Léguer. Le château, élevé au début du 13e s., a été démantelé par ordre de Jean IV en 1395 ; reconstruit au début du 15e s., il est à nouveau démantelé par ordre de Richelieu en 1622.

La porte d'entrée est en face d'un étang actuellement à sec. On pénètre dans une première cour fortifiée. A droite, deux tours reliées par une courtine encadrent l'entrée principale de la deuxième enceinte. Par une poterne, on accède dans la deuxième cour. En face, isolé, se présente le donjon, dont les murs ont près de 4 m d'épaisseur. Un escalier de bois (66 marches) conduit à la plate-forme *(absence de barrière de protection au sommet).* La vue permet de découvrir le plan du château et révèle la nature du pays trégorrois : un vaste plateau horizontal, fertile et peuplé, que coupent de profondes et pittoresques vallées. Ces vallées dirigées du Sud au Nord, aux versants boisés, en pente raide, sont pratiquement inhabitées ; les vieux moulins qui leur apportaient un peu de vie sont presque tous abandonnés.

★ TRÉBEURDEN

3228 h. (les Trébeurdinais)

Carte Michelin n° 59 pli 1 ou 230 pli 6 – Schéma p. 76 – Lieu de séjour p. 14.

Ce grand centre balnéaire du Trégorrois dispose de plusieurs plages ; les deux principales, bien exposées, sont séparées par la presqu'île rocheuse du Castel : la plage de Pors-Termen à droite de celle de Trozoul qui constitue le port, la plage de Tresmeur, beaucoup plus vaste et très fréquentée.

★ **Le Castel.** – *1/2 h à pied. Emprunter l'un des sentiers qui part du parking aménagé sur l'isthme séparant les plages de Trozoul et de Tresmeur.*

De cet amas rocheux, **vue**★ étendue sur la côte et les îles Milliau, Molène, Grande, Losquet et son antenne. Par temps clair, on voit la côte du Finistère jusqu'à St-Pol-de-Léon.

★ **Pointe de Bihit.** – *Circuit de 4 km. La route de Porz-Mabo domine la plage de Tresmeur et procure des vues sur les îles. Prendre le chemin sur la droite.*

De la table d'orientation, une **vue**★ panoramique permet de découvrir la côte, de l'île de Batz et Roscoff à l'Ile Grande en passant par le phare des Triagoz, en mer ; en contrebas, Trébeurden et ses plages.

La route, qui a effectué un quart de cercle, descend vers Porz-Mabo. A l'horizon se profilent la pointe de Séhar et Locquémeau.

Porz-Mabo. – Vaste plage de sable fin.

De la plage, une route ramène directement à Trébeurden.

★★ TRÉGASTEL-PLAGE

2016 h. (les Trégastellois)

Carte Michelin n° 59 pli 1 ou 230 pli 6 – Schéma p. 76 – Lieu de séjour p. 14.

Tout comme sa voisine Ploumanach, Trégastel retient l'attention par la beauté et l'étrangeté de ses **rochers**★★, particuliers à la Corniche Bretonne *(p. 76).*

CURIOSITÉS

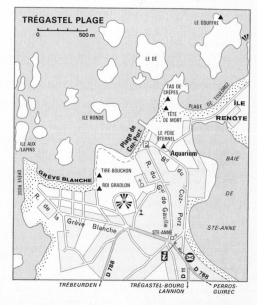

cv **Aquarium marin.** – Installé sous un amas d'énormes rochers surnommés les « Tortues », dans des grottes qui, au 19e s., abritaient une église (Coz Ilis : la vieille église). Trois salles regroupent des poissons des côtes bretonnes et des mers tropicales, des oiseaux naturalisés (macareux, pingouins, guillemots de Troïl, goélands argentés, fous de Bassan) originaires des Sept Iles *(p. 159).*

A la sortie, un escalier de 28 marches, conduit à la **statue du « Père Éternel »**; de ce belvédère, belle **vue** sur le chaos de rochers et la côte de Granit Rose.

Plage de Coz-Porz. – De sable fin, bordée de rochers aux noms évocateurs : les Tortues, la Sorcière. A la pointe Nord de la plage, au-delà de la jetée, on peut gagner une petite grève où se dressent, à droite, la « Tête de Mort » et le « Tas de Crêpes ». Ce dernier rocher, comme feuilleté, est un bon exemple d'érosion par le vent (érosion éolienne). Un banc de sable permet l'accès d'un chaos de rochers parmi lesquels on reconnaîtra le « Dé ».

★ **La Grève Blanche.** — *1 h à pied.* Les amateurs de rochers s'y rendront de Coz-Porz. Le sentier part à gauche de cette plage, contourne en corniche un promontoire d'où l'on découvre la Grève Blanche, l'île aux Lapins et les îles du Triagoz. Il passe ensuite au pied d'un rocher appelé le « Tire-bouchon », puis atteint la Grève Blanche dominée par un gros rocher, « le roi Gradlon », qui a vaguement la forme d'une tête couronnée.

Table d'orientation. — *Longue-vue.* Elle permet une **vue** ★ circulaire sur la côte et, fait plutôt rare, sur l'arrière-pays avec les bourgs de la Clarté, Pleumeur-Bodou et son radôme, Trébeurden.

★★ **Ile Renote.** — *Au Nord-Est.* Un isthme sablonneux *(praticable par les autos)* relie maintenant à Trégastel cette île constituée d'énormes blocs de granit. *Suivre la route qui la parcourt.* Laissant sur la gauche la plage de Touldrez, on peut arriver à proximité du Gouffre, cavité au milieu d'un amas de roches accessible seulement à marée basse. En avançant à pied parmi les rochers jusqu'à l'extrémité de la presqu'île, on découvre de beaux points de vue sur le large et les Sept-Iles au Nord ; à l'Est, la côte de Ploumanach ; au Sud, la baie de Ste-Anne.

Trégastel-Bourg. — *3 km au Sud vers Lannion.* L'église du 13e s. a été remaniée aux 14e et 18e s. A droite du porche Sud, élégant ossuaire du 17e s., en demi-cercle, orné de balustres et coiffé d'une tourelle à dôme. Au fond de la nef, curieux bénitier du 14e s., ancienne mesure à grain. Dans le cimetière, petit calvaire, autel à offrandes et tombe de l'écrivain Charles Le Goffic, auteur de l'« Ame bretonne ».
A 500 m, au-delà du village vers le Sud, un calvaire, de facture récente, a été élevé sur une butte. Une rampe permet d'y accéder : belle **vue** sur la côte de Granit Rose.

★★ TRÉGUIER

3 400 h. (les Trégorrois)

Carte Michelin n° **59** pli 2 ou **230** pli 7 — Schéma p. 22.

Ancienne cité épiscopale qui avait été évangélisée au 6e s. par saint Tugdual, Tréguier s'étage au flanc d'une colline dominant le large estuaire formé par la réunion du Jaudy et du Guindy. Le port, magnifique plan d'eau sur le Jaudy, peut, grâce à sa profondeur, recevoir des caboteurs de fort tonnage et réserve une grande place à la navigation de plaisance.
Dans la ville de saint Yves *(p. 25)* a lieu, le 19 mai, le « pardon des pauvres » en même temps que le pardon des avocats et des hommes de loi. La procession se déroule de la cathédrale jusqu'à Minihy-Tréguier *(p. 211).*

TRÉGUIER

Martray (Pl. du)

Chantrerie (R. de la)	2
Gambetta (R.)	3
Gaulle (Pl. Gén. de)	4
La-Chalotais (R.)	5
Le-Braz (Bd A.)	6
Le-Peltier (R.)	8

Les plans de villes sont toujours orientés le Nord en haut.

CURIOSITÉS

Place du Martray. — Au cœur de la ville, sur cette place ombragée bordée de maisons anciennes, se dresse la statue d'Ernest Renan (1823-1892), écrivain trégorrois, élève du collège local, par Jean Boucher.

★★ **Cathédrale St-Tugdual.** — Une des plus belles cathédrales bretonnes (13e-15e s.). Trois tours reposent sur le transept. Celle du croisillon Sud, dominée par une flèche ajourée du 18e s., s'élevant à 63 m, s'ouvre par le « porche des cloches » de 1438, surmonté d'une belle **fenêtre** ★ flamboyante. Un carillon de cinq cloches sonne tous les quarts d'heure le cantique de saint Yves. La tour du Sanctuaire, de style gothique, restée inachevée, occupe la croisée. La tour Hastings, romane, est le seul témoin de la cathédrale du 12e s.
Entrer par le porche de la façade Ouest. Des marches descendent vers la nef qui apparaît lumineuse, avec ses arcades gothiques travaillées avec élégance dans le granit. Une frise sculptée en tuffeau plus tendre court sous le triforium. Les voûtes nervurées à la « Tudor » sont éclairées par des fenêtres hautes aux clairs vitraux. Les vitraux de Hubert de Sainte-Marie, maître verrier de Quintin, reprennent les thèmes du Moyen Age empruntés à la Bible (scènes de l'Ancien Testament à gauche, de l'Évangile à droite). *Faire le tour par le bas-côté gauche.* Le tombeau de saint Yves date de 1890 ; il reproduit le monument érigé par le duc de Bretagne, Jean V, au 15e s., saccagé par le bataillon d'Étampes. Le gisant de Jean V, sculpté en 1945, se trouve dans la chapelle du Duc éclairée par des vitraux offerts en 1937 par des avocats américains, belges et français. Le bras gauche du transept est limité par la tour Hastings en calcaire normand. Sous les beaux arcs romans qui partent d'un lourd pilier accolé de colonnes aux chapiteaux sculptés et qui sont surmontés d'une arcature lombarde, s'ouvrent les portes de la sacristie et du cloître.

Dans le déambulatoire, la 3e chapelle abrite un étrange Christ du 13e s., en bois, dit de « Tremel ». Remarquer, tournant le dos à la chapelle axiale, les fines colonnes du chœur s'opposant à la nef plus étroite. Le chœur, aux voûtes peintes au 18e s., contient 46 **stalles★** Renaissance. Le bras droit du transept est magistralement éclairé par la **Grande Verrière★** à la Vigne mystique qui se mêle aux fondateurs des sept évêchés bretons dont saint Tugdual, aux saints du terroir et aux métiers bretons. Un intéressant groupe en bois du 15e s., saint Yves entre le riche et le pauvre, se trouve près du porche Sud.

cv **Trésor.** — Conservé dans la sacristie, il présente le reliquaire du « Chef » de saint Yves. Cette châsse en bronze doré du 19e s. s'appuie au mur de fondation de la tour Hastings que certains estiment du 11e s. On peut voir aussi un meuble reliquaire, un remarquable chasublier à tiroirs tournants de 1650, des statues anciennes, un manuscrit du 15e s.

cv **Cloître.** — Il est adossé à l'évêché, et le chevet de la cathédrale interrompt la galerie Nord. Ce bel ensemble du 15e s. a inspiré maints peintres. Les arcades flamboyantes, en granit de l'île Grande et de Pluzunet, recouvertes d'ardoise, encadrent irrégulièrement une croix au milieu d'une pelouse fleurie. Sous les voûtes à charpente boisée et sablière sculptée, des gisants du 15e s. au 17e s. occupent depuis 1930 le déambulatoire.

cv **Maison de Renan (M).** — Cette maison à colombage, du 16e s., abrite des souvenirs d'Ernest Renan, manuscrits, portraits ; une salle est consacrée à la « Prière sur l'Acropole », écrite après un voyage en Grèce. On verra sa chambre natale, une reconstitution de son cabinet de travail et de sa bibliothèque au Collège de France et, au dernier étage, les deux minuscules pièces où, enfant, il aimait se retirer pour travailler (belle vue sur la ville).

cv **Atelier de tissage à la main du Trégor (B).** — Plusieurs métiers à tisser sont installés dans cette maison du 17e s., restaurée.

Monuments aux Morts. — *Sur le flanc gauche de la cathédrale.* C'est une œuvre sobre et émouvante de F. Renaud.

Anciennes portes de ville (D). — Elles s'élèvent à l'angle des rues du Port et Renan et sont bordées de hautes maisons à colombage.

Bois du Poète. — Il domine le Guindy et constitue une agréable promenade au cours de laquelle on découvrira le monument funéraire de l'écrivain Anatole Le Braz *(p. 29).*

EXCURSIONS *schéma p. 212*

Minihy-Tréguier. — *790 h. 1 km au Sud. Quitter Tréguier par ② du plan, en direction de La Roche-Derrien. Peu après la sortie, prendre à gauche.*
Minihy-Tréguier, village natal de saint Yves, est le but du pardon du 19 mai. On dit couramment « aller à St-Yves » et le recteur (curé) de Minihy est appelé « recteur de St-Yves ». L'église (15e s.) est bâtie sur l'emplacement de l'ancienne chapelle du manoir de Ker-Martin où naquit et mourut Yves Hélori (1253-1303) *(voir p. 25)* ; elle abrite une toile peinte où figure, en latin, son testament. Au presbytère, un manuscrit du 13e s. est dit « Bréviaire de saint Yves ». Au cimetière, face au porche Ouest, on verra un petit monument du 13e s. percé d'une arcade sous laquelle les pèlerins passent agenouillés. Dénommé « tombeau de saint Yves », il semble être l'autel de la chapelle primitive.

1 **Circuit de 37 km.** — *Environ 2 h.*
  Quitter Tréguier au Nord et, dans Plouguiel, tourner à droite.
La Roche-Jaune. — Petit port sur le Jaudy fréquenté par les ostréiculteurs élevant et affinant des huîtres creuses dites fines du Trégor.

  A la sortie de La Roche-Jaune, en direction de St-Gonéry, on jouit d'un beau coup d'œil sur l'embouchure du Jaudy, ses parcs à huîtres et son chapelet d'îlots.
St-Gonéry. — *Page 195.*
  Dans St-Gonéry, prendre la route de Pors-Hir.
Pors-Hir. — Ce petit port est bâti entre de gros rochers, près d'une anse.

  La route suit la côte dans un beau site, les maisons s'adossent à d'énormes rochers ou se faufilent entre de hauts blocs rocheux créant une certaine féerie.
Pointe du Château. — Pointe extrême de cette presqu'île d'où l'on découvre de belles vues sur les îles d'Er et le phare des Héaux, les Sept-Iles.
★ **Le Gouffre.** — *1/4 h à pied AR.* C'est une profonde entaille dans un chaos de rochers où la mer déferle avec violence.

  Faire demi-tour, la route longe des lagunes, puis prendre trois fois à droite. Du Roudour, on peut gagner l'**anse de Pors Scaff** hérissée d'îlots rocheux. *Après le Roudour, prendre en direction de Gouermel, une route côtière procurant de belles vues.*
Buguélès. — Petit centre balnéaire frangé d'îlots habités. Du port, jolie vue sur la pointe du Château ; dans la campagne se profile le clocher de Plougrescant.

  Gagner Penvénan où l'on tourne à droite vers Port-Blanc.
★ **Port-Blanc.** — Ce petit port de pêche est en même temps séjour balnéaire. Sous les dunes de la grande plage, des dalles funéraires, actuellement recouvertes, laissent présumer l'existence d'une nécropole.
cv Pour se rendre à la **chapelle N.-D.-de-Port-Blanc,** gagner la grande esplanade en bordure de mer, tourner à gauche avant un groupe de maisons bâties sur les rochers *(parc de stationnement).* Dans l'angle gauche, emprunter un chemin en montée que prolonge un escalier de 35 marches. La chapelle du 16e s. a un toit qui descend jusqu'à terre. A l'intérieur, à droite du chœur, remarquer un groupe de saint Yves entre le riche et le pauvre. Dans l'enclos, calvaire. Un pardon a lieu le 8 septembre.

  Regagner Tréguier en passant par Penvénan.

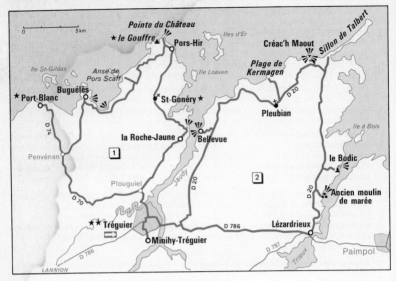

2 **Presqu'île Sauvage.** – *Circuit de 49 km – environ 3 h.*

Quitter Tréguier par ① du plan en direction de Paimpol.

Après avoir franchi le pont sur le Jaudy, on pourra voir sur la gauche un atelier de souffleur de verre.

Lézardrieux. – 1 859 h. La ville est bâtie sur la rive gauche du Trieux qu'enjambe un pont suspendu. L'église du 18ᵉ s. possède un élégant clocher-pignon flanqué de deux tourelles et coiffé d'un clocheton percé d'arcades recevant les cloches. Ce type de clocher, très particulier, se retrouve pratiquement dans toute la presqu'île.

Prendre vers le Sillon de Talbert. On longe le vaste port de plaisance créé sur le Trieux. A 3 km, tourner à droite dans une route en descente.

Ancien moulin de marée. – Un petit bassin en amont retenait les eaux qui actionnaient ce moulin *(voir p. 178)*, maintenant ruiné. De la digue, belle vue sur l'embouchure du Trieux.

Reprendre la direction du Sillon de Talbert et tourner à droite.

Phare du Bodic. – Petit phare commandant l'entrée du Trieux. Un sentier à gauche de cette construction mène, à travers champs, à une plate-forme d'où la **vue★** porte sur l'embouchure du Trieux et l'île à Bois au premier plan, l'archipel bréhatin au large.

La route passe ensuite à proximité de la baie de Pommelin, traverse Lanmodez et Larmor-Pleubian.

Sillon de Talbert. – Longue de 3 km, cette étroite langue entourée de récifs est faite de sable et de galets déposés par les courants du Trieux et du Jaudy ; il est possible de la parcourir à pied. On y ramasse le goémon qui est ensuite séché sur place avant d'être traité dans une usine proche du Sillon.

Revenir à Larmor-Pleubian et prendre à droite vers la plage de Pors-Rand.

Table d'orientation de Créac'h Maout. – Située en avant d'un monument commémoratif et de l'ancien sémaphore : vaste **panorama★** sur la pointe de l'Arcouest, Bréhat, le Sillon de Talbert, le phare des Héaux (construit de 1836 à 1839, d'une hauteur de 56 m et d'une portée moyenne de 35 km), la pointe du Château et l'embouchure du Jaudy.

Par St-Antoine, gagner l'entrée de Pleubian où l'on tourne à droite.

Plage de Kermagen. – Face à la pointe du Château et aux îles d'Er.

Pleubian. – 3 293 h. Sur le flanc gauche de l'église au clocher typique, se dresse une belle chaire★ du 16ᵉ s. surmontée d'une croix. De forme ronde, elle présente une frise sculptée sur laquelle se reconnaît la Cène et des épisodes de la Passion : le baiser de Judas, la Flagellation, le Portement de croix.

Dans Pleubian prendre la direction de Kerbors par la côte. On passe à proximité de l'allée couverte de Men-ar-Rompet, en partie enfouie dans la végétation, et de l'île à la Poule. Dans Kerbors, tourner à droite avant l'église.

Bellevue. – Sur la rive du Jaudy. Le regard se perd à droite sur l'embouchure de la rivière, à gauche sur la vallée et le site de Tréguier dominé par les tours de la cathédrale ; en face s'étage La Roche-Jaune. Sur son cours, cependant soumis à la marée, le Jaudy abrite des élevages de truites et de saumons, c'est l'acquiculture, nouvelle ressource de cette région.

La route serpente ensuite parmi les champs de primeurs avant de redescendre vers la vallée du Jaudy et Tréguier.

La TRINITÉ-LANGONNET

Carte Michelin n° 58 pli 17 ou 230 pli 20 (13 km à l'Est de Gourin).

Ce village des Montagnes Noires possède une belle **église** de style flamboyant à chevet à trois pans. A l'Ouest, beau portail à gâble et portes géminées ; le porche Sud, ajouté au 18e s., présente aussi de belles portes. A l'intérieur, la **charpente★** de 1568 à motifs Renaissance témoigne d'une grande maîtrise artisanale et souligne l'élévation de la nef, largement éclairée. Dans le chœur, richement décoré, remarquer les enfeus sculptés, les culs-de-lampe, les sablières ; à gauche du chœur, le sacraire, belle armoire de pierre, sous une Trinité.

La TRINITÉ-SUR-MER   1478 h. (les Trinitéens)

Carte Michelin n° 63 pli 12 ou 230 plis 35, 49 – Lieu de séjour p. 14.

Bâti sur une hauteur, le bourg s'étire sur 800 m en bordure de la rivière de Crach dont le vaste estuaire, bien abrité, accueille les nombreux parcs à huîtres destinés à la récolte du naissain *(voir p. 67)*. Un petit port de pêche, un port de plaisance très fréquenté et des chantiers navals apportent une grande animation à ce séjour balnéaire qui possède de belles plages le long de la presqu'île de Kerbihan.

Pont de Kerisper. – De ce grand pont qui franchit la rivière de Crach, la **vue★** est très belle sur l'estuaire, le site de la ville et les installations portuaires.

Chaque année,
*le **guide Michelin France** hôtels et restaurants*
actualise ses 550 plans de ville :
   – axes de pénétration ou de contournement, carrefours aménagés, rues
   nouvelles, parcs de stationnement, sens interdits...
   – emplacement des hôtels, des restaurants, des édifices publics...

Une documentation à jour pour circuler dans les villes grandes et moyennes.

Tous comptes faits, le guide de l'année, c'est une économie.

★★ Le VAL-ANDRÉ

Carte Michelin n° 59 pli 4 ou 230 pli 9 – Schéma p. 84 – Lieu de séjour p. 15.

Cette station balnéaire réputée possède une des plus belles plages de sable de la côte Nord de la Bretagne.

★ Pointe de Pléneuf. – *1/4 h à pied AR. Du parc de stationnement du port de Piégu part une promenade aménagée au pied de la falaise.* Elle mène à un petit belvédère avec banc de repos, face à l'île Verdelet qui est une réserve ornithologique.
Il est possible, *en contournant la pointe de Pléneuf, de gagner la plage des Vallées (1/2 h à pied). Partir du port de Piégu et gravir l'escalier qui conduit à la rue de la Corniche.* Cette très belle promenade, en corniche au-dessus de la mer, révèle des **vues★★** superbes sur la station de Val-André, la baie de St-Brieuc et la plage.

★ Promenade de la Guette. – *1 h à pied AR. A l'extrémité Sud-Ouest de la digue, à l'angle de la rue des Sablons, deux flèches indiquent le chemin de la Guette, le Corps de Garde, la Batterie.*
Contournant « l'anse du Pissot », escalier d'accès à la plage, on longe le « Corps de Garde » ruiné. Peu à peu se dégage une **vue★** immense sur la baie de St-Brieuc. On aboutit à une statue de N.-D.-de-la-Garde d'où l'on descend vers **Dahouët**, port de pêche et de plaisance dans un joli site.

Suivre le « Quai des Terre-Neuvas » et prendre, face au plan d'eau après le pont, le sentier du Mocquelet pour rentrer par les hauteurs. On aboutit à la digue de Val-André.

EXCURSION

Circuit de 19 km. – *Environ 1 h 1/2. Quitter le Val-André en direction d'Erquy. A 5 km prendre à droite.*

cv **Château de Bienassis.** – A l'entrée du parc de Bienassis, emprunter l'allée d'honneur qui conduit au château par une belle perspective sous futaie. On franchit le mur crénelé, seul vestige de l'enceinte du 15e s., dont les tours d'angle et les tourelles ont été ajoutées au 17e s., à l'époque de la reconstruction du château. Le rez-de-chaussée se compose du grand salon, de l'ancienne salle des gardes, de la salle à manger, où l'on peut admirer des porcelaines de Chine, du Japon et de Bayeux, des meubles de style Louis XIV et de la Renaissance bretonne. La façade Nord donnant sur le jardin a conservé deux tours du 15e s.

A la sortie du parc, prendre à gauche la direction de St-Brieuc et, à 3 km, tourner à gauche vers St-Jacques-le-Majeur.

cv **Chapelle St-Jacques-le-Majeur.** – Elle s'élève à la croisée des routes. Du 13e s., restaurée au 16e s., cette chapelle possède un élégant portail orné de faisceaux de colonnettes à chapiteaux sculptés. L'intérieur, assez dépouillé, est éclairé par des vitraux modernes d'un atelier de Quintin ; il abrite une charmante Vierge à l'Enfant (14e s.), dite N.-D.-du-Bon-Voyage, et un Chemin de croix en granit de Saupique, sculpteur rennais contemporain.

Une route directe ramène au Val-André.

Carte Michelin n° 🔲🔲 pli 3 ou 🔲🔲🔲 plis 36, 37 — Schéma p. 141.

Vannes, bâtie en amphithéâtre à l'extrémité du golfe du Morbihan, est une importante ville-marché dont l'industrialisation progresse. Depuis 1963, une usine pour la fabrication de pneumatiques Michelin est installée à l'Est de la ville.

Le quartier ancien, enfermé dans ses remparts et groupé autour de la cathédrale St-Pierre, est pittoresque ; il a été aménagé en zone piétonne et offre des commerces de luxe installés dans de belles demeures anciennes.

UN PEU D'HISTOIRE

Nominoé, fondateur de l'unité bretonne (9ᵉ s.). — Nominoé, Breton de modeste origine, a été distingué par Charlemagne qui l'a fait comte de Vannes. Devenu duc de Bretagne (826) sous Louis le Pieux, il mûrit le projet de réunir, sous son autorité, tous les Bretons en un royaume indépendant *(voir p. 22)*. Louis mort, il passe à l'exécution. En dix ans, l'unité bretonne est faite : le duché atteint les limites qui seront celles de la province jusqu'en janvier 1790, date du découpage de la France en départements. Vannes est la capitale du nouveau royaume breton, dont le fils de Nominoé est roi. Par la suite, ce royaume redeviendra simple duché.

La réunion à la France (16ᵉ s.). — Anne de Bretagne *(illustration p. 22)*, mariée à Charles VIII *(p. 181)*, puis à Louis XII, est restée souveraine de son duché qui ne fait pas partie de la couronne.

Lorsqu'elle s'éteint en 1514, à 37 ans, sans laisser d'héritier mâle, Claude de France, l'une de ses filles, hérite de la Bretagne. Unie quelques mois plus tard à l'héritier du trône de France, François d'Angoulême, elle devient à son tour reine de France le 1ᵉʳ janvier 1515. François Iᵉʳ obtient qu'elle cède son duché au Dauphin.

Le dernier pas est franchi en août 1532. Les États, réunis à Vannes, proclament l' « union perpétuelle du pays et duché de Bretagne avec le royaume et couronne de France ». Les droits et privilèges du duché sont maintenus : les impôts doivent être consentis par les États ; le Parlement de Bretagne garde la souveraineté juridique ; une armée bretonne peut être entretenue aux frais de la province.

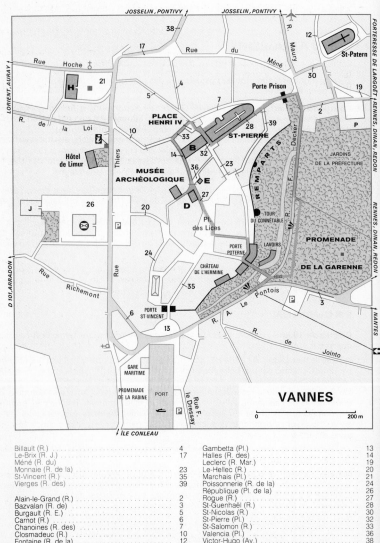

VANNES

0   200 m

(Photo Christiane Olivier, Nice)

Vannes. — Les remparts et les lavoirs.

★ VIEILLE VILLE visite : 2 h 1/2

Partir de la rue A.-Le-Pontois.

On jouit d'une agréable perspective sur l'ancien château ducal de l'Hermine (reconstruit vers 1800) précédé d'un beau jardin fleuri. Il abrite l'école de Droit.

★ **Remparts.** — Après le petit pont, s'approcher du parapet gauche, d'où l'on surplombe de vieux **lavoirs** à la très curieuse toiture.

cv De l'allée des Frères-Jolivel, promenade de la Garenne *(p. 216),* la **vue**★★ se développe sur le coin le plus pittoresque de Vannes : le ruisseau qui coule au pied des remparts (élevés aux 13e s. et remaniés jusqu'au 17e s.), les jardins à la française, les vieilles maisons, la cathédrale à l'arrière-plan composent un tableau qui a tenté de nombreux peintres.

En arrivant au bout de la promenade, suivre la rue F.-Decker bordée par les jardins de la Préfecture et qui conduit à la **porte Prison** du 15e s., flanquée d'une tour à mâchicoulis. *Passer sous la porte.*

Le chevet de la cathédrale se dégage. Suivre la rue St-Guenhaël bordée de vieilles maisons, tourner à droite vers la place St-Pierre.

cv Sur cette place à gauche, s'ouvre la « **Cohue** » (**B**), anciennes halles des 12e et 14e s., où, jusqu'en 1840, les forains attendaient le chaland. Au 1er étage, la salle du Tribunal, restaurée, datant de 1550, était le siège de juridiction du Présidial.

★ **Cathédrale St-Pierre.** — On y a travaillé du 13e au 19e s. Sur la façade, place St-Pierre, la tour gauche, surmontée d'une flèche moderne, est le seul vestige de la construction du 13e s. Traverser le jardin du cloître (ruines du 16e s.) qui borde le flanc Nord de la cathédrale. La chapelle, en rotonde, qui fait saillie sur le mur de la nef, est traitée dans le style de la Renaissance italienne, ce qui est rare en Bretagne ; elle a été érigée en 1537.

Pénétrer dans l'église par le beau portail du transept (gothique flamboyant, avec niches Renaissance). A l'entrée à gauche, un tableau évoque la mort de **saint Vincent Ferrier** en présence de la duchesse de Bretagne. Ce moine espagnol, grand orateur, mort à Vannes en 1419, fut canonisé en 1455 ; sur la droite, prédication de saint Vincent à Grenade. Dans la 2e chapelle du bas-côté gauche, en rotonde, se trouve son tombeau. Sur les murs, une belle tapisserie (1615) représente des miracles opérés par Vincent et sa canonisation.

La chapelle absidale ou chapelle du Saint-Sacrement et les chapelles de la nef abritent des autels, retables, tombeaux, statues des 17e et 18e s. ; dans la chapelle des fonts baptismaux, voir un devant d'autel en pierre, du 16e s., représentant la Cène. La nef (15e s.) a perdu une part de son caractère d'origine : les lourdes voûtes du 18e s. en ont réduit l'élévation tout en masquant la charpente lambrissée.

cv Le **trésor** est présenté dans l'ancienne salle du Chapitre, ornée de boiseries du 18e s. Remarquable coffre peint des 12e et 13e s., croix reliquaire du 12e s., croix et pyxide en ivoire, nombreux calices, patènes et custodes.

★ **Place Henri-IV.** — Pittoresque place bordée de maisons à pignons (16e s.). Jeter un coup d'œil dans la rue des Chanoines.

Prendre la rue St-Salomon aux vieilles demeures, tourner dans la rue des Halles sur laquelle donne l'autre entrée de la « Cohue ».

Maison de saint Vincent-Ferrier (E). — *Au nº 17, place Valencia.* Dans cette maison, remaniée au 16e s., mourut Vincent Ferrier en 1419.

Maison de Vannes (D). — Ancienne demeure ornée de deux bustes en bois sculpté aux visages hilares, très populaires, connus sous le nom de « Vannes et sa femme ».

Pour rejoindre la voiture, descendre la rue Rogue, traverser la place des Lices, puis longer les remparts. On passe en vue de la tour du Connétable avant de franchir la porte Poterne et le petit pont sur le Rohan.

AUTRES CURIOSITÉS

★ Musée archéologique. — Créé par la Société Polymathique du Morbihan, ce musée *cv* occupe trois salles du 1ᵉʳ étage du château Gaillard. Cette demeure du 15ᵉ s. a abrité pendant quelque temps le Parlement de Bretagne.

Le musée est très riche en objets préhistoriques provenant, pour la plupart, des premières fouilles des mégalithes du Morbihan : Carnac, Locmariaquer, presqu'île de Rhuys, qui permirent de récolter de très belles pièces. On découvre une remarquable collection de colliers, bracelets, haches polies, épées, et de curieux anneaux-disques. Une salle rassemble des objets d'art en tous genres du 13ᵉ au 18ᵉ s. : croix de procession, dalmatiques, panneaux d'albâtre, bois gravés, etc.

Hôtel de Limur. — Cet édifice de la fin du 17ᵉ s. présente un bel escalier en pierre.

Hôtel de ville (H). — De style Renaissance, il fut édifié à la fin du 19ᵉ s. et se dresse sur la place Maurice-Marchais, ornée de la statue équestre du connétable de Richemont. Ce chef de guerre, compagnon de Jeanne d'Arc, a créé et conduit l'armée française qui fut victorieuse des Anglais à la fin de la guerre de Cent Ans. Succédant à son frère, il devint duc de Bretagne en 1457 et mourut l'année suivante.

Église St-Patern. — Reconstruite au 18ᵉ s., elle est coiffée d'une imposante tour carrée achevée en 1826.

Promenade de la Garenne. — Le parc de l'ancien château ducal de Vannes a été aménagé en promenade publique au 17ᵉ s. La vue sur les remparts *(p. 215)*, notamment sur la tour du Connétable, est jolie. Dans la partie haute du jardin, le long du mur, à gauche du monument aux Morts, une plaque de marbre rappelle l'exécution des émigrés en 1795 *(voir p. 169, à Quiberon)*.

EXCURSIONS

★ Ile Conleau. – *5 km, plus 1/2 h à pied. Sortir par la promenade de la Rabine.* A 2 km, une jolie vue se révèle, en avant, sur le golfe du Morbihan. *Après avoir franchi sur une chaussée l'estuaire du Vincin, on entre dans l'île Conleau ; laisser la voiture (parc de stationnement).*

Prendre, à droite dans le bois, le sentier qui longe le Vincin.

Conleau. — Petit port bien situé à l'embouchure du Vincin. On atteint la plage : belle vue entre la pointe de Langle, à gauche, et la pointe de Kerguen, à droite, sur l'île de Boëdic.

Presqu'île de Séné. – *10 km au Sud – environ 3/4 h. Quitter Vannes par la rue Ferdinand-le-Dressay qui longe la rive gauche du port, puis tourner à gauche vers Séné.*

Séné. — Anciennement connu pour ses bateaux de pêche typiques, à deux voiles, les « sinagots », le bourg conserve sa vocation maritime.

A la sortie de Séné, tourner à droite en direction de Bellevue et Port-Anna. D'anciens marais salants et de nombreuses cultures maraîchères bordent la route.

Port-Anna. — Ce petit port, où se côtoient bateaux de pêche et de plaisance, commande l'étroit goulet qu'empruntent les bateaux ralliant Vannes.

Revenir dans Bellevue et prendre à droite vers l'embarcadère.

Embarcadère. — Réservé aux marchandises destinées à l'île d'Arz. Du parc de stationnement, la **vue★** se développe sur la rivière de Vannes, l'île Conleau à gauche, Séné, sur la droite, au fond de l'anse.

Circuit de 55 km. — *Environ 3 h. Quitter Vannes par la rue du Maréchal-Leclerc. A 14 km, tourner à gauche vers la forteresse de Largoët.*

★ Forteresse de Largoët. — *Page 129.*

A la sortie d'Elven, prendre à gauche. La route traverse les landes de Lanvaux.

Landes de Lanvaux. — Cette longue crête schisteuse, inculte au siècle dernier, est devenue une belle région plantée d'arbres, riche de cultures variées et de pâturages. Ses nombreux monuments mégalithiques peuvent faire l'objet d'excursions à pied, notamment aux alentours de St-Germain que la route laisse à gauche.

*A l'entrée de **Trédion**, en prenant à gauche, on côtoie un étang qui entoure un charmant manoir breton. En face de cette demeure, tourner à droite, traverser l'agglomération, puis prendre à gauche en haut de la place.* Descente dans l'agreste vallée de la Claie et de son affluent, le ruisseau de Callac.

Callac. — *Tourner à gauche.* Avant une bifurcation, sur la gauche de la route est creusée une « grotte de Lourdes ». A sa gauche commence un sentier en pente raide qui gravit la colline.

Ce chemin de croix est bordé de stations composées de groupes en granit ; du pied du calvaire, la vue s'étend sur les landes de Lanvaux. La descente s'effectue par un autre sentier qui passe à proximité de la chapelle.

De l'autre côté de la route, un ruisseau rapide coule au pied d'un monticule surmonté d'une croix. Le site est très agréable.

Prendre le chemin de gauche. A sa rencontre avec la route de Plumelec, tourner à gauche, et 600 m plus loin, à droite. 2 km après, suivre à gauche la direction de Vannes.

cv **St-Avé.** — La chapelle N.-D.-du-Loc est en bordure de l'ancien tracé de la route de Vannes. Un calvaire et une fontaine précèdent l'édifice du 15ᵉ s. A l'intérieur, remarquer les sculptures des sablières et des engoulants : anges, personnages grotesques, animaux.

Au milieu de la nef, le calvaire à personnages est surmonté d'un dais en bois. Des panneaux en albâtre décorent le maître-autel, des retables du 15e s. en granit, les autels de droite et de gauche. Statues des 15e s. (dont une Vierge mère en pierre blanche), 16e et 18e s.

Pour regagner Vannes, on peut traverser St-Avé.

Grand-Champ. – *19 km au Nord-Ouest. Quitter Vannes par la rue Hoche.* L'église possède, sous le porche, une vitrine dans laquelle sont présentés des objet liturgiques du 17e au 19e s. et, dans la nef, deux panneaux en bois sculpté provenant de N.-D.-de-Burgo, chapelle ruinée joliment située dans un bois à 2 km à l'Est de la localité.

★★ **Le golfe du Morbihan en bateau.** – *Page 140.*

Dans la collection des guides Verts,
celui-ci présente les conditions de visite d'une manière particulière :
voir nos explications p. 4 et p. 225.

★★ VITRÉ

13 491 h. (les Vitréais ou Vitréens)

Carte Michelin n° 59 pli 18 ou 230 pli 28.

C'est la ville de Bretagne qui a le mieux conservé l'aspect d'autrefois : son château fort *(illustration p. 40)*, ses remparts, ses petites rues telles qu'elles étaient il y a 400 ou 500 ans, composent un spectacle évocateur.

L'ancienne «ville close» est bâtie sur un éperon qui domine, d'un côté la vallée encaissée de la Vilaine, de l'autre une dénivellation où passe la voie ferrée. Le château est fièrement campé à l'extrême pointe du promontoire.

Vitré fut, du 16e au 18e s., une des plus actives cités bretonnes : toiles de chanvre, draps de laine, bas de fil se vendaient en France, en Angleterre, en Allemagne, en Espagne et jusqu'en Amérique et aux Indes.

Cette prospérité s'atténua au 19e s. pour reprendre au 20e s. Des bonneteries, usine de chaussures, fabriques de machines agricoles et de lits et meubles métalliques, constructions mécaniques s'y sont installées.

La carrière de Pierre Landais (15e s.). – Vers le milieu du 15e s., Pierre Landais, tailleur d'habits de Vitré, est remarqué par le duc François II qui en fait son «garde-robier». Habile, entreprenant, il poursuit son ascension, devient trésorier (ministre des Finances) et conseiller du souverain de Bretagne. Mais les nobles et le clergé détestent ce parvenu qui favorise la représentation des bourgeois aux États, fait abolir des droits féodaux.

Une conjuration se noue, soutenue par le roi de France, dont il est l'ennemi, et oblige le duc à sacrifier son conseiller : Landais est saisi au château de Nantes. Soumis à la question, il reconnaît tous les chefs d'accusation qu'on lui présente et termine sa carrière au gibet (1485).

★★ **L'arrivée à Vitré.** – Le château et les maisons qui se groupent au pied constituent un pittoresque tableau que l'on aura plaisir à découvrir avant de pénétrer en ville : **en venant de Fougères**, au cours de la descente ; **en venant de Rennes**, au coude de la rue de Brest.

★★ LE CHÂTEAU

visite : 3/4 h

Rebâti aux 13e, 14e et 15e s. La ville l'a acheté en 1820 à la famille des La Trémoille.

La place actuelle était la basse-cour du château où se trouvaient les écuries et les communs. La forteresse est de forme triangulaire.

L'entrée est défendue par un pont-levis et un puissant châtelet flanqué de deux grosses tours à mâchicoulis. A l'angle Sud se dresse le donjon ou tour St-Laurent ; à l'angle Nord-Est est la tour de la Madeleine ; à l'angle Nord-Ouest, la tour de Montafilant. Ces divers ouvrages sont reliés par une enceinte que renforcent d'autres tours.

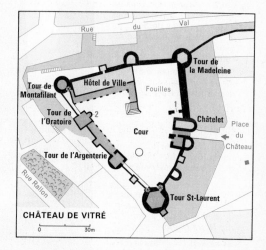

CHÂTEAU DE VITRÉ

En entrant dans la cour, on voit, sur la droite, un porche roman (1) aux claveaux de couleurs alternées, l'hôtel de ville (1913) adossé au front Nord ; devant soi, on remarquera, sur la tour de l'Oratoire, une élégante absidiole Renaissance (2).

On visite la tour de Montafilant d'où s'offre, de la plate-forme (82 marches), une belle **vue★** sur la ville, les quartiers des Tertres Noirs, des Moines, la Vilaine et l'ancienne tannerie.

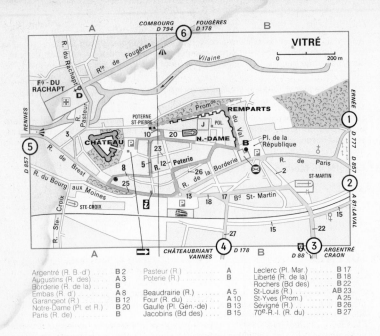

Par la courtine, on gagne la tour de l'Oratoire occupée par une chapelle où est exposé un beau **triptyque**★ du 16e s. orné de trente-deux émaux de Limoges.

La tour St-Laurent abrite un **musée** qui rassemble entre autres des sculptures des 15e et 16e s. provenant de maisons de Vitré (une belle cheminée a été remontée), le tombeau de Gui X, seigneur de Laval et de Vitré (15e s.), un coffre du 17e s., des tapisseries des Flandres (16e s.) et d'Aubusson (17e s.), des estampes du vieux Vitré.

La tour de l'Argenterie est réservée à une petite présentation d'histoire naturelle régionale.

★ LA VILLE (AB) *visite : 1 h 1/4*

Partir de la place du Château, prendre la rue Notre-Dame, puis tourner à droite.

★★ Rue Beaudrairie (A 5). —
Cette rue, qui tire son nom de l'ancienne confrérie des « baudroyeurs » ou artisans du cuir, est la plus curieuse de Vitré. Chaque maison mérite d'être détaillée.

Rue d'Embas (A 8). — Elle conduisait à la porte de même nom en partie détruite en 1846. Cette rue possède des maisons à pans de bois ; au no 10 hôtel de la Botte d'Argent, de 1513, curieusement coiffé.

Suivre la promenade St-Yves où se voit une tour, vestige des remparts. *Place du Général-de-Gaulle* (B 13), prendre la rue Garangeot. On croise la rue Sévigné : au no 9, hôtel du 17e s. appelé « Tour de Sévigné » où habita la célèbre marquise *(p. 188). Tourner à droite dans la rue Poterie.*

Rue Poterie (B). — Elle conserve de pittoresques maisons à porches et à pans de bois. *Prendre à droite la rue Notre-Dame.*

★ Remparts (B). — Sur la place
de la République, on voit une tour des anciens remparts, la tour de la Bridolle (B B) du 15e s., couronnée de mâchicoulis.

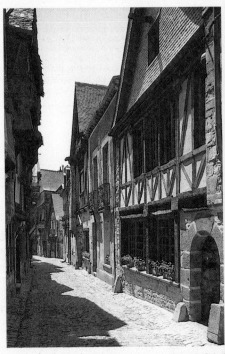

(Photo S. Chirol)

Vitré. — Rue Beaudrairie.

Au Sud de la ville, les remparts suivaient, un peu en retrait, l'actuelle rue de la Borderie, la promenade St-Yves et rejoignaient le château. Il n'en reste que des fragments, enclavés dans les propriétés. Au Nord et à l'Est, l'enceinte est toujours debout.

La rue de Paris, qui s'ouvre sur la place de la République, a de nombreuses maisons anciennes.

Franchir la grille de la promenade du Val pour faire le tour de l'enceinte. A l'extrémité de l'allée, après avoir dépassé une barrière, prendre à gauche la rampe qui passe sous la poterne St-Pierre ; suivre la rue du Four, en montée, et tourner à droite en arrivant sur la place, puis à gauche dans la rue Notre-Dame.

★ **Église Notre-Dame.** – Édifice des 15e et 16e s. La partie la plus curieuse est la façade Sud avec ses sept pignons décorés de pinacles, sa chaire extérieure d'où la prédication avait lieu pour les fidèles rassemblés sur le placître *(voir p. 37)* et ses deux portes finement sculptées de même que les vantaux.

A l'intérieur, on verra de nombreux retables, un beau vitrail Renaissance figurant l'entrée du Christ à Jérusalem, dans le bas-côté droit (3e travée).

S'avancer dans la rue Notre-Dame pour admirer au n° 27 l'ancien hôtel Hardy ou de la Troussanais, du 16e s., aux porches et lucarnes finement ouvragés.

Faire demi-tour et gagner la place du Château.

AUTRES CURIOSITÉS

★★ **Tertres Noirs.** – *Accès par la rue de Brest et le chemin des Tertres Noirs, à droite après le pont sur la Vilaine.* De ce terre-plein ombragé de sapins et de marronniers, on jouit d'une belle **vue**★★ sur Vitré, son site et son château.

★ **Jardin public.** – *Par ④ du plan.* Agréable jardin, très bien entretenu, avec plan d'eau.

Faubourg du Rachapt (A). – Pendant la guerre de Cent Ans, ce faubourg fut occupé plusieurs années par les Anglais, alors que la ville et le château résistaient à toutes les attaques. Les Vitréens achetèrent le départ des envahisseurs, d'où le nom donné à l'agglomération.

Au pied du château, ce faubourg traverse la vallée de la Vilaine et escalade le flanc Nord. En suivant la rue Pasteur, on a des vues pittoresques sur la rivière et sur la ville. Elle conduit à l'hôpital et à la **chapelle St-Nicolas** (D) du 15e s. *Entrer par la petite porte à gauche et longer la chapelle.* A son extrémité, à droite, on entre par une jolie porte en anse de panier. Le maître-autel du 18e s. est en bois doré, à droite statue de saint Augustin, à gauche saint Nicolas et les trois petits enfants (18e s.). Des fresques du 16e s. ont été découvertes.

La rue du Rachapt est bordée de vieilles maisons. Belle vue sur le château.

EXCURSIONS

★ **Château des Rochers-Sévigné.** – *6,5 km au Sud-Est. Quitter Vitré par ③ du plan. A 6 km de la ville, à la sortie d'un bois, prendre à gauche l'allée du château. Description p. 188.*

★ **Champeaux.** – *9 km à l'Ouest. Quitter Vitré par ⑤ du plan. A 2 km de la ville, tourner à droite. Description p. 71.*

(Photo Dupont/Explorer)

Index alphabétique

Conditions de visite

En raison des variations du coût de la vie et de l'évolution incessante des horaires d'ouverture de la plupart des curiosités, nous ne pouvons donner les informations ci-dessous qu'à titre indicatif.

Ces renseignements s'appliquent à des touristes voyageant isolément et ne bénéficiant pas de réduction. Pour les groupes constitués, il est généralement possible d'obtenir des conditions particulières concernant les horaires ou les tarifs, avec un accord préalable.

Les églises ne se visitent pas pendant les offices ; elles sont ordinairement fermées de 12 h à 14 h. Les conditions de visite en sont données si l'intérieur présente un intérêt particulier. La visite de la plupart des chapelles ne peut se faire qu'accompagnée par la personne qui détient la clé. Une rétribution ou une offrande est toujours à prévoir.

Des visites-conférences sont organisées de façon régulière, en saison touristique, à Auray, Dinan, Fougères, Morlaix, au Mont-St-Michel, à Nantes, à la Pointe du Raz, à Quimper, Rennes, St-Brieuc, St-Malo, Vannes, Vitré. S'adresser à l'office de tourisme ou au syndicat d'initiative.

a

AUDIERNE

Grands viviers. – Visite le matin et l'après-midi. Fermé le samedi après-midi, les dimanches et jours fériés (sauf le 14 juillet et le 15 août). 5 F.
La Chaumière. – Visite accompagnée (1/2 h) de début avril à début octobre. 10 F.

AURAY

Chartreuse. – Visite accompagnée (20 mn) le matin et l'après-midi. Fermé 10 jours en septembre et 10 jours en octobre.
Visite en bateau de la rivière d'Auray. – De juin à mi-septembre. S'adresser aux Vedettes Vertes, ☏ (97) 63.79.99 à Vannes, place E.-Frick à Locmariaquer, quai St-Goustan à Auray, ou au syndicat d'initiative, ☏ (97) 24.09.75.

AVAUGOUR

Chapelle. – S'adresser à M. Simon, à 100 m de la chapelle.

b

BARNENEZ

Cairn. – Visite accompagnée (1/4 h) le matin et l'après-midi. Fermé les mardis et mercredis, le 1er mai et le 25 décembre. 3 F.

BATZ (Ile de)

Location de bicyclettes en juillet et août.
Église. – Fermée le dimanche après-midi.
Phare. – Visite possible selon la disponibilité du gardien.

BATZ-SUR-MER

Église St-Guénolé. – Montée à la tour de mi-juin à mi-septembre, le matin et l'après-midi. Le reste de l'année, s'adresser à Mme Legars, 22 Grande-Rue. 3 F.

BAUD

Vénus de Quinipily. – Visite le matin et l'après-midi. 2 F.

BEAUPORT

Abbaye. – Visite accompagnée (1/2 h) de mi-juin à mi-septembre le matin et l'après-midi. 6 F.

BEG-MEIL

Excursions en bateau. – S'adresser à M. R. Guillou à Beg-Meil, ☏ (98) 94.97.94, ou aux Transports Maritimes à Concarneau, ☏ (98) 97.11.59. Les syndicats d'initiative de Beg-Meil (☏ 98.94.97.47), de Concarneau (☏ 98.97.01.44) et de Fouesnant (☏ 98.56.00.93) fournissent tous renseignements utiles.

BEG-ROHU

École nationale de voile. – Visite des installations sur autorisation du directeur de l'établissement, ☏ (97) 50.27.02, de mi-février à fin novembre, le matin et l'après-midi.

BELLE-ILE

Au Palais, location de voitures sans chauffeur, cyclomoteurs, bicyclettes.
Citadelle. – Visite de début juin à fin septembre tous les jours sans interruption à midi. Le reste de l'année, les horaires des visites correspondent aux horaires des bateaux. 16 F.
Grand Phare. – Visite selon la disponibilité du gardien.

BELLE-ISLE-EN-TERRE

Chapelle de Locmaria. – Ouverte le matin d'avril à septembre, en fin d'après-midi toute l'année.

BÉNODET

Phare de la Pyramide. – S'adresser au gardien, 2 rue du Phare, qui accompagne, le matin et l'après-midi.
Pont de Cornouaille. – Péage, voir le guide Michelin France de l'année.

BERVEN

Église. – S'adresser à Mme A. Picart, champ de foire.

BIENASSIS

Château. – Visite accompagnée (3/4 h) de début juin à mi-septembre le matin et l'après-midi. Fermé les dimanches et jours fériés sauf les après-midi de Pâques, du 14 juillet et du 15 août. 8 F.

BIEUZY

Église. – S'adresser 2 ruelle St-Gildas.

BINIC

Musée. – Visite de mi-juin à mi-septembre le matin, l'après-midi et en soirée.

BLAIN

Château de la Groulaie. – Visite de l'extérieur seulement.

BONNE-FONTAINE

Château. – Laisser la voiture à la grille d'entrée. Visite du parc seulement, de début avril à début novembre, le matin et l'après-midi. Fermé le dimanche.

BONO

Église. – S'adresser au presbytère.

BOTHOA

Moulin. – Visite de mi-juin à mi-septembre, le matin et l'après-midi. 2,50 F.

BOURBANSAIS

Parc zoologique et jardins. – Visite le matin et l'après-midi. 20 F.
Château. – Visite accompagnée (3/4 h) l'après-midi. Fermé de début décembre à fin février. 20 F.

BOURBRIAC

Église. – S'adresser au presbytère, 20 rue de l'Armor.

BRANFÉRÉ

Parc zoologique. – Visite des vacances de Pâques à mi-novembre, le matin et l'après-midi. 25 F (spectacle audiovisuel compris).

BRASPARTS

Maison des artisans. – Visite le matin et l'après-midi. Fermé le mardi de mi-septembre à mi-juin et les 1er janvier, 1er mai, 25 décembre.

BRÉHAT (Ile de)

Location de bicyclettes à Port-Clos.
Promenades en bateau. – Au départ de St-Quay-Portrieux. En juillet et août, 2 à 3 départs par semaine - AR dans la journée. Pour tous renseignements, s'adresser aux agences des vedettes : ☏ (96) 20.00.06 à Bréhat, (96) 20.82.30 à Paimpol.
Estuaire du Trieux. – Départ de la pointe de l'Arcouest, escale à Bréhat ; selon la marée. Durée : 4 h.

BRENNILIS

Église. – Ouverte seulement à l'occasion des offices.

BREST

Arsenal et base navale. – Visite autorisée aux Français seulement (3/4 h), de début juillet à fin septembre le matin et l'après-midi. Se présenter avec une pièce d'identité comportant une photo au poste de gendarmerie de la porte de la Grande Rivière (route de la Corniche) pour le secteur de Laninon, ou à celui de la porte de Tourville (boulevard de la Mairie) pour le secteur de Penfeld.
Musée naval. – Visite le matin et l'après-midi. Fermé le mardi. 10 F.
Tour Tanguy. – Visite de début juin à fin septembre le matin et l'après-midi ; le reste de l'année les après-midi des mercredis et samedis.
Musée. – Visite le matin et l'après-midi. Fermé les mardis et jours fériés.
Promenades en bateau. – Visite au port militaire et en grande rade (1 h 1/2) ; croisière commentée, d'avril à septembre, 3 départs par jour.
Pour la presqu'île de Crozon (40 mn), 3 allers et retours par jour, toute l'année. S'adresser à la Compagnie des Vedettes Armoricaines, 1er Bassin, Port de Commerce. ☏ (98) 44.44.04.

BRETESCHE

Château. – Visite du parc et de la cour d'honneur seulement, le matin et l'après-midi. 6 F.

BRIÈRE (Parc Naturel régional)

Maison de garde. – Visite de début juillet à mi-septembre le matin et l'après-midi (visite possible parfois en juin et octobre lors de la visite du parc animalier). 8 F (avec le parc).

Maison de l'éclusier. – Visite de début juin à fin septembre, le matin et l'après-midi. 5 F.

Parc animalier. – Visite de début juin à fin octobre. 8 F (avec visite de la Maison de garde).

C

CAMARET-SUR-MER

Chapelle N.-D.-de-Rocamadour. – De la Toussaint à Pâques, ouverte le week-end seulement.

Château Vauban. – Visite de début juin à fin septembre, le matin et l'après-midi. Le reste de l'année, visite à Pâques, à la Pentecôte et certains week-ends, l'après-midi seulement. Se renseigner à la mairie. Fermé de mi-novembre à mi-décembre et de mi-janvier à mi-février. 8,50 F.

CANCALE

Église St-Méen. – Escalier d'accès à la plate-forme supérieure fermé à midi, le dimanche après-midi en saison, le mercredi hors saison, et également les lundis de Pâques et de Pentecôte, les 1er novembre, 25 décembre et 1er janvier. Prendre son ticket au syndicat d'initiative.

Église St-Méen : musée. – Visite de début juillet à mi-septembre le matin (sauf lundi) et l'après-midi. En juin, visite les week-ends seulement, l'après-midi. 6 F.

CAOUENNEC

Église. – S'adresser au sacristain, route de Lanvézéac.

CARADEUC

Parc du château. – 5 F.

CARANTEC

Église. – Fermée le dimanche après-midi.

Chapelle Notre-Dame (Ile Callot). – En cas de fermeture, s'adresser à Mme Y. L'Holir (maison voisine).

CAREIL

Château. – Visite accompagnée (1/2 h) de début avril à fin septembre l'après-midi ; de mi-juin à mi-septembre visite en outre le matin. 7 F.

CARNAC

Musée préhistorique Miln-Le-Rouzic. – Visite de Pâques à mi-octobre le matin et l'après-midi. Fermé le 1er mai. 4,50 F. Transfert prévu pour 1984.

Tumulus St-Michel. – Visite accompagnée (1/4 h) de Pâques à début octobre le matin et l'après-midi (sans interruption à midi de mi-juin à fin septembre). 3 F.

CHAMP DES MARTYRS

Ouvert en juillet et en août. Le reste de l'année, s'adresser au « Café de Toul Bahadeu ». On accompagne.

La CHAPELLE-DES-MARAIS

Maison du sabotier. – Visite du début juillet à mi-septembre, le matin et l'après-midi. 3 F.

Mairie. – Visite tous les jours le matin et, en outre, les lundis, mardis et mercredis après-midi.

CHÂTEAUBRIANT

Château. – Visite accompagnée de mi-juin à mi-septembre le matin et l'après-midi. Fermé le dimanche matin et le mardi toute la journée. Visite des jardins toute l'année.

CHÂTEAUGIRON

Château. – Spectacle « son et lumière » début septembre, à 21 h.

CHÂTEAULIN

Chapelle Notre-Dame. – S'adresser à une maison voisine.

CLÉDEN-POHER

Église. – S'adresser au presbytère.

COËTQUIDAN-ST-CYR

Musée du Souvenir. – Visite le matin et l'après-midi.

COMBOURG

Château. – Visite accompagnée (20 mn) de début avril à fin septembre, l'après-midi. Fermé le mardi. 15 F ; parc seul (ouvert en outre le matin) : 8 F.

COMPER

Château. – On ne visite pas l'intérieur mais on peut se promener dans le parc : 4 F. Fermé les mercredis et jeudis de Pâques à fin août. Fermé en septembre.

CONCARNEAU

Criée. – De 7 h à 10 h les 4 premiers jours de la semaine.

Remparts. – Visite de Pâques à fin septembre. 2,50 F.

Exposition d'œuvres en coquillages. – Visite de fin mars à fin septembre le matin et l'après-midi. 6 F.

Musée de la pêche. – Visite le matin et l'après-midi (sans interruption à midi en juillet, août et septembre). 15 F.

Marinarium. – Visite de début juillet à mi-septembre, et pendant les vacances scolaires de Pâques, le matin et l'après-midi. 8 F

CORSEUL

Musée. – Fermé l'après-midi des mercredis, jeudis et samedis, et le dimanche toute la journée.

Le CROISIC

La nouvelle criée. – En été, du lundi au vendredi, vente du poisson (à 6 h ou 6 h 30 du matin) et des crustacés (à 15 h) ; langoustines à 3 h chaque matin.

Aquarium de la Côte d'Amour. – Visite le matin et l'après-midi (sans interruption à midi en juillet et août). Fermé la 1re quinzaine d'octobre et le 1er janvier, et en outre le lundi en hiver. 13 F.

Musée naval. – Visite de début mai à fin septembre le matin (sauf les lundis et jeudis) et l'après-midi. 6,50 F.

d

DAOULAS

Cloître de l'abbaye. – Sonner à la porte. 3 F.

DINAN

Tour de l'Horloge. – Visite en juillet et août, le matin et l'après-midi. Fermé le dimanche. 2 F.

Château. – Visite de début juin à fin août tous les jours le matin et l'après-midi. Le reste de l'année, fermé le mardi et, en outre, le matin, de début novembre à fin février. Fermé également le 25 décembre et le 1er janvier. 3,20 F.

Ancien couvent des Cordeliers. – Visite pendant les vacances scolaires, le matin et l'après-midi. Fermé les samedis matin, les dimanches et jours fériés.

DINARD

Promenade du Clair de Lune et plage du Prieuré. – Spectacle «son et lumière» à 21 h 30 de mi-juin à mi-septembre, les mardis, jeudis, vendredis, samedis et dimanches.

Aquarium et musée de la Mer. – Visite de la Pentecôte à fin septembre, le matin et l'après-midi. 8 F.

Promenades en bateau. – Pour tous renseignements, s'adresser à l'embarcadère ou au syndicat d'initiative, ℡ (99) 46.94.12.

Croisière au Cap Fréhel. – Service en saison. Durée : 2 h 1/2.

Ile de Cézembre. – Traversée : 40 mn AR plus 2 h 1/2 d'escale à l'île.

Promenades aériennes. – Plusieurs départs par jour en été. Renseignements : ℡ (99) 46.22.81.

DOL-DE-BRETAGNE

Musée de la Trésorerie. – Visite accompagnée (1/2 h) des Rameaux à la Toussaint, toute la journée (sans interruption à midi). Fermé le mardi (sauf en juillet et août). 10 F.

DOL (Mont)

Chapelle N.-D.-de-l'Espérance. – Ouverte en saison seulement.

DONGES

Église. – S'adresser au presbytère.

DOUARNENEZ

Chapelle St-Michel. – S'adresser à Mlle Guéguiniat, rue St-Michel.

Promenades en bateau. – Embarquement sur le vieux port du Rosmeur, à l'angle extérieur de la criée. Promenades en mer l'après-midi de juin à début septembre ; parties de pêche le matin en juillet et août. S'adresser au syndicat d'initiative, ℡ (98) 92.13.35 et 92.10.38.

e

ECKMÜHL

Phare. – Visite accompagnée (3/4 h).

ERDRE (Vallée de l')

Promenade en bateau. – Embarcadère 24 quai de Versailles à Nantes. Armement Lebert-Buisson, ℡ (40) 20.24.50. Croisière commentée. Durée : 3 h (ou davantage avec escale à Sucé). Croisière-déjeuner. Croisière-dîner. Jours et heures de départs variables selon la saison. Renseignements et réservation sur place.

ÉTABLES-SUR-MER

Chapelle N.-D.-de-l'Espérance. – Visite l'après-midi, tous les jours de début juin à mi-septembre, les dimanches et jours fériés seulement de début avril à fin mai et de mi-septembre à mi-octobre.

f

FÉDRUN (Ile de)
Maison de la Mariée. – Visite du dimanche des Rameaux à fin septembre, le matin et l'après-midi.
Chaumière briéronne. – Visite de début juin à fin septembre, le matin et l'après-midi. 5 F.

Le FOLGOËT
Musée lapidaire. – Visite en juillet, août et septembre, l'après-midi.

FOUESNANT
Église. – S'adresser au presbytère, en face.

FOUGÈRES
Château. – Visite accompagnée (3/4 h) de début mars à fin octobre tous les jours, le matin et l'après-midi, en février le dimanche seulement, en novembre, les samedis, dimanches et le 11 novembre. 5 F (billet jumelé avec celui du musée de la Villéon).
Musée de la Villéon. – Visite l'après-midi, de Pâques à fin septembre les samedis, dimanches et jours fériés ; de début juillet à mi-septembre, tous les jours. Billet jumelé avec celui du château. 5 F.

g

GAVRINIS (Cairn de)
Passage et visite. – Départ de Larmor-Baden. Tous les jours de mi-mai à mi-septembre. Le reste de l'année, à la demande. ☎ (97) 57.03.89. Laisser la voiture au port, face à la cale d'embarquement. Durée de la traversée : 1/4 h. 12,80 F.

GLÉNAN (Iles de)
Services de bateaux. – Au départ de Quimper, de Bénodet ou de Loctudy, s'adresser aux vedettes de l'Odet « Aigrettes », ☎ (98) 91.00.58 à Bénodet.
Au départ de Beg-Meil ou de Port-la-Forêt, s'adresser à M. R. Guillou, ☎ (98) 94.97.94 à Beg-Meil.
Au départ de Concarneau, s'adresser au syndicat d'initiative, ☎ (98) 97.01.44.

GOUESNOU
Église. – S'adresser au presbytère, de 14 h à 16 h.

GRACES
Église Notre-Dame. – En cas de fermeture, s'adresser au presbytère.

GROIX (Ile de)
Location de bicyclettes au bourg.

GUENGAT
Église. – Fermée le dimanche après-midi.

GUÉRANDE
Porte St-Michel ou « **Château** ». – Visite de Pâques à fin septembre le matin et l'après-midi. 6 F.
Collégiale St-Aubin. – Concert d'orgue à 21 h 30 le vendredi en juillet et août. 25 F.

GUERLEDAN (Lac de)
Promenades en bateau. – De mi-juin à mi-octobre, 8 à 10 tours par jour. Durée : 1 h. 20 F.

GUINGAMP
Hôtel de ville. – Visite le matin et l'après-midi. Fermé les samedis, dimanches et jours fériés.

h

HENNEBONT
Haras. – Visite accompagnée (3/4 h) de début juin à fin octobre, le matin et l'après-midi. Fermé les dimanches et jours fériés. 5 F.

HOËDIC (Ile de)
Accès. – Au départ de Quiberon, départ quotidien en juillet et août, tous les jours sauf le mardi le reste de l'année. Renseignements à la Compagnie Morbihannaise de Navigation, ☎ (97) 50.06.90.
Au départ de Vannes, 2 services par semaine, le lundi et le jeudi, en juillet et août seulement. S'adresser aux Vedettes Vertes, ☎ (97) 63.79.99.

HOUAT (Ile de)
Écloserie de homards. – Salle d'exposition en cours d'aménagement.

HUNAUDAIE
Château. – Visite en juillet et août tous les jours le matin et l'après-midi. En avril, mai, juin et septembre les dimanches et jours fériés seulement, l'après-midi. 6 F.

j

JOSSELIN
Château. – Visite accompagnée (3/4 h) de début juin à mi-septembre l'après-midi ; en juillet et août visite également le matin. Fermé le 8 septembre. 14 F.
Montée au clocher de la basilique N.-D.-du-Roncier. – Accès place A.-de-Rohan, de Pâques à la Toussaint.

k

KÉRAZAN-EN-LOCTUDY
Manoir. – Visite de début juin à mi-septembre, le matin et l'après-midi. Fermé le mardi. 8 F.

KERCADO
Tumulus. – Visite de début juin à début octobre, le matin et l'après-midi.

KERDÉVOT
Chapelle. – S'adresser à M. Le Fur, à Ménez-Kerdévot.

KERFONS
Chapelle. – Visite de mi-juin à début septembre, le matin et l'après-midi, et en outre pendant les vacances scolaires de Pâques. 3 F. S'adresser à la petite maison, à gauche du calvaire.

KERGRIST
Château. – Visite accompagnée (3/4 h) de début juillet à fin août, l'après-midi. Fermé l'avant-dernier dimanche de juillet. 10 F.

KERGROADES
Château. – Visite de l'extérieur seulement.

KERHINET
Écomusée. – Visite de début juin à fin septembre, le matin et l'après-midi. 2 F.

KERJEAN
Château. – Visite accompagnée (3/4 h) le matin et l'après-midi. Fermé le mardi et les 1er janvier, 1er mai, 1er novembre et 25 décembre. 7 F.

KERMARIA
Chapelle de Kermaria-an-Iskuit. – Visite d'avril à fin septembre, le matin et l'après-midi.

KEROUAT
Moulin. – Visite de début juillet à fin septembre, le matin et l'après-midi, de début octobre à fin juin l'après-midi seulement. Fermé le mardi, les 1er janvier, 1er mai, 14 juillet. 5 F.

KÉROUZÉRÉ
Château. – Visite sur demande préalable (lettre ou ☎ 98.29.96.05). Fermé le dimanche. Suivre l'allée d'accès au château et sonner à la porte principale.

KERVIGNAC
Église. – S'adresser au presbytère.

l

LAMBALLE
Haras national. – Visite accompagnée (1/2 h) de mi-juillet à mi-septembre, l'après-midi. Fermé le mercredi.
Collégiale Notre-Dame. – Ouverte en juillet et août seulement.
Musée du Vieux Lamballe et du Penthièvre. – Visite de début juin à fin septembre le matin et l'après-midi. Fermé les dimanches et jours fériés. 3 F.
Musée Mathurin-Meheut. – Visite de début juin à mi-septembre le matin et l'après-midi. Fermé les dimanches et jours fériés. 3 F.

LANDAL
Château. – On visite la cour d'honneur et on peut monter sur les remparts.

LANDERNEAU
Église St-Thomas-de-Cantorbéry. – Visite pendant les vacances scolaires.

LANDÉVENNEC
Ruines de l'ancienne abbaye. – Visite le matin et l'après-midi.

LANGUIVOA
Chapelle. – Visite en juillet et en août.
Presbytère. – Visite de début juillet à mi-août.

LANGONNET (Abbaye)

Musée des Missions d'Afrique. – Visite accompagnée (3/4 h) de début avril à fin octobre, le matin et l'après-midi. Fermé les jours de fêtes religieuses.

LANNEDERN

Église. – S'adresser au presbytère.

LANNION

Église St-Jean-du-Baly. – Fermée le dimanche après-midi.

LANRIGAN

Château. – Visite de l'extérieur seulement de début juin à fin septembre, le matin et l'après-midi des mercredis, jeudis et vendredis. Fermé le 15 août.

LANRIVAIN

Chapelle N.-D.-du-Guiaudet. – Hors saison, s'adresser à M. Chenu. Carillon automatique de 16 cloches, de début mai à fin septembre.

LARGOËT

Forteresse. – 4 F. Spectacle « son et lumière » : « Lancelot du lac », en juillet et en août, les vendredis et samedis à 22 h 30. 40 F.

LATTE (Fort La)

Château. – Visite accompagnée (1/2 h) de fin juin à fin septembre et pendant les vacances scolaires de Pâques et les grands week-ends de mai et juin, le matin et l'après-midi. 6 F.

LÉHÉLEC

Château. – Visite de début juillet à fin août l'après-midi (sauf le mardi). 10 F.

LOCMÉLAR

Église. – S'adresser au presbytère, sur la place.

LOCQUÉMEAU

Église. – S'adresser à M. Quesséveur.

LOCRONAN

Musée. – Visite de début juillet à fin septembre le matin et l'après-midi. 3 F.
Verrerie du Ponant. – Visite des ateliers le matin et l'après-midi. Fermé les samedis, dimanches et jours fériés.
Chapelle de la Montagne de Locronan. – Ouverture seulement les dimanches de Petite Troménie et la semaine de Grande Troménie.

LOCTUDY

Promenades en bateau. – S'adresser au bureau des Vedettes « Aigrettes », sur le port, ☎ (98) 91.00.58.

LOQUEFFRET

Église. – S'adresser au presbytère ou à la mairie.

LORIENT

Base des sous-marins Ingénieur-Général-Stosskopf. – Visite autorisée aux Français seulement, de début avril à fin septembre l'après-midi et en outre le matin, de mi-mai à mi-septembre. De début octobre à fin mars, une autorisation est à demander huit jours à l'avance à M. le Capitaine de Vaisseau, Major Général du port de Lorient, B.P. 467 – 56324 Lorient Cedex. Les visiteurs doivent se présenter à la porte de la Base munis de leur carte d'identité ; appareils photographiques interdits.
Arsenal. – Entrée par la porte Gabriel. Visite autorisée aux Français seulement, de mi-mai à mi-septembre le matin et l'après-midi. Le reste de l'année, une autorisation est à demander huit jours à l'avance minimum, à M. le Capitaine de Vaisseau, Major Général du port de Lorient, B.P. 467 – 56324 Lorient Cedex. Les visiteurs doivent se présenter munis de leur carte d'identité ; appareils photographiques interdits.
Promenade en bateau. – Renseignements : à Port-Louis chez Mme Pézennec (☎ 97.82.36.49), à la salle d'attente, sauf les samedis et dimanches (☎ 97.87.47.50), ou à Locmiquélic (☎ 97.33.40.55).

LOUANNEC

Église. – Fermée l'après-midi des dimanches et jours fériés.

LOUDÉAC

Courses de chevaux. – Elles ont lieu 15 jours avant Pâques (le dimanche), le dimanche et le lundi de Pâques et le dimanche suivant (Quasimodo).

m

MAILLÉ

Château. – Visite de l'extérieur seulement.

MAISON DES ARTISANS

Dans le parc régional de Grande Brière. Voir Brasparts.

La MEILLERAYE-DE-BRETAGNE

Abbaye. – Église ouverte seulement à l'occasion des offices. Renseignements à la porterie.

MENEZ-MEUR

Domaine. – Visite de début juin à fin septembre, le matin et l'après-midi. Fermé le mardi, les 1ᵉʳ janvier, 1ᵉʳ mai. 3 F.

MOËLAN-SUR-MER

Chapelle St-Philibert-et-St-Roch. – Pour visiter, s'adresser au presbytère.

MOINES (Ile aux)

Accès au départ de la pointe d'Arradon ou de Port-Blanc. – Passages toutes les 1/2 h. Durée de la traversée : 5 mn.

MONBOUAN

Château. – Visite accompagnée (1/4 h) de mi-juillet à fin août, le matin et l'après-midi. 5 F.

MONTAUBAN

Château. – Fermé en février et le mardi hors saison. 15 F.

MONTMURAN

Château. – Visite accompagnée (1/2 h) l'après-midi. 8 F.

Le MONT-ST-MICHEL

Montée à l'abbaye. – Laisser la voiture dans l'un des parcs de stationnement : 6 F.
Abbaye. – Visite accompagnée (1 h), le matin et l'après-midi. 12 F.
Église. – Seules les visites-conférences permettent d'admirer l'escalier de Dentelle.
Jardins de l'abbaye. – Porte d'accès, à gauche en descendant le Grand Degré. 3 F.
Musée historique. – Visite des Rameaux à mi-novembre le matin et l'après-midi (sans interruption à midi en juillet et août). 20 F (billet valable pour le musée historial).
Musée historial du Mont. – Visite le matin et l'après-midi. 20 F (billet valable pour le musée historique).
Logis Tiphaine. – Visite de début avril à début novembre, le matin et l'après-midi. 6 F.

MORBIHAN (Golfe du)

Le Golfe en bateau. – Pour tous renseignements, s'adresser à la gare maritime des Vedettes Vertes, au Pont Vert, ℡ (97) 63.79.99 à Vannes, sur le port à Auray, sur le port à Port-Navalo ou au bureau des Vedettes Vertes, place E.-Frick à Locmariaquer.

MORGAT

Les Grandes Grottes. – Promenade en mer (3/4 h) à faire par temps clair. Départs toute la journée, selon les marées. On trouve des vedettes au port.

MORLAIX

Musée. – Visite le matin et l'après-midi. Fermé le mardi et les 1ᵉʳ janvier, 1ᵉʳ mai, 14 juillet, 1ᵉʳ et 11 novembre, 25 décembre. 3,80 F.
Église St-Matthieu. – Fermée le dimanche après-midi.

MOTTES (Lac des)

Pêche autorisée les jeudis, dimanches et jours fériés.

n

NANTES

Château des ducs de Bretagne. – Visite le matin et l'après-midi. Fermé les mardis (sauf en juillet et août) et jours fériés. 5 F (gratuit les samedis et dimanches).
Cathédrale. – Fermeture provisoire du chœur (travaux de restauration en cours).
Musée des Beaux-Arts. – Visite le matin et l'après-midi. Fermé les mardis et jours fériés. 5 F (gratuit les samedis et dimanches). Réaménagement et modernisation en cours.
Muséum d'Histoire Naturelle. – Visite le matin et l'après-midi. Fermé le dimanche matin, les lundis et jours fériés. 5 F (gratuit les samedis et dimanches après-midi).
Palais Dobrée. – Visite le matin et l'après-midi. Fermé les mardis et jours fériés. 5 F.
Manoir de la Touche. – Visite sur demande. Fermé les mardis et jours fériés. 5 F.
Musée d'Archéologie régionale. – Mêmes conditions de visite que celles du Palais Dobrée.
Église N.-D.-du-Bon-Port. – Fermée le dimanche après-midi (et en outre le lundi en juillet et août).
Musée Jules-Verne. – Visite le matin et l'après-midi. Fermé les mardis et jours fériés. 5 F (gratuit le dimanche).

NÉVEZ

Église. – S'adresser au presbytère.

NIOU

Maison des Techniques et Traditions ouessantines. – Visite accompagnée (1 h) de début juillet à fin septembre le matin (sauf les dimanches et jours fériés) et l'après-midi ; de Pâques à fin juin, l'après-midi seulement. Fermé le mardi, le 14 juillet, le 15 août et de novembre à février. 5 F.

NOTRE-DAME-DE-CRÉNÉNAN

Chapelle. – S'adresser à Mme Le Gouic, au village.

NOTRE-DAME-DE-LA-COUR
Chapelle. – Visite l'après-midi, en juillet et août.

NOTRE-DAME-DE-KÉRINEC
Chapelle. – S'adresser à M. J. Larour, à Poullan-sur-Mer (3 km au Nord).

NOTRE-DAME-DE-RESTUDO
Chapelle. – S'adresser à M. Melou, près de la chapelle.

NOTRE-DAME-DE-TRONOËN
Chapelle. – Visite en juillet, août et septembre.

NOTRE-DAME-DU-CRANN
Chapelle. – S'adresser à la mairie.

NOYAL-PONTIVY
Église. – Fermée le dimanche après-midi.

O

OUESSANT (Ile d')
Accès au départ de Brest (voir le guide Michelin France). Le bateau accoste au Stiff. Un service d'autocars (de juin à septembre) ou des taxis (hors saison) assurent la liaison avec Lampaul. Location de bicyclettes au Stiff pendant les vacances scolaires, à Lampaul toute l'année.

p

PAIMPOL
Musée de la Mer. – Visite de Pâques à mi-septembre, le matin et l'après-midi. 6 F.

PAIMPONT
Trésor de l'église. – Visite le matin (sauf le dimanche) et l'après-midi.

PERROS-GUIREC
Église. – Fermée le dimanche après-midi.

PETIT MINOU (Pointe du)
Phare. – Visite momentanément suspendue.

PETIT MONT-ST-MICHEL
Visite. – De début avril à début novembre. 3 F.

PLESTIN-LES-GRÈVES
Église. – Fermée le dimanche après-midi.

PLEUMEUR-BODOU
Station de télécommunications spatiales. – Visite accompagnée (1 h) du radôme des vacances de Pâques à mi-octobre le matin et l'après-midi. Fermé le samedi sauf en juin, juillet et août. 8 F. Renseignements : ℡ (96) 37.41.49.

PLEYBEN
Chapelle funéraire. – Expositions de mi-juin à mi-septembre, sauf le dimanche.

PLEYBER-CHRIST
Église. – S'adresser au presbytère.

PLOARÉ
Église. – S'adresser à M. le Recteur, 2 place Paul-Stéphan, à Douarnenez.

PLOERDUT
Église. – S'adresser au presbytère.

PLOËRMEL
Musée du Père Jean-Marie de La Mennais. – Visite de Pâques à la Toussaint, le matin et l'après-midi.

PLOGONNEC
Église. – Entrer par la porte latérale, au Sud-Est.

PLOUBALAY
Château d'eau. – Visite de mi-mai à mi-septembre tous les jours (sans interruption à midi), de début mars à mi-mai et de mi-septembre à mi-novembre les dimanches et jours fériés (sans interruption à midi), en semaine l'après-midi seulement. 2,50 F.

PLOUGASTEL-DAOULAS
Église. – Fermée l'après-midi.

PLOUGONVEN
Église. – Fermée les dimanches et jours fériés.

PLOUHARNEL

Le Galion. – Visite de début avril à fin novembre le matin et l'après-midi. 7 F.

PLOUMANACH

Phare. – Visite de début juillet à fin août, l'après-midi.

PLOUMILLIAU

Église. – S'adresser au presbytère.

PLOZÉVET

Chapelle de la Trinité. – S'adresser au gardien (maison voisine).

PONT-AVEN

Musée. – Visite de mi-juin à mi-septembre, le matin et l'après-midi. 7 F.

PONT-CALLECK

Château. – Promenade autorisée dans le parc.

PONTIVY

Château. – Visite le matin et l'après-midi tous les jours de mi-juin à mi-septembre, tous les jours sauf les lundis et mardis de mi-avril à mi-juin et la 2ᵉ quinzaine de septembre. Visite en outre l'après-midi de début janvier à mi-avril et de début octobre à mi-novembre, tous les jours saufs les lundis et mardis. 5 F en saison, 1 F hors saison (+ 1 F si exposition).
Église N.-D.-de-Joie. – Fermée les mercredis et dimanches après-midi.

PONT-L'ABBÉ

Musée bigouden. – Visite accompagnée (1/2 h) de début juin à fin septembre, le matin et l'après-midi. Fermé le dimanche, le 14 juillet, le 15 août et le 26 septembre. 3,60 F.

PONT-SCORFF

Zoo. – Visite de début mars à fin septembre tous les jours (sans interruption à midi), de début octobre à fin février, l'après-midi seulement des samedis, dimanches, lundis et mercredis. 14 F, enfants : 7 F.

PORT-BLANC

Chapelle. – En juillet et août, visite guidée le lundi à 16 h.

PORT-LOUIS

Citadelle. – Visite de mi-décembre à fin octobre le matin et l'après-midi (sans interruption à midi de début juin à fin septembre). Fermé le mardi et le 1ᵉʳ mai. 10 F.

PORTZIC

Phare. – Visite de début juillet à début octobre, l'après-midi.

Le POULDU

Chapelle N.-D.-de-la-Paix. – Ouverte seulement le matin des dimanches et jours de fêtes religieuses.

Le POULIGUEN

Chapelle Ste-Anne-et-St-Julien. – Visite de Pâques à mi-octobre ; hors saison, s'adresser à M. le curé.

PRIMEL

Les Grands Viviers. – Visite de mi-juin à fin août en fin d'après-midi, le reste de l'année le matin et l'après-midi. Fermé les samedis, dimanches et jours fériés.

q

QUELVEN

Chapelle. – S'adresser à Mme Duclos (café le plus proche).

QUIBERON

Institut de Thalassothérapie. – Visite réservée aux membres du corps médical.

QUIMPER

Faïenceries de Quimper. – Visite accompagnée (1/2 h) le matin et l'après-midi. Fermé les samedis, dimanches et jours fériés. 5 F.
Faïenceries Keraluc. – Rue de la Troménie. Visite le matin et l'après-midi. Fermé les samedis, dimanches et jours fériés et également en août.
Musée des Beaux-Arts. – Visite de début mai à mi-septembre le matin et l'après-midi. Fermé les mardis et jours fériés. 4 F.
Musée départemental breton. – Visite de début juillet à mi-septembre le matin et l'après-midi. Fermé les mardis et jours fériés. 1 F.
Descente de l'Odet. – Durée : 1 h 1/2 jusqu'à Bénodet. Horaires variables selon les marées. Sur les possibilités de prolonger l'excursion à Loctudy ou aux îles de Glénan, se renseigner au syndicat d'initiative de Quimper, 3 rue du Roi-Gradlon, ☎ (98) 95.04.69, ou s'adresser aux Vedettes « Aigrettes » ☎ (98) 91.00.58, à Bénodet.
Remontée de l'Odet. – S'adresser à M. R. Guillou, ☎ (98) 94.97.94.

QUIMPERLÉ

Musée. – Visite accompagnée de juin à octobre, le matin et l'après-midi. Fermé les dimanches et jours fériés.
Église N.-D.-de-l'Assomption. – S'adresser au presbytère.

QUINTIN

Château de Robien. – Seul le parc se visite, de début mars à fin août. Fermé le mardi.